21世纪高等职业教育精品教材 · 金融类

金融法规

（第五版）

JINRONG FAGUI

刘旭东 赵红梅 主编

东北财经大学出版社
Dongbei University of Finance & Economics Press

大连

图书在版编目（CIP）数据

金融法规 / 刘旭东，赵红梅主编. —5版. —大连：东北财经大学出版社，2024.9

（21世纪高等职业教育精品教材·金融类）

ISBN 978-7-5654-5251-2

Ⅰ.金… Ⅱ.①刘… ②赵… Ⅲ.金融法-中国 Ⅳ.D922.28

中国国家版本馆CIP数据核字（2024）第086609号

东北财经大学出版社出版

（大连市黑石礁尖山街217号 邮政编码 116025）

网 址：http://www.dufep.cn

读者信箱：dufep@dufe.edu.cn

大连天骄彩色印刷有限公司印刷 东北财经大学出版社发行

幅面尺寸：185mm×260mm 字数：416千字 印张：19.5

2024年9月第5版 2024年9月第1次印刷

责任编辑：李丽娟 徐 群 责任校对：那 欣

封面设计：原 皓 版式设计：原 皓

定价：49.00元

第五版前言

当前，我国宏观经济下行压力加大，给金融业的发展带来了不确定性。为防范金融不确定性造成的系统性风险，我国对《中华人民共和国证券法》等金融法律法规进行了修订。金融立法的不断完善，对金融法规的相关教学提出了更高的要求，以应对人工智能背景下新型金融业态监管的要求。为满足高等职业院校金融法规课程教学的需要以及金融机构从业人员培训的需要，在东北财经大学出版社的组织下，我们修订了《金融法规》（第四版）教材。本书自第一版出版以来，受到相关专业师生的普遍欢迎。

本书在修订过程中力求做到结构新颖，内容务实创新，尤其是有机融入了课程思政的元素，准确体现金融法规的精神，反映我国最新的金融立法动向。

本书由刘旭东、赵红梅任主编，郁万荣、尹海丹任副主编。本书共分13章，编写人员的具体分工如下：中山职业技术学院刘旭东编写第5章、第7章；中山职业技术学院赵红梅编写第11章、第13章；中山职业技术学院郁万荣编写第1章、第2章、第3章和第4章；中山职业技术学院尹海丹编写第6章、第8章、第10章、第12章；普华永道中天会计师事务所（特殊普通合伙）深圳分所刘新宇编写第9章。本书由广东申诺律师事务所宋成律师主审，刘旭东负责大纲的制定、总纂和定稿。

本书可供高等职业教育金融服务与管理、保险实务、财富管理等相关专业的学生学习使用，也可作为财经商贸大类其他专业本、专科学生以及金融机构从业人员了解金融法规知识的参考用书。

本书在编写过程中，参考了大量的相关资料和论著，并吸收了其中的一些研究成果，在此，谨向所有文献的作者致谢。

由于金融法规涉及的内容较多、范围较广，加上编者水平有限，书中难免有疏漏之处，恳请读者批评指正，以便进一步修改完善。

编　者
2024年2月

目录

第1章
金融法律规范

学习目标

知识目标：理解金融的概念与特征、金融市场的功能、金融法律关系；掌握金融市场的构成、金融工具的种类；了解金融法的概念及调整对象、金融市场的概念与分类、金融法律关系的概念与特征、金融法的体系及渊源。

素养目标：通过介绍中国金融法规的发展历史，使学生了解中国金融法规的快速发展以及对国民经济发展的重大作用，使学生坚定民族自豪感，激发学生的爱国情感，使学生感受到国家的日益强大。由于金融行业的风险属性，引导学生树立投资风险意识，坚守职业道德。

导入案例　　　　　　**确保信贷资金平稳投向实体经济**

金融支持实体经济离不开监管部门的积极引导。近日，国家金融监督管理总局网站披露的信息显示，多家银行因贷后管理不尽职而收到罚单。

作为信用贷款的薄弱环节，贷后管理是监管处罚的"重灾区"。据不完全统计，2023年7月份以来，监管部门共向银行保险机构及涉事个人开出近300张罚单，其中银行信贷业务占多数。从处罚案由来看，包括贷款违规流入楼市、贷款用途管控不力、"贷前、贷中、贷后三查"不尽责等。除了经营贷、消费贷违规流入楼市，挪用贷款资金购买理财产品的案件也较为常见。

曾经一段时间内，金融实践中存在"脱实向虚""资金空转"等乱象。为了追逐利益，大量本该配置到实体经济中的金融资源，违规涌入房地产等领域，不仅造成了实体经济"贫血"，更让金融业本身积聚了风险，严重影响了行业健康发展。经过多年整治，乱象得到遏制，但仍不可掉以轻心，要始终保持监管定力。

金融管理部门要加强资金规制，推动银行信贷业务回归本源，引导金融活水流向实体经济。2023年2月，央行和银保监会①要求商业银行持续做好贷前贷

---

① 2023年3月，中共中央、国务院印发了《党和国家机构改革方案》，在中国银行保险监督管理委员会基础上组建国家金融监督管理总局，不再保留中国银行保险监督管理委员会。

后管理；4月，银保监会办公厅印发通知提出，银行业金融机构要加强贷款"三查"，不得向无实际经营的空壳企业发放经营用途贷款，强化对成立时间或受让企业股权时间较短的借款主体资质审核，防止借款人利用小微企业（主）和个体工商户身份套取经营性贷款资金，加强贷后资金流向监测和用途真实性管理。这些政策将有效引导银行业金融机构牢固树立服务实体经济的经营理念，促进经济高质量发展。

经济是肌体，金融是血脉，两者共生共荣。金融机构需要意识到，信贷资金流向是关系国计民生的大事，影响宏观政策能否有效落地；要进一步加强信贷管理，追踪、把控信贷资金流向；提升金融服务广度，充分运用大数据、人工智能、云计算等科技手段，增强金融服务可触达的企业、人群范围，特别是小微企业、农村地区的广大客群，提升金融服务的可获得性；要将金融资金更多投向经济结构调整中的重点区域、重点产业，让金融活水灌溉实体经济，实现金融与实体经济的良性循环，为国民经济可持续发展提供保障。

问题：金融与实体经济的关系是什么？

分析：金融与实体经济的关系为：二者紧密联系、相互融合、相互作用。实体经济对金融起决定作用，金融则居从属地位；金融在为实体经济服务的同时，对实体经济有巨大的推动作用，但也可能出现一些不良影响和副作用。实体经济对金融的决定性作用体现在：金融在商品经济发展过程中产生，并伴随着商品经济的发展而发展；商品经济的不同发展阶段对金融的需求不同，由此决定了金融发展的结构、阶段和层次。因此，正确认识金融的相关法律制度，能够充分发挥金融对实体经济健康发展的促进作用。

资料来源：金观平.确保信贷资金流向实体经济［EB/OL］.［2023-08-14］. http://www.ce.cn/xwzx/gnsz/gdxw/202308/14/t20230814_38670557.shtml.

1.1 金融

1.1.1 金融的概念与特征

1）金融的概念

金融是货币流通和信用活动以及与之相联系的经济活动的总称。广义的金融泛指一切与信用货币的发行、保管、兑换、结算、融通有关的经济活动，甚至包括金银的买卖；狭义的金融专指信用货币的融通。本书所称之"金融"，仅指狭义的金融，具体包括货币的发行与回笼，存款的吸收与付出，贷款的发放与回收，金银、外汇的买卖，有价证券的发行与转让，保险，信托，国内、国际的货币结算等。从事金融活动的机构主要有银行、保险公司、证券公司，还有信用合作社、财务公司、投资信托公司、金融租赁公司以及证券、金银、外汇交易所等。

2）金融的特征

（1）金融是信用交易。

信用是金融的基础，金融最能体现信用的原则与特性。在发达的商品经济中，信用已与货币流通融为一体。信用交易的特点为：

① 一方以对方偿还为条件，向对方先行移转商品（包括货币）的所有权，或者部分权能；

② 一方对商品所有权或其权能的先行移转与另一方的相对偿还之间，存在一定的时间差；

③ 先行交付的一方需要承担一定的信用风险，信用交易的发生是基于给予对方信任。

（2）金融原则上必须以货币为对象。

（3）金融交易可以发生在各种经济成分之间。

3）金融与货币、信用的关系

金融从属于商品经济的范畴，有别于货币流通和信用活动，同时又包含了这两个要素；金融与货币、信用紧密相联，相互作用、相互依托，构成了一个有机整体。

（1）货币与金融。

在金融范畴的形成中，最早出现的是货币。货币是从商品交换发展中分离出来的，充当一般等价物的特殊商品。货币是沟通整个商品经济社会生活的媒介，是商品经济社会不可或缺的基本要素。货币是金融运作的基础工具，金融与货币密不可分、相辅相成。

随着社会经济的发展，货币本身也不断地演变。纵观人类社会，货币发展经历了五种形式，即实物货币、金属货币、纸币、信用货币和电子货币。历史上，海贝、龟壳、布帛等都充当过货币，为实物货币。随着冶炼技术的提高，金银成为一般等价物，铜币是世界上最早的金属货币。随着商品交换规模的不断扩大，金银难以满足交换的需要，金属货币逐渐被纸币、信用货币所取代。所谓信用货币，是指在流通中充当支付手段和流通手段的信用工具，主要形式包括商业票据、银行券和存款货币。所谓电子货币，是指用电子计算机系统储存和转移的资金。在现代经济中，电子货币扮演着越来越重要的角色。货币作为一般等价物，其作用主要表现在两个方面：一方面，货币是表现一切商品价值的手段；另一方面，货币是可以直接与任何商品相交换的手段。货币的出现和广泛使用，使商品交换进入一个全新的阶段，大大提高了商品交易的效率；货币不仅具有价值尺度、流通手段的职能，同时还具有支付手段、储藏手段和世界货币等职能。

现代金融活动离不开货币，都是以货币为对象进行的。所以，没有货币也就没有金融，金融与货币密切相联。

（2）信用与金融。

信用是商品货币经济的产物。所谓信用，是指商品货币经济条件下的借贷行为，是以偿还为条件的价值暂时的让渡，即所有者将一定的财物或货币作为客体，以偿还本金及支付利息为条件的价值暂时的让渡，借者承诺到期还本付息。信用与金融紧密相联，信用是现代金融运作的基础条件和形式，现代金融是以资金的信用为基础的。没有信用，金融就失去了动力和活力；没有金融，信用也失去了坚实的基础。信用促进了金融的繁荣发展，金融也更加丰富了信用的内涵。但是，金融和信用是两个不同的概念，二者的区别在于：

① 金融不包括实物借贷，专指货币资金的融通，人们除了通过借贷货币融通资金之外，还以发行股票的方式来融通资金。

② 信用指一切货币的借贷，金融专指信用货币的融通。人们之所以要在"信用"之外创造一个新的概念来专指信用货币的融通，是为了概括一种新的经济现象；信用与货币流通这两个经济过程已紧密地结合在一起。最能表明金融特征的是可以创造和削减货币的银行信用，银行信用被认为是金融的核心。

▶▶▶

分析案例 1-1

中植系是一个覆盖金融、投资、财富管理、新金融等行业的庞大资本帝国，总资产规模一度超过1万亿元，旗下金融平台有中融信托、恒天财富、新湖财富、大唐财富、高晟财富以及数十家规模庞大的PE基金。

2023年7月29日，一个在恒天财富工作了7年的理财师发布致歉信，更是把中植系推上风口浪尖，该信称此次中植系爆雷事件涉及的高净值投资人达15万人，企业客户近5 000家，职业理财师1.3万人，债权权益达2 300亿元。

问题：运用金融法规相关知识分析以上案例。

分析：中植系旗下主要分为三层架构：第一层是以信托、基金、保险组成的产品端，第二层是持有保险、基金销售或代理牌照的财富管理公司，属于募资端，第三层则是直接或间接控制的上市公司，可以算作资产端。而中植系的运作模式基本上就是先通过第一层信托出资成为上市公司的大股东，再通过第二层财富管理公司收购炒作热门概念资产，最后控制的上市公司对这些资产发起溢价收购，整个流程就宣告结束。在这个过程中，第二层通过溢价出售先赚了一笔。而上市公司因为收购了热门概念资产，股价也被借机抬高，低层又可以高位套现离场，每个环节都稳赚不赔，唯一受伤的只有高位接盘的股民。

资料来源：根据百度文库相关资料整理所得。

1.1.2 金融市场

1）金融市场的概念

金融市场是资金融通市场，是资金供应者和资金需求者双方通过信用工具进行交易而融通资金的市场，是实现货币借贷和资金融通、办理各种票据和有价证券交易活动的市场。

资金融通，是指在经济运行过程中，资金供求双方运用各种金融工具调节资金盈余的活动，是所有金融交易活动的总称。在金融市场上交易的是各种金融工具，如股票、债券、储蓄存单等。资金融通简称为融资，一般分为直接融资和间接融资两种。直接融资是资金供求双方直接进行资金融通的活动，也就是资金需求者直接通过金融市场向社会上有资金盈余的机构和个人筹资；与此对应，间接融资则是指通过银行所进行的资金融通活动，也就是资金需求者采取向银行等金融中介机构申请贷款的方式筹资。金融市场对经济活动的各个方面都有着直接的深刻影响，如个人财富、企业的经营、经济运行的效率，都直接取决于金融市场的活动。

根据金融市场上交易工具的期限，金融市场可分为货币市场和资本市场两大类。货币市场是融通短期资金的市场，资本市场是融通长期资金的市场。货币市场和资本市场又可以进一步分为若干不同的子市场。货币市场包括金融同业拆借市场、回购协议市场、商业票据市场、银行承兑汇票市场、短期政府债券市场、大面额可转让存单市场等。资本市场包括中长期信贷市场和证券市场。中长期信贷市场是金融机构与工商企业之间的贷款市场；证券市场是通过证券的发行与交易进行融资的市场，包括债券市场、股票市场、基金市场、保险市场、融资租赁市场等。

2）金融市场的分类

（1）按地理范围划分。

① 国际金融市场，由经营国际货币业务的金融机构组成，其经营内容包括资金借贷、外汇买卖、证券买卖、资金交易等。

② 国内金融市场，由国内金融机构组成，主要办理各种货币、证券及其业务活动。它又分为城市金融市场和农村金融市场，或者分为全国性、区域性、地方性的金融市场。

（2）按经营场所划分。

① 有形金融市场，指有固定场所和操作设施的金融市场。

② 无形金融市场，以营运网络形式存在的市场，通过电子通信手段达成交易。

（3）按融资交易期限划分。

① 长期资金市场（资本市场），主要供应一年以上的中长期资金，如股票与长期债券的发行与流通。

② 短期资金市场（货币市场），主要供应一年以下的短期资金，如同业拆借、票据贴现、短期债券及可转让存单的买卖。

（4）按交易性质划分。

① 发行市场，也称一级市场，是新证券发行的市场。

② 流通市场，也称二级市场，是已经发行、处在流通中的证券的买卖市场。

（5）按交易对象划分。

金融市场按交易对象可划分为拆借市场、贴现市场、大额定期存单市场、证券市场（包括股票市场和债券市场）、外汇市场、黄金市场和保险市场。

（6）按交割期限划分。

① 金融现货市场，是以成交后"钱货两清"的方式进行交易的市场。在实际执行中，由于技术上的原因，现货市场的实际交割时间多在成交后1~3日内。

②金融期货市场，是以成交后按约定的后滞时间交割的方式进行交易的市场。在期货市场上，买卖成交后并不立即交割，而是按合约规定的日期交割。在现代期货市场中，一般都规定以标准化的合约形式，对交易对象的类型、交易数量的最小单位、交割时间和地点等作出标准规定。在金融期货中，实际交割的并不多，绝大部分交易都是在交割日到达以前进行转让或对冲。

3）金融市场的功能

（1）融通资金的"媒介器"。

金融市场可以使资金供应者和需求者在更大范围内自主地进行资金融通，把多渠道的小额货币资金聚集成大额资金来源。

（2）资金供求的"调节器"。

中央银行可以通过公开市场业务，调剂货币供应量，有利于国家控制信贷规模，并有利于使市场利率由资金供求关系决定，促进利率作用的发挥。

（3）经济发展的"润滑剂"。

金融市场有利于促进地区间的资金协作，有利于开展资金融通方面的竞争，提高资金使用效益。

4）金融市场的构成要素

金融市场是市场体系的重要组成部分。一个完备的金融市场，应包括以下基本要素：

（1）金融市场主体。

金融市场主体，即资金供应者和资金需求者，它包括政府、金融机构、企业事业单位、居民、外商等，既能向金融市场提供资金，也能从金融市场筹措资金。这是金融市场得以形成和发展的一项基本因素。

（2）金融市场客体。

金融市场客体，即金融工具，是指借贷资本在金融市场上交易的对象，如各种债券、股票、票据、可转让存单、借款合同、抵押契约等，是金融市场上实现投资、融资活动必须依赖的标的。

①金融工具的概念。

金融工具是指在金融市场中可交易的，载明了相关主体财产权利关系的金融资产。

金融工具具有期限性、流动性、风险性、收益性。期限性是指一般金融工具规定的债务人从举借债务到全部归还本金与利息所经历的时间。流动性是指金融工具在必要时迅速转变为现金而不致遭受损失的能力。一般说来，金融工具的流动性与偿还期成反比。金融工具的盈利率高低和发行人的资信程度也是决定流动性大小的重要因素。风险性是指购买金融工具的本金和预定收益遭受损失可能性的大小，有信用风险和市场风险两个方面。收益性是指金融工具能够带来价值增值的特性。对收益率大小的比较要将银行存款利率、通货膨胀率以及其他金融工具的收益率等因素综合起来进行分析，还必须考察风险大小。

所有的金融工具一般都具有上述四个特征，但不同的金融工具在上述四个方面所表现的程度是有差异的，这种差异便是金融工具购买者在进行选择时所考虑的主要内容。不同种类的金融工具反映了各种特性的不同组合，故能够分别满足投资者和筹资者的不同需求。

②金融工具的种类。

A.票据。票据是指出票人依法签发的，约定自己或委托付款人在见票时或在指定日期向收款人或持票人无条件支付一定金额货币，并可以转让的有价证券。各种票据中最主要的是商业票据。商业票据有三类，即支票、本票、汇票，其中汇票按出票人的不同可以分为银行汇票和商业汇票，而商业汇票又可以根据承兑人的不同分为商业承兑汇票和银行承兑汇票。

B.股票。股票是股份有限公司公开发行的、用以证明投资者的股东身份和权益，并据以获得股息和红利的凭证。股票一经发行，持有者即为发行股票的公司的股东，有权参与公司的决策、分享公司的利益；同时也要分担公司的责任和经营风险。股票一经认购，持有者不能以任何理由要求退还股本，只能通过证券市场将股票转让和出售。

股票有多种分类方法。按股票所代表的股东权利划分，股票可分为普通股股票和优先股股票；按股票上市地点及股票投资者的不同划分，我国上市公司的股票可分为A股、B股、H股、N股及S股等几种。

C.债券。债券是债务人向债权人出具的、在一定时期支付利息和到期归还本金的债权债务凭证，上面载明债券发行机构、面额、期限、利率等事项。根据发行人的不同，债券可分为企业债券、政府债券和金融债券。企业债券又称公司债券，是企业为筹集资金而发行的债务凭证。政府债券是国家根据信用原则举借债务的借款凭证。政府债券按偿还期的不同可分为短、中、长期债券。金融债券是银行或其他金融机构作为债务人发行的借债凭证，目的是筹措中长期贷款资金，同时也用于资产负债的管理，形成资产与负债的最佳组合。

D.基金（也称投资基金）。基金是指通过发行基金凭证（包括基金股份和受益凭证），将众多投资者分散的资金集中起来，由专业的投资机构分散投资于股票、债券或其他金融资产，并将投资收益分配给基金持有者的投资制度。目前，基金在许多国家都受到投资者的广泛欢迎。

E.金融衍生工具。金融衍生工具，又称金融衍生产品，是指建立在基础金融工具或基础金融变量之上，其价格取决于后者价格变化的派生产品。金融衍生工具是20世纪七八十年代全球金融创新浪潮中的高科技产品，它是在传统金融工具基础上衍生出来的，通过预测股价、利率、汇率等未来行情走势，采用支付少量保证金或权利金签订远期合同或互换不同金融商品等交易形式的新兴金融工具。

基本的金融衍生工具主要有互换合约、远期合约、期货和期权等。当然，随着金融业的发展，目前有很多复杂的金融衍生工具，但主要是由这些基本的金融衍生工具所组合而成的。

（3）金融产品交易价格、利率。

金融产品交易价格、利率，即规定的货币资金及其所代表的利率或收益率的总和。利率是指借贷期内形成的利息额与所贷金额的比率。在市场经济条件下，利率直接影响着储蓄和投资的增减，从而影响经济的增长。利率对投资所起的作用通常是在厂商对资本边际效益与市场利率进行对比的过程中形成的。如果资本的边际效益大于市场利率，会使厂商增加投资；反之，则减少投资。利率可按照不同的标准划分：按照利率是否按市场规律自由变动，利率可以分为市场利率、官定利率和法定利率。按照借贷期内是否调整，利率可以分为固定利率与浮动利率。按照是否考虑通货膨胀因素，利率可分为名义利率与实际利率。按照利率所起作用的大小，利率可分为基准利率与非基准利率。按照计算利息的期限单位，利率可分为年利率、月利率和日利率。按照利息计算方法的不同，利率可分为单利和复利。

案例分析 1-2

李某因购买商品房急需 1 万元现金，A 财务公司建议其到 B 银行当地支行申请信用卡。B 银行当地支行正在推广本行的信用卡，允许持卡人的最高信用额度为 1 万元，且该信用卡的贷款利率大大低于当地的银行贷款利率。李某就到 B 银行申请了信用卡，通过 A 财务公司从 B 银行的特约商户 C 单位以刷卡消费的方式兑现了 1 万元现金（账面上李某在 C 单位刷卡消费了 1 万元），李某支付了 A 财务公司一定比例的酬金。

问题：请依据我国对信用卡的有关规定，分析上述案例中的违法之处。

分析：特约商户 C 单位的行为是违法的。因为特约单位不得通过刷卡、签单等方式支付持卡人现金。

A 财务公司的行为是违法的。因为 A 财务公司的行为违反了信用卡的使用规定，协助李某套取现金。

李某通过 A 财务公司套取现金的行为是违法的。李某申领信用卡的行为是合法的，但其通过 A 财务公司和特约商户 C 单位套取现金的行为是违法的。

资料来源：根据百度文库相关资料整理所得。

1.2 金融法

1.2.1 金融法的产生、概念及其调整对象

拓展阅读 1-1

宏观调控

1）金融法的产生

金融是现代经济的核心，金融法是经济法的重要组成部分。金融法是随着金融活动的发展而产生的。研究金融法的产生和发展，必须追溯到金融与金融业的产生和发展。金融是商品货币关系发展到一定阶段的产物，只要存在商品生产和货币交换，就必然会有金融活动。金融活动是国民经济的重要组成部分，是连接生产、交换、分配、消费各环节的纽带，是社会再生产的必要条件。有了

金融活动，就会产生专门从事金融活动的金融机构。

在货币和信用发展的过程中，货币兑换、收支、借贷等活动逐渐形成一定的为交易活动主体所公认、具有普遍约束力的规则，这些规则最初表现为习惯，人们依据这些习惯从事各种金融活动，这便是金融法律制度的萌芽。随着社会化大生产的发展，金融在经济中的地位日益重要，为了保护资本主义的生产关系，维护正常的金融秩序，必然要求建立相应的金融法律制度，因此，金融法的产生是规范金融活动的必然要求。就世界范围而言，现代意义上的金融法是进入资本主义社会后产生和发展起来的。1694 年，英国创办英格兰银行，这标志着资本主义新的银行信用制度的建立。从 18 世纪到 19 世纪，从事存款、贷款、汇兑等业务的银行得到普遍发展，这一时期的金融法对金融活动的调整多表现为国王、议会或政府授予的特许状或特许令。1837年，美国密歇根州通过《自由银行条例》，其规定符合法定条件即可申请开办银行，被认为是对普通银行的规范，故为世界各国银行立法所普遍借鉴。1844 年，英国议会通过《英格兰银行特许条例》，这是世界上第一部中央银行法，也是第一部专门性的金融法律规范。

2）金融法的概念

金融法是指由国家制定或认可的，用以确定金融机构的性质、地位和职责权限，调整在金融活动中形成的金融监督管理关系和金融业务关系的法律规范的总称。

金融法是个总称，在我国，目前尚没有以金融法来命名某部法律，涉及金融类的具体法律通常用它所属的行业名称来命名。我国金融法的内容主要包括：关于中央银行、政策性银行、商业银行和其他非银行金融机构的法律地位、性质、任务、组织机构、职责权限和业务范围的法律规范；关于存款、贷款的法律规范；关于货币发行和现金管理的法律规范；关于票据和结算的法律规范；关于外汇和金银管理的法律规范；关于保险的法律规范；关于信托和金融租赁的法律规范；关于证券的法律规范；关于融资担保的法律规范和其他与金融相关的法律规范等。

3）金融法的调整对象

金融法的调整对象是金融业务和金融管理活动中形成的各种经济关系，包括金融监督管理关系、金融业务关系和金融宏观调控关系。

（1）金融监督管理关系，是指国家金融监督管理部门在组织和管理全国的金融机构、金融市场、金融产品及金融交易过程中形成的经济监督管理关系，包括货币流通管理关系、金融机构资格监管关系、金融业务活动监管关系、金融处罚关系。金融监督管理关系的主要内容是金融监管机关依法制定监管规章，审批金融机构，对金融机构进行稽核和检查，对金融活动当事人的违法行为进行查处等。金融监管机关的监管行为必须依法进行，被监管的金融机构、其他组织和个人必须服从监管。金融监督管理关系本质上是一种金融行政关系。

（2）金融业务关系，是指银行和其他非银行金融机构在法律、法规允许的范围内，从事业务活动而与其他平等主体之间发生的经济关系，包括间接资金融通关系、直接资金融通关系、金融中介服务关系、特殊融资关系。一般而言，金融业务是指存款、贷款、结算、保险、信托、金融租赁、票据贴现、融资担保、外汇买卖、金融期货、证券发行与交易等业务。金融业务关系本质上是一种民事关系。

（3）金融宏观调控关系，是指中央银行在金融宏观调控过程中与金融机构、其他政府部门、企业和个人之间发生的权利、义务关系。中央银行是我国的金融宏观调控机构。金融宏观调控的特点是中央银行主要利用经济手段依法对金融机构和金融活动进行调整，其调控的直接对象是金融机构及金融市场，间接对象是国民经济各部门、企业及个人，金融宏观调控主要是通过货币政策工具及法律规定的其他方式进行。

1.2.2　金融法律关系

1）金融法律关系的概念与特征

金融法律关系是指金融法在调整人们的金融活动过程中形成的权利和义务关系。

金融法律关系的特征有：

（1）金融法律关系是在金融业务活动和金融监管活动过程中形成的权利义务关系，而金融业务和金融监管活动是以银行等金融机构为中心开展起来的。因此，在金融法律关系中，金融机构通常是一方当事人。

（2）金融法律关系具有横向金融业务和纵向金融监管的双重性，是比较典型的经济法律关系。一方面，各金融主体之间要按照价值规律、金融市场运行机制开展金融业务活动；另一方面，国家金融监管部门要对金融机构的组织和金融活动的开展实施宏观监督和管理。因此，金融法律规范所调整的金融关系既有横向的金融业务关系，又有纵向的金融监管关系。

（3）金融法律关系具有广泛性、多样性。在当代社会经济生活中，金融活动已经渗透到社会生活的各个方面和领域，成为现代经济的核心。金融改革深化与金融创新决定了金融法律关系具有广泛性、多样性的特征。

（4）金融法律关系的产生、变更、终止有着较为严格的准则性要求。金融法律关系的确立、变更多采用书面形式，而且其格式往往是标准化的，当事人不能随意加以更改。

2）金融法律关系的构成

金融法律关系由主体、客体、内容三个要素构成。

（1）金融法律关系的主体。

法律关系的主体，是指在法律关系中享有一定的权利、承担一定的义务的当事人。金融法律关系的主体，是指在金融法律关系中，享有权利和承担义务的当事人。

金融法律关系的主体不同于一般的民事主体，它属于一种特殊的主体，因为它需要经过主管部门的资格确认。

金融法律关系的主体有中央银行（中国人民银行）、国家政策性银行、商业银行、其他非银行金融机构、法人、非法人组织、自然人、国家。

（2）金融法律关系的客体。

法律关系的客体是指参加法律关系的主体享有权利和义务所共同指向的对象。金融法律关系的客体，是指金融主体的经济权利和经济义务所共同指向的标的物。传统的金融法律关系的客体主要有货币、金银、有价证券和行为。由于金融创新日益深化，金融法律关系客体的形式也不断发展，如股票、债券、存单、期货、期权等。

（3）金融法律关系的内容。

法律关系的内容是指法律关系的主体享有的权利和承担的义务。金融法律关系的内容是指金融法律关系的主体享有的权利和承担的义务。

① 金融法律关系主体的权利是指主体依法具有自己为或不为一定的行为和要求他人为或不为一定的行为的可能性。它包含以下几方面的含义：第一，权利人依法直接为一定行为的可能性；第二，权利人依法不为某种行为的可能性；第三，权利人依法请求义务人为某种行为的可能性；第四，权利人依法请求义务人不为某种行为的可能性。

② 金融法律关系主体的义务是指金融法律关系主体依法必须为一定的行为或不为一定行为的必要性。它包括以下几个方面的含义：第一，义务人依法必须为一定的行为；第二，义务人依法不为一定的行为；第三，义务人只承担法定或约定范围内的义务；第四，义务人不承担义务将承担法律责任。

案例分析 1-3　　　　　　　　　险企员工倒卖客户信息获刑

王某等人身为保险公司的客服人员，却利用职务便利做起倒卖客户个人信息的勾当，最后不仅违法所得需要退缴，还被罚款和判刑。上海静安区人民法院近期公布一则刑事判决书，将某保险公司多名员工侵犯保险客户个人信息的犯罪细节公布于众。

从判决书得知，2020 年 2—12 月，该保险公司客服王某和某公司一业务主任姜某（已判决）共谋约定，由姜某提供保险公司客户的电销保单号给王某，王某则负责查询保单号后补齐相应保险客户的姓名、联系方式、地址、购买险种、保费及购买时间、到期时间等客户信息。王某拿到的客户信息被用于何处？判决书显示，这些客户信息被发送给姜某，供其开展保险销售业务使用，并且这些客户信息的结算价格能达到每条 8～15 元。在此过程中，王某还联系了两位同事孔某、蒋某参与，三人就通过这样的手段分别获利 15 万元、7 万元和 2.7 万元。

最终，孔某、蒋某在 2021 年 10 月被抓获，王某也选择主动归案，三人在审理期间分别退缴了各自的违法所得。

经过上海静安区人民法院审定，王某、孔某、蒋某因犯侵犯公民个人信息罪，分别被判处有期徒刑 3 年，缓刑 3 年；有期徒刑 2 年，缓刑 2 年；有期徒刑 1 年，缓刑 1 年，并分别被罚款 16 万元、10 万元、3 万元。

问题：利用金融法规的相关知识分析此案例。

分析：在保险法律关系中，根据《中华人民共和国保险法》（以下简称《保险法》）的规定，保险人或者再保险接受人对在办理保险业务中知道的投保人、被保险人、受益人或者再保险分出人的业务和财产情况及个人隐私负有保密的义务。因此，保险公司及业务员有义务对客户的资料履行保密义务。2022年8月，银保监会下发了《关于开展银行保险机构侵害个人信息权益乱象专项整治工作的通知》，要求各银行保险机构全面摸排自2021年以来与消费者个人信息处理活动相关的经营行为和管理情况，深入查找个人信息保护方面存在的问题，列出问题清单，坚持立查立改。

资料来源：佚名.又有险企员工倒卖客户信息获刑，信息泄露频发该如何防"内鬼"？[EB/OL].[2023-04-13].http://insurance.hexun.com/2023-04-13/208284363.html.

1.2.3　金融法的渊源及体系

1）金融法的渊源

金融法的渊源，是指金融法律规范借以表现的形式。在我国没有以"金融法"来命名的单独的某个法律，金融法的渊源主要有以下几个方面：

（1）宪法。宪法是由全国人民代表大会制定的国家的根本大法，具有最高的法律效力。宪法中关于社会主义经济制度的规范，是对金融关系进行规范的基本依据。

（2）金融法律。金融法律包括金融专门法和金融交叉性法律。金融专门法按照法律效力又分为金融基本法和金融普通法。金融基本法是全国人民代表大会制定的规定金融货币核心关系和基本关系的法律，其效力低于宪法，高于金融普通法。在我国，只有《中华人民共和国中国人民银行法》（以下简称《中国人民银行法》）才是金融基本法。金融普通法是全国人大常委会制定的规定某类特殊金融关系的金融法律，如《中华人民共和国商业银行法》（以下简称《商业银行法》）《保险法》《中华人民共和国票据法》（以下简称《票据法》）《中华人民共和国证券法》（以下简称《证券法》）《中华人民共和国信托法》（以下简称《信托法》）《中华人民共和国证券投资基金法》（以下简称《证券投资基金法》）《中华人民共和国银行业监督管理法》（以下简称《银行业监督管理法》），等等。除专门性金融法律之外，还有其他法律涉及金融法的渊源，比如《中华人民共和国民法典》（以下简称《民法典》）中有关于借款合同和融资租赁合同的规定，《中华人民共和国刑法》（以下简称《刑法》）中有关于金融犯罪及其刑事处罚的规定。

（3）金融行政法规。金融行政法规是国务院制定的规范金融关系的规范性文件，如《储蓄管理条例》《金融违法行为处罚办法》《非法金融机构和非法金融业务活动取缔办法》《个人存款账户实名制规定》《金融资产管理公司条例》《金融机构撤销条例》《外资保险公司管理条例》《外资金融机构管理条例》，等等。除专门的金融行政法规之外，其他行政法规中涉及金融关系的规范，也是金融法的渊源。

（4）金融部门行政规章。金融部门行政规章是国务院直属部门所制定的规范金融关系的规范性文件。它们主要是由国务院金融监督管理机构（如国家金融监督管理总局）、中国人民银行、国家外汇管理局针对金融关系所制定的即时性、操作性和针对性规范，它们数量最多，变化较快，修改和废止的频率也较高。

（5）金融地方性法规。根据《中华人民共和国立法法》的规定，金融地方性法规是指省一级和较大的市的权力机关及其常设机关为执行和实施宪法、金融法律和金融行政法规，根据本行政区的具体金融关系的实际需要，在法定权限内制定并在本辖区内实施的规范性文件。

（6）金融司法解释。金融司法解释是最高人民法院和最高人民检察院关于金融案件的审判和检察活动中的法律适用问题所作的法律解释，如《关于人民法院审理借贷案件的若干意见》《关于审理融资租赁合同纠纷若干问题的意见》《关于审理票据纠纷案件若干问题的意见》《关于审理证券市场因虚假陈述引发的民事赔偿案件的若干规定》《关于审理期货纠纷案件若干问题的规定》，等等。

（7）国际条约。我国缔结或参与的与金融有关的国际条约，除我国声明保留的以外，也构成我国金融法的重要渊源。我国缔结或者参与的国际条约与我国法律有不同规定的，适用该国际条约的规定，即国际条约具有优先于国内法的效力。

2）金融法的体系

金融法的体系是指一国调整不同领域的金融关系的法律规范所组成的有机联系的统一整体。金融法的体系按不同的标准有不同的划分方法。根据其所调整的金融关系领域的不同，金融法的内容体系主要由以下几个部分组成：

（1）金融机构与金融监管法，主要指规范金融管理机构和金融经营机构的法律法规。

（2）金融服务市场管理法，主要指规范储蓄、贷款、结算等金融服务业务的法律法规。

（3）货币市场管理法，主要指规范本币、外币、信用卡等支付手段的法律法规。

（4）资本市场管理法，主要指规范股票、债券、期货等金融工具的法律法规。

》【学思践悟】

党的二十大报告对金融相关问题的部分阐述如下：第四部分："深化金融体制改革，建设现代中央银行制度，加强和完善现代金融监管，强化金融稳定保障体系，依法将各类金融活动全部纳入监管，守住不发生系统性风险底线。"第十一部分："强化国家安全工作协调机制，完善国家安全法治体系、战略体系、政策体系、风险监测预警体系、国家应急管理体系，完善重点领域安全保障体系和重要专项协调指挥体系，强化经济、重大基础设施、金融、网络、数据、生物、资源、核、太空、海洋等安全保障体系建设。"

资料来源：根据党的二十大报告整理所得。

问题：党的二十大报告对我国的金融体制改革提出了什么新的要求？金融在我国的国家建设中能起到什么样的作用？

　　分析：党的二十大报告更加注重深化金融体制改革和扩大金融制度型开放，对我国金融工作开展提出了更高水平、更现代化的要求，这是对党的十九大报告中对金融工作要求的深化和补充，为新征程下金融事业高质量发展提供了根本遵循和行动指南。习近平总书记强调："保持经济平稳健康发展，一定要把金融搞好。"从中央政治局会议明确要"确保不发生系统性金融风险"，到集体学习时强调"金融安全是国家安全的重要组成部分"，一系列部署凸显了以习近平同志为核心的党中央对金融工作和金融安全的高度重视，充分说明金融工作和金融安全的重要地位和意义。

本章小结

　　金融是货币流通和信用活动以及与之相联系的经济活动的总称。广义的金融泛指一切与信用货币的发行、保管、兑换、结算、融通有关的经济活动，甚至包括金银的买卖。狭义的金融专指信用货币的融通。

　　金融市场是资金融通市场，是资金供应者和资金需者双方通过信用工具进行交易而融通资金的市场。

　　金融工具是指在金融市场中可交易的，载明了相关主体财产权利关系的金融资产。

　　金融法是指由国家制定或认可的，用以确定金融机构的性质、地位和职责权限，调整在金融活动中形成的金融监督管理关系和金融业务关系的法律规范的总称。

　　金融法律关系是指金融法在调整人们的金融活动过程中形成的权利和义务关系。

本章训练

一、思考题

1.如何理解金融？

2.金融具备哪些特征？

3.如何理解金融法律关系的含义？

4.金融法律关系由哪些要素构成？

5.简述我国金融法的体系。

二、案例分析题

　　陶某伙同毕某、李某、王某等人先后在2020年8月至2023年4月期间，在北京市以投资旅游服务项目、保本并获取公司股权为由，通过组织路演、召开众筹大会等宣传形式与投资人签订合作协议书，双方约定协议到期后返还投资人本金，并按投资比例转让公司股权给投资人。后公司资金链断裂，协议到期后未兑付投资人本金，未兑现股权转让承诺。共涉及投资人230余名，涉及投资款高达4 200余万元。

问题：

（1）什么是非法吸收公众存款？

（2）非法集资有哪些特点？

分析：

（1）非法集资是一种犯罪活动，（根据《关于取缔非法金融机构和非法金融业务活动中有关问题的通知》规定）是指单位或者个人未依照法定程序经有关部门批准，以发行股票、债券、彩票、投资基金证券或者其他债权凭证的方式向社会公众筹集资金，并承诺在一定期限内以货币、实物以及其他方式向出资人还本付息或给予回报的行为。为依法惩治非法吸收公众存款、集资诈骗等非法集资犯罪活动，最高人民法院会同中国银行保险监督管理委员会等有关单位，研究制定了《关于审理非法集资刑事案件具体应用法律若干问题的解释》。

（2）非法集资的特点包括：

①未经有关部门依法批准，包括没有批准权限的部门批准的集资；有审批权限的部门超越权限批准集资，即集资者不具备集资的主体资格。

②承诺在一定期限内给出资人还本付息。还本付息的形式除以货币形式为主外，也有实物形式和其他形式。

③向社会不特定的对象筹集资金。这里"不特定的对象"是指社会公众，而不是指特定少数人。

④以合法形式掩盖其非法集资的实质。为掩饰其非法目的，犯罪分子往往与投资人（受害人）签订合同，伪装成正常的生产经营活动，最大限度地实现其骗取资金的最终目的。

资料来源：根据百度文库相关资料整理所得。

第 2 章
中国人民银行法

学习目标

知识目标：理解中国人民银行的性质与法律地位、货币政策的概念与特征；掌握中国人民银行的职责、组织机构、业务、人民币的法律保护、货币政策工具；了解人民币发行原则与程序、货币政策目标及效果分析、征信制度及违反中国人民银行法要承担的法律责任。

素养目标：通过介绍中国人民银行的职责、货币政策、人民币的发行以及征信制度，让学生了解手中的人民币来之不易，要保持手中的人民币干净整洁。在日常的生活和工作中要诚实守信，建立良好的信用基础，做一个遵纪守法的好公民。

▶▶▶

导入案例　　　　　　　信托财产的独立性

2021 年 10 月至 2022 年 9 月间，谭某敏通过网上购买用于伪造货币的证券纸、油墨、反光油墨、打印机、电脑等设备，在朱某勇位于某山坡上的废弃养鸡场内伪造货币，并雇用陈某琴、朱某勇共同伪造货币。其间，谭某敏、陈某琴多次将伪造的货币转移到陈某琴租住的房屋内藏匿，并对假币的透明标志、防伪标志等进行二次加工。

2022 年 8 月 28 日，谭某敏、陈某琴将二次加工的假币放置于陈某琴的摩托车后备箱，准备离开时被公安机关抓获。公安机关随后在摩托车后备箱、陈某琴的租住房、谭某敏家门口鱼塘边的草丛里、朱某勇养鸡场内查获面值共计229 700 元的疑似假币、打印机、切割机、笔记本电脑等物品。

同时查明，2020 年 12 月 2 日，陈某琴（已判刑）在谭某敏的配偶朱某进处购买了面值共计 120 万元的假币，朱某进多送了面值共计 5 万元假币给陈某琴。次日 21 时许，陈某琴准备将二次加工好的假币带到贵阳使用，车辆驶至瓮安县银盏食府路段时，被公安机关现场查获，缴获百元假币 12 452 张，面值共计1 245 200 元。

问题：

（1）本案中犯罪人员侵犯了应属于哪个机关享有的法定货币权？

（2）犯罪人员应承担何种法律责任？

分析：

（1）谭某敏等人侵犯了中国人民银行发行人民币的法定货币权。《中国人民银行法》第十八条规定：人民币由中国人民银行统一印制、发行。

（2）应当追究谭某敏等人的刑事责任。《中国人民银行法》第四十二条规定：伪造、变造人民币，出售伪造、变造的人民币，或者明知是伪造、变造的人民币而运输，构成犯罪的，依法追究刑事责任；尚不构成犯罪的，由公安机关处十五日以下拘留、一万元以下罚款。

《中华人民共和国刑法》第一百七十条规定：伪造货币的，处三年以上十年以下有期徒刑，并处罚金；有下列情形之一的，处十年以上有期徒刑或者无期徒刑，并处罚金或者没收财产：（一）伪造货币集团的首要分子；（二）伪造货币数额特别巨大的；（三）有其他特别严重情节的。第一百七十一条规定：出售、购买伪造的货币或者明知是伪造的货币而运输，数额较大的，处三年以下有期徒刑或者拘役，并处二万元以上二十万元以下罚金；数额巨大的，处三年以上十年以下有期徒刑，并处五万元以上五十万元以下罚金；数额特别巨大的，处十年以上有期徒刑或者无期徒刑，并处五万元以上五十万元以下罚金或者没收财产。

《最高人民法院关于审理伪造货币等案件具体应用法律若干问题的解释》第一条规定：伪造货币的总面额在 30 000 元以上的，属于"伪造货币数额特别巨大"。

瓮安县人民法院审理认为，谭某敏、陈某琴、朱某勇违反国家货币管理规定，私自伪造人民币，数额特别巨大，其行为已构成伪造货币罪；朱某进出售假币，数额特别巨大，其行为已构成出售假币罪，依法应予严惩。瓮安县人民法院依法判决被告人朱某进犯出售假币罪，判处有期徒刑十三年，并处罚金；被告人谭某敏犯伪造货币罪，判处有期徒刑十一年，并处罚金；被告人陈某琴犯伪造货币罪，判处有期徒刑七年，并处罚金；被告人朱某勇犯伪造货币罪，判处有期徒刑六年，并处罚金；查扣的假币依法予以没收销毁。

资料来源：佚名. 购买打印机等设备制售假币达 147.49 万元，这 4 人被判刑［EB/OL］.［2023-08-03］. https://m.gmw.cn/2023-08/03/content_1303466455.htm.

2.1　中国人民银行法概述

2.1.1　中央银行与中央银行法

1）中央银行

（1）中央银行的概念。

中央银行一般是指负责制定和执行国家货币信用政策，调节货币流通和信用活动，实施金融监管，并在一国金融体系中居于主导地位的金融机构。中国人民银行是中华人民共和国的中央银行，是在国务院领导下"制定和执行货币政策、维护金融稳定、提供金融服务"的宏观调控部门。

（2）中央银行产生的经济背景。

中央银行产生于17世纪后半期，形成于19世纪初叶，它产生的经济背景如下：

第一，商品经济的迅速发展。18世纪初，西方国家开始了工业革命，社会生产力的快速发展和商品经济的迅速扩大，促使货币经营业越来越普遍，且日益有利可图，由此产生了对货币财富进行控制的欲望。

第二，资本主义经济危机的频繁出现。资本主义经济自身的固有矛盾必然导致连续不断的经济危机。面对当时的状况，资产阶级政府开始从货币制度上寻找原因，企图通过发行银行券来控制、避免和挽救频繁的经济危机。

拓展阅读2-1

中央银行的形成

第三，银行信用的普遍化和集中化。资本主义产业革命促使生产力空前提高，生产力的提高又促使资本主义银行信用业蓬勃发展。主要表现在：一是银行经营机构不断增加；二是银行业逐步走向联合、集中和垄断。

2）中央银行法

（1）中央银行法的概念。

中央银行法是确立中央银行的性质、地位与职责权限，规范中央银行的组织及其业务开展的法律规范的总称。

我国的中央银行是中国人民银行，我国的中央银行法为《中华人民共和国中国人民银行法》。

1995年3月18日，第八届全国人民代表大会第三次会议通过《中华人民共和国中国人民银行法》。2003年12月27日，第十届全国人民代表大会常务委员会第六次会议审议通过了《中华人民共和国中国人民银行法》（以下简称《中国人民银行法》）修正案，新修改的《中国人民银行法》于2004年2月1日起施行。

（2）《中国人民银行法》的立法目的和主要内容。

《中国人民银行法》第一条规定："为了确立中国人民银行的地位，明确其职责，保证国家货币政策的正确制定和执行，建立和完善中央银行宏观调控体系，维护金融稳定，制定本法。"本条确定了《中国人民银行法》的立法目的。

《中国人民银行法》共有八章，包括总则、组织机构、人民币、业务、金融监督管理、财务会计、法律责任、附则等内容。

2.1.2 中国人民银行的性质与法律地位

《中国人民银行法》第二条规定："中国人民银行是中华人民共和国的中央银行。中国人民银行在国务院的领导下，制定和实施货币政策，防范和化解金融风险，维护金融稳定。"

中国人民银行作为我国的中央银行，代表国家进行金融调控与管理，是具有国家机构性质的特殊金融机构。

（1）中央银行是银行，但不同于商业银行和一般的金融机构。

中央银行是一个特殊的银行，与商业银行和一般金融机构相比，其在经营目的、业务对象、拥有的法定特权、领导成员组成、业务方式、存款来源、资金运用等方面存在特殊性。中央银行代表国家制定和执行宏观金融调控管理政策，商业银行和其他金融机构作为企业，从事微观金融活动。

（2）中央银行是国家机构，但不同于一般的国家机构。

中国人民银行与一般的政府管理机关也不一样，它作为中央银行，为政府和金融机构办理银行业务与提供服务，发行货币，为政府办理国库业务，代理发行国库券业务。中国人民银行不仅靠行政手段，还通过强有力的经济手段，如对货币供应量、利率、贷款等进行管理，这些手段具有自愿性、有偿性的特征，按信用原则发挥作用。

中央银行的两重属性主次有别，银行属性是基础，国家机构属性是主导。银行职责与国家职能加以结合和调整，就是中央银行。

2.1.3　中国人民银行的职能和职责

1）中国人民银行的职能

（1）发行的银行。

发行的银行是指中央银行依法独家垄断一个国家的货币发行，统一掌管全国的货币流通，它所发行的货币是国内唯一的法定货币。中央银行垄断通货发行权，有利于稳定币值，建立良好的通货发行与流通秩序，保证通货的投入量与商品流转的需求相适应。世界各国几乎都以立法明确授予中央银行发行货币的垄断权，只有美国、日本等少数国家，由财政部发行货币。

（2）银行的银行。

银行的银行是指中央银行作为最后贷款人，主要以商业银行为业务对象，对商业银行进行贷款并监控其支付能力和风险能力。中央银行是银行的银行，有利于中央银行服务于商业银行和整个金融机构体系，履行维持金融稳定、促进金融业发展的职责。

中央银行为银行与非银行金融机构服务，具体表现在：

① 依法集中保管金融机构交存的存款准备金；

② 对全国金融机构承担最后贷款人责任；

③ 主持全国金融机构之间的清算事宜。

（3）国家的银行。

国家的银行是指中央银行隶属于国家，中国人民银行就是由中央政府即国务院领导的银行。其全部资本属于国家所有，它要为政府提供如下服务：

① 受托经理国库，担任国库出纳；

② 以法律允许的条件、额度和方式对政府提供信用；

③ 代表政府参与有关国际金融活动；

④ 担任政府的金融顾问和参谋；

⑤ 代理政府公债的发行和还本付息事宜；

⑥ 代理政府买卖黄金、外汇，管理国家的黄金、外汇储备。

2）中国人民银行的职责

（1）拟定金融业改革、开放和发展规划，承担综合研究并协调解决金融运行中的重大问题、促进金融业协调健康发展的责任。牵头国家金融安全工作协调机制，维护国家金融安全。

（2）牵头建立宏观审慎管理框架，拟订金融业重大法律法规和其他有关法律法规草案，制定审慎监管基本制度，建立健全金融消费者保护基本制度。中国人民银行宏观调控职能的履行和货币政策的实施，必须有健全的法制作为前提和保障。中国人民银行作为国务院的职能部门，它有权根据法律、国务院的行政法规、决定、命令在本部门的权限范围内制定和发布命令及规章。

（3）制定和执行货币政策、信贷政策，完善货币政策调控体系，负责宏观审慎管理。货币政策是各国中央银行对宏观经济进行调节的重要手段，中国人民银行履行制定和执行货币政策的职能，就是指中国人民银行在国务院的领导下，制定和实施货币政策；中国人民银行就年度货币供应量、利率、汇率和国务院规定的其他重要事项作出决定，报国务院批准后执行；中国人民银行就其他有关货币政策事项作出决定后，即予执行，并报国务院备案。

（4）牵头负责系统性金融风险防范和应急处置，负责金融控股公司等金融集团和系统重要性金融机构基本规则制定、监测分析和并表监管，视情责成有关监管部门采取相应监管措施，并在必要时经国务院批准对金融机构进行检查监督，牵头组织制定实施系统重要性金融机构恢复和处置计划。

（5）承担最后贷款人责任，负责对因化解金融风险而使用中央银行资金机构的行为进行检查监督。

（6）监督管理银行间债券市场、货币市场、外汇市场、票据市场、黄金市场及上述市场有关场外衍生产品；牵头负责跨市场跨业态跨区域金融风险识别、预警和处置，负责交叉性金融业务的监测评估，会同有关部门制定统一的资产管理产品和公司信用类债券市场及其衍生产品市场基本规则。

（7）负责制定和实施人民币汇率政策，推动人民币跨境使用和国际使用，维护国际收支平衡，实施外汇管理，负责国际国内金融市场跟踪监测和风险预警，监测和管理跨境资本流动，持有、管理和经营国家外汇储备和黄金储备。

外汇管理是政府对外汇收、支、存、兑所进行的一种管理。伴随着经济市场化，我国的外汇管理体制已经进行了较大改革，基本线索可以概括为：微观上逐步放开、搞活，宏观上改善调控，最终目的是实现人民币可自由兑换。中国人民银行的一个重要职责是对外汇实施宏观管理。

银行间外汇市场是指经国家外汇管理局批准可以经营外汇业务的境内金融机构（包括银行、非银行金融机构和外资金融机构）之间通过中国外汇交易中心进行的人民币与外币之间交易的场所。该市场的职能是为各外汇指定银行相互调剂余缺和提供清算服务，由中国人民银行授权国家外汇管理局监督管理。

外汇储备和黄金储备是一国国际储备的主要组成部分。外汇储备是一国中央银行能控制的国外存款和其他短期金融资产，通常包括在国际上可广泛使用的自由兑换货币，政府在国外的短期存款、外国有价证券、外国银行的票据等。黄金储备是一国中央银行持有的储备黄金，是指一国货币当局为应付其国际收支上的需要所持有的黄金总额。属于工业用黄金和民间持有的黄金均不计算在内。

（8）牵头负责重要金融基础设施建设规划并统筹实施监管，推进金融基础设施改革与互联互通，统筹互联网金融监管工作。

（9）统筹金融业综合统计，牵头制定统一的金融业综合统计基础标准和工作机制，建设国家金融基础数据库，履行金融统计调查相关工作职责。

（10）组织制定金融业信息化发展规划，负责金融标准化组织管理协调和金融科技相关工作，指导金融业网络安全和信息化工作。

（11）发行人民币，管理人民币流通。由于人民币具有无限法偿能力，在我国境内的一切公私交易中可以无限制地使用，任何单位和个人都无权拒绝收受人民币，因此，我国按照经济发行和计划发行的原则发行人民币。

（12）统筹国家支付体系建设并实施监督管理，会同有关部门制定支付结算业务规则，负责全国支付、清算系统的安全稳定高效运行。

（13）经理国库。我国采取"委托国库制"，经理国库是中国人民银行的重要职能。中国人民银行作为政府的银行，代理政府的财政收入和支出。中国人民银行专设机构为政府开立各种账户，经办政府的财政预算收支划拨与清算业务，执行国库出纳职能，为政府代办国债的发行、还本付息事宜。

（14）承担全国反洗钱和反恐怖融资工作的组织协调和监督管理责任，负责涉嫌洗钱及恐怖活动的资金监测。"洗钱"是指将毒品犯罪、黑社会性质的有组织犯罪、恐怖活动犯罪、走私犯罪或者其他犯罪的违法所得及其产生的收益，通过各种手段掩饰、隐瞒其来源和性质，使其在形式上合法化的行为。反洗钱工作是金融机构应承担的社会责任之一，也是维护金融体系健康运行的一个重要环节，中国人民银行建立了大额人民币、大额外汇和可疑交易监测系统，便于追查可疑交易。

（15）管理征信业，推动建立社会信用体系。

（16）参与和中国人民银行业务有关的全球经济金融治理，开展国际金融合作。

（17）按照有关规定从事金融业务活动。

（18）管理国家外汇管理局。

（19）完成党中央、国务院交办的其他任务。这是一项弹性条款，即中国人民银行作为国务院的组成部门，有义务履行国务院规定的其他职责。

（20）职能转变。完善宏观调控体系，创新调控方式，构建发展规划、财政、金融等政策协调和工作协同机制，强化经济监测预测预警能力，建立健全重大问题研究和政策储备工作机制，增强宏观调控的前瞻性、针对性、协同性。围绕党和国家金融工作的指导方针和任务，加强和优化金融管理职能，增强货币政策、宏观审慎政策、金融监管政策的协调性，强化宏观审慎管理和系统性金融风险防范职责，守住不发生系统性金融风险的底线。按照简政放权、放管结合、优化服务、职能转变的工作要求，进一步深化行政审批制度改革和金融市场改革，着力规范和改进行政审批行为，提高行政审批效率。加快推进"互联网+政务服务"，加强事中事后监管，切实提高政府服务质量和效果。继续完善金融法律制度体系，做好"放管服"改革的制度保障，为稳增长、促改革、调结构、惠民生提供有力支撑，促进经济社会持续平稳健康发展。

2.1.4　中国人民银行的组织机构

1）行长

《中国人民银行法》第十条第一款规定："中国人民银行设行长一人，副行长若干人。"中国人民银行行长是中国人民银行的核心人物，是中央银行决策层的领导，也是中国人民银行最高的行政领导人。作为中国人民银行的法定代表人，他对内管理和执行中国人民银行内部事务，对外代表中国人民银行。中国人民银行副行长作为行长的助手，协助行长的工作，负责某些方面的工作或者办理专项事务，当行长不在时代替行长主持中国人民银行的工作。

2）货币政策委员会

根据《中国人民银行法》和国务院颁布的《中国人民银行货币政策委员会条例》，经国务院批准，中国人民银行货币政策委员会于1997年7月成立。2003年12月27日修订的《中国人民银行法》第十二条明确指出："中国人民银行设立货币政策委员会。货币政策委员会的职责、组成和工作程序，由国务院规定，报全国人民代表大会常务委员会备案。中国人民银行货币政策委员会应当在国家宏观调控、货币政策制定和调整中，发挥重要作用"。

货币政策委员会是中国人民银行制定货币政策的咨询机构和议事机构，不是决策机构，它是中国人民银行的内部机构，其设立目的是保证中国人民银行在制定货币政策时更加民主化和科学化。其职责是在综合分析宏观经济形势的基础上，依据国家的宏观经济目标，讨论货币政策事项并提出建议；制定、调整货币政策；在一定时期内执行货币政策控制目标；运用货币政策工具；实施有关货币政策的重要措施；协调货币政策与其他宏观经济政策。

3）内设机构

为履行《中国人民银行法》规定的职责，保证科学制定和实施货币政策，有效实行金融监管，中国人民银行设立多个职能司（厅、局、部、中心），包括办公厅（党委办公室）、金融委办公室秘书局、条法司、研究局、宏观审慎管理局、金融市场司、金融稳定局、调查统计司、支付结算司、科技司、货币金融局（保卫局）、国库司、国际司（港澳台办公室）、征信管理局、反洗钱局、金融消费权益保护局、会计财务司、内审司（党委巡视工作领导小组办公室）、人事司（党委组织部）、党委宣传部（党委群工部）、参事司、机关党委、离退休干部局、工会、团委等内部职能机构。

4）分支机构

《中国人民银行法》规定，中国人民银行根据履行职责的需要设立分支机构。2023年8月18日，中国人民银行31个省（自治区、直辖市）分行，深圳、大连、宁波、青岛、厦门 5 个计划单列市分行和 317 个地（市）分行挂牌。同步，中国人民银行各分行加挂国家外汇管理局分局牌子，各省、自治区分行加挂分行营业管理部牌子。自此，中国人民银行正式恢复省分行制度。

省级分行挂牌是落实《党和国家机构改革方案》的重要举措。改革方案提出，统筹推进中国人民银行分支机构改革，按行政区划设置中国人民银行省级分行，不再保留县支行，职能上收至地（市）分行。此外，将央行对金融控股公司等金融集团的日常监管职责、有关金融消费者保护职责划入新成立的国家金融监督管理总局。改革后，央行形成了总行—省级分行—地市分行三级管理体制，专注于货币政策制定与执行、宏观审慎管理、金融稳定等职能。

5）直属机构

中国人民银行的直属单位有中国人民银行机关服务中心、中国人民银行集中采购中心、中国反洗钱监测分析中心、中国人民银行征信中心、中国外汇交易中心、中国金融出版社、金融时报社、清算总中心、中国印钞造币集团有限公司、中国金币集团有限公司、中国金融电子化集团有限公司、中共中国人民银行委员会党校、中国金融培训中心、中国人民银行郑州培训学院、中国钱币博物馆、中国人民银行金融信息中心等。

拓展阅读 2-2

调整央行职责 增强政策制定和协调执行能力

2.2 中国人民银行的业务

2.2.1 中国人民银行业务活动的原则

1）不以营利为目的

中国人民银行从事业务以制定和实施货币政策，维护金融和经济稳定为主，不以营利为目的，不经营一般银行业务，不支付存款利息。

2）保持资产的流动性

中国人民银行需保持资产的流动性，以备商业银行和政府之需。

3）保持业务的公开性

中国人民银行需定期公布业务状况，以便形成合理预期，增强货币政策效应，使其活动置于公众的监督之下。

4）业务活动需遵循相应的法律规范

中国人民银行的业务活动要符合宪法、法律和行政法规的规定。

2.2.2 中国人民银行的业务范围

中国人民银行的主要业务包括负债业务、资产业务和清算业务，这是中央银行职能的具体体现。

1）负债业务

负债业务是指金融机构、政府、特定部门持有的中央银行的债权。中央银行负债业务主要包括存款业务、货币发行业务和经理国库业务。

（1）存款业务。

中国人民银行的存款业务包括准备金存款、政府存款、外国存款、非银行金融机构存款等。准备金存款业务是中央银行存款业务中最主要的业务，它是中央银行资金的重要来源。准备金存款由两部分组成：一部分是法定准备金存款，即商业银行按照法律规定将吸收存款的一定比率上存中央银行；另一部分为超额准备金存款，即商业银行在中央银行的存款中超过法定准备金的部分。

中国人民银行是于1984年行使央行职能后开办准备金存款业务的。目前中国人民银行的准备金存款业务对象除了存款货币银行（包括商业银行、城乡信用社、财务公司）外，还包括特定存款机构，即信托投资公司、国家开发银行和中国进出口银行两家政策性银行。中国人民银行对各类金融机构的准备金存款按旬平均余额计提。我国目前对存款准备金率的调整不作明确规定，根据货币政策的操作规程需要而进行调整。

（2）货币发行业务。

货币发行是中央银行作为国家政府的代表向社会提供的流通手段和支付手段，是中央银行对货币持有者的一种负债，货币发行构成了中央银行最重要的负债业务。

中央银行的货币发行是通过再贴现、贷款、购买有价证券、收购金银及外汇等中央银行的业务活动，将货币投放市场、注入流通，进而增加社会货币供应量的。货币发行都有法律规定的程序，各国不尽相同，但都是根据中央银行法的规定，依据经济发展的进程制定操作程序，以配合货币政策的执行。

（3）经理国库业务。

中国人民银行作为政府的银行，代理国家经理国库。经常大量的财政存款构成了中央银行的负债业务之一。这部分存款经财政分配，下拨机关、团体单位作为经费后，形成机关、团体的存款，这部分存款是财政性存款，它与财政存款一样，也是中央银行的负债。两种存款均为中央银行资金的重要来源。

2）资产业务

资产业务是中央银行运用货币资金的业务，是调控信用规模和货币供应量的主要手段。它主要包括贷款业务、再贴现业务、公开市场业务和经营国际储备资产。

（1）贷款业务。

中央银行的贷款是商业银行基础货币的重要来源，它对于维护金融体系安全，抑制通货膨胀，调节经济具有非常重要的意义。该业务的对象主要是商业银行和国家财政，在特殊的情况下，也对一些非银行金融机构发放小额贷款。

（2）再贴现业务。

再贴现业务是指商业银行以未到期的商业票据向中央银行申请贴现取得融资的业务。中央银行运用再贴现执行最后贷款人的职能。

我国于1986年由中国人民银行上海市分行开办了再贴现业务，随后此业务在全国其他城市逐步推开，1994年10月中国人民银行总行开始办理再贴现业务。

（3）公开市场业务。

公开市场业务是指中央银行在公开市场上买卖政府债券，从而调节货币供应量的活动。中央银行在公开市场业务中可以买卖的有价证券为国债、其他政府债券和金融债券及外汇四类。

（4）经营国际储备资产。

国际储备是指各国政府委托本国中央银行持有的国际上广泛接受的各种形式资产的总称。目前国际储备主要由外汇、黄金组成，其中外汇储备是最重要的组成部分。

中央银行经营国际储备是中央银行作为政府的银行这一功能的又一表现。它能弥补国际收支逆差，干预外汇市场，维持汇率稳定。增强国际信誉度，增强本国货币的国际信誉。

3）清算业务

清算业务又称中间业务，即中央银行对各金融机构之间因经营活动而发生的资金往来和债权债务进行了结。它主要包括以下内容：

（1）组织同城票据交换。

工商企业、事业单位及消费者用票据进行债权债务清偿和支付时，要通过开户银行的转账结算系统实现资金收付。当各银行收到客户提交的票据后，通过票据交换的方式将代收的票据交付款行。所谓票据交换是指将同一城市中各银行间收付的票据进行当日交换。参加交换的各银行每日在规定时间内，在交换场所将当日收进的以其他银行为付款行的票据进行交换，这种票据交换的清算一般由中央银行组织管理，集中办理交换业务，结出各机构收付相抵后的差额，其差额通过各商业银行在中央银行的存款账户进行划转清算。

（2）办理异地资金汇划。

办理异地资金汇划是指办理不同区域、不同城市、不同银行之间的资金转移，如各行的异地汇兑形成各行间异地的债权债务需要进行跨行、跨地区的资金划转。这种跨地区的资金汇划，必须由中央银行统一办理。一般有两种方法：一是先由各金融机构内部组成联行系统，最后各金融机构的清算中心通过中央银行办理转账结算；二是将异地票据统一集中传至中央银行总行办理轧差头寸的划转。我国的清算通常也采用这两种方法。通过中央银行的异地资金汇划减少了各行运送现款的麻烦，加速了资金周转。同时中央银行还通过此业务了解各金融机构的资金营运情况，有利于中央银行加强对金融机构的监管。

（3）跨国清算。

跨国清算是指由于国际贸易、国际投资及其他方面所发生的国际债权债务，借助一定的结算工具和支付系统进行清算，实现资金跨国转移的行为。跨国清算通常通过各国的指定银行分别向本国的中央银行办理，由两国中央银行集中两国之间的债权债务直接加以抵销，完成清算工作。

2.2.3 中国人民银行不得从事的业务

案例分析 2-1

    某市的财政状况一直不好，当地建设缺少大量资金，于是该市政府令当地中国人民银行分行贷款给市政府财政，并且要求其为当地商业银行透支，同时命令其为当地的一项基本建设项目的外国贷款提供担保。

    问题：该中国人民银行分行是否应执行当地政府的命令？为什么？

    分析：该分行有权拒绝当地政府的以上命令。因为中国人民银行的分支机构是中国人民银行的派出机构，在业务上与地方政府没有直接联系，也不受地方政府行政管理。《中国人民银行法》明确禁止中国人民银行向金融机构账户透支，禁止向地方政府贷款，禁止向任何单位和个人提供担保。我国的中央银行是中国人民银行。中国人民银行在国务院的领导下，制定和实施货币政策，防范和化解金融风险，维护金融稳定。

    中国人民银行作为中央银行，不得从事以下业务：

    （1）不得对政府财政透支，不得直接认购、包销国债和其他政府债券。

    （2）不得对银行业金融机构的账户透支。

    （3）不得向地方政府、各级政府部门及其他单位或个人提供贷款。

    （4）不得向非银行金融机构以及单位和个人提供贷款，但国务院决定中国人民银行可以向特定的非银行金融机构提供贷款的除外。

    （5）不得向任何单位和个人提供担保。

资料来源：陈明. 金融法——同步训练、同步过关［M］. 北京：人民日报出版社，2016.

2.3 货币政策

2.3.1 货币政策的概念与特征

1）货币政策的概念

    货币政策，也称金融政策，是指主权国家为实现其特定的经济目标而采用的各种调节货币供应量或管制信用规模的方针、政策和措施的总称。货币政策是一国主要的宏观经济政策，是中央银行的核心职责。

2）货币政策的特征

    （1）货币政策是一种宏观经济政策，而非微观经济政策。

    （2）货币政策是一种调整社会总需求的政策，而非调整社会总供给的政策。

    （3）货币政策是一种间接的控制手段，而非直接的控制手段。

    （4）货币政策是一种较长期的经济政策，而非短期的经济政策。

    （5）货币政策是一种逆向调节政策，而非顺向调节政策。

2.3.2 货币政策的目标

    货币政策的目标是指货币政策制定者所期望达到的最终实施结果，包括最终目标和中介目标，后者又包括货币政策的操作目标和中间目标。

1）货币政策的最终目标

货币政策的最终目标是中央银行组织和调节货币流通的出发点和归宿。它必须服务于国家宏观经济政策的总体目标，这也就决定了货币政策最终目标与宏观经济政策目标之间的一致性。对货币政策目标的选择，各个国家或地区根据本国或本地区的情况和所处时期，各有不同的选择。大多数国家的目标为物价稳定、充分就业、经济增长和国际收支平衡。由于货币政策的这四个终极目标之间存在矛盾性，因此在一定时期内几乎不可能同时实现全部目标。

2）货币政策的中介目标

货币政策的中介目标，是指受货币政策工具作用，影响货币政策最终目标的传导性金融变量指标。由于从货币政策的制定、实施到影响金融市场参与者的行为、最后实现货币政策最终目标需要一个漫长的过程，需要在货币政策工具和最终目标之间设置中介目标，有利于目标的实现。

作为中介目标的金融变量一般应同时满足三个基本标准，即可测性、可控性和相关性。

根据各个中介目标对货币政策工具反应的先后和作用于最终目标的过程，可将中介目标分成两类：操作目标（近期目标）和中间目标（远期目标）。

（1）操作目标。操作目标是指直接受货币政策工具作用，间接影响货币政策最终目标的金融变量。可供选择的金融变量主要有存款准备金、基础货币和短期利率。

（2）中间目标。中间目标是指间接受货币政策工具作用，直接影响货币政策最终目标的金融变量。它主要有货币供应量、银行信贷规模、长期利率、汇率和通货膨胀。

2.3.3 货币政策工具

货币政策工具是中央银行为实现其货币政策目标所采取的各种调控货币供应量的手段。货币政策工具从其操作对象来划分，可分为三类：一般性货币政策工具、选择性货币政策工具和其他货币政策工具。

1）一般性货币政策工具

一般性货币政策工具是从总体的角度，对货币和信用进行调节和控制，从而对经济体系产生普遍影响的工具。

（1）法定存款准备金政策。存款准备金是指金融机构为保证客户提取存款和资金清算需要而准备的资金，金融机构按规定向中央银行缴纳的存款准备金占其存款总额的比例就是存款准备金率。存款准备金制度是在中央银行体制下建立起来的，世界上美国最早以法律形式规定商业银行向中央银行缴存存款准备金。存款准备金制度的初始作用是保证存款的支付和清算，之后才逐渐演变成为货币政策工具，中央银行通过调整存款准备金率，影响金融机构的信贷资金供应能力，从而间接调控货币供应量。

（2）再贴现政策。再贴现是中央银行对金融机构持有的未到期已贴现商业汇票予以贴现的行为。在我国，中央银行通过适时调整再贴现总量及利率，明确再贴现票据选择，达到吞吐基础货币和实施金融宏观调控的目的，同时发挥调整信贷结构的功能。自1986年中国人民银行在上海等中心城市开始试办再贴现业务以来，再贴现业务经历了试点、推广到规范发展的过程。再贴现作为中央银行的重要货币政策工具，在完善货币政策传导机制、促进信贷结构调整、引导扩大中小企业融资、推动票据市场发展等方面发挥了重要作用。

（3）公开市场业务。公开市场业务是指中央银行在金融市场上买进或卖出有价证券，以改变商业银行等存款类金融机构的准备金数量，进而影响货币供给量和利率，实现货币政策目标的一种政策措施。公开市场业务具有公开性、公平性、主动性等优点，经常被使用，而且效果明显。

在多数发达国家，公开市场操作是中央银行吞吐基础货币，调节市场流动性的主要货币政策工具，通过中央银行与市场交易对手进行有价证券和外汇交易，实现货币政策调控目标。中国公开市场操作包括人民币操作和外汇操作两部分。外汇公开市场操作1994年3月启动，人民币公开市场操作1998年5月26日恢复交易，规模逐步扩大。1999年以来，公开市场操作发展较快，目前已成为中国人民银行货币政策日常操作的主要工具之一，对于调节银行体系流动性水平、引导货币市场利率走势、促进货币供应量合理增长发挥了积极的作用。

从交易品种看，中国人民银行公开市场业务债券交易主要包括回购交易、现券交易和发行中央银行票据。其中回购交易分为正回购和逆回购两种，正回购为中国人民银行向一级交易商卖出有价证券，并约定在未来特定日期买回有价证券的交易行为，正回购为央行从市场收回流动性的操作，正回购到期则为央行向市场投放流动性的操作；逆回购为中国人民银行向一级交易商购买有价证券，并约定在未来特定日期将有价证券卖给一级交易商的交易行为，逆回购为央行向市场上投放流动性的操作，逆回购到期则为央行从市场收回流动性的操作。现券交易分为现券买断和现券卖断两种，前者为央行直接从二级市场买入债券，一次性地投放基础货币；后者为央行直接卖出持有债券，一次性地回笼基础货币。中央银行票据即中国人民银行发行的短期债券，央行通过发行央行票据可以回笼基础货币，央行票据到期则体现为投放基础货币。

（4）常备借贷便利（Standing Lending Facility，SLF）。常备借贷便利是中国人民银行正常的流动性供给渠道，主要功能是满足金融机构期限较长的大额流动性需求。对象主要为政策性银行和全国性商业银行。期限为1~3个月。利率水平根据货币政策调控、引导市场利率的需要等综合确定。常备借贷便利以抵押方式发放，合格抵押品包括高信用评级的债券类资产及优质信贷资产等。常备借贷便利的主要特点：一是由金融机构主动发起，金融机构可根据自身流动性需求申请常备借贷便利；二是常备借贷便利是中央银行与金融机构"一对一"交易，针对性强。三是常备借贷便利的交易对手覆盖面广，通常覆盖存款金融机构。

（5）中期借贷便利（Medium-term Lending Facility，MLF）。2014年9月，中国人民银行创设了中期借贷便利。中期借贷便利是中央银行提供中期基础货币的货币政策工具，对象为符合宏观审慎管理要求的商业银行、政策性银行，可通过招标方式开展。中期借贷便利采取质押方式发放，金融机构提供国债、央行票据、政策性金融债、高等级信用债等优质债券作为合格质押品。中期借贷便利利率发挥中期政策利率的作用，通过调节向金融机构中期融资的成本来对金融机构的资产负债表和市场预期产生影响，引导其向符合国家政策导向的实体经济部门提供低成本资金，促进降低社会融资成本。

2）选择性货币政策工具

选择性货币政策工具是中央银行针对某些特殊的经济领域或特殊用途而采用的信用调节工具。其主要有：

（1）支农再贷款。支农再贷款自1999年起向地方法人金融机构发放，引导其扩大涉农信贷投放，降低"三农"融资成本。发放对象为农村商业银行、农村合作银行、农村信用社和村镇银行。对符合要求的贷款，按贷款本金的100%予以资金支持。支农再贷款属于长期性工具。

（2）支小再贷款。支小再贷款自2014年起向地方法人金融机构发放，引导其扩大小微企业、民营企业贷款投放，降低融资成本。其发放对象包括城市商业银行、农村商业银行、农村合作银行、村镇银行和民营银行。对符合要求的贷款，按贷款本金的100%予以资金支持。支小再贷款属于长期性工具。

（3）再贴现。再贴现是中国人民银行对金融机构持有的已贴现票据进行贴现的业务，自1986年开办，2008年开始发挥结构性功能，重点用于支持扩大涉农、小微和民营企业融资。其发放对象包括全国性商业银行、地方法人银行和外资银行等具有贴现资格的银行业金融机构。再贴现属于长期性工具。

（4）普惠小微贷款支持工具。按照国务院常务会议决定，2021年12月，中国人民银行创设普惠小微贷款支持工具，支持对象为地方法人金融机构，对其发放的普惠小微贷款，按照余额增量的一定比例提供激励资金，鼓励持续增加普惠小微贷款。实施期为2022年到2024年末，按季操作。普惠小微贷款支持工具属于阶段性工具。

（5）抵押补充贷款。2014年，中国人民银行创设抵押补充贷款。抵押补充贷款主要服务于棚户区改造、地下管廊建设、重大水利工程、"走出去"等重点领域。发放对象为国家开发银行、农业发展银行和进出口银行。对属于支持领域的贷款，按贷款本金的100%予以资金支持。抵押补充贷款属于阶段性工具。

（6）碳减排支持工具。按照国务院常务会议决定，2021年11月，中国人民银行联合国家发展改革委、生态环境部创设碳减排支持工具，发放对象为21家全国性金融机构、部分外资金融机构和地方法人金融机构，明确支持清洁能源、节能环保、碳减排技术三个重点减碳领域。对于符合要求的贷款，按贷款本金的60%予以低成本资金支持。实施期为2021年到2024年末，按季操作。碳减排支持工具属于阶段性工具。

（7）支持煤炭清洁高效利用专项再贷款。按照国务院常务会议决定，2021年11月，中国人民银行联合国家发展改革委、能源局创设支持煤炭清洁高效利用专项再贷款，发放对象为国家开发银行、进出口银行、中国工商银行、中国农业银行、中国银行、中国建设银行和交通银行共7家全国性金融机构，明确支持煤的大规模清洁生产、清洁燃烧技术运用等7个煤炭清洁高效利用领域，以及支持煤炭开发利用和增强煤炭储备能力。对于符合要求的贷款，按贷款本金的100%予以低成本资金支持。实施期为2021年到2023年末，按月操作。支持煤炭清洁高效利用专项再贷款属于阶段性工具。

（8）科技创新再贷款。按照国务院常务会议决定，2022年4月，中国人民银行联合工信部、科技部创设科技创新再贷款，发放对象为21家全国性金融机构，明确支持"高新技术企业"、"专精特新中小企业"、国家技术创新示范企业、制造业单项冠军企业等科技创新企业。对于符合要求的贷款，按贷款本金的60%予以低成本资金支持，按季操作。科技创新再贷款属于阶段性工具。

（9）普惠养老专项再贷款。按照国务院常务会议决定，2022年4月，中国人民银行联合国家发展改革委创设普惠养老专项再贷款，发放对象为国家开发银行、进出口银行、中国工商银行、中国农业银行、中国银行、中国建设银行和交通银行共7家全国性金融机构，明确支持符合标准的普惠养老机构项目，初期选择浙江、江苏、河南、河北、江西等五个省份开展试点。对于符合要求的贷款，按贷款本金的100%予以低成本资金支持，实施期暂定两年，按季操作。普惠养老专项再贷款属于阶段性工具。

（10）交通物流专项再贷款。按照国务院常务会议决定，2022年5月，中国人民银行联合交通运输部创设交通物流专项再贷款，发放对象为农业发展银行、中国工商银行、中国农业银行、中国银行、中国建设银行、交通银行和中国邮政储蓄银行共7家全国性金融机构，明确支持道路货物运输经营者和中小微物流仓储配送（含快递）等企业。对于符合要求的贷款，按贷款本金的100%予以低成本资金支持。实施期为2022年5月至2023年6月末，按月操作。交通物流专项再贷款属于阶段性工具。

（11）设备更新改造专项再贷款。按照国务院常务会议决定，2022年9月，中国人民银行联合国家发展改革委、财政部、审计署、银保监会创设设备更新改造专项再贷款，发放对象为21家全国性金融机构，支持其向制造业、社会服务领域和中小微企业、个体工商户等设备更新改造提供贷款。对于符合要求的贷款，按贷款本金的100%予以低成本资金支持。实施期为2022年9月至2022年末，按月操作。设备更新改造专项再贷款属于阶段性工具。

（12）普惠小微贷款减息支持工具。按照国务院常务会议决定，2022年第四季度，支持相关金融机构对普惠小微贷款减息1个百分点。对于16家全国性金融机构、地方法人金融机构，中国人民银行对其实际减息金额给予等额资金激励。实施期为2022年第四季度，按月操作。设备更新改造专项再贷款属于阶段性工具。

（13）收费公路贷款支持工具。按照国务院常务会议决定，2022年第四季度，支持21家全国性金融机构对收费公路贷款减息0.5个百分点，中国人民银行对金融机构实际减息金额给予等额资金激励。实施期为2022年第四季度，按季操作。收费公路贷款支持工具属于阶段性工具。

（14）民营企业债券融资支持工具（第二期）。经国务院批准，2022 年 10 月，中国人民银行重启民营企业债券融资支持工具，向专业机构提供再贷款资金，通过市场化运作，稳定和促进民营企业债券融资。实施期为 2022 年 11 月至 2025 年 10 月末。收费公路贷款支持工具属于阶段性工具。

（15）保交楼贷款支持计划。按照国务院常务会议决定，2022 年 12 月，中国人民银行创设保交楼贷款支持计划，支持对象为中国工商银行、中国农业银行、中国银行、中国建设银行、交通银行和中国邮政储蓄银行共 6 家全国性金融机构，可扩展至 18 家全国性金融机构，支持其向已售逾期难交付住宅项目发放保交楼贷款。对于符合要求的贷款，按贷款本金的 100% 予以资金支持。实施期为 2022 年 11 月至 2024 年 5 月末，按季操作。保交楼贷款支持计划属于阶段性工具。

（16）房企纾困专项再贷款。按照国务院常务会议决定，2023 年 1 月，中国人民银行创设房企纾困专项再贷款，支持对象为华融、长城、东方、信达、银河五家全国性金融资产管理公司，支持其对受困房地产企业项目并购化险。对于符合要求的并购资金，按并购实际投入金额的 50% 予以资金支持。实施期为 2023 年 1 月至 2023 年末，按季操作。房企纾困专项再贷款属于阶段性工具。

（17）租赁住房贷款支持计划。按照国务院常务会议决定，2023 年 2 月，中国人民银行创设租赁住房贷款支持计划，在重庆市、济南市、郑州市、长春市、成都市、福州市、青岛市、天津市等 8 个城市开展试点，支持市场化批量收购存量住房、扩大租赁住房供给。试点支持对象为国家开发银行、中国工商银行、中国农业银行、中国银行、中国建设银行、交通银行和中国邮政储蓄银行共 7 家全国性金融机构。对于符合要求的贷款，按贷款本金的 100% 予以资金支持。实施期为 2023 年 2 月至 2023 年末，按季操作。租赁住房贷款支持计划属于阶段性工具。

3）其他货币政策工具

（1）利率最高限。利率最高限是指中央银行依据法律规定商业银行的定期及储蓄存款所能支付的最高利率。

（2）信用配额。信用配额是指中央银行根据金融市场状况及客观经济需要，权衡轻重缓急后对商业银行的信用规模加以合理分配与限制的措施。

（3）流动性比率。流动性比率是指中央银行规定商业银行的全部资产中流动性资产的比重，借以限制商业银行信用扩张的直接控制措施。

（4）直接干预。直接干预是指中央银行直接对商业银行的信贷业务、放款范围等加以干预。

（5）道义劝导。道义劝导是指中央银行利用其权威地位，对商业银行和其他金融机构以发出书面通告，甚至与金融机构负责人面谈等形式向商业银行通报经济形势，劝其遵守法律，采取配合中央银行货币政策的措施。

（6）窗口指导。窗口指导是指中央银行根据产业行情、物价趋势和金融市场动向，借用中央银行的地位与威望，通过非强制性手段规定商业银行贷款近期的增减额，并要求其执行，否则加以制裁。

2.3.4　货币政策效果分析

货币政策效果分析包括三个方面：货币政策传导机制分析、货币政策效应分析、货币政策监测分析。

（1）货币政策传导机制分析。中央银行确定货币政策之后，从选用一定的货币政策工具并实际进行操作开始，到实现其预期目的之间，要经过各种中间环节相互之间的有机联系及因果联动。货币政策传导机制如图2-1所示。

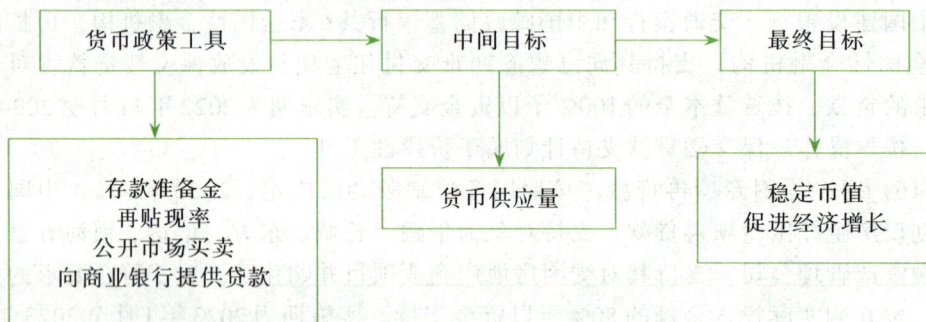

```
┌──────────────┐      ┌──────────────┐      ┌──────────────┐
│  货币政策工具  │ ───→ │   中间目标    │ ───→ │   最终目标    │
└──────────────┘      └──────────────┘      └──────────────┘
       │                     │                     │
       ↓                     ↓                     ↓
┌──────────────┐      ┌──────────────┐      ┌──────────────┐
│   存款准备金   │      │   货币供应量   │      │   稳定币值     │
│    再贴现率    │      │              │      │  促进经济增长  │
│   公开市场买卖 │      │              │      │              │
│向商业银行提供贷款│    │              │      │              │
└──────────────┘      └──────────────┘      └──────────────┘
```

图2-1　货币政策传导机制

（2）货币政策效应分析。货币政策实施后社会经济运行所作的现实反映。

（3）货币政策监测分析。货币政策在实施过程中的偏差及效果的测定、分析、评估、预测。

《中国人民银行法》在法律上确定了我国的货币政策目标是：保持货币币值的稳定，并以此促进经济增长。

2.4　人民币的发行和管理

2.4.1　人民币的法律地位与现钞概况

案例分析 2-2

某市印刷厂在新年来临前，赶印了一批以"吉祥猴"为主题的挂历，为图吉利，该厂在所有挂历的月历位置均以100元人民币的图案作为背景。该系列挂历推出后，果然比往年该厂印制的挂历的销量好一些。不料，正在这批挂历热销之时，该厂却受到了当地中国人民银行会同该市公安局的查处。通过调查核实，依法对该厂作出了责令立即停止印刷和销售印有人民币图案的挂历，销毁已经印刷的印有人民币图案的挂历成品，没收违法所得并处以3万元人民币罚款的处罚决定。

问题：该印刷厂为什么会受到处罚？

分析：因为该印刷厂在其所印刷的挂历上采用扩大的人民币图案作为挂历背景，此行为违反了《中国人民银行法》第十九条关于"禁止在宣传品、出版物或者其他商品上非法使用人民币图样"的规定。

资料来源：李志慧. 金融法规概论［M］. 北京：中国财政经济出版社，2015.

1）人民币的法律地位

《中国人民银行法》第十六条规定："中华人民共和国的法定货币是人民币。"所谓法定货币，是指由政府用行政命令强制发行的，以法律赋予其具有购买与支付能力的，在商品交换中必须接受的货币。人民币作为我国的法定货币，具有以下基本特征：

（1）法定唯一性。人民币是我国的法定货币，也就是说，人民币是中华人民共和国唯一合法货币，即在我国国内市场上人民币是一种等价物，只准人民币流通。

（2）法偿性。凡在中华人民共和国境内的一切公私债务，均以人民币进行支付，任何债权人在任何时候均不得以任何理由拒绝接收。

（3）相对稳定性。人民币能够保持相对稳定的购买力。从根本上说，国家政局的安定和社会经济的健康发展是人民币币值稳定的坚强后盾。

（4）信用性。国家发行人民币是通过国家信贷程序发行的。同时，人民币的发行是以国家信用和相应的商品物资作保证的。

（5）独立自主性。人民币是独立自主的货币，是国家主权的象征，禁止人民币出入国境或限量出入国境，不准在国外流通，也禁止金银和外币在国内自由流通，即国内一切货币收付、计价单位和汇价的确定都由人民币承担。

2）现钞概况

1948 年 12 月 1 日，中国人民银行成立，开始发行第一套人民币；1955 年 3 月 1 日开始发行第二套人民币；1962 年 4 月 20 日开始发行第三套人民币；1987 年 4 月 27 日开始发行第四套人民币；1999 年 10 月 1 日开始发行第五套人民币。第五套人民币共八种面额：100 元、50 元、20 元、10 元、5 元、1 元、5 角、1 角。第五套人民币根据市场流通中低面额主币实际承担大量找零角色的状况，增加了 20 元面额，取消了 2 元面额，使面额结构更加合理。第五套人民币采取"一次公布，分次发行"的方式。1999 年 10 月 1 日，首先发行了 100 元纸币；2000 年 10 月 16 日发行了 20 元纸币、1 元和 1 角硬币；2001 年 9 月 1 日，发行了 50 元、10 元纸币；2002 年 11 月 18 日，发行了 5 元纸币、5 角硬币；2004 年 7 月 30 日，发行了 1 元纸币。

人民币（简写"RMB"）的单位为元（圆），人民币符号为"￥"。人民币辅币单位为角、分。人民币没有规定法定含金量，它执行价值尺度、流通手段、支付手段等职能。

2.4.2　人民币的发行

1）人民币的发行管理

我国的货币发行权属于国家，国家授权中国人民银行具体掌握全国货币的发行工作，并集中管理货币的发行基金。中国人民银行是我国的货币发行机关，而且是唯一的货币发行机关，任何单位和个人无权发行货币或发行变相货币。

2）人民币发行的原则

货币发行是指中国人民银行向流通中投放现金的行为。我国人民币的发行遵循经济发行、计划发行和集中统一发行的原则。

（1）经济发行。经济发行也称信用发行，是财政发行的对称，是指根据国民经济发展情况，按照商品流通的实际需要而进行货币发行。这种发行是在经济增长的基础上增加货币投放，是为了适应和满足商品生产和商品流通对货币的客观需要。不会引起物价波动和通货膨胀。

（2）计划发行。计划发行是指货币的发行必须纳入整个国家的计划体系之中，按计划办理，以保证币值和物价的稳定，具体由中国人民银行总行提出货币发行计划，报国务院批准后实施。

（3）集中统一发行。集中是指人民币的发行权集中于代表国家的中央政府——国务院。统一是指国家授权中国人民银行统一垄断货币发行。除中国人民银行外，任何地区、任何单位和个人都无权发行货币或发行变相货币。

3）人民币的发行程序

（1）人民币发行库与发行基金。

人民币发行库是中国人民银行为保管货币发行基金而设置的金库，由中国人民银行根据经济发展和业务需要决定设置。发行库依法办理发行基金、金银和其他有价证券的保管、调运，负责损伤、残缺人民币的兑换和销毁等工作。业务库是各银行基层分、支行和处、所为办理日常现金收付而设置的金库。业务库保管的货币是流通中的货币，处于周转状态。

发行基金是指中国人民银行为国家保管的、准备向市场发行的人民币票券，是调节市场货币流通的准备基金。发行基金和现金既有联系，又有区别。它们的联系表现在发行基金从发行库进入业务库时，发行基金就变成了现金；而当现金从业务库缴存到发行库时，现金就成了发行基金。因此，二者在一定条件下是可以相互转化的。它们的区别主要表现在：①性质不同。发行基金是国家未发行的货币，从本质上说只能算是存放于库内的，印成钞票模样的印刷品。而现金则是国家以法律赋予强制通用的现实货币。②管理主体不同。发行基金的管理主体只能由国家授权，中国人民银行是我国唯一的货币发行机构。而现金的管理主体则没有限制，任何单位和个人都可以成为现金的管理主体。③价值形态不同。发行基金的价值体现在印制费用、调拨费及管理费用三个方面；而现金的价值则是以其购买力体现出其代表的社会一般劳动。④流通形式不同。发行基金的流通是通过上级行的调拨命令来实现的，没有上级行的调拨命令，任何单位和个人都无权动用。而现金的流通则不同，只要现金持有者所持有的现金不是非法收入，他就可以随意支用。

（2）人民币发行。

人民币发行是指人民币从发行库到业务库的过程，也叫出库。中国人民银行不能将已经公告发行的人民币直接投放社会，而只能将其支付给金融机构，使人民币从"发行基金"转化为现实货币，即现金，也就是各金融机构将人民币发行库的发行基金调入业务库，然后金融机构再将已经进入自己业务库的人民币现金通过一定方式支付给各单位和个人，于是人民币就进入了市场，也称现金投放。

（3）人民币回笼。

人民币回笼是指人民币从业务库到发行库的过程，也叫入库。各金融机构依法将每日收回的现金放入业务库，当业务库的库存货币超过规定的限额时，超出部分要送交发行库保管，即货币回笼。

2.4.3　人民币的法律保护

人民币是中国的法定货币，严格维护人民币的法律地位，对于稳定币值具有非常重要的意义。《中国人民银行法》规定了对人民币的法律保护。

（1）禁止各种变相货币的发行与流通。变相货币是指没有法定货币发行权的单位或个人签发的、以货币单位标示面值并在市面流通转让的各种有价证券和凭证，如有的单位发行"代金券""购物券""礼品券"等就属于变相发行货币的行为。

（2）禁止伪造、变造人民币和禁止出售、购买伪造、变造的人民币。伪造人民币是指仿照中国人民银行发行的现行流通的纸币或铸币的形状、颜色、图案，制造伪币、冒充真币的行为；变造人民币是指用剪贴、挖补、拼凑、涂改、正背两面撕开等方法增大人民币票面额或增多票张数的行为。由于伪造、变造人民币和贩运伪造、变造的人民币的行为严重扰乱金融秩序，对国家、集体以及个人利益均会造成严重侵害，所以为保护国家货币、维护国家金融稳定，法律对此种行为予以禁止。

（3）禁止运输、持有、使用伪造、变造的人民币。对明知是伪造、变造的人民币而加以运输、持有、使用，也是法律所禁止的行为。

（4）禁止故意毁损人民币。人民币是国家金融制度的体现，是国家保证市场流通的一种手段。人民币作为支付手段，承担着商品交换的流通作用。对人民币的毁损，势必增加人民币的不必要发行，加大发行成本，给国家带来损失，所以禁止故意毁损人民币。

拓展阅读2-3

第五套人民币
的特征

（5）禁止在宣传品、出版物或者其他商品上非法使用人民币图样。禁止非法使用人民币图样，是为了保证国家货币的严肃性，也防止有人利用印有人民币图样的纸张冒充人民币，欺骗他人。

2.5　征信制度及违反《中国人民银行法》的法律责任

2.5.1　征信制度

1）信用与市场的关系

（1）信用是维系市场交易的基本链条。

在市场经济中，信用关系是人与人之间最根本的经济关系，是整个社会赖以生存和发展的基础。随着交易的普遍发展，无论是商品交换、劳务交换，还是信息、服务交换，其交换的完成或实现，都存在一个时间和空间的差距，这个过程要靠一定的制度规范来保障，否则，交换就无法稳健地进行。信用有利于维护和促进各类经济主体之间长期的和较为稳定的经济关系，使经济主体能够实现对市场行为的预测以及预期的交易目标。

（2）信用能够实现交易成本的最低化。

在市场经济中，提高经济运行的效率，通常有两个基础：一是硬件基础，即物质技术基础；二是软件基础，即法律设施、伦理道德、信用制度、守信意识等思想文化基础。在软件的基础上，信用机制发挥好作用，会使交易乃至整个经济运行的成本最低。

（3）信用交易能够不断实现市场的扩展。

在市场经济条件下，信用交易的范围越来越广，并渗透到社会生活的每一个方面。随着经济的发展，人们的经济交往也越来越多，在不断扩大的经济关系中，当人情式的特殊信用难以满足人们多种利益所需的新交换及复杂交换时，人们就选择了以契约为基础的普遍化信用来扩展分工合作，使交易深度和广度有了更大的发展，导致了市场的扩展。所以，信用交易是扩大人们的相互合作从而满足市场主体理性预期需要的经济纽带。

拓展阅读2-4

信用报告全攻略

（4）信用关系最终反映市场的发育程度。

在市场经济中，人们的信用关系越是普遍化，则信用行为越是持久和稳定；社会的信用制度越是完善，则市场的信用度越高，市场发育越成熟，反之亦然。所以，信用关系可以最终反映市场的发育程度和活力状况。

2）国外征信情况简介

征信在本质上就是信用信息服务。"征信"的"征"可理解为"征集"，"信"可理解为"信用"，指为了满足从事放贷等信用活动的机构在信用交易中对客户信用信息的需要，专业化的征信机构依法采集、保存、整理、提供企业和个人信用信息的活动。征信主要包括两大系统：一是以企业、公司为主体的法人组织的信用征信；二是与公民个人经济和社会活动相关的信用征信。征信体系是现代金融体系运行的基石，是防范金融风险，保持金融稳定，促进金融发展和推动经济社会和谐发展的基础。

征信在国外已有100多年的历史，最初是提供赊销服务的小业主之间交换欠债不还的客户名单，以避免继续提供赊销服务造成损失。之后，消费者个人信用的形式逐渐由商品赊销转向银行贷款，征信业逐渐演变成为银行等信贷机构服务的专业化机构，共享的信息也从所谓"黑名单"逐渐加入了借款人按时还款的正面信息，征信的作用也从惩戒，逐渐转变成了惩戒与褒奖相结合的消费者个人积累信用财富的机制。20世纪四五十年代以来，西方发达国家征信业发展迅速，已经形成了较完整的征信体系，在社会经济生活中发挥着重要的作用。

3）征信业务

征信业务，又称信用信息服务业务，包括信用记录、信用调查、信用评分和信用评级。

（1）信用记录，又称信用查询，是指征信机构利用数据库技术采集、汇总企业和个人借、还款历史记录并提供查询服务的业务。

（2）信用调查，又称信用咨询，是指征信机构接受客户委托，依法通过信息查询、访谈和实地考察等方式，了解和评价被调查对象信用状况的活动。

（3）信用评分，是利用数学和统计方法，根据中小企业和个人的还款记录等信息对其信用状况进行的量化评价。

（4）信用评级，又称资信评估、信用评估，是指征信机构通过定量、定性的分析，以简单、直观的符号标示对大中型企业主体和企业债务未来偿还能力的评价。

2.5.2　违反《中国人民银行法》的法律责任

1）违反人民币发行及流通管理规定行为人的法律责任

（1）对伪造和变造货币等违法行为人员的处罚。伪造人民币、出售伪造的人民币，或者明知是伪造的人民币而运输构成犯罪的，依法追究刑事责任；变造人民币、出售变造人民币，或者明知是变造的人民币而运输构成犯罪的，依法追究刑事责任；购买伪造、变造的人民币，或者明知是伪造、变造的人民币而使用构成犯罪的，依法追究刑事责任；实施上述行为，不构成犯罪的，由中国人民银行或其他相关部门予以处罚。

（2）对非法使用人民币图样的人员的处罚。在宣传品、出版物或其他商品上非法使用人民币图样的，中国人民银行应当责令改正，并销毁非法使用的人民币图样，没收违法所得，并处 5 万元以下罚款。

（3）对印制、发售代币票券代替人民币流通的人员的处罚。印制、发售代币票券，以代替人民币在市场上流通的，中国人民银行应当责令停止违法行为，并处 20 万元以下的罚款。

2）金融机构的法律责任

金融机构违反《中国人民银行法》的规定，须承担相应的法律责任。中国人民银行拥有金融调控权，金融机构要接受并积极配合中国人民银行依法履行金融调控行为。对于不积极配合提供报表和资料，或报表及资料虚假，不按规定办理金融机构设置等行为，中国人民银行可以作出行政处罚，责令其停止违法行为并对其罚款。金融机构如对处罚不服，可以提起行政诉讼。

3）中国人民银行及其工作人员违法行为的法律责任

（1）中国人民银行有以下行为之一的，对直接责任人依法给予行政处分，构成犯罪的依法追究刑事责任。

① 违反《中国人民银行法》规定提供贷款的；

② 对单位和个人提供贷款担保的；

③ 擅自动用发行基金的。

（2）中国人民银行工作人员泄露国家秘密的法律责任。

《中国人民银行法》第五十条规定："中国人民银行的工作人员泄露国家秘密或者所知悉的商业秘密，构成犯罪的，依法追究刑事责任；尚不构成犯罪的，依法给予行政处分。"

（3）中国人民银行工作人员贪污受贿、徇私舞弊、滥用职权、疏忽职守的法律责任。《中国人民银行法》第五十一条规定："中国人民银行的工作人员贪污受贿、徇私舞弊、滥用职权、玩忽职守，构成犯罪的，依法追究刑事责任；尚不构成犯罪的，依法给予行政处分。"

4）其他组织和个人违法行为的法律责任

地方政府、各级政府部门、社会团体和个人强令中国人民银行及其工作人员违反《中国人民银行法》的规定提供贷款或者担保的，对负有直接责任的主管人员和其他直接责任人员，依法给予行政处分；构成犯罪的，依法追究刑事责任；造成损失的，应当承担部分或者全部赔偿责任。

》【学思践悟】

2023年，按照《党和国家机构改革方案》关于"统筹推进中国人民银行分支机构改革"的部署，中国人民银行进行机构改革。中国人民银行分支机构改革完成之后，中国人民银行将形成"总行—省级分行—市级分行"三层架构，分支机构设置更加科学高效，专注履行作为中央银行的核心职能，更好地在货币政策、金融稳定等领域发挥重要作用，建设好现代中央银行制度，彰显大国央行在维护币值稳定、促进经济增长等方面的责任和担当。

问题：中国人民银行的机构改革体现了我国金融监管什么样的工作思路？

分析：党的二十大报告提出，"深化金融体制改革，建设现代中央银行制度，加强和完善现代金融监管，强化金融稳定保障体系，依法将各类金融活动全部纳入监管，守住不发生系统性风险底线"。在2023年机构改革方案中，中国人民银行改革和国家金融监督管理总局等机构改革同期进行，这些变化是朝着更加国际化的金融监管"双峰"模式迈出的一步，即一个机构负责市场行为和消费者保护，另一个机构专注于金融体系稳定和货币政策，加强机构监管、功能监管、行为监管。

"两项改革的目的在于强化中央对金融工作的领导，希望减少地方行政对金融工作的干预，适应经济区域发展的需要。实践中这一改革措施的确强化了金融工作的集中统一领导，也促进了区域经济的联系。"中国人民银行原副行长吴晓灵表示。

本章小结

中央银行是一国金融体系中居于主导地位的机构，是依法制定和执行国家货币政策，实施金融调控与管理的特殊的国家机关。中国人民银行是我国的中央银行。

中央银行法是确立中央银行的性质、地位与职责权限，规范中央银行的组织及其业务开展的法律规范的总称。

货币政策，也称金融政策，是指主权国家为实现其特定的经济目标而采用的各种调节货币供应量或管制信用规模的方针、政策和措施的总称。

货币政策工具是中央银行为实现其货币政策目标所采取的各种调控货币供应量的手段。

中华人民共和国的法定货币是人民币。凡在中华人民共和国境内的一切公私债务，均以人民币进行支付，任何债权人在任何时候均不得以任何理由拒绝接收。

征信是指为了满足从事放贷等信用活动的机构在信用交易中对客户信用信息的需要，专业化的征信机构依法采集、保存、整理、提供企业和个人信用信息的活动。

本章训练

一、思考题

1.中国人民银行的职责有哪些？
2.中国人民银行不得从事的业务有哪些？
3.简述人民币的法律地位。
4.征信业务的内容有哪些？

二、案例分析题

在对某市中国人民银行分行的业务检查中，查明其主要从事了以下几项业务：（1）向在该行开立账户的建设银行某分行透支 60 万元。（2）向农业银行再贴现 40 万元。（3）2014 年 5 月 29 日，向农业银行该市分行发放贷款 500 万元，期限 2 年。（4）向该市某投资公司发放贷款 300 万元，期限 4 年。（5）直接认购 1 年期国债 20 万元。（6）2014 年 8 月 16 日，向该市人民政府林业局发放贷款 300 万元，期限 3 年。（7）决定向为该市人民保险公司提供 500 万元担保。（8）认购某公司股票 20 万元。

问题：上述哪些业务是合法的，哪些业务是违法的？为什么？

分析：

（1）违法。中国人民银行分行不得对银行业金融机构的账户透支。

（2）合法。

（3）违法。中国人民银行分行发放贷款的期限不得超过 1 年。

（4）违法。中国人民银行分行不得向任何单位和个人提供贷款。

（5）违法。中国人民银行分行不得直接认购国债和其他政府债券。

（6）违法。中国人民银行分行不得向提供地方政府、各级政府部门、非银行金融机构提供贷款。

（7）违法。中国人民银行分行不得向任何单位和个人担保。

（8）违法。中国人民银行分行不得直接认购国债、政府债券及其他债券。

资料来源：根据百度文库相关资料整理所得。

第3章
商业银行法

学习目标

知识目标：理解商业银行的概念与特征、商业银行的经营规则、商业银行法的概念与适用范围；掌握商业银行的设立条件、业务规则以及业务范围；了解商业银行的分类、组织体制、组织机构、接管、解散、破产、终止。

素养目标：通过介绍商业银行的设立、变更、业务、与客户的关系等，培养学生保护客户秘密的职业道德，树立学生协助相关机构打击非法洗钱的意识，引导学生做一个有责任感、正义感的好公民。

导入案例

2023年3月6日，市民M女士在手机上浏览网站时看到一则可快速办理无须担保、到账快、利率低的网络贷款广告，恰好需要用钱的M女士便在该网页申请了一张5万元额度的信用卡，并留下了个人信息及联系方式。

3月7日，M女士接到自称是"中国农业银行工作人员"的陌生电话，声称她申请的信用卡审批下来了，需要核对身份信息，并添加了其微信。在微信聊天中，"工作人员"询问了M女士的月收入等信息，并让她提交了个人身份证和一张自己名下银行卡照片用于二次审核。

3月8日，"工作人员"给M女士发来了一张显示她姓名的"80 000元信用卡申请进度查询"截图，以资产流水不够为由，让M女士在自己之前提供的银行卡上存入了16 000元用于验证资金流水，并以开通二类账户为由，要走了M女士收到的验证码。随后，M女士发现刚存入的16 000元被分三笔转入一位陌生人的银行账户，询问"工作人员"，被告知转走的钱已转为质押金。M女士点击"工作人员"发来的陌生链接，下载了一款名为"信用卡管理"的App，打开App里的钱包确实显示有16 120元钱。着急要回"质押金"的M女士没有仔细辨别"信用卡管理"App的真伪，便按照"工作人员"的指示进行质押金解除。此时，"工作人员"又先后以"提款账号错误""转账需要备注身份证后四位数字""贷款账户资金太大需要存入相应金额才能提现"等理由诱骗M女士分三次向陌生账户转账数十万元。在"工作人员"第四次以"银行需要验资"为由要求 M 女士转账时，M 女士意识到自己被骗，随即报警。

问题：如果收到办理信用卡的短信，如何防范电信诈骗产生的风险？

分析：

（1）信用卡又叫贷记卡，是由商业银行或信用卡公司对信用合格的消费者发行的信用证明。其形式是一张正面印有发卡银行名称、有效期、号码、持卡人姓名等内容，背面有磁条、签名条的卡片。持有信用卡的消费者可以到特约商业服务部门购物或消费，再由银行同商户和持卡人进行结算，持卡人可以在规定额度内透支。

（2）诈骗分子设计的钓鱼网站，通常会伪装成银行及电子商务网站，骗取用户登录，从而窃取用户提交的银行账号、密码等私密信息，最终导致用户的财产损失。值得注意的是，诈骗分子伪造的钓鱼网站的网址，与正规网站的网址极其相似，往往只有一两个字母的差异，不仔细辨别很难发现。那么，我们普通人怎样才能识别出钓鱼网站呢？第一，通过工信部网站的备案查询系统查询网站的备案信息；第二，数字证书能帮助辨别一个网站的真假。

资料来源：张掖市公安局.「典型电诈案件预警｜第 20 期」警惕！办理信用卡，卡没申请到，存款却没了！［EB/OL］.［2023-03-19］. https://baijiahao.baidu.com/s? id=1760760270360908452&wfr=spider&for=pc.经过整理。

3.1　商业银行法概述

3.1.1　商业银行的概念、特征及职能

1）商业银行的概念

商业银行是指依照《中华人民共和国商业银行法》（以下简称《商业银行法》）和《中华人民共和国公司法》（以下简称《公司法》）设立的以营利为目的，吸收公众存款，发放贷款，办理结算等业务的企业法人。

2）商业银行的特征

（1）商业银行是企业。

商业银行与一般工商企业一样，是以营利为目的的企业，具有从事业务所需要的自有资本。它实行自主经营、自担风险、自负盈亏、自我约束，商业银行以利润最大化为自己的经营目标。

（2）商业银行是金融企业。

商业银行是不同于一般工商企业的特殊企业——金融企业。工商企业经营的是具有一定使用价值的商品，从事商品生产的流通，而商业银行经营的是某种特殊商品——货币。商业银行的主要业务是吸收存款和发放贷款，并经营结算业务等其他中间业务。其他不办理存贷款业务的非银行金融机构，如保险公司、财务公司，不属于商业银行的范畴。

（3）商业银行是一种特殊的金融企业。

现代金融机构包含多种形式，如保险公司、财务公司、融资租赁公司、证券公司等，但与这些金融机构相比，商业银行又具有自己的特点，其主要业务是吸收存款和发放贷款，并经营结算业务等其他中间业务，其业务更综合，功能更齐全，为顾客提供几乎所有的金融服务。而其他金融机构的业务范围则较为狭窄，业务方式较为单一。

3）商业银行的职能

（1）信用中介职能。

信用中介职能是商业银行最本质、最基本的职能。信用中介是指商业银行充当将经济活动中的赤字单位与盈余单位联系起来的中介人的角色。信用中介是在国民经济中发挥着多层次的调节作用：将闲散货币转化为资本；使闲置资本得到充分利用；将短期资金转化为长期资金。

（2）支付中介职能。

商业银行通过客户在银行开立的存款账户，代理客户办理货币兑换、货币结算、货币收付等业务，成为工商企业、团体和个人的货币保管者、出纳和收付代理人，这是商业银行吸引客户和提供服务最主要的方式。

（3）信用创造职能。

商业银行在吸收存款的基础上发放贷款，在支票流通和转账结算的基础上，将贷款又转化为存款，在这种存款不提取的情况下，就增加了商业银行的资金来源，最后，整个银行体系形成了超过原始存款的派生存款，这就是信用创造职能。

（4）金融服务职能。

现代商业银行以其设施先进、联系面广、信息灵通和专业知识丰富等优势，为客户提供各种金融服务，如信息服务、咨询服务、现金管理、提供保管箱、提供商业信用证、银行承兑汇票、备用信用证、代收代付各种行政收费和事业性收费以及代发工资、代理融资等。

3.1.2 中国的商业银行

1）中国商业银行的分类

中国的商业银行制度初创于20世纪80年代中后期，成长发展于90年代中期，90年代后期逐步走向成熟和完善。目前，我国的商业银行根据其性质可分为四类：

（1）国有独资商业银行。

国有独资商业银行就是国家独资的以营利为目的的商业银行。但随着国有独资商业银行股份制改造的进行，原四大国有独资商业银行（工行、中行、建行、农行）的格局已不复存在，中国的银行业发展掀开新的一页。

（2）股份制商业银行。

股份制商业银行就是实行股份有限责任公司制的银行，任何人可以出资成为股东。在中国，除了政策性银行和国有独资商业银行，都是股份制商业银行，如交通银行、平安银行、兴业银行、华夏银行、招商银行、中国光大银行、中信银行、广东发展银行、上海浦东发展银行、中国民生银行等。

（3）城市商业银行。

城市商业银行的前身是城市合作银行。1995 年国务院决定，在中心城市及发达地区城市信用合作社清产核资的基础上，通过吸收地方财政、企业入股组建城市合作银行。其服务领域是，依照商业银行经营原则为地方经济发展服务，为中小企业发展服务。1998 年，城市合作银行全部改名为城市商业银行。目前，城市商业银行还在进一步发展中。

（4）外资银行。

外资银行，是指依照我国有关法律、法规，经批准在我国境内设立的下列机构：①由 1 家外国银行单独出资或者 1 家外国银行与其他外国金融机构共同出资设立的外商独资银行；②外国金融机构与中国的公司、企业共同出资设立的中外合资银行；③外国银行分行；④外国银行代表处。

1981 年，深圳市引进第一家外资银行营业性机构。随着我国经济的发展，境内外资银行数量不断增多，目前，花旗、荷银、汇丰、恒生、东亚、渣打等多家外资银行已经取得法人资格。

2）商业银行的组织体制

商业银行在组织体制上，主要有分支银行制、单元银行制、银行控股公司制三种形式。分支银行制是在总行或总管理处之外，广设国内外分支机构的银行体制。单元银行制又称独家银行制，是只能以单个机构从事经营，不准设立分支机构的银行体制。银行控股公司，又称银行持股公司，一般是指专为控制或收购两家或两家以上银行的股份而成立的公司。

我国商业银行组织体制是分支银行制。商业银行根据业务需要，经中国银保监会审查批准，可以设立分支机构，由中国银保监会颁发经营许可证，并凭此证办理工商登记，领取营业执照，商业银行的分支机构不具有法人资格，但可在总行授权范围内依法开展业务，其民事责任由总行承担。

3）商业银行的组织形式

按照出资人数及法律责任承担形式，商业银行分为独资银行、合伙银行、股份制银行三种组织形式。独资银行和合伙银行目前在德国还有少量存在，股份制银行目前是世界各国商业银行采取的主要形式。我国商业银行的组织形式为有限责任公司和股份有限公司两种。

4）商业银行的治理结构

商业银行的治理结构是指商业银行为保证其正常经营，并执行其意志而设立的有关机构。2001 年 3 月中国证监会发布的《上市公司治理准则》，2002 年 6 月 4 日中国人民银行发布的《股份制商业银行公司治理指引》和《股份制商业银行独立董事和外部监视制度指引》，这三份规范性文件与《商业银行法》《公司法》是我国商业银行规范治理的法律依据。

商业银行的组织机构包括股东大会、董事会、监事会及经理，上市的商业银行还须有独立董事。

3.1.3　商业银行法的概念与适用范围

1）商业银行法的概念

商业银行法是规定商业银行设立、变更、终止、组织机构、业务范围及其基本业务规定的法律规范的总称。

为了规范商业银行的行为，保证其信贷资产的质量，维护商业银行的稳健运行，保护商业银行、存款人、借款人及其他客户的合法权益，1995年5月10日第八届全国人民代表大会常务委员会第十三次会议通过了《商业银行法》。随着我国加入世界贸易组织，金融市场进一步对外开放，为适应商业银行改革的需要，加强对商业银行经营活动的监督和管理，2003年12月27日第十届全国人民代表大会常务委员会第六次会议通过了《全国人民代表大会常务委员会关于修改〈中华人民共和国商业银行法〉的决定》，《商业银行法》于2004年2月1日起实施。2015年8月29日，第十二届全国人民代表大会常务委员会第十六次会议再次对《商业银行法》作了修订。

2）商业银行法的适用范围

商业银行法的适用范围，是指其对哪些金融机构的哪些活动有法律约束力，概括起来，主要包括：

（1）商业银行（国有独资商业银行、其他商业银行）的一切经营活动和管理，都适用于商业银行法。

（2）外资商业银行、中外合资商业银行、外国商业银行的分行，但法律、行政法规另有规定的，适用其规定。

（3）城市信用合作社、农村信用合作社办理的存款、贷款和结算等业务。

案例分析 3-1

A公司为取得多家银行贷款，多头开户，在该市五家银行取得贷款1 000多万元，由于经营状况不佳，效益每况愈下。为逃避银行债务，A公司于2014年10月与B公司达成账户出租协议，由A公司使用B公司的账户从事对外经济往来。后来，B公司因长期向A公司出租账户，被五家金融单位同时起诉，账户被法院查封。两家公司被同时推上被告席。

问题：试分析此案例。

分析：企业、事业单位可以自主选择商业银行开户，但不得为逃避还贷、还债和套取现金而多头开立基本账户；同时要求存款人的账户只能办理存款人本身的业务活动，不得出租和转让账户。根据监管部门对基本账户的开立实施许可制度的规定，在本案中，A公司多头开户，依法应当责令其限期撤销账户，并处以5 000元至10 000元的罚款。

拓展阅读 3-1

招商银行简介

资料来源：佚名.金融法学理论与实务［EB/OL］.［2016-02-02］. http://max.book118.com/html/2016/0202/34538521.shtm.

3.2 商业银行的设立、变更

3.2.1 商业银行的设立

商业银行的设立是指商业银行创办人依照法律规定的程序，通过筹建商业银行并使商业银行取得法律关系主体资格的法律行为。我国对商业银行的设立实行行政许可制。

1）商业银行的设立条件

根据《商业银行法》的规定，设立商业银行应当具备下列条件：

（1）有符合《商业银行法》和《公司法》规定的章程。章程是商业银行用以规定其组织形式、注册资本、业务范围、组织机构、内部管理以及其他重要事项的书面法律文件。《公司法》规定："设立公司必须依照本法制定公司章程。公司章程对公司、股东、董事、监事、高级管理人员具有约束力。" 商业银行的章程，在有限责任公司制的商业银行，由股东共同制定；在股份有限公司制的商业银行，由发起人制定并经创立大会通过。国有独资商业银行的章程，由国有资产监督管理机构制定，或者由董事会制定报国有资产监督管理机构批准。章程的内容应当符合《商业银行法》和《公司法》的规定。

（2）有符合《商业银行法》规定的最低限额以上的注册资本。注册资本为商业银行在公司登记机关登记的全体股东实缴的出资额。资本是商业银行从事经营活动的物质基础，起着信用保证、风险缓冲、亏损弥补的关键作用。考虑到商业银行的经营特性和在国民经济中的特殊地位，各国对商业银行规定了比普通公司高得多的资本要求。我国《商业银行法》规定：设立商业银行的注册资本最低限额为 10 亿元人民币；城市合作商业银行的注册资本最低限额为 1 亿元人民币，农村合作商业银行的注册资本最低限额为 5 000 万元人民币；注册资本应当是实缴资本；国务院银行业监督管理机构根据审慎监管的要求可以调整注册资本最低限额，但不得少于前述规定的限额。

（3）有具备任职专业知识和业务工作经验的董事、高级管理人员。商业银行董事、高级管理人员的任职资格，由国务院银行业监督管理机构负责审查、认定。《商业银行法》规定，有下列情形之一的，不得担任商业银行的董事、高级管理人员：①因犯有贪污、贿赂、侵占财产、挪用财产罪或者破坏社会经济秩序罪，被判处刑罚，或者因犯罪被剥夺政治权利的；②担任因经营不善破产清算的公司、企业的董事或者厂长、经理，并对该公司、企业的破产负有个人责任的；③担任因违法被吊销营业执照的公司、企业的法定代表人，并负有个人责任的；④个人所负数额较大的债务到期未清偿的。另外，商业银行董事、高级管理人员的任职资格管理，还适用中国人民银行 2000 年 3 月发布的《金融机构高级管理人员任职资格管理办法》。

（4）有健全的组织机构和管理制度。健全的组织机构和管理制度是商业银行有效经营的组织保证。商业银行必须有健全的组织机构，并建立起各项管理制度，包括人事管理制度、风险管理制度（如授权授信制度、资产负债比例管理制度）、内部控制制度、结算管理制度、财务管理制度等。商业银行的组织形式不同，其组织机构也不一样。健全的组织机构应包括决策机构、执行机构和监督机构，即股东大会（股东会）、董事会和监事会，但国有独资商业银行按规定不设股东会，只设董事会和监事会。

（5）有符合要求的营业场所、安全防范措施和与业务有关的其他设施。营业场所是商业银行开展业务必备的物质条件；安全防范措施主要包括配备保安人员和防盗、报警、消防等设备；与业务有关的其他设施，一般应包括金库、通信设备、电脑、运钞车、点钞机、验钞机、保险箱等。商业银行的营业场所、安全防范措施和与业务有关的其他设施，应符合国务院银行业监督管理机构、公安部门、消防部门的有关规定。

（6）应当符合其他审慎性条件。上述五项条件，只是设立商业银行的必要条件，而不是充分条件。设立商业银行，还应当符合其他审慎性条件，如国务院银行业监督管理机构在审查设立外资独资商业银行、中外合资商业银行、外国商业银行分行的申请时，如果查实申请人或外方合资者所在国家在此方面歧视中国国民，可以适用国际法上的对等原则驳回其申请。

2）商业银行的设立程序

《商业银行法》将设立程序分为筹建和开业两个阶段以及申请、审批、登记、公告四个环节。

（1）筹建。

①申请。

设立商业银行应向国务院银行业监督管理机构提出申请。申请书应当载明拟设立商业银行的名称、所在地、注册资本、申请经营的业务范围等，同时还需递交设立商业银行的可行性研究报告。申请人应当填写正式申请表，并向国务院银行业监督管理机构提交下列文件、资料：章程草案；拟任职的董事、高级管理人员的资格证明；法定验资机构出具的验资证明；股东名册及其出资额、股份；持有注册资本5%以上的股东的资信证明和有关资料；经营方针和计划；营业场所、安全防范措施和与业务有关的其他设施的资料；国务院银行业监督管理机构规定的其他文件、资料。

②审批。

对符合《商业银行法》《公司法》等法律、法规规定的设立条件的商业银行，国务院银行业监督管理机构颁发经营许可证。

（2）开业。

①登记。

经批准设立的商业银行，应当在批准后30天内，凭国务院银行业监督管理机构颁发的经营许可证向市场监督管理总局提出登记申请。市场监督管理总局应当在受理申请后30天内作出核准登记或者不准予登记的决定。商业银行只有在设立登记后，才具有法人资格，才可在法律许可的范围内开展经营活动。领取营业执照的日期即银行成立之日。

②公告。

经批准设立的商业银行，由国务院银行业监督管理机构予以公告。商业银行自取得营业执照之日起无正当理由超过 6 个月未开业的，或者开业后自行停业连续 6 个月以上的，由国务院银行业监督管理机构吊销其经营许可证，并予以公告。

3.2.2　商业银行的变更

商业银行设立后，在经营过程中，由于各种原因，可能需要在某些方面进行变更。《商业银行法》规定，商业银行有下列变更事项之一的，应当经国务院银行业监督管理机构批准：①变更名称；②变更注册资本；③变更总行或者分支行所在地；④调整业务范围；⑤变更持有资本总额或者股份总额 5% 以上的股东；⑥修改章程；⑦国务院银行业监督管理机构规定的其他变更事项。

商业银行更换董事、高级管理人员，虽然无须国务院银行业监督管理机构批准，但应当报经国务院银行业监督管理机构审查其任职资格。商业银行在报请国务院银行业监督管理机构批准其变更以前，应依《公司法》和章程的规定完成内部批准程序；变更以后，则应当依法向市场监督管理总局办理变更登记并予以公告。

案例分析 3-2

某市欲设立一家城市信用合作商业银行 A，经考察研究后，决定了该商业银行的办公地点，并落实了主要管理人员及营运资金。然后，相关机构向国家金融监督管理总局报送了申请书、经营方针计划等材料。国家金融监督管理总局批准后，颁发了经营许可证，商业银行 A 凭该许可证向市场监督管理总局办理登记并领取了营业执照。然而领取营业执照后不久，商业银行 A 的行长李某携商业银行 A 的巨额营运资金潜逃。经查，李某一年前投资失败，欠下巨额债务，于是挪用商业银行 A 的营运资金抵债。由于以上变故的影响，商业银行 A 迟迟无法开业经营，国家金融监督管理总局发现后，以商业银行 A 在设立过程中存在严重违法事项，且超过 6 个月未开业为由吊销了商业银行 A 的营业许可证。

问题：

（1）商业银行 A 作为一家城市信用合作商业银行，新设立时其注册资本最低限额应该是多少？

（2）商业银行 A 的设立过程有哪些违法事项？

（3）国家金融监督管理总局吊销商业银行 A 的营业许可证是否符合《商业银行法》的规定？

分析：

（1）根据《商业银行法》规定，新设立城市合作商业银行的注册资本最低限额为 1 亿元人民币。所以，商业银行 A 作为一家城市合作商业银行，新设立时其注册资本最低限额应该为 1 亿元人民币。

（2）没有依法审慎审查商业银行A行长李某的任职资格。依《商业银行法》第二十七条的规定：个人所负数额较大的债务到期未清偿的不得担任商业银行的董事、高级管理人员。

（3）国家金融监督管理总局吊销商业银行A的营业许可证是正确合法的。《商业银行法》第二十三条第二款规定："商业银行及其分支机构自取得营业执照之日起无正当理由超过六个月未开业的，或者开业后自行停业连续六个月以上的，由国务院银行业监督管理机构①吊销其营业许可证，并予以公告。"

资料来源：根据百度文库相关资料整理所得。

3.3 商业银行的业务

3.3.1 商业银行的经营原则

商业银行的经营原则，是《商业银行法》所规定的、商业银行从事经营活动必须遵循的基本准则。

（1）守法经营原则。商业银行开展一切经营活动，必须遵守法律、行政法规和国家金融监督管理总局等监管部门发布的行政规章，不得损害国家利益、社会公共利益。这一原则是商业银行必须遵循的根本性原则，尽管非常概括，但内涵十分丰富。

（2）效益性、安全性、流动性原则。商业银行作为企业法人，营利是其首要目的。但是，效益以资产的安全性和流动性为前提。安全性又集中体现在流动性方面，而流动性则以效益性为物质基础。商业银行在经营过程中，必须在三者之间寻求有效的平衡。

（3）依法独立自主经营原则。这是商业银行作为企业法人的具体体现，也是市场经济机制运行的必然要求。商业银行依法开展业务，不受任何单位和个人的干涉。作为独立的市场主体，商业银行有权依法处理其一切经营管理事务，自主参与民事活动，并以其全部法人财产独立承担民事责任。

（4）保护存款人利益原则。存款是商业银行的主要资金来源，存款人是商业银行的基本客户。商业银行作为债务人，是否充分尊重存款人的利益，严格履行自己的债务，切实承担保护存款人利益的责任，直接关系到银行自身的经营。如果存款人的合法权益得不到有效的尊重和保护，他们就选择其他银行或退出市场。

（5）自愿、平等、诚实信用原则。商业银行与客户之间是平等主体之间的民事法律关系。因此，商业银行与客户之间的业务往来，应以平等自愿为基础，公平交易，不得强迫，不得附加不合理的条件，双方均应善意、全面地履行各自的义务。

（6）公平竞争原则。公平竞争是提高市场效率的前提。商业银行在处理与其他商业银行以及非银行金融机构的关系上，应当坚持公平竞争的原则，不得从事不正当竞争行为，如不得违反规定提高或者降低利率以及采取其他不正当手段吸收存款、发放贷款。

---

① 现为国家金融监督管理总局。

3.3.2　商业银行的一般业务

1）负债业务

负债业务是商业银行筹措资金以形成其经营资产的业务。它主要包括：

（1）吸收公众存款。吸收公众存款是指商业银行收受客户（不特定的社会多数人，包括单位和个人）的货币资金，对客户负即期或定期偿付的义务。存款构成商业银行主要的资金来源。商业银行可以吸收的存款种类，既包括单位存款，也包括个人储蓄存款；既包括活期存款，也包括定期存款、定活两便存款，还包括经国家金融监督管理总局批准的其他种类的存款。商业银行吸收的财政性存款，应按规定划转中国人民银行。

（2）发行金融债券。金融债券是金融机构为了筹集中长期信贷资金而发行的、证明认购人或持有人债权的一种有价证券。商业银行发行金融债券，应当依照法律、行政法规的规定报经批准。

2）资产业务

资产业务是商业银行运用自己的资产获得利润的业务。它主要包括：

（1）发放短期、中期、长期贷款。发放贷款是指商业银行处于债权人的地位，在借款人应定期或随时偿还本息的条件下，将货币资金（现金或现金请求权）贷给借款人。贷款是商业银行资金运用的主要形式。短期贷款是指贷款期限在 1 年以内（含 1 年）的贷款；中期贷款是指贷款期限在 1 年以上（不含 1 年）5 年以下（含 5 年）的贷款；长期贷款是指贷款期限在 5 年以上（不含 5 年）的贷款。

（2）办理票据承兑与贴现。承兑是指汇票付款人承诺在汇票到期日支付汇票金额的票据行为。根据我国有关规定，不同的汇票的承兑期限是不同的。贴现是指商业银行以折扣方式预收利息购入未到期的商业票据，向票据持有人提供短期的资金融通。贴现期限（从贴现之日起到票据到期日止）最长不得超过 6 个月。

（3）买卖政府债券、金融债券。商业银行为取得利息收入或市场差价收益，以自己的名义，自担风险，买入或者卖出政府债券、金融债券。买卖政府债券、金融债券是商业银行调整资产结构、保持资产流动性的重要手段。

（4）从事同业拆借。同业拆借是金融机构之间融通短期资金的行为。通过同业拆借，商业银行可以及时对其资金头寸进行余缺调剂。

（5）买卖、代理买卖外汇。买卖外汇是指商业银行在外汇市场上，卖出人民币资金，买入外汇资金，或者卖出外汇资金，买入人民币资金，以赚取利润、规避汇率风险、调整资产结构的业务活动。代理买卖外汇，是指商业银行接受客户的委托，在外汇市场上买卖外汇以赚取手续费的业务。

3）中间业务

中间业务是商业银行不动用自己的资产，而是凭借自己的业务条件经营金融服务，收取服务费的业务。它主要包括：

（1）办理国内外结算。结算是单位或个人基于商品交易、劳务供应以及其他原因进行的货币收付活动。办理国内外结算，是指商业银行基于客户的结算存款账户，接受客户的委托，通过转账划拨代为办理货币的收付。

（2）代理发行、代理兑付、承销政府债券。商业银行以取得手续费收入为目的，接受政府或财政部的委托，以代理人的身份，向规定的对象销售政府债券，或者向政府债券的持有人支付到期的本息。

（3）从事银行卡业务。银行卡指由商业银行向社会发行的具有消费信用、转账结算、存取现金等全部或部分功能的信用支付工具。所谓银行卡业务是指商业银行发行银行卡，并以发行的银行卡为基础为持卡人提供消费信用、转账结算、存取现金等金融服务。

（4）提供信用证服务及担保。信用证是银行根据客户的申请开具的，承诺在信用证规定的条件得到满足时，由银行向信用证的受益人承担付款责任的信用函件。其实质是银行以自身信用补充其客户（开证申请人）信用之不足，并为此取得相应的收入。商业银行提供信用证服务，应不限于开立信用证，还应当包括以信用证通知行、议付行、保兑行的身份提供与信用证相关的服务。所谓担保，是指商业银行应客户的请求，向客户的债权人承诺，当客户（主债务人）不履行债务时，由其按照约定履行债务或者承担责任的行为。商业银行提供担保，按规定要向客户收取担保费。

（5）代理收付款项及代理保险业务。代理收付款项业务，是指商业银行利用自身的结算便利，接受客户的委托，代为办理指定款项的收付，如代发工资、代收水电费等。代理保险业务，是指商业银行根据保险公司的委托，向保险公司收取代理手续费，并在保险公司授权的范围内代为办理保险业务。

（6）提供保管箱服务。保管箱业务是商业银行出租保管箱供客户保管法律文书、储蓄存单（折）、有价证券、贵重金属、珠宝首饰、古玩文物等贵重物品，取得租金收入的一种服务性业务。保管箱业务对于方便群众、完善商业银行的服务功能、增加收入，具有一定的意义。

（7）经中国人民银行批准的结汇、售汇业务。结汇、售汇业务是指商业银行经中国人民银行批准，作为外汇指定银行办理与客户之间的结汇、售汇业务以及自身结汇、售汇业务。与客户之间的结汇、售汇业务是指为客户办理人民币与可自由兑换货币之间兑换的业务；自身结汇、售汇业务是指因其自身经营活动需求而产生的人民币与可自由兑换货币之间进行兑换的业务。

4）经国家金融监督管理总局批准的其他业务

以上只是法定的允许商业银行经营的业务种类，具体到特定的商业银行，其经营范围由章程规定，并须报国家金融监督管理总局批准。

3.3.3 商业银行不得从事的业务

为了进一步理顺分业经营的体制，规范商业银行的经营行为，《商业银行法》规定了商业银行不得经营的几种业务：

1）信托投资业务

信托本质上是一种为他人利益管理财产的制度，即财产所有人将自己的财产委托他人（即受托人）为自己或者第三人的利益进行保管或处分。商业银行不得经营信托投资业务，即指商业银行不得作为受托人经营信托投资业务。

2）证券经营业务

所谓商业银行不得从事证券经营业务，主要是指商业银行不得承销证券发行，不得自营买卖证券，不得代理他人买卖证券。为了防止商业银行变相投资股票，《商业银行法》规定，商业银行因行使质权而取得的股权，应当自取得之日起 2 年内予以处分。

3）向非自用不动产投资

不动产是指土地以及房屋等地上定着物。对商业银行而言，自用不动产是指其经营业务所必需的房屋、场地等不动产。除自用目的以外，商业银行不得以任何理由从事房地产的开发或买卖业务。禁止商业银行向非自用不动产投资，主要目的是控制固定资产投资规模，保证商业银行资产的流动性，杜绝商业银行的房地产投机活动。为了防止商业银行变相投资非自用不动产，《商业银行法》规定，商业银行因行使抵押权而取得的不动产，应当自取得之日起 2 年内予以处分。

4）向非银行金融机构投资

非银行金融机构是指除各类银行以外，经批准从事非银行类金融业务的金融机构，如保险公司、信托投资公司、企业集团财务公司、证券公司、融资租赁公司、城市信用合作社、农村信用合作社等。商业银行不得向非银行金融机构投资，是指商业银行不得向非银行金融机构投资入股，包括投资或参与投资设立非银行金融机构，受让非银行金融机构的股份。此项禁止性规定的目的在于，一是防止风险在金融机构之间转移和扩散，避免产生系统性风险；二是防止商业银行变相从事混业经营。

5）向企业投资

商业银行不得向企业投资，是指商业银行不得向非金融企业投资入股，包括投资或参与投资设立非金融企业，受让非金融企业的股份。此项规定的主要目的是有效控制投资规模，维护商业银行资产的流动性，避免商业银行因企业的经营不善而受到不利影响。

须注意的是，商业银行仅在中华人民共和国境内不得从事上述业务，至于在境外从事则未予禁止。而且，如果国家另有规定，即使在境内，亦可从事。

3.3.4   商业银行的存款业务规则

（1）商业银行应当保障存款人的合法权益不受任何单位和个人的侵犯。

（2）商业银行办理个人储蓄存款业务，应当遵循存款自愿、取款自由、存款有息、为存款人保密的原则。

（3）商业银行应当保证存款本金和利息的支付，不得拖延、拒绝支付存款本金和利息。

（4）商业银行应当按照中国人民银行规定的存款利率上下限，确定存款利率，并予以公告。

（5）商业银行应当按照中国人民银行的规定，向中国人民银行交存存款准备金，留足备付金。

(6) 对个人储蓄存款，商业银行有权拒绝任何单位或者个人查询、冻结、扣划，但法律另有规定的除外。对单位存款，商业银行有权拒绝任何单位或者个人查询、冻结、扣划，但法律、行政法规另有规定的除外。

3.3.5　商业银行的贷款业务规则

贷款是商业银行的资产业务和利润来源，商业银行贷款业务的经营情况，贷款资产的质量高低，直接影响到商业银行的经营业绩和安全。因此，《商业银行法》对商业银行经营贷款业务做了原则性规定：

(1) 贷款的指导思想。商业银行应当根据国民经济和社会发展的需要，在国家产业政策的指导下，开展贷款业务。

(2) 贷款自主权。《商业银行法》规定，商业银行依法开展业务，不受任何单位和个人的干涉。任何单位和个人不得强令商业银行发放商业贷款。商业银行有权拒绝任何单位和个人强令要求其发放商业贷款。

(3) 贷款的审查。商业银行的贷款实行审贷分离、分级审批制度。审查的内容包括：借款用途、偿还能力、还款方式。对贷款项目实行贷前调查、贷时审查和贷后检查。任何单位和个人不得强令商业银行发放贷款或者提供担保。

(4) 有担保原则。商业银行贷款，借款人应当提供担保，银行应当对保证人的偿还能力，抵押物、质物的权属和价值以及实现抵押权、质权的可行性进行严格的审查。除了资信情况十分良好，确能按时偿还贷款的，所有的贷款均需提供担保。其中，对银行的关系人贷款不得采用信用贷款形式。

(5) 借款合同管理。商业银行贷款，应当与借款人订立书面合同。借款合同应当约定贷款种类、用途、金额、利率、还款期限、还款方式、违约责任以及双方认为需要约定的其他事项。

(6) 利率管理。《商业银行法》规定，商业银行不得违反规定提高或者降低利率以及采用其他不正当手段吸收存款、发放贷款。《贷款通则》对贷款利率也作出了规定，即贷款人应当按照中国人民银行规定的贷款利率的上下限，确定每笔贷款的利率，并在借款合同中记载清楚。

(7) 资产负债比例管理。为适应新的金融管理体制，增强商业银行的自我约束和自我发展能力，改进中国人民银行的宏观调控方式，保证银行业的稳定发展，中国人民银行从1994年开始对各商业银行的资金使用实行比例管理制度，对比例管理的考核指标采取区别对待、逐步过渡的办法。

(8) 对关系人贷款的限制。关系人主要包括两种：一是具有特殊身份的关系人，包括商业银行的董事、监事、管理人员、信贷业务人员及其近亲属；二是与商业银行具有特殊利益关系的关系人，包括商业银行的董事、监事、管理人员、信贷业务人员及其近亲属投资或者担任高级管理职务的公司、企业和其他经济组织。关系人可以凭借这种利害关系或者特殊身份影响商业银行经营或者管理活动。因此，禁止向关系人发放信用贷款，且向关系人发放担保贷款的条件不得优于其他借款人同类贷款的条件。

（9）建立贷款主办行制度。借款人应当按中国人民银行的规定，与其开立基本账户的贷款人建立贷款主办行的关系。借款人发生企业分立、股份制改造、重大项目建设等涉及信贷资金使用和安全的重大经济活动，事先应当征求主办行的意见，一个借款人只能有一个主办行，主办行应当随借款人的基本账户的变更而变更。主办行应当按规定有计划地对借款人提供贷款，为借款人提供必要的信息咨询，以及各种金融代理服务。银团贷款应当确定一个贷款牵头行，并签订银团贷款协议，明确各贷款人的权利义务，评审贷款项目。牵头行应当按照协议确定的比例监督贷款的偿还。

3.3.6　商业银行的流动性管理

所谓商业银行流动性是指商业银行满足存款人提取现金、支付到期债务和借款人正常贷款需求的能力。商业银行提供现金满足客户提取存款的要求和支付到期债务本息，这部分现金称为"基本流动性"，基本流动性加上为贷款需求提供的现金称为"充足流动性"。保持适度的流动性是商业银行流动性管理所追求的目标。根据《银行业监督管理法》《商业银行法》《商业银行流动性风险管理办法（试行）》等法律法规的规定：

（1）其调整对象适用于在中华人民共和国境内设立的中资商业银行、外商独资银行和中外合资银行。

（2）商业银行应当在法人和集团层面建立与其业务规模、性质和复杂程度等相适应的流动性风险管理体系。其应包括健全的流动性风险管理治理结构；完善的流动性风险管理策略、政策和程序；有效的流动性风险识别、计量、监测和控制；完备的管理信息系统。

（3）商业银行应当建立完善的流动性风险管理治理结构，明确董事会及其专门委员会、监事会（监事）、高级管理层及其专门委员会，以及相关部门在流动性风险管理中的职责及报告路线，建立适当的考核及问责机构。

（4）商业银行贷款，应当遵守下列资产负债比例管理的规定：资本充足率不得低于80%；流动性资产余额与流动性负债余额的比例不得低于25%；对同一借款人的贷款余额与商业银行资本余额的比例不得超过10%；国家金融监督管理总局对资产负债比例管理的其他规定。

案例分析 3-3

2023年3月8日，硅谷银行宣布已完成210亿美元可供出售金融资产出售，确认18亿美元损失，并计划通过发行普通股和可转换优先股募集22.5亿美元。2023年3月9日，多位风险投资人建议创投公司从硅谷银行撤出存款。当日投资者和储户试图从硅谷银行提取420亿美元，其为近十年美国最大的银行挤兑事件之一。硅谷银行股票遭到恐慌性抛售，当日股价大幅下挫60.4%；美国四大银行合计市值蒸发超500亿美元。2023年3月10日，盘前交易中，硅谷银行股价再度跌逾60%，随后进入停牌状态。美国加州金融保护和创新部宣布关闭美国硅谷银行，并任命美国联邦存款保险公司（FDIC）为破产管理人。

问题：请查阅相关资料，结合《商业银行法》的有关规定对案例进行分析。

分析：第一，硅谷银行存款结构不够稳定。硅谷银行的负债主要是客户存款。截至 2022 年末，存款共有 1 731 亿美元，其中定期存款加个人储蓄存款只有 66 亿美元左右，占 3.9%，其他都是企业活期存款，企业活期存款稳定性不高。第二，硅谷银行存款企业一类为 VC、PE 等风险投资机构，致使资金大笔来、大笔走，停留时间很短；另一类为科创企业，很少有经营性正现金流对冲存款支取。第三，疫情后，硅谷银行主动非理性扩张，吸引了大量科创企业的存款，给银行资产负债管理带来了巨大的挑战。

资料来源：刘晓春. 硅谷银行事件的分析和启示 [EB/OL]. [2023-07-28]. http: // www.ce.cn/macro/more/202304/14/t20230414_38497602.shtml. 经过编写整理。

3.4 商业银行与客户的关系

3.4.1 商业银行与客户关系的法律性质

1）商业银行客户的概念

客户是在银行开有账户，与银行有存款、贷款、拆借等交易或通过银行与第三方进行结算支付交易及接受银行其他服务的自然人、法人和不具备法人资格的其他社会组织，可分为一般客户和特别客户两类。

2）商业银行与客户关系的法律性质

商业银行与客户间的关系，从表面来看，是资金融通关系；从本质来看是债权债务关系，是一种合同关系。各国银行法，尤其是英美法系国家的判例对此均予以确认。我国《商业银行法》规定，商业银行与客户的业务往来，应当遵循平等、自愿、公平和诚实信用的原则。所以，我国《商业银行法》也确定了银行与客户间债权债务关系的民事法律关系性质。

3.4.2 商业银行与客户关系的种类

1）存款关系

存款是商业银行的负债业务。这种存款人与银行之间的存款合同关系，其实质是借贷关系，是一种法律上的债权债务关系。

2）贷款关系

贷款是商业银行的资产业务。这种银行与借款人之间的贷款合同关系，其实质仍是借贷关系，是一种债权债务关系。

3）代理关系

银行中间业务的大部分属于代理业务，如代理客户收付款项、转账结算、代收水费、电费、煤气费、电话费等，从而与客户之间形成代理关系。

除以上三类主要关系外，商业银行还开展保险箱、投资基金托管及典当、质押借款等业务，从而与客户形成寄托关系。有的国家银行法还允许银行从事受人之托、代人理财的投资信托业务，从而形成信托关系。我国《商业银行法》不允许商业银行从事信托投资业务。

3.4.3　商业银行与客户的基本权利与义务

1）商业银行的权利和义务

（1）商业银行的权利包括：完全支配客户存款资金的权利；收回本息的权利；抵销的权利；收费的权利。

（2）商业银行的义务包括：代客支付的义务、执行客户支付委托或命令的义务；代客收款并结账的义务；保密的义务。

2）客户的权利和义务

（1）客户的权利包括：请求兑付存款本金的权利；取得利息的权利；签发支票的权利。

（2）客户的义务包括：偿还银行贷款本息和透支本息的义务；向银行交付服务费的义务；自我保护的义务。

3.5　商业银行的接管、解散、破产、终止

3.5.1　商业银行接管

接管是国家金融监督管理总局为保护存款人的利益，恢复商业银行的正常经营能力，对已经发生信用危机或可能发生信用危机的商业银行在一定期限内行使经营管理权的制度。

1）接管的前提和目的

国家金融监督管理总局对商业银行实行接管的前提，是商业银行已经或者可能发生信用危机，严重影响到存款人的利益。此种情形的出现，可能是由于商业银行经营不善，严重亏损，以致无力偿债，也可能是由于商业银行严重违法违规经营，出现偿债困难或者经营上的严重混乱。

接管的目的是对被接管的商业银行采取必要措施，以保护存款人的利益，恢复商业银行的正常经营能力。但是，接管并不是法律对国家金融监督管理总局规定的强制义务，国家金融监督管理总局有权根据具体情况，决定接管或者不接管。另外，接管也不是商业银行破产前的必经程序。

2）接管的性质

接管是国家金融监督管理总局对特定商业银行采取的一种短期的、强制性的监管补救措施。国家金融监督管理总局是否接管，并不取决于被接管商业银行的意志。接管表现为国家金融监督管理总局派遣人员进驻被接管的商业银行，在接管期限内行使其经营管理权。被接管的商业银行的债权债务关系不因接管而变化。

3）接管的程序

（1）接管的决定。国家金融监督管理总局认为商业银行出现危机时，可以决定对其接管，并组织实施。接管决定由国家金融监督管理总局在公开的媒介上予以公告，宣布某商业银行因不能清偿到期债务，为了保护债权人的合法权益，由国家金融监督

管理总局指定某商业银行对其进行接管。公告应载明下列主要内容：被接管的商业银行的名称、接管理由、接管组织、接管期限。

（2）接管期限。接管决定由国家金融监督管理总局予以公告。接管自接管决定实施之日起开始。自接管之日起，由接管组织行使商业银行的经营管理权。接管期限届满，国家金融监督管理总局可以决定延期，但接管期限最长不得超过2年。

（3）接管的法律后果。自接管开始之日起，由接管组织行使商业银行的经营管理权力，接管组织的组成人员由国家金融监督管理总局指定。被接管的商业银行的债权债务关系不因接管而发生变化。

（4）接管终止。有下列情形之一的，接管终止：接管决定规定的期限届满或者国家金融监督管理总局决定的接管延期届满；接管期限届满前，被接管的商业银行已恢复正常经营能力；接管期限届满前，被接管的商业银行被合并或者被依法宣告破产。

3.5.2　商业银行解散

1）商业银行解散的条件

商业银行因分立、合并或者出现公司章程规定的解散事由需要解散的，应当向国家金融监督管理总局提出申请，并附申请解散的理由和支付存款人本金和利息等债权债务清偿计划，经国家金融监督管理总局批准后解散。

2）商业银行解散程序

国家金融监督管理总局批准商业银行解散的，应当依法成立清算组，清算组成员由国家金融监督管理总局指定。清算组对商业银行进行清算，按照既定的清算计划及时偿还个人存款本金和利息债务，然后再偿还银行其他债务。国家金融监督管理总局在监督清算过程中，对清算的重大事项有否决权。

3.5.3　商业银行破产

1）商业银行破产的条件

商业银行不能支付到期债务，经国家金融监督管理总局同意，由人民法院宣告破产。商业银行被宣告破产的，由人民法院组织国家金融监督管理总局等部门和有关人员成立清算组，进行清算。商业银行破产的条件主要有三个：不能支付到期债务；经营状况持续恶化；债权人或银行自己申请，并经国家金融监督管理总局同意。这三个条件缺一不可。

2）商业银行破产清算支付顺序

当商业银行破产清算时，在支付清算费用、所欠职工工资和劳动保险费用后，应当优先支付个人储蓄存款的本金和利息。然后，剩余的破产财产按顺序支付国家的税款，之后剩余的财产才能清偿普通的债权，包括其他银行、单位、机构在银行的存款、拆出资金和破产银行所欠他人债务。在对所有的债权人清偿完毕后，剩余的财产就是银行股东权益，由各股东按拥有股份比例分配。

3.5.4　商业银行终止

商业银行的终止又可称为商业银行的消灭，是指商业银行因出现法律规定的或者章程约定的情形，其主体资格归于消灭的法律行为。能够引起商业银行终止的法定原

因有以下三种情形:

（1）商业银行的解散，即依法已经设立的商业银行由于出现了法律规定或者商业银行章程规定的特定事由，停止对外经营活动，清算尚未了结的债权债务，而使商业银行的法人资格归于消灭的法律行为和法律事实。

（2）商业银行的撤销，即已经依法成立的商业银行因在经营活动中违反法律、法规，有关国家机关吊销其经营许可证，使其丧失法人资格的状态。依法撤销违法经营的商业银行是国家金融监督管理总局对金融机构进行依法监督和管理的方式之一。

（3）商业银行破产，即商业银行因不能支付到期债务，发生了信用危机，而依法被人民法院宣告破产、终止其法人资格的情况。

商业银行的终止是重大的金融市场活动，必须先经国家金融监督管理总局的批准，再按照《商业银行法》《公司法》《中华人民共和国公司登记管理条例》等法律法规的规定办理。

》【学思践悟】

党的二十大报告重申，发展是党执政兴国的第一要务，明确指出高质量发展是全面建设社会主义现代化国家的首要任务。金融是现代经济的核心，银行业是我国金融体系的主体。十年来，在党中央坚强领导下，银行业不断加大对国家重大战略和我国经济社会发展重点领域与薄弱环节的支持力度，服务实体经济质效大幅提升。下一步，要把党的二十大精神转化为银行业服务国家高质量发展的实际举措，抓住战略机遇，统筹把握强化党对金融工作的集中统一领导与推动银行业高质量发展、直接融资和间接融资、商业性金融与政策性金融、大中小各类机构布局、银行业自身发展与支持实体经济、城乡与区域协调发展、银行业高质量发展与居民收入提升、"引进来"与"走出去"等八对关系，聚焦尽职免责、绩效考核、重点领域、新兴需求、依法合规、数字化转型、资本监管、危机应对等八个要点，直面各类风险与挑战，加快完善银行业服务国家高质量发展的体制机制。

资料来源：王刚，潘永军. 以党的二十大报告为指南 银行业服务高质量发展的自我完善［EB/OL］.［2022-11-21］. https://www.financialnews.com.cn/ll/sx/202211/t20221121_259771.html.

问题：银行业如何把握机会推动乡村振兴和区域协调发展？

分析：党的二十大报告强调，"全面推进乡村振兴""促进区域协调发展"。在乡村振兴方面，党的二十大报告指出，"全面建设社会主义现代化国家，最艰巨最繁重的任务仍然在农村"，为此要求"坚持农业农村优先发展，坚持城乡融合发展，畅通城乡要素流动"，特别提出要"健全农村金融服务体系"。银行业在大力支持新市民金融服务以及农村金融服务领域将迎来机遇。在区域协调发展方面，报告重点提到"深入实施区域协调发展战略、区域重大战略、主体功能区战略、新型城镇化战略"，聚焦于"构建优势互补、高质量发展的区域经济布局和国土空间体系"，并特别提及京津冀、长江经济带、长三角、粤港澳、黄河流域、雄安新区、成渝地区双城经济区以及新型城镇化等。我国区域经济已出现从东部沿海聚集到内陆城市扩散的特点，呈现多增长极、多支点的空间发展态势，现有区域规划对东西部均衡也起到一定程度支撑。如东部的长三角地区、珠三角地区、京津冀地区与环渤海地区；中部主要的中原经济区、长江中游经济区；西部主要的成渝经济区等。银行业服务高质量发展宜聚焦支持上述各区域增长极和经济支点。与此同时，对信贷投放增长缓慢或出现萎缩地区加大政策倾斜支持力度，双轮驱动共同助推我国区域协调发展。基本思路包括：推动政策性银行补足区域短板，提升区域新增贷款占比；发挥全国性商业银行尤其是国有大型银行信贷支持"排头兵"作用，按照市场化、法治化原则，在管控好风险的前提下，优化内部考核和激励措施，因地制宜地增加相关地区信贷投放；激励地方法人金融机构在管控好风险的前提下，加大对区域内涉农、小微和民营企业等薄弱环节的支持。

本章小结

商业银行是指依照《商业银行法》和《公司法》设立的以营利为目的，吸收公众存款、发放贷款、办理结算等业务的企业法人。

商业银行的组织机构包括股东大会、董事会、监事会及经理。

商业银行法是规定商业银行设立、变更、终止、组织机构、业务范围及其基本业务规定的法律规范的总称。

商业银行的设立是指商业银行创办人依照法律规定的程序，通过筹建商业银行并使商业银行取得法律关系主体资格的法律行为。

负债业务是商业银行筹措资金以形成其经营资产的业务。

资产业务是商业银行运用自己的资产获得利润的业务。

中间业务是商业银行不动用自己的资产，而是凭借自己的业务条件经营金融服务、收取服务费的业务。

客户是在银行开有账户，与银行有存款、贷款、拆借等交易或通过银行与第三方进行结算支付交易及接受银行其他服务的自然人、法人和不具备法人资格的其他社会组织。

本章训练

一、思考题

1.商业银行与其他类型的金融机构有何区别？

2.在我国，设立商业银行应当具备什么条件？

3.论述商业银行经营的"安全性、流动性、效益性"原则。

二、案例分析题

奥运会期间，某银行支行工作人员因关注赛事，决定提前一个半小时下班。

他们刚走，某公司财务便来取款，因支行关门而未能取到。由于财务提款是为了支付购物款项，因未能按时支付，对方扣掉定金，并终止合约履行。该公司遂向法院起诉，要求该支行赔偿损失。

问题：试分析该支行是否负有赔偿责任，并说明原因。

分析：该支行负有赔偿责任，应当赔偿某公司的定金，以及由此造成的其他经济损失。因为《商业银行法》规定，商业银行保证支付存款人取款是无条件的责任，这是债权人行使债权的行为，不应受到银行作为债务人的条件限制，保证支付也是银行信誉的基础。商业银行应当保证存款本金和利息的支付，不得拖延、拒绝支付存款本金和利息。如果延期支付，银行可能要承担由此产生的后果。对于本案，支行虽然没有直接拖延、拒绝支付，但按《商业银行法》的规定，商业银行应当在公告的营业时间内营业，不得擅自停止营业或缩短营业时间，否则应承担由此造成的后果。该支行工作人员仅因关注赛事便擅自停业，给某公司带来了本不该有的损失，应依法给予赔偿。

资料来源：根据百度文库相关资料整理所得。

第4章
担保法律制度

学习目标

知识目标：理解担保、保证、抵押的特征及抵押与质押的区别；掌握保证、抵押、质押几种担保方式的概念、效力及其他规定；了解担保的概念、分类。

素养目标：通过介绍担保、保证和质押等相关知识，使学生掌握以后在银行进行贷款工作的易错点，培养学生严谨的工作作风，加强金融风险防控意识，为维护国家金融稳定贡献一份力量。

导入案例

甲向乙借款30万元，由丙提供价值15万元的房屋抵押，并于2023年2月2日订立了抵押合同。因为办理登记手续费用过高，经过乙同意未办理抵押登记手续。甲又以自己的一辆价值16万元的汽车质押给乙，双方于3月1日签订质押合同。乙认为将车放在自己家附近不安全，仍然将车放在甲家的车库。一年后，甲无力还债，乙诉至法院要求行使抵押权、质押权。

问题：

（1）房屋的抵押合同和汽车的质押合同是否生效？为什么？

（2）房屋的抵押权和汽车的抵押权是否生效？为什么？

分析：

（1）房屋的抵押合同生效。抵押合同自双方当事人签字盖章之日起生效，因此抵押合同于2023年2月2日生效。

汽车的质押合同生效。质押合同自双方当事人签字盖章之日起生效，因此质押合同于2023年3月1日生效。

（2）房屋的抵押权没有生效。不动产抵押物的抵押权自抵押登记时抵押权生效，房屋没有进行抵押权登记，因此，抵押权没有生效。

汽车的质押权没有生效。动产质押权的生效要转移对质物的占有。汽车被甲占有，因此质押权没有生效。

资料来源：根据百度文库相关资料整理所得。

4.1　担保概述

4.1.1　担保的概念及特征

1）担保的概念

担保是指以第三人的信用或者在特定财产上设定的权利来确保特定债权人债权实现的法律制度。

担保是一种保障财产利益的法律制度，基本内容是在涉及财产权利关系的经济活动中，债权人要求债务人提供一定的信用或者财物作为履行合同的保障，如果债务人不能履行或者不能完全履行合同，并给债权人造成损失，债权人能够使用债务人提供的信用帮助继续履行合同，或利用财物帮助补助自己在合同中的损失。

拓展阅读 4-1

《民法典》中有关担保物权的规定

2）担保的特征

（1）从属性。担保关系是一种从属法律关系，它从属于所担保的主债权债务关系。主债权债务关系的存在是担保关系存在的基础和前提。没有特定的主债权债务关系的存在，担保关系就不能产生。担保在处分和消灭上也体现出了从属性：担保应随主债权的转移而转移，提供担保者在处分其作为担保的财产时，也不能破坏其担保义务；主债权消灭，担保关系随之消灭。

（2）补充性。合同担保在主合同的权利义务关系上补充了某种权利义务关系。在主债务因适当履行等而正常终止时，补充的义务并不实际履行；只有在主债务不履行时，补充的义务才履行，使主债权得以实现。

（3）保障性。设立担保的目的是保障主债权的实现。担保的具体方法，是以特定人的信用或者特定财产作为债权实现的保证。当债务人不履行到期债务时，应由担保人代为履行或者以特定财产折价或变卖的价款优先补偿债权人。

4.1.2　担保的类型

1）人的担保

人的担保是指在债务人的财产或权利之外，又附加了其他人的一般财产作为债权实现的总担保。其形式主要有保证人、连带债务人、并存的债务承担。

2）物的担保

物的担保是指以债务人或其他人的财产作为保证债权实现的标的，在债务人不履行债务时，债权人可以将财产变换成价值，从中优先受偿。其主要方式有抵押、质权、留置等。

3）金钱担保

金钱担保是指在债务以外又交付一定金钱，该金钱的得失与债务的清偿联系在一起，从而在心理上给债务人造成压力，促使其履行债务，实现债权人的债权，如押金、定金。

4）反担保

反担保是指为了换取担保人提供的担保，而由债务人或第三人向该担保人提供新担保，相对原担保被称为反担保。反担保可以是债务人提供，也可以是第三人提供。反担保的形式不能是留置权、定金，只能是保证、抵押权、质押权。

案例分析 4-1

　　小陈为向中国建设银行申请个人消费贷款，用其一辆小轿车作抵押，该车价值15万元。借款合同签订当日，双方就该车办理了抵押登记手续。后小陈在驾车外出途中，被一辆货车由后面追尾，造成小轿车严重损坏，价值减至9万元。经查，造成该起交通事故的全部责任在货车司机。此外，货车司机已准备赔偿小陈经济损失5万元。

　　问题：

　　（1）如果建设银行要求小陈另外提供担保，以确保其到期还本付息，这种要求是否合理？

　　（2）对于赔偿费5万元，建设银行能否用其作为担保？为什么？

拓展阅读 4-2

金融担保公司

　　分析：

　　（1）这种要求合理。《民法典》第四百零八条规定："抵押财产价值减少，抵押权人有权请求恢复抵押财产的价值，或者提供与减少的价值相应担保。"在本案中，造成抵押物损失的全部责任在货车司机，小陈并无可归责的过错，但造成了抵押财产价值减少。因此，银行有权要求小陈提供新的担保。小陈可另案向肇事的货车司机索赔。

　　（2）银行可用该赔偿金作为担保。抵押权的效力及于抵押物的代位物。抵押权是把握抵押物的交换价值的权利，属于一种价值权，因此，当抵押物的形态或性质发生变化时，只要仍能维持其交换价值，抵押权的效力也就及于抵押物的代位物。银行可就汽车价值减少部分的赔偿金行使担保权。

　　资料来源：佚名．物上代位权［EB/OL］．［2015-03-24］．http://baike.baidu.com/link?url=79zAT5hr8Xo3kFv-4SCiqDUz3y9kg5yjtrGHT9Rdn4BFMzk3LIKAoENw7XJlC7gsBMeSbjMQ2vDtne4_R0403K.

4.2　保证

4.2.1　保证的概念和特征

1）保证的概念

保证是指保证人和债权人约定，当债务人不履行债务时，保证人按照约定履行债务或者承担责任的行为。

2）保证的特征

保证是一种民事法律关系，是债权人和保证人之间订立的担保之债，通常有以下特征：

（1）人身性。保证是保证人以自己的信用和财产为他人担保，属于人的担保。保证责任的承担，由保证人亲自为之。因此，保证与保证人的人身密不可分。

（2）补充性。保证具有补充性，即只有在主债务人不履行主债务时，保证人才履行其保证债务。

（3）从属性。保证合同从属于主合同，具体体现在：①保证以被保证的债务的成立为前提。如果被保证人无债权债务的法律关系，保证就会因为无担保对象而失去了存在的意义。②保证责任范围不得超过被保证人的债务。③被保证之债务如果解除，保证责任也随之解除。

（4）相对独立性。保证的相对独立性表现在：①可就主债务的一部分进行保证，或限定保证的责任范围，如限额保证或损害赔偿保证，或者对无条件之主债设定附条件保证；②保证合同无效，撤销或者解除，其效力并不及于主债；③债权人免除保证债务，主债务并不因此消灭；④保证合同所特有的抗辩权，如先诉抗辩权，唯有保证人能够享有，主债务人无此项权利等。

4.2.2　保证人的条件

具有代为清偿债务能力的法人、其他组织或者公民，可以作保证人。这说明，保证人的基本资格要求，即"具有代为清偿能力"。保证人为债务人向债权人提供保证，目的在于保证债权能够实现，或者说债务能够得到清偿，因此，具有代为清偿能力是保证人的基本条件。

根据《民法典》的规定，下列主体不得作为保证人：

（1）机关法人不得为保证人，但是经国务院批准为使用外国政府或者国际经济组织贷款进行转贷的除外。

（2）以公益为目的的非营利法人、非法人组织不得为保证人。

4.2.3　保证的合同

1）保证合同的形式

《民法典》规定，保证合同应当采取书面形式。保证合同的形式可以归纳为以下几种：

（1）主从合同的形式，即保证人与债权人单独订立保证合同；

（2）主从条款形式，即债权人、债务人与保证人共同订立一个合同，作为从合同的保证合同仅作为保证条款出现在主合同中；

（3）以保证人身份在主合同上承保的形式，即保证人在债权人与债务人签订的主合同上以保证人身份或在"保证人"栏下签名或者盖章；

（4）保证人单方面出具保证承诺书的形式，即保证人单方面以书面形式向债权人出具担保书，债权人接受且未提出异议。

2）保证合同的内容

（1）被保证的主债权种类、数额；

（2）债务人履行债务的期限；

（3）保证的方式；

（4）保证的范围；

（5）保证的期间；

（6）双方认为需要约定的其他事项。

保证合同对以上内容约定不全的，可以协议补充，无法协商达成补充协议的，依法律规定。

4.2.4 保证方式

保证方式包括一般保证和连带责任保证。

1）一般保证

一般保证是指当事人在保证合同中约定，债务人不能履行债务时，由保证人承担保证责任。一般保证人享有先诉抗辩权，即保证人在主合同纠纷未经审判或者仲裁，并就债务人财产依法强制执行仍不能履行债务前，对债权人可以拒绝承担保证责任。

2）连带责任保证

连带责任保证是指保证人在债务人不履行债务时与债务人负连带责任的保证。连带责任保证的债务人在主合同规定的债务履行期届满没有履行债务的，债权人可以要求债务人履行债务，也可以要求保证人在其保证范围内承担保证责任。当事人对保证方式没有约定或者约定不明确的，按照连带责任保证承担保证责任。

需注意的是，一般保证和连带责任保证的保证人享有债务人的抗辩权。债务人放弃对债务的抗辩权的，保证人仍有权抗辩。

案例分析 4-2

2021年1月2日，原告广州市A皮革公司（以下简称"A公司"）起诉称，被告二浙江C鞋业公司（以下简称"C公司"）与其在2020年6月30日开始建立皮革购销合同关系，被告二向其多次采购皮革货物，其后约定，被告二欠下原告的货款58.2万元应于2021年1月1日前结清，同时由被告一佛山市B鞋业公司（以下简称"B公司"）对货款支付出具"担保书"。但在合同履行过程中，被告一、被告二均未如约按期结清所欠货款，截至起诉之日，两个被告仍欠原告货款58.2万元，两个被告的行为已经严重地侵害了原告的合法权益，故原告提起诉讼，请求：（1）判令被告二立即向原告支付拖欠货款人民币58.2万元；（2）判令被告二自起诉之日起按照中国人民银行同期同类贷款利率加收50%的标准向原告支付逾期付款违约金至全部清偿货款之日止；（3）判令被告二承担本案的诉讼费。

被告一B公司系一家刚创立不久的小企业，根据B公司目前的财务状况，也没有足够的流动资金替C公司支付该笔货款，一旦支付了该笔欠款，可能会给B公司造成严重的资金运转困难。B公司负责人收到应诉材料后非常着急，表示该货物并不是其公司购买的，在"担保书"上盖章，是因为与被告二存在合作关系，一时过于信任被告二C公司负责人而为其公司提供了担保，没想到被告二C公司此后一直未予付款，这下连累到自己公司，真是后悔莫及。接到B公司的委托后，本案律师认真地查阅了全案卷宗，经过查阅分析，认为C公司需要承担付款责任，B 公司也应该承担保证责任。此后，通过公开开庭审理，佛山市某区人民法院于 2021 年 1 月作出了一审判决，判决如下：（1）被告 C 公司于本判决发生法律效力之日起十日内向原告 A 公司支付货款 58.2 万元并以该款为本金自 2021 年 1 月 2 日起至实际清偿之日止按中国人民银行同期同类贷款基准利率上浮 50% 计付违约金；（2）B 公司须承担保证责任，偿还欠款。

问题：B 公司为什么要偿还欠款？

分析：保证合同约定的保证期间早于或者等于主债务履行期限的，视为没有约定，保证期间为主债务履行期届满之日起六个月。保证合同约定保证人承担保证责任直至主债务本息还清时为止等类似内容的，视为约定不明，保证期间为主债务履行期届满之日起两年。

本案的担保属于典型的一般保证担保，B 公司对 A 公司享有先诉抗辩权。在本案的证据"担保书"中明确约定"余款 58.2 万元 C 公司需在 2021 年 1 月 1 日前一次性向 A 皮革公司结清"。上述约定表明，C 公司对货款的最后履行期限为 2021 年 1 月 1 日。根据《民法典》的规定，"一般保证的保证人与债权人未约定保证期间的，保证期间为主债务履行期届满之日起六个月"，本案保证担保因为未约定保证期间，故本案的保证期间为 2021 年 1 月 1 日起 6 个月，也就是保证期间在 2021 年 6 月 30 日前届满。根据《民法典》的规定，"在合同约定的保证期间和前款规定的保证期间，债权人未对债务人提起诉讼或者申请仲裁的，保证人免除保证责任；债权人已提起诉讼或者申请仲裁的，保证期间适用诉讼时效中断的规定"。A 公司应在 2021 年 6 月 30 日前对债务人 C 公司提起诉讼或申请仲裁，否则 B 公司不再需要承担保证责任。但本案原告 A 公司起诉的时间为 2021 年 1 月 2 日，该日期没有超出《民法典》规定的 6 个月的保证期间，故保证人 B 公司须承担保证责任，偿还欠款。

资料来源：根据律师网相关资料整理所得。

4.2.5 保证责任

1）保证责任的范围

保证责任范围，是指保证担保的范围，也就是保证人承担保证债务的范围。保证担保的范围包括两种：

（1）有限范围，也称约定范围，是指保证人仅在约定的范围内承担保证责任，对超出约定范围的债务，保证人不负保证责任。同一债务有两个以上保证人的，保证人应当按照保证合同约定的保证份额承担保证责任。

（2）无限范围，也称全部范围，是指保证人对主债务人的全部债务清偿负保证责任。同一债务有两个以上保证人，没有约定保证份额的，保证人承担连带责任，债权人可以要求任何一个保证人承担全部保证责任，保证人都负有担保全部债权实现的义务。

《民法典》规定："保证的范围包括主债权及利息、违约金、损害赔偿金和实现债权的费用。当事人另有约定的，按照其约定。"保证合同中约定保证担保范围的，为有限保证，但约定的保证担保范围不得超出主债务的数额，否则超出部分无效。保证合同对保证担保的范围没有约定或者约定不明确的，为无限保证，保证人应当对全部债务承担责任。

2）保证期间

保证期间是保证人承担责任的时间范围，即保证人在保证期间内才承担保证责任，超过保证期间，保证人就不承担保证责任。

保证期间分为约定与法定两种，约定保证期间具有优先效力。如果没有约定或者约定不明，可以对其进行补正。补正的方法有两种：一是当事人约定补正；二是根据法律的直接规定加以补正，即法定补正。

确定保证期间可按照以下原则进行：

（1）当事人在保证合同中约定了保证期间的，依其约定的保证期间承担保证责任。此时需注意的是，如果当事人约定的保证期间早于或等于主债务履行期限的，视为没有约定，保证期间为主债务履行期限届满之日起6个月。

（2）当事人在保证合同中没有约定保证期间的，依照法律规定的保证期间承担保证责任，即自主债务履行期限届满之日起6个月。

（3）当事人在保证合同中对保证期间约定不明的，保证期间为主债务履行期限届满之日起2年。约定不明指当事人在保证合同中约定的保证人承担保证责任直至主债务本息还清时为止等类似内容。

案例分析 4-3

张某从甲银行分支机构乙支行借款20万元，李某提供保证担保。李某和甲银行又特别约定，如保证人不履行保证责任，债权人有权直接从保证人在甲银行及其支行处开立的任何账户内扣收偿还张某的借款。借款到期后，张某、李某均未还款，甲银行直接从李某在甲银行下属的丙支行账户内扣划了18万元存款用于偿还张某的借款。

问题：

（1）李某提供的保证担保属于哪一种类型？

（2）"李某和甲银行又特别约定，如保证人不履行保证责任，债权人有权直接从保证人在甲银行及其支行处开立的任何账户内扣收偿还借款。"这个特别约定是否有效？

（3）李某是否应承担保证担保责任？如果李某承担保证担保责任是否能向张某行使追偿权？

（4）乙支行能否以自己的名义向张某行使追偿权？

分析：

（1）根据保证人在保证关系中的地位，李某属于连带保证，由债务人和保证人对债务承担连带责任的保证。依据保证人的人数，李某属于单独保证，即只有一个保证人担保同一债权的保证。

（2）民事主体双方享有意思自治权利，在不违背法律规定的前提下，意思表示真实有效，达成合意的，应当认为合法有效。

（3）法律规定，有下列情形之一的，保证人不承担民事责任：（一）主合同当事人双方串通，骗取保证人提供保证的；（二）主合同债权人采取欺诈、胁迫等手段，使保证人在违背真实意思的情况下提供保证的。法律还规定，在合同约定的保证期间和法定的保证期间内，债权人未要求保证人承担保证责任的，保证人免除保证责任。李某不存在免责事由，应当承担保证责任。

保证人承担保证责任后，有权向债务人追偿。据此可知，只要保证人李某向乙支行承担了保证责任，就有权向债务人张某追偿，而不必非要等到乙支行收回 20 万元的全部借款本息之后才能行使追偿权。

（4）根据《中华人民共和国民事诉讼法》第四十八条和《中华人民共和国民事诉讼法》的意见第四十条第（六）项的规定，中国人民银行、各专业银行设在各地的分支机构，可以作为民事诉讼的当事人。据此可知，乙支行可以以自己的名义向张某行使追索权。

资料来源：根据相关资料整理所得。

3）保证责任的免除

保证责任的免除，是指对已经存在的保证责任基于法律的规定或当事人的约定加以除去，保证人不承担保证责任的现象。根据《担保法》及其司法解释，保证责任的免除事由主要有：

（1）主合同当事人双方恶意串通，骗取保证人提供保证的，保证人不承担保证责任。

（2）主合同债权人采取欺诈、胁迫等手段，使保证人在违背真实意思的情况下提供保证的，保证人不承担保证责任；主合同债务人采取欺诈、胁迫等手段，使保证人在违背真实意思的情况下提供保证的，保证人不承担保证责任；债权人知道或者应当知道欺诈、胁迫事实的，保证人也不承担保证责任。

（3）保证期间，债权人依法将主债权转让给第三人，而保证人与债权人事先约定仅对特定的债权人承担保证责任或者禁止债权转让的，保证人不再承担保证责任。

（4）保证期间，债权人许可债务人转让债务，但未经保证人同意的，保证人对未经其同意转让部分的债务不再承担保证责任。

（5）债权人与债务人协议变更主合同，但未经保证人同意，如果加重债务人债务的，保证人对加重的部分不承担保证责任。

（6）在一般保证的情况下，保证期间届满，债权人未对债务人提起诉讼或者申请仲裁的，保证人免除保证责任。在连带责任保证的情况下，保证期间届满，债权人未要求保证人承担保证责任的，保证人免除保证责任。

（7）一般保证的保证人在主债权履行期间届满后，向债权人提供了债务人可供执行财产的真实情况，债权人放弃或者怠于行使权利致使该财产不能被执行的，保证人可以请求人民法院在该可供执行财产的实际价值范围内免除其保证责任。

（8）在同一债权既有保证又有物的担保的情况下，当债权人放弃物的担保时，保证人在债权人放弃权利的范围内免除保证责任。债权人在主合同履行期届满后怠于行使担保物权，致使担保物的价值减少或者毁损、灭失的，视为债权人放弃部分或全部物的担保，保证人在债权人放弃权利的范围内减轻或者免除保证责任。

（9）主合同双方当事人协议以新贷偿还旧贷，除保证人知道或者应当知道以外，保证人不承担民事责任。

4.3 抵押

4.3.1 抵押和抵押物

1）抵押

抵押是指为担保债务的履行，债务人或者第三人不转移财产的占有，将该财产抵押给债权人的，债务人不履行到期债务或者发生当事人约定的实现抵押权的情形，债权人有权就该财产优先受偿。享有这种权利的人为抵押权人，债务人或者第三人为抵押人，抵押人提供的担保财产为抵押物。

由于抵押担保对债权人比较安全可靠，同时财产抵押后并不转移占有，不影响抵押人对抵押物的使用，因此，在经济活动中以财产抵押作为担保的越来越多，尤其是银行贷款，多数采用抵押贷款的方式。

2）抵押物

（1）可以抵押的财产。

《民法典》第三百九十五条规定，债务人或者第三人有权处分的下列财产可以抵押：

① 建筑物和其他土地附着物；

② 建设用地使用权；

③ 海域使用权；

④ 生产设备、原材料、半成品、产品；

⑤ 正在建造的建筑物、船舶、航空器；

⑥ 交通运输工具；

⑦ 法律、行政法规未禁止抵押的其他财产。

抵押人可以将前款所列财产一并抵押。

另外，《民法典》第三百九十六条规定："企业、个体工商户、农业生产经营者可以将现有的以及将有的生产设备、原材料、半成品、产品抵押，债务人不履行到期债务或者发生当事人约定的实现抵押权的情形，债权人有权就抵押财产确定时的动产优先受偿。"

（2）不得抵押的财产。

《民法典》第三百九十九条规定，下列财产不得抵押：

① 土地所有权；

② 宅基地、自留地、自留山等集体所有土地的使用权，但法律规定可以抵押的除外；

③ 学校、幼儿园、医院等为公益目的成立的非营利法人的教育设施、医疗卫生设施和其他社会公益设施；

④ 所有权、使用权不明或者有争议的财产；

⑤ 依法被查封、扣押、监管的财产；

⑥ 法律、行政法规规定不得抵押的其他财产。

（3）抵押物登记。

抵押物登记，又称抵押登记、抵押权登记。抵押权属担保物权，物权的公示方法有两种：交付和登记。就抵押权而言，由于不转移抵押物的占有，所以不能够以交付的方式进行公示，而只能采取登记形式。对抵押物进行登记，有利于维护交易安全，充分发挥抵押的担保功能，并保护第三人利益，避免纠纷的发生。

根据法律的规定，抵押物之登记效力有登记要件主义和登记对抗主义两种。登记要件主义是指抵押权的成立除当事人之间存在抵押合同外，还必须进行登记，否则不产生抵押权成立之效力；登记对抗主义是指抵押权的成立只需在当事人间达成抵押合意即可，但若要对抗善意第三人，可以进行抵押权登记。

① 以建筑物和其他土地附着物、建设用地使用权和以招标、拍卖、公开协商等方式取得的荒山、荒沟、荒丘、荒滩等土地承包经营权，正在建造的建筑物抵押的，应当办理抵押登记，抵押权自登记时发生效力。不动产登记，由不动产所在地的登记机构办理。

② 以生产设备、原材料、半成品、产品，交通运输工具或者正在建造的船舶、飞行器抵押的，抵押权自抵押合同生效时发生效力；未经登记，不得对抗善意第三人。其中，以航空器、船舶、车辆抵押的，运输工具的登记部门为登记机构；以企业的设备和其他动产抵押的，财产所在地的工商行政管理部门为登记机构。

③ 企业、个体工商户、农业生产经营者以现有的以及将有的生产设备、原材料、半成品和产品进行动产抵押的，应当向抵押人住所地的工商行政管理部门办理登记。抵押权自抵押合同生效时发生效力；未经登记，不得对抗善意第三人。

案例分析 4-4

　　王先生的朋友李某因做生意资金周转不灵而向王先生借钱，并答应以李某名下的一套90平方米的房子作为抵押，该房子市值约70万元。于是王先生与李某签订借款协议，并订立抵押协议，借给李某40万元，约定年利率13%，一年后归还本息，还以李某的房产作为抵押。

　　李某将其房产证拿来交给王先生保管。王先生和李某共同到某公证处办理房产抵押的公证，但未到房管局办理抵押登记。借款到期后王先生要求李某还钱，但李某还不出钱，后该房屋被依法保全查封。

　　问题：

　　（1）房屋抵押权是否已生效？为什么？

　　（2）王先生对该抵押房屋享有优先受偿权吗？

　　分析：

　　（1）王先生对李先生的房屋所享有的抵押权虽已办理公证，但未到房管局办理抵押登记，没有取得他项权证，所以抵押合同尚未生效。《民法典》第四百零二条规定，当事人以财产抵押的，应当办理抵押物登记。抵押合同自登记之日起生效。以房屋进行抵押的，必须履行登记手续，抵押合同才会生效，未经登记，抵押权尚未发生法律效力。

　　（2）《中华人民共和国城市房地产管理法》第六十二条规定："房地产抵押时，应当向县级以上地方人民政府规定的部门办理抵押登记。"办理房屋抵押登记的部门为县级以上的房屋管理行政部门，而不是公证机关。因此，虽然王先生与李某签订了借款合同，但是王先生对李某的房屋所享有的抵押权尚未生效，王先生对该抵押房屋不能享有优先受偿权。

　　资料来源：根据百度文库相关资料整理所得。

4.3.2　抵押合同

（1）抵押合同的形式。

　　根据《民法典》的规定，抵押人和抵押权人应当以书面形式订立抵押合同。书面形式应包括债权人与债务人就抵押担保之设立而达成的抵押条款，亦包括债权人与债务人或第三人专门就抵押担保问题达成的独立协议，还包括当事人之间就抵押担保的设立而制作的信函、传真等书面材料。

（2）抵押合同的内容。

　　《民法典》规定，抵押合同应当包括以下内容：

① 被担保的主债权种类、数额；

② 债务人履行债务的期限；

③ 抵押物的名称、数量、质量、状况、所在地、所有权权属或者使用权权属；

④ 抵押担保的范围。

抵押合同不完全具备前款规定内容的，可以补正。

（3）流质条款之禁止。

《民法典》规定，抵押权人在债务履行期届满前，抵押权人和抵押人在合同中不得约定在债务履行期届满、抵押权人未受清偿时，抵押物的所有权转移为债权人所有。

4.3.3　抵押的效力

1）抵押担保的范围

抵押担保的范围包括主债权及利息、违约金、损害赔偿金和实现抵押权的费用。抵押合同另有约定的，从其约定。

2）抵押人的权利

抵押人的权利包括：

（1）对抵押物享有占有权及抵押物孳息的收取权。

（2）对抵押物的用益物权的设定权。抵押人将抵押财产出租的，抵押权实现后对受让人不具有约束力。抵押人出租时未书面告知承租人抵押事实的，承租人可要求抵押人对其损失承担赔偿责任。抵押人在出租时告知承租人财产抵押事实的，抵押权实现造成承租人损失由承租人自己承担。但是，抵押人将出租的财产抵押的，抵押权实现后，租赁合同在承租期内对抵押物的受让人继续有效。

（3）对抵押物再设定抵押权。财产抵押以后，该财产的价值大于所担保的债权的余额部分，抵押人可再次抵押。在设定多个抵押权的情况下，各抵押权人按照抵押权成立的先后时间行使抵押权。

（4）对抵押物享有的处分权。在抵押期间，抵押人在通知抵押权人并告知受让人抵押事实的情况下，可转让抵押物。抵押人未通知抵押权人，或未告知受让人的，如果抵押物已经登记的，该转让行为无效，抵押权人可行使抵押权，取得抵押物所有权的受让人也可以代替债务人清偿其全部债务，使抵押权消灭。受让人清偿债务后，可以向债务人追偿。如果抵押物未登记的，抵押权人不得对抗受让人；因此给抵押权人造成损失的，由抵押人赔偿损失。抵押人的主要义务是妥善保管好抵押物，如果抵押人的行为造成抵押物的价值减少的，抵押人有义务提供与减少价值相当的担保。

3）抵押权人的权利

抵押权人的权利包括：

（1）支配抵押物并排除他人侵害的权利。在抵押期间，抵押物受到第三人或抵押人侵害的，抵押权人有权要求停止侵害、恢复原状、赔偿损失。因抵押人的行为使抵押物的价值减少的，抵押权人有权要求抵押人恢复原状或提供担保；抵押权人要求抵押人恢复原状或提供担保遭拒绝的，抵押权人可请求债务人履行债务，也可以请求提前行使抵押权。

（2）孳息收取权。抵押权的效力原则上不及于孳息，但履行期届满，债务人不履行债务，致使抵押物被人民法院依法扣押的，自扣押之日起，抵押权人有权收取抵押物的孳息。

（3）优先受偿权。抵押权人的义务主要是在实现抵押权时，严格依据法定或约定的方式及程序进行。

4.3.4　抵押权的实现

抵押权的实现，又称抵押权的实行，是当指债权已届清偿期而未受清偿时，抵押权人可以就抵押物优先受偿。

1）抵押权实现的条件

根据《民法典》的规定，抵押权的实现必须具备以下条件：

① 债务人债务已到期；

② 债务人未履行债务；

③ 存在合法有效的抵押权。

2）抵押权实现的方式

抵押权人可以与抵押人协议以抵押物折价或者以拍卖、变卖该抵押物所得的价款受偿。抵押权人与抵押人未就抵押权实现方式达成协议的，抵押权人可以请求人民法院拍卖、变卖抵押财产。协议损害其他债权人利益的，其他债权人可以在知道或者应当知道撤销事由之日起一年内请求人民法院撤销该协议。

抵押物折价或者拍卖、变卖后，其价款超过债权数额的部分归抵押人所有，不足部分由债务人清偿。如果价款低于抵押权设定时约定价值的，应当按照抵押物实现的价值进行清偿。不足清偿的剩余部分，由债务人清偿。

抵押物折价或者拍卖、变卖所得的价款，当事人没有约定的，按下列顺序清偿：实现抵押权的费用；主债权的利息；主债权。

3）抵押权行使的期间

抵押权所担保的债权诉讼时效期间届满之后，抵押权人在2年内行使抵押权的，人民法院应当予以支持。

4）当同一抵押物有数个抵押权时，抵押权相互之间的优先顺序

同一抵押物有数个抵押权的，进行登记的优先于未登记的；都进行了登记的，则按抵押物登记的先后顺序清偿，顺序相同的，按照债权比例清偿；都未登记的，按照债权比例清偿。

案例分析 4-5

冯某是养鸡专业户，购买雏鸡和修建鸡舍需要资金10万元。冯某向陈某借款8万元，以自己的一套价值8万元的家庭影院设备作为抵押物，双方立有抵押合同，但未办理抵押登记。冯某又向王某借款2万元，以该家庭影院中的电视机作为抵押物，双方签订了抵押合同，并进行登记。但是，冯某由于经验不足，导致雏鸡大量死亡，赔了20多万元，无力偿还陈某和王某的欠款，二人主张抵押权。

问题：

（1）陈某与冯某之间的抵押合同是否有效，能否对抗第三人？

（2）冯某与王某之间的抵押合同是否有效，能否对抗第三人？

（3）陈某与王某的抵押权如何实现？

分析：

（1）陈某与冯某之间的抵押合同有效，但效力不得对抗第三人。抵押物是自愿登记的抵押财产，抵押合同自签订之日起生效。

（2）冯某与王某之间的抵押合同有效，办理了登记，可以对抗第三人。

（3）虽然冯某与王某的抵押合同签订在后，但他们办理了抵押登记，合同效力可以对抗第三人，所以，王某的抵押权可以优先行使，即其债权优先于陈某的债权得到清偿。

资料来源：根据百度文库相关资料整理所得。

4.3.5　最高额抵押

1）最高额抵押权

最高额抵押，是指抵押人为担保债务的履行，以一定的抵押物对一定期间内连续发生的债权提供抵押，抵押权人有权在约定的最高债权额限度内就抵押物优先受偿的抵押担保制度。

最高额抵押权与一般抵押权的区别是，最高额抵押权不是一次发生的债权，而是指抵押人对一定期间内将要连续发生的债权总额提供的担保财产，抵押权人有权在最高债权额限度内就该担保财产优先受偿的权利。而一般抵押权则是对一次性发生的债权、债务设立的抵押权。

2）最高额抵押权的实现

《民法典》规定，抵押权人的债权在有下列情况时予以确定：

① 约定的债权确定期间届满。

② 没有约定债权确定期间或者约定不明确，抵押权人或者抵押人自最高额抵押权设立之日起满2年后请求确定债权。

③ 新的债权不可能发生。

④ 抵押财产被查封、扣押。

⑤ 债务人、抵押人被宣告破产或者被解散。

⑥ 法律规定债权确定的其他情形。

4.4　质押

4.4.1　质押概述

1）质押的概念

质押是指为担保债务的履行，债务人或者第三人将其动产或权利出质给债权人占有，债务人不履行到期债务或者发生当事人约定的实现质权的情形，债权人有权就该动产优先受偿。质押包括动产质押和权利质押。该债权人为质权人，债务人为出质人，移交的动产或权利为质物。

2）质押与抵押的区别

（1）抵押与质押的标的物不同：抵押的标的物是不动产，而质押的标的物是动产与权利。

（2）抵押与质押对标的物是否转移占有有不同的规定：抵押的标的物不转移占有，仍由抵押人占有、使用、收益；质押的标的物交付质权人占有，动产要交付占有，权利要交付权利证书。

4.4.2 动产质押和权利质押

1）动产质押

动产质押是指为担保债务的履行，债务人或者第三人将其动产出质给债权人占有，债务人不履行到期债务或者发生当事人约定的实现质权的情形，债权人有权就该动产优先受偿。

动产质押的标的物为可转移占有之动产。债务人或者第三人将其金钱以特户、封金、保证金等形式特定化后，可作为动产质押的标的物。移交债权人占有作为债权的担保的，债务人不履行债务时，债权人可以该金钱优先受偿。

动产质押之质权自出质人交付质押财产时设立。

2）权利质押

（1）权利质押的范围。

权利质押是指为担保债务的履行，债务人或者第三人将其权利出质给债权人占有，债务人不履行到期债务或者发生当事人约定的实现质权的情形时，债权人有权就该动产优先受偿。

《民法典》第四百四十条规定，债务人或者第三人有权处分的下列权利可以出质：

① 汇票、支票、本票；

② 债券、存款单；

③ 仓单、提单；

④ 可以转让的基金份额、股权；

⑤ 可以转让的注册商标专用权、专利权、著作权等知识产权中的财产权；

⑥ 现有的以及将有的应收账款；

⑦ 法律、行政法规规定可以出质的其他财产权利。

其中，应收账款是指未被证券化的（即不以流通票据或者债券为代表的）、以金钱为给付标的的现有以及将来的合同债权，包括：①非证券化的以金钱为给付标的的现有债权，如卖方销售货物后形成的对卖方的价金债权、出租人出租房屋后对承租人的租金债权、借款人对贷款人的借款债权等；②各类经营性收费权，如收费公路的收费权，农村电网收费权，以及城市供水、供热、公交、电信等基础设施项目的收益权，公园景点、风景区门票等经营性服务收费权等。

（2）权利质押的登记。

《民法典》规定，下列权利出质必须登记：

① 有价证券的质押。以汇票、支票、本票、债券、存款单、仓单、提单出质的，当事人应当订立书面合同。质权自权利凭证交付质权人时设立。没有权利凭证的，质权自有关部门办理出质登记时设立。

② 可以转让的基金份额、股权的质押。以基金份额、股权出质的，当事人应当订立书面合同。以基金份额、证券登记结算机构登记的股权出质的，质权自证券登记结算机构办理出质登记时设立；以其他股权出质的，质权自市场监督管理部门办理出质登记时设立。

③ 知识产权中的财产权质押。以注册商标专用权、专利权、著作权等知识产权中的财产权出质的，当事人应当订立书面合同。质权自有关部门办理出质登记时设立。

④ 应收账款质押。以应收账款出质的，当事人应当订立书面合同。质权自信贷征信机构办理出质登记时设立。

案例分析 4-6

2022 年 8 月 6 日，刘某因生意上资金短缺，暂时跟朋友孙某借款 50 万元，并将一辆奔驰车作为质押担保，办理借款手续，时间为 5 个月。但由于刘某生意经营惨淡，2023 年 1 月 6 日刘某并未如期归还借款。2023 年 1 月 6 日，刘某在生意谈判时为了装点门面，通过 GPS 定位找到自己的车后，用备用钥匙把车开走。后孙某报案，通过公安侦查，是刘某（债务人）私下开走的。

问题：

（1）若刘某于 2023 年 1 月 7 日将汽车存放于孙某处，1 月 8 日才书面告知，质权何时设立？

（2）刘某是否构成犯罪？

分析：

（1）2023 年 1 月 6 日。

（2）车辆的价值一般比较大，如果车辆已经质押，债权人合法取得，其他人（包括车主）秘密窃取车辆的行为都是犯罪。此案法院根据法律认定刘某的行为构成盗窃罪，判处其有期徒刑 4 年。

资料来源：根据百度文库相关资料整理所得。

4.4.3 质押合同

1）质押合同的形式和内容

《民法典》第四百二十七条规定，出质人和质权人应当以书面形式订立质押合同。质押合同应当包括以下内容：

（1）被担保的主债权的种类和数额；

（2）债务人履行债务的期限；

（3）质押财产的名称、数量等情况；

（4）担保的范围；

（5）质押财产交付的时间、方式。

质押合同属于实践合同。标的物的移转占有是动产质押合同的生效条件，也是质权产生的条件。出质人代质权人占有质物的，质押合同不生效。质权成立后质权人将质物返还出质人后，不得以其质权对抗第三人。质押合同中对质押的财产约定不明，或者约定的出质财产与实际移交的财产不一致的，以实际交付占有的财产为准。

2）流质条款之禁止

根据《民法典》第四百二十八条的规定，质权人在债务履行期限届满前，与出质人约定债务人不履行到期债务时质押财产归债权人所有的，只能依法就质押财产优先受偿。

另外，《民法典》第四百三十九条规定，出质人与质权人可以协议设立最高额质权。

4.4.4 质押的效力

1）质押担保的范围

根据《民法典》的规定，质押担保的范围包括主债权及利息、违约金、损害赔偿金、质物保管费用和实现质权的费用。质押合同另有约定的，按照约定执行。

2）质权人的权利、义务

质权人的权利有：

（1）占有质物，质权人有权在债权受清偿前占有质物。

（2）收取质物所生孳息。

（3）转质权。质权人在质权存续期间，为担保自己的债务，经出质人同意，以其所占有的质物为第三人设定质权的，应当在原质权所担保的债权范围之内，超过的部分不具有优先受偿的效力。转质权的效力优于原质权。质权人在质权存续期间，未经出质人同意，为担保自己的债务，在其所占有的质物上为第三人设定质权的无效。质权人对因转质而发生的损害承担赔偿责任。

（4）处分质物并就其价金优先受偿。

（5）费用支付请求权。质权人有请求出质人支付保管标的物之费用的权利。

（6）保全质权的权利。质物有损坏或者价值明显减少的可能，足以危害质权人权利的，质权人可以要求出质人提供相应的担保。出质人不提供的，质权人可以拍卖或者变卖质物，并与出质人协议将拍卖或者变卖所得的价款用于提前清偿所担保的债权或者向与出质人约定的第三人提存。

质权人的义务有：

（1）保管标的物。

（2）返还质物的义务——质权消灭时。

3）出质人的权利

（1）出质人在质权人因保管不善致使质物毁损灭失时，有权要求质权人承担民事责任。

（2）质权人不能妥善保管质物可能致使其灭失或者毁损的，出质人可以要求质权人将质物提存，或者要求提前清偿债权而返还质物。将质物提存的，质物提存费用由质权人负担；出质人提前清偿债权的，应当扣除未到期部分的利息。

（3）债务履行期届满，债务人履行债务的，或出质人提前清偿所担保的债权的，出质人有权要求质权人返还质物。

案例分析 4-7

  甲欲购买一辆三轮车从事个体运输，拟向乙借款 1 万元。乙要求甲提供担保。甲遂找其兄丙，要丙为其提供担保，丙表示愿以家中的一台录像机和一套组合音响出质。之后，甲与乙签订了借款合同，约定乙向甲提供现金 1 万元，期限 1 年，到期还本并按银行同期定期存款利率支付利息。丙与乙在借款合同中设定了质押条款，载明丙以录像机一台和组合音响一套出质，作为乙的债权的担保。次日，丙将该录像机和组合音响移交乙占有。债务履行期届满，甲未清偿债务。乙找到丙协议将录像机和组合音响折价清偿主债权 1 万元及利息，丙则以当时未单独和乙签订书面质押合同为由否认质押合同的存在，但同时说出于道义，最多只为甲借的 1 万元的本金提供质押担保。双方为此发生争议，乙向人民法院提起诉讼。

  问题：

  （1）乙与丙的质押合同是否存在？为什么？

  （2）假如乙与丙之间的质押合同存在，那么质押担保的范围如何确定？

  （3）本案该如何处理？

  分析：

  （1）存在，因为有质押条款，并且质物移交债权人占有。

  （2）质押担保的范围：主债权及利息、违约金、损害赔偿金、质物保管费用和实现质权的费用。当事人未对质押范围做约定，应当对以上内容全部担保。丙只提供 1 万元的质押担保，没有法律依据。

  （3）本案确认质押合同生效，可以质物折价、拍卖、变卖，并就拍卖、变卖的价款优先受偿。丙在乙实现质权后，有权向甲追偿。

  资料来源：根据百度文库相关资料整理所得。

》【学思践悟】某房地产公司与某银行防城港分行金融借款合同纠纷案

  某银行防城港分行向张某提供借款，用于购买案涉房屋，张某以案涉房屋作为抵押财产，由某房地产公司向某银行防城港分行提供保证担保，保证期间为合同签订生效之日起至业主所购房屋抵押登记生效、不动产权证及抵押登记文件交由银行收执之日。案涉房屋办理了抵押预告登记。之后案涉房屋所在楼栋取得不动产权证书。某房地产公司曾通知张某办理案涉房屋的不动产权证，但张某未办理不动产权证。因张某逾期未履行还款义务，某银行防城港分行提起诉讼，请求判令张某偿还尚欠的借款本金及利息。最终判决确认某银行防城港分行对案涉房屋享有优先受偿权，某房地产公司对张某的债务承担连带责任。

　　资料来源：根据防城港市中级法院网站相关资料整理。

　　问题：本案应该如何判决？本案具有何种典型意义？

　　分析：根据《最高人民法院关于适用〈中华人民共和国民法典〉有关担保制度的解释》第五十二条规定，某房地产公司已办理案涉房屋所在楼栋的所有权首次登记，且不存在抵押预告登记失效情形，故某银行防城港分行对案涉房屋的抵押权自预告登记之日起设立，某银行防城港分行对案涉房屋享有抵押优先受偿权，据此，案涉保证合同约定的保证责任免除条件已实现，且某房地产公司在办理案涉房屋所在楼栋的所有权首次登记后已对张某尽到合理的通知义务，对未办理抵押正式登记不存在过错，故某房地产公司应不再承担保证责任。法院最终判决某银行防城港分行对案涉房屋享有优先受偿权，驳回某银行防城港分行要求某房地产公司承担连带保证责任的诉讼请求。

　　本案明确了开发商阶段性担保责任的解除条件。开发商在买受人与银行之间的金融借款合同关系中签订的保证合同承担的是阶段性保证责任，属于开发商保证责任附解除条件的合同。如依据《最高人民法院关于适用〈中华人民共和国民法典〉有关担保制度的解释》第五十二条的规定，认定抵押权设立，则阶段性保证的目的已实现，保证合同解除的条件已达成。开发商在法院认定抵押权设立中已尽到其合理义务、不具有过错的前提下其保证责任免除。

本章小结

　　担保是指以第三人的信用或者在特定财产上设定的权利来确保特定债权人债权实现的法律制度。

　　保证是指保证人和债权人约定，当债务人不履行债务时，保证人按照约定履行债务或者承担责任的行为。

　　抵押是指为担保债务的履行，债务人或者第三人不转移财产的占有，将该财产抵押给债权人的，债务人不履行到期债务或者发生当事人约定的实现抵押权的情形时，债权人有权就该财产优先受偿。

　　质押是指为担保债务的履行，债务人或者第三人将其动产或权利出质给债权人占有，债务人不履行到期债务或者发生当事人约定的实现质权的情形，债权人有权就该动产优先受偿。质押包括动产质押和权利质押。

本章训练

一、思考题

1.《民法典》对保证人的条件有哪些限制？

2.可以抵押的财产有哪些？

3.禁止抵押的财产有哪些？

4.可以用于质押的权利有哪些？

二、案例分析题

2022年1月，李某向朋友房某借款20万元，借期2年，李某将自己的汽车（市值约40万元）作为抵押。两人签订借款合同，一周后，房某把借款划给了李某。之后，李某又向某典当行借款5万元，且将上述已约定抵押的汽车又典当给了某典当行。汽车的赎回期就要到了，李某却没钱还款。房某得知此事后，又急又气，没想到自己被有多年交情的朋友给耍了，遂把李某和典当行同时告上了法庭，请求判定该汽车典当行为无效，汽车应归房某所有。

问题：李某把抵押的汽车再次典当是否有效？为什么？

分析：有效。《民法典》规定，抵押人所担保的债权不得超出其抵押物的价值。财产抵押后，该财产的价值大于所担保债权的余额部分，可以再次抵押，但不得超出其余额部分。在本案中，第一次抵押财产的价值余额为20万元，第二次抵押所担保的债权为5万元，未超过其余额部分，因此再次抵押有效。

资料来源：根据百度文库相关资料整理所得。

第5章
证券法律制度

学习目标

知识目标：理解证券的概念及特征、证券市场的功能；掌握证券法的基本原则、证券发行及证券交易的相关规定、各证券机构的相关规定；了解证券的类型、证券市场、证券法的概念、违反证券法的法律责任。

素养目标：通过介绍证券法的基本原则、证券发行、证券交易规定以及违反证券法的法律责任，让学生了解中国资本市场的运行规则，资本市场的发达程度直接影响国民经济的健康发展，中国金融法规的快速发展以及对国民经济发展所起的重大作用，让学生感受到中国多层次的资本市场越来越完善，中国经济不断壮大，增强学生的民族自豪感。

导入案例

2019年2月26日，中国证监会内蒙古监管局发布行政监管措施公告，赤峰黄金股东谭雄玉、王国菊、刘三平、永兴县邦德投资管理中心（以下简称"邦德投资"），自2018年10月18日至2018年12月10日期间，通过集中竞价交易减持赤峰黄金非公开发行股份1 630.56万股，占公司总股本的1.14%。

事件经过：2014年10月1日，赤峰黄金公告拟通过发行股份及支付现金的方式购买谭雄玉、王国菊、刘三平、邦德投资等交易对手合法持有的郴州雄风稀贵金属材料股份有限公司（简称"雄风稀贵"）100%的股权，支付对价合计9.058亿元。其中90%的对价以发行股份的方式支付，以7.15元/股的价格合计发行1.14亿股，另外10%的对价以现金支付，合计支付9 058万元。同时，赤峰黄金向不超过10名特定投资者非公开发行股份募集本次重组的配套资金，募集资金总额2.70亿元，扣去发行费用650万元后，实际募资净额2.635亿元。其中9 058万元作为交易对价支付，剩余用于对雄风稀贵的增资，具体用于雄风稀贵在建项目建设。根据北京国融兴华出具的国融兴华评报字〔2014〕第020124号评估报告，以2014年3月31日为评估基准日，雄风稀贵的股权评估值为9.08亿元，评估增值率达到169.49%，由西南证券担任此次收购的独立财务顾问。根据双方签订的协议，谭雄玉、王国菊、刘三平、邦德投资等交易对手承诺雄风稀贵 2015 年度净利润不低于 8 500 万元，2016 年度净利润不低于 1.38 亿元，2017 年度净利润不低于 1.43 亿元。2015 年、2016 年和 2017 年，雄风稀贵分别实现扣非净利润 9 656.35 万元、1.53 亿元和 2.01 亿元，完成了业绩承诺。

问题：上述案例违反了相关法律法规的哪条规定？

分析：上述案例中的减持行为违反了《上市公司股东、董监高减持股份的若干规定》（证监会公告〔2017〕9 号）第九条相关规定："上市公司大股东在 3 个月内通过证券交易所集中竞价交易减持股份的总数，不得超过公司股份总数的 1%。股东通过证券交易所集中竞价交易减持其持有的公司首次公开发行前发行的股份、上市公司非公开发行的股份，应当符合前款规定的比例限制。股东持有上市公司非公开发行的股份，在股份限售期届满后 12 个月内通过集中竞价交易减持的数量，还应当符合证券交易所规定的比例限制。适用前三款规定时，上市公司大股东与其一致行动人所持有的股份应当合并计算。"

资料来源：关婧. 赤峰黄金整改期 4 名股东违规减持被出具警示函 [EB/OL]．［2020-07-10］．http://finance.sina.com.cn/stock/relnews/cn/2020-07-10/doc-iirczymm1625514.shtml. 经过改编。

5.1　证券法概述

5.1.1　证券和证券市场

1）证券

（1）证券的概念。

证券是商品经济和社会化大生产发展的产物。"证券"一词内涵十分丰富。

广义上的证券是指各类财产所有权或者债权凭证的总称，是用来证明证券持有者有权按照其所载明的内容取得相应的权益的凭证，如股票、债券、基金证券、票据、提单、栈单、保险单等都属于广义证券的范畴。凡根据我国政府有关法规发行的证券都具有法律效力。

狭义的证券，一般仅指有价证券，有价证券是指一种具有一定票面金额，证明持券人有权按期取得一定收入，并可自由转让和买卖的所有权或债权凭证证书，简称证券。它的主要表现形式是股票、债券和基金证券。

（2）证券的特征。

证券具有以下三个基本特征：

① 法律特征，即证券本身必须具有合法性，这样它所包含的特定内容才会具有法律效力。

② 书面特征，即证券必须采取书面或与书面具有同等效力的形式，且按照规定的格式载明全部必要事项。

③ 证券是一种信用凭证，是商品经济和信用经济发展的产物。

（3）证券的类型。

证券的种类繁多，特别是随着经济的发展，新的证券类型不断被发明并予以应用。《中华人民共和国证券法》（以下简称《证券法》）所称证券是指股票、公司债券和国务院依法认定的其他证券。

① 股票是股份有限公司公开发行的、用以证明投资者的股东权益的凭证。股票是股份的表现形式，股东依据其所持股份享有权利和承担义务。

② 公司债券是指公司依照法定程序发行的、约定在一定期限还本付息的有价证券，是公司为筹集资本而发行的债券。公司债券是债权凭证，债券持有人享有还本付息权，不参与公司的决策经营。债券有偿还期限和固定的利率，因为与公司的绩效没有直接联系，所以收益比较稳定，风险比股票小。

③ 证券投资基金是一种以证券的方式进行信托投资的法律安排，即通过公开发行基金证券，将投资者的资金集中由基金托管人托管，以资产组合方式进行证券投资活动，并由投资者按出资比例分享所得利益和分担投资风险的制度。证券投资基金份额是证券投资基金所划分的等份，是投资者通过出资向基金管理人换回的、表彰其对投资基金权益的有价证券。

（4）证券衍生品种。

证券衍生品种是原生证券的衍生产品。按照是否存在发行环节，证券衍生品种可分为发行类证券衍生品种和契约类证券衍生品种。前者如认股权证、可转换债券等，后者则包括股指期货、国债期货等证券衍生工具。证券衍生品种具有保值和投机双重功能，其具体品种随着证券市场的发展会不断增加。

2）证券市场

（1）证券市场的概念。

证券市场是股票、债券等各种有价证券发行和买卖的场所。从广义上讲，证券市场是指一切以证券为对象的交易关系的总和。证券市场通过证券信用的方式融通资金，通过证券的买卖活动引导资金流动，有效合理地配置社会资源，支持和推动经济发展，因而是资本市场的核心和基础，是金融市场中最重要的组成部分。

（2）证券市场的特征。

证券市场作为证券发行和交易的场所，与一般商品市场相比，具有以下一些明显的特征：

① 一般商品市场的交易对象是各种实物商品，人们购买商品的目的是获得其使用价值。证券市场的交易对象则是股票、债券等金融商品，人们购买的主要目的是获得股息、利息和买卖证券的差价收入。

② 证券市场的流动性通常比商品市场要强得多，证券持有者可以随时转让证券。一般而言，证券市场越发达，交易规模越大，投资者越多，其流动性也越强。

③ 一般商品市场的商品价格，是商品价值的货币表现，商品的价值量取决于生产该商品的社会必要劳动时间。证券市场上的证券价格决定机制比较复杂，证券价格

不但受到发行人的资产、盈利能力的影响，还受到政治、经济，甚至投资者心理等方面因素的影响。证券市场上的供求关系变动频繁，因此证券的市场价格也随之不断上下波动，由此而产生证券市场风险。

④同企业用于购买厂房、机器和原材料等实物资本不同，证券是一种虚拟形式的资本，它不在生产过程中发挥直接作用。从经济运行的本质来看，一般商品市场的活动体现了经济流程中"实质经济"的运转；而证券市场的活动则体现了经济流程中"金融经济"的运转，其最终作用是实现实物资源的有效配置和使用，从而实现社会实物财富的增长。

（3）证券市场的功能。

①筹资功能。证券市场的筹资功能是指证券市场为资金需求者筹集资金的功能。在经济运行过程中，既有资金盈余者，又有资金短缺者。资金盈余者为了使自己的资金价值增值，就必须寻找投资对象。在证券市场上，资金盈余者可以通过买入证券而实现投资；而资金短缺者为了发展自己的业务，就要向社会寻找资金。资金短缺者可以通过发行各种证券来达到筹资的目的。

②资本定价功能。证券市场的第二个基本功能就是为资本决定价格。证券是资本的存在形式，所以，证券的价格实际上是证券所代表的资本的价格。证券的价格是证券市场上证券供求双方共同作用的结果。证券市场的运行形成了证券需求者竞争和证券供给者竞争的关系，这种竞争的结果是：能产生高投资回报的资本，市场的需求就大，其相应的证券价格就高；反之，证券的价格就低。因此，证券市场是资本的合理定价机制。

③资本配置功能。证券市场的资本配置功能是指通过证券价格引导资本的流动而实现资本的合理配置的功能。在证券市场上，证券价格的高低是由该证券所能提供的预期报酬率的高低来决定的。证券价格的高低实际上是该证券筹资能力的反映。而能提供高报酬率的证券一般来自那些经营好、发展潜力巨大的企业，或者来自新兴行业的企业。由于这些证券的预期报酬率高，因而其市场价格也就相应地高，从而其筹资能力就强。这样，证券市场就引导资本流向其能产生高报酬率的企业或行业，从而使资本产生尽可能高的效率，进而实现资本的合理配置。

5.1.2 证券法的概念和基本原则

1）证券法的概念及历史沿革

（1）证券法的概念。

证券法是规范证券发行与交易的法律法规。证券法的概念有狭义和广义之分。狭义的证券法是指《中华人民共和国证券法》。广义的证券法除包括《证券法》外，还包括其他法律中有关证券管理的规定、国务院颁发的有关证券管理的行政法规、证券管理部门发布的部门规章、地方立法部门颁布的有关证券管理的地方性法规和规章等。证券交易所等有关证券自律性组织依法制定的业务规则和行业活动准则等对我国证券市场的规范运作也起到了重要的调整作用。

（2）证券法的历史沿革。

1998年12月29日，第九届全国人民代表大会常务委员会第六次会议通过了《中华人民共和国证券法》，自1999年7月1日起施行。

2004年8月28日，根据第十届全国人民代表大会常务委员会第十一次会议通过的关于修改《中华人民共和国证券法》的决定，对《证券法》的个别条款作了修正。

2005年10月27日，第十届全国人民代表大会常务委员会第十八次会议对《证券法》作了大幅修订后重新颁布，自2006年1月1日起施行。2013年6月29日第十二届全国人民代表大会常务委员会第三次会议通过第二次修正。第十二届全国人民代表大会常务委员会第十次会议于2014年8月31日又通过了对该法进行的修改。2019年12月28日第十三届全国人民代表大会常务委员会第十五次会议进行第二次修订。

（3）证券法的调整范围。

《证券法》的调整范围，是在中华人民共和国境内股票、公司债券和国务院依法认定的其他证券的发行和交易。《证券法》未规定的，适用《中华人民共和国公司法》（以下简称《公司法》）和其他法律、行政法规的规定。政府债券、证券投资基金份额的上市交易适用《证券法》，其他法律、行政法规有特别规定的，适用其规定。证券衍生品种发行、交易的管理办法，由国务院依照《证券法》的原则规定。

2）证券法的基本原则

证券法的基本原则是指《证券法》所规定的证券发行和证券交易活动必须遵循的基本准则，是证券立法、司法和执法的出发点和指导思想，它体现了《证券法》的基本精神。《证券法》的基本原则是公平、公正、公开原则，证券主体法律地位平等原则，诚实信用原则。

（1）公平、公正、公开原则。

①公平原则。

公平原则是指在证券发行和交易活动中，投资人、发行人、证券商和证券专业服务机构等市场主体的法律地位平等，即平等地享受权利和承担义务，公平地开展竞争，合法权益受到公平保护。它要求不同经济实力、不同地区的投资人应享受同等的待遇。

②公正原则。

公正原则是指在证券市场中，立法者应制定公正的规则，司法者和管理者按照这一原则公正地执行法律，对一切被监管者给予公正待遇。它禁止任何人在证券发行或交易中以其特权或优势获得不公正利益，使对方当事人蒙受不公正的损失。市场操纵、虚假陈述、欺诈客户、内幕交易等都是违反公正原则的行为。

③公开原则。

公开原则，即信息披露制度，是指依照法律、行政法规的规定，具有信息披露义务的证券发行人、证券持有人及其他有关机构和人员，应当按照证券主管部门规定的内容、程序和时间履行公开义务。公开原则是公正、公平的前提和保障，是实现公平、公正的必要措施，是《证券法》的精髓所在。实行公开原则，有利于投资者在全面了解情况的基础上作出投资决定，以维护投资者的利益；有利于发行公司接受广大股东和社会公众的监督，从而改善自身的经营管理；有利于国家及时掌握证券发行和交易信息，对证券市场实行统一管理和监督。

（2）证券主体法律地位平等原则。

证券主体法律地位平等原则是指在证券交易时，投资者以同一条件交易证券的行为。证券交易必须符合法律、行政法规规定的条件。

（3）诚实信用原则。

诚实信用原则是指证券发行与交易活动的当事人应当诚实履行义务，不得有任何证券欺诈行为；不得以损害国家、集体或他人利益为目的，不得滥用权力。如果没有法律依据或法律规定不明，应当依据诚实信用原则处理问题。

此外，《证券法》的基本原则还包括：

① 守法原则；

② 禁止欺诈、内幕交易和操纵证券交易市场原则；

③ 证券业与银行业、信托业、保险业分业经营，分业管理原则；

④ 统一监督管理证券市场的原则；

⑤ 自律管理与监督管理结合的原则；

⑥ 审计监督的原则。

案例分析 5-1

赵利勇与海越股份共同投资宁波海越，和吕某奎、袁某鹏、陈某平等人相互认识。赵利勇与龚白玉系夫妻，夫妻关系稳定，日常共同生活居住。2022年1月12日、13日，赵利勇与内幕信息知情人吕某奎、袁某鹏、陈某平存在通信联络。龚白玉的证券账户资金为赵利勇与龚白玉的家庭共有资金。祝科斌系赵利勇姐姐赵某娜的女儿，与赵利勇关系密切，在赵利勇控制的公司担任出纳，管理赵利勇名下公司的资金，为赵某娜证券账户的实际操作人。在内幕信息敏感期内，赵利勇于2022年1月12日与内幕信息知情人吕某奎、袁某鹏、陈某平联络后，1月13日，龚白玉的证券账户通过龚白玉的手机委托买入"海越股份"共计190 900股，成交金额共计2 941 985.00元。2022年1月13日10时19分赵利勇联络祝科斌后，祝科斌向赵某娜证券账户转入8 000 000元，10时34分至11时1分陆续买入"海越股份"，共计520 603股。赵利勇、祝科斌对内幕信息敏感期内交易"海越股份"未能作出合理解释。

问题：

（1）什么是内幕信息？

（2）上述行为是否构成内幕交易？

分析：

（1）内幕信息是指在证券交易活动中，涉及公司的经营、财务或者对该公司证券的市场价格有重大影响的尚未公开的信息。内幕信息包括公司分配股利或者增资的计划。

（2）构成内幕交易。赵利勇利用上述内幕信息违法买卖股票并建议其妻子和利益关系人买卖股票的行为属于内幕交易的行为。

资料来源：根据百度文库相关资料整理所得。

5.2　证券发行

5.2.1　证券发行的条件

《证券法》规定，公开发行证券，必须符合法律、行政法规规定的条件，并依法报经国务院证券监督管理机构或者国务院授权的部门核准；未经依法核准，任何单位和个人不得公开发行证券。

1）股票发行的条件

新设立股份有限公司公开发行股票应当符合《公司法》规定的条件和经国务院批准的国务院证券监督管理机构规定的其他条件。根据《公司法》的规定，新设立股份有限公司公开发行股票应具备以下条件：

① 股份有限公司的生产经营符合国家的产业政策。

② 发行的普通股限于一种，同股同权。

③ 发起人认购的股本数额不少于公司拟发行的股本总额的35%。

④ 在公司拟发行的股本总额中，发起人认购的部分不少于人民币3 000万元，但国家另有规定的除外。

⑤ 向社会公众发行的部分不少于公司拟发行股本总额的25%，其中公司职工认购的股本数额不得超过拟向社会公众发行的股本总额的10%；公司拟发行的股本总额超过人民币4亿元的，证监会按规定可酌情降低向社会公众发行的部分的比例，但最低不得少于公司拟发行股本总额的10%（《公司法》变更为15%）。

⑥ 发起人在近3年内没有重大违法行为。

⑦ 证监会规定的其他条件。

2）公司债券发行的条件

（1）《证券法》规定，公开发行公司债券，应当符合下列条件：

① 股份有限公司的净资产不低于人民币3 000万元，有限责任公司的净资产不低于人民币6 000万元；

② 累计债券余额不超过公司净资产的40%；

③ 最近3年平均可分配利润足以支付公司债券1年的利息；

④ 所筹集资金的投向符合国家产业政策；

⑤ 债券的利率不超过国务院限定的利率水平；

⑥ 国务院规定的其他条件。

（2）禁止再次公开发行公司债券的情形。

《证券法》规定有下列情形之一的，不得再次公开发行公司债券：

① 前一次公开发行的公司债券尚未募足；

② 对已公开发行的公司债券或者其他债务有违约或者延迟支付本息的事实，且仍处于继续状态；

③ 违反本法规定，改变公开发行公司债券所募资金的用途。

5.2.2　证券发行的程序

为了保证证券市场的稳定和投资者的正当利益，证券发行必须按一定的程序进行。从目前我国证券发行的过程来看，股票与企业债券的发行一般要有以下基本程序：

1）证券发行报批前的准备工作

发行前的准备工作对于证券能否取得发行资格、能否顺利发行有着重要意义，主要内容包括：

（1）聘请中介人，主要是聘请证券承销商，其次还包括具有从事证券相关业务资格的律师事务所、会计审计机构、资产评估机构等其他中介人。选择中介机构应当综合考虑中介机构的实力、业绩、人员素质等情况。

（2）进行财产重估和资信评审。现有企业改制成股份有限公司必须经国家有关部门批准，并进行财产重估，合理核定企业资产的价值。我国采用的资产评估方法主要有收益现值法、重置成本法、现行市价法和清算价格法。

如果发行企业债券，则必须进行资信审查和评估，对于向社会公开发行债券的企业，还必须先向有关信誉评估机构申请评估，评估机构根据有关标准评定企业的资信等级。

（3）围绕证券发行审批的要求准备好各项文件资料。

2）证券发行人向有关部门提交申请文件

发行人完成了各项文件资料的准备工作后，便可向有关政府部门递交发行证券申请报告及其他所要求的文件资料。

新设立股份有限公司公开发行股票，应向国务院证券监督管理机构报送募股申请和下列文件：①公司章程；②发起人协议；③发起人姓名或者名称，发起人认购的股份数、出资种类及验资证明；④招股说明书；⑤代收股款银行的名称及地址；⑥承销机构名称及有关的协议。依照《证券法》规定聘请保荐人的，还应当报送保荐人出具的发行保荐书。法律、行政法规规定设立公司必须报经批准的，还应当提交相应的批准文件。

公司公开发行新股，应当向国务院证券监督管理机构报送募股申请和下列文件：①公司营业执照；②公司章程；③股东大会决议；④招股说明书；⑤财务会计报告；⑥代收股款银行的名称及地址；⑦承销机构的名称及有关协议。

申请公开发行公司债券，应当向国务院授权的部门或者国务院证券监督管理机构报送的文件包括：①公司营业执照；②公司章程；③公司债券募集办法；④资产评估报告和验资报告；⑤国务院授权的部门或者国务院证券监督管理机构规定的其他文件。依照《证券法》规定聘请保荐人的，还应当报送保荐人出具的发行保荐书。

3）证券发行的审批

有关证券管理部门接获发行人的申报后，即进入审查批复阶段，经过对申报资料的审核，有关部门会出具书面反馈意见，发行人和中介机构须按照反馈意见修改和补充资料。对于股票发行，一般要经过两级审查，即中国证监会发行部初审和发行审核委员会复审，通过后即可公开发行证券。

4）实施发行阶段

发行人在获得证券发行审批部门同意其公开发行证券的批复后，即可按批准的发行方案发行证券，大致可分为以下几个步骤：

（1）刊登发行公告。

（2）披露招募说明书并备案。招募说明书是发行人向特定的或不特定的投资人发出销售某种证券的书面要约，发行人向社会公开发行证券，必须公告招募说明书，并承担相应的法律责任。

（3）发行证券。发行人通过证券承销机构按照一定的发行方式向公众发行证券。

（4）验资。发行的证券价款缴足后，须经法定的验资机构验资并出具证明。

（5）证券托管。

（6）发行结束。

案例分析 5-2

甲电网集团是根据国家电力体制改革部署新组建的电网公司。该公司作为国有重点骨干企业，以电网经营为核心业务。该集团在2010年初与另外三家资金雄厚的股份有限公司投资设立某电力股份有限公司（以下简称"电力公司"）。为了募集资金，打开市场，2013年6月，该电力公司股东大会决定向全国电力行业定向募集资金，并制定了定向募股办法，该办法规定募集人数至少在400人以上。在未得到中国证券监督管理委员会（简称"证监会"）批准的情况下，该电力公司就已经在电力行业内部发行股票。证监会对此事进行调查。

问题：电力公司为什么受到证监会的处罚？

分析：电力公司的募股对象已经超过200人，属于公开发行股票行为，应当报证监会批准。但是该电力公司在未得到证监会批准的情况下，就已经在电力行业内部发行股票，该行为违反《证券法》的规定，应当受到行政处罚。

资料来源：马其家，等. 证券法：原理·规则·案例 [M]. 北京：清华大学出版社，2007.

5.3　证券交易

5.3.1　证券上市与证券交易

1）证券上市

（1）证券上市的概念。

所谓证券上市，是指经国务院证券监督管理机构核准公开发行的股票、公司债券等证券，按照《公司法》《证券法》规定的条件，经该证券的发行人提出申请并报经国务院证券监督管理机构核准，国务院证券监督管理机构可以授权证券交易所依法定条件和法定程序核准股票上市申请，同时由证券交易所依规定在证券交易所挂牌交易。在证券交易所上市买卖的证券，为上市证券。

（2）证券上市的条件。

①股份有限公司申请股票上市，应当符合下列条件：

股票经国务院证券监督管理机构核准已公开发行；公司股本总额不少于人民币3 000万元；公开发行的股份达到公司股份总数的25%以上；公司股本总额超过人民币4亿元的，公开发行股份的比例为10%以上；公司最近3年无重大违法行为，财务会计报告无虚假记载。

证券交易所可以规定高于前款规定的上市条件，并报国务院证券监督管理机构批准。

②公司申请公司债券上市交易，应当符合下列条件：

公司债券的期限为1年以上；公司债券的实际发行额不少于人民币5 000万元；公司申请债券上市时仍须符合法定的公司债券发行条件。

（3）证券上市的意义。

证券上市是连接证券发行市场与证券交易所的中间环节，对于投资者和上市公司而言，都具有十分重要的意义。对投资者来说，证券上市方便投资者进行证券投资，更好地进行投资决策，而且有利于减少投资风险，降低投资成本。对于上市公司而言，证券上市有利于提高上市公司的信誉和知名度，促进上市公司改善经营管理，增强上市公司的筹资能力。当然，证券上市也有利于证券管理者对上市公司的监管，以保障广大投资者的合法权益，促进证券市场的健康发展。

2）证券交易

（1）证券交易的概念。

证券交易是指依照交易规则对已经依法发行并经投资者认购的证券进行买卖的行为。证券交易是证券转让的一种形式。

（2）证券交易的特征及分类。

与一般市场交易行为相比，证券交易具有如下特征：

①证券交易是对一种具有财产价值的特定权利的买卖行为，证券交易的对象是特定的投资凭证，交易的结果体现为相应投资权利的转移；

②证券交易是一种具有标准化合同性质的买卖行为，证券交易一般按照证券法和

相关交易规则确定的程序、格式进行，这与一般买卖交易明显不同；

③证券交易是对已经发行并经投资者认购的证券的买卖行为，主要体现为对已经发行的股票或者债券等的买卖行为，而非实物或者其他市场交易品种。

证券交易按照不同标准可以作不同分类，如按交易对象不同可以分为股票交易、债券交易、基金交易等；按成交时间和交割时间不同可以分为期货交易和现货交易、足额保证金交易和信用交易等。

（3）证券交易的一般规则。

①证券交易以现货进行交易。

我国《证券法》规定证券交易以现货进行交易，即不能进行证券期货交易。

②证券公司不得从事向客户融资或融券的证券交易活动。

禁止证券公司为客户垫付资金，供客户进行证券买卖，也不允许证券公司将证券借给客户，供客户交易。

③证券从业人员和管理人员不得持有和买卖股票。

证券交易所、证券公司、证券登记结算机构从业人员，证券监督管理机构工作人员和法律、行政法规禁止参与股票交易的其他人员，在任期或者法定限期内，不得直接或者以化名、借他人名义持有、买卖股票，也不得收受他人赠送的股票。任何人在成为上述人员时，其原已持有的股票必须依法转让。

工作人员包括：证券交易所、公司、登记结算机构等的正、副总经理（不负责证券业务的副总经理除外）；以上机构内设的业务部门和下设的证券营业部的正、副经理；证券经营机构从事证券代理、自营业务的专业人员；以上机构从事为客户提供咨询的专业人员；出市代表；电脑管理人员；证监会其他工作人员。

④为股票发行出具审计报告、资产评估报告或者法律意见书等文件的专业机构和人员，在该股票承销期内和期满后6个月内，不得买卖该种股票；自接受上市公司委托之日起至上述文件公开后5日内，不得买卖股票。

5.3.2　持续信息公开

1）信息公开的概念

信息公开是指证券发行上市公司按照法定要求将自身财务、经营等情况向证券监督管理部门报告，并向投资者公告的活动。证券发行时的信息公开称为初次公开或发行公开，证券上市及上市期间的信息公开称为持续公开或继续公开。

2）信息公开的形式

证券发行和交易中应公开的信息包括招股说明书、上市公告书、定期报告和临时报告等。

（1）招股说明书和上市公告书

招股说明书的有效期为6个月，自招股说明书签发完毕之日起计算，在承销股票前向社会公众公告；上市公告书自公司股票上市前5日向社会公告。

（2）定期报告。

定期报告是上市公司和公司债券上市交易的公司进行持续信息披露的主要形式之

一，包括中期报告和年度报告。

①中期报告。

上市公司和公司债券上市交易的公司，应当在每一会计年度的上半年结束之日起两个月内，向国务院证券监督管理机构和证券交易所报送记载以下内容的中期报告，并予以公告：公司财务会计报告和经营情况；涉及公司的重大诉讼事项；已发行的股票、公司债券变动情况；提交股东大会审议的重要事项；国务院证券监督管理机构规定的其他事项。

②年度报告。

上市公司和公司债券上市交易的公司，应当在每一会计年度结束之日起 4 个月内，向国务院证券监督管理机构和证券交易所报送记载以下内容的年度报告，并予以公告：公司概况；公司财务会计报告和经营情况；董事、监事、高级管理人员简介及其持股情况；已发行的股票、公司债券情况，包括持有公司股份最多的前 10 名股东名单和持股数额；公司的实际控制人；国务院证券监督管理机构规定的其他事项。

（3）临时报告。

发生可能对上市公司股票交易价格产生较大影响的重大事件，而投资者尚未得知时，上市公司应当立即将有关该重大事件的情况向国务院证券监督管理机构和证券交易所报送临时报告，并予以公告，说明事件的起因、目前的状态和可能产生的法律后果。

下列情况为前款所称重大事件：

① 公司的经营方针和经营范围的重大变化；

② 公司的重大投资行为和重大的购置财产的决定；

③ 公司订立重要合同，可能对公司的资产、负债、权益和经营成果产生重要影响；

④ 公司发生重大债务和未能清偿到期重大债务的违约情况；

⑤ 公司发生重大亏损或者重大损失；

⑥ 公司生产经营的外部条件发生的重大变化；

⑦ 公司的董事、1/3 以上监事或者经理发生变动；

⑧ 持有公司 5% 以上股份的股东或者实际控制人，其持有股份或者控制公司的情况发生较大变化；

⑨ 公司减资、合并、分立、解散及申请破产的决定；

⑩ 涉及公司的重大诉讼，股东大会、董事会决议被依法撤销或者宣告无效；

⑪公司涉嫌犯罪被司法机关立案调查，公司董事、监事、高级管理人员涉嫌犯罪被司法机关采取强制措施；

⑫国务院证券监督管理机构规定的其他事项。

案例分析 5-3

2019年6月12日,广东海印集团股份有限公司（简称"海印股份"）披露拟与许启太、今珠公司合作投资用于防治非洲猪瘟的"今珠多糖注射液"产业化运营的相关事项,致使股价涨停。经查,海印股份披露的注射液的预防有效性、专利技术及业绩预测等缺乏依据,存在虚假记载和误导性陈述,最终受到证监会的处罚。

问题：该公司为什么受到证监会的处罚？

分析：该公司蹭热点、炒概念,严重破坏信息披露制度的严肃性,严重误导投资者,应依法予以严处。

资料来源：根据百度文库资料整理而得。

5.3.3 禁止的证券交易行为

《证券法》禁止的交易行为主要有内幕交易、操纵市场、虚假陈述和欺诈客户。

1）禁止内幕交易

（1）内幕交易的概念。

内幕交易又称知情证券交易,是指内幕人员以及其他通过非法途径获取公司内幕信息的人,利用该信息进行证券交易而获利的行为。《证券法》禁止证券交易内幕信息的知情人员利用内幕信息进行证券交易活动。

（2）内幕信息。

在证券交易活动中,涉及公司的经营、财务或者对该公司证券的市场价格有重大影响的尚未公开的信息,称为内幕信息。

下列各项信息皆属内幕信息：

① 在前述临时报告中,所列重大事件,如经营范围的重大变化、重大投资行为、发生重大债务与诉讼等；

② 公司分配股利或者增资的计划；

③ 公司股权结构的重大变化；

④ 公司债务担保的重大变更；

⑤ 公司营业用主要资产的抵押、出售或者报废一次超过该资产的30%；

⑥ 公司的董事、监事、经理、副经理或者其他高级管理人员的行为可能依法承担重大损害赔偿责任；

⑦ 上市公司收购的有关方案；

⑧ 国务院证券监督管理机构认定的对证券交易有显著影响的其他重要信息。

（3）知悉证券交易内幕信息的知情人员。

下列人员为知悉证券交易内幕信息的知情人员：

① 发行股票或者公司债券的公司董事、监事、经理、副经理及有关高级管理人员；

②持有公司 5% 以上股份的股东；

③发行股票公司的控股公司的高级管理人员；

④由于所任公司职务可以获取公司有关证券交易信息的人员；

⑤证券监督管理机构工作人员以及由于法定的职责对证券交易进行管理的其他人员；

⑥由于法定职责而参与证券交易的社会中介机构或者证券登记结算机构、证券交易服务机构的有关人员；

⑦国务院证券监督管理机构规定的其他人员。

《证券法》规定，知悉证券交易内幕信息的知情人员或者非法获取内幕信息的其他人员，不得买入或者卖出所持有的该公司的证券，或者泄露该信息以及建议他人买卖该证券。

2）禁止操纵市场

操纵证券交易价格是指在证券市场中，制造虚假繁荣、虚假价格、诱导或者迫使其他投资者在不了解真相的情况下作出错误的投资决定，使操纵者获利或减少损失的行为。

《证券法》明确禁止任何人以下列操纵市场的手段获取不正当利益或转嫁风险：

（1）单独或者通过合谋，集中资金优势、持股优势或者利用信息优势联合或者连续买卖、操纵证券交易价格或者证券交易量；

（2）与他人串通，以事先约定的时间、价格和方式相互进行证券交易，影响证券交易价格或者证券交易量；

（3）在自己实际控制的账户之间进行证券交易，影响证券交易价格或者证券交易量；

（4）以其他手段操纵证券市场。

3）禁止虚假陈述

虚假陈述是指负有陈述义务的行为人，在证券发行和证券交易过程中所公开的信息不符合真实性、准确性和完整性的要求。

《证券法》规定：

（1）禁止国家工作人员、新闻传播媒介从业人员和有关人员编造并传播谣言或者虚假信息，严重影响证券交易。

（2）禁止证券交易所、证券公司、证券登记结算机构、社会中介机构及其从业人员，证券业协会、证券监督管理机构及其工作人员，在证券交易活动中作出虚假陈述或者信息误导。

（3）证券交易信息主要通过各种传播媒介来进行传播，其影响面广，且往往具有一定的权威性。因此，各种传播媒介在传播有关证券信息时，必须做到真实、客观，不得利用传播媒介误导投资者。

4）禁止欺诈客户

禁止欺诈客户的规定主要是针对证券经营机构及其从业人员，在证券交易中禁止各种诱骗投资者买卖证券以及其他违背投资者真实意愿、损害其利益的行为。《证券法》规定的欺诈客户行为主要有：

（1）违背客户的委托为其买卖证券；

（2）不在规定时间内向客户提供交易的书面确认文件；

（3）挪用客户所委托买卖的证券或者客户账户上的资金；

（4）未经客户的委托，擅自为客户买卖证券，或者假借客户的名义买卖证券；

（5）为牟取佣金收入，诱使客户进行不必要的证券买卖；

（6）利用传播媒介或者通过其他方式提供、传播虚假或者误导投资者的信息；

（7）其他违背客户真实意思表示，损害客户利益的行为。

另外，《证券法》还明确规定，禁止法人非法利用他人账户从事证券交易；禁止法人出借自己或者他人的证券账户。禁止任何人挪用公款买卖证券。依法拓宽资金入市渠道，禁止资金违规流入股市。国有企业和国有资产控股的企业买卖上市交易的股票，必须遵守国家有关规定。证券交易所、证券公司、证券登记结算机构、证券服务机构及其从业人员对证券交易中发现的禁止的交易行为，应当及时向证券监督管理机构报告。

5.3.4　上市公司收购

1）上市公司收购的概念

上市公司收购是指收购人通过在证券交易所的股份转让活动持有一个上市公司的股份达到一定比例、通过证券交易所股份转让活动以外的其他合法途径控制一个上市公司的股份达到一定程度，导致其获得或者可能获得对该公司的实际控制权的行为。收购人是指实施收购行为的投资者及与其一致行动的他人，作为收购目标的上市公司称为目标公司或被收购公司。

2）上市公司收购的方式

投资者可以采取要约收购、协议收购及其他合法方式收购上市公司。

（1）要约收购。

要约收购是指收购人通过向股份有限公司（即被收购公司）的股东发出要约的方式收购股票以达到取得上市公司控制权的目的的行为，是上市公司收购的主要方式。投资者自愿选择以要约方式收购上市公司股份的，可以向被收购公司所有股东发出收购其所持有的全部股份的要约（简称全面要约），也可以向被收购公司所有股东发出收购其所持有的部分股份的要约（简称部分要约）。通过证券交易所的证券交易，收购人持有1个上市公司的股份达到该公司已发行股份的30%，并继续增持股份的，应当采取要约方式进行，发出全面要约或者部分要约。

要约收购的特征有：① 要约人为特定的收购人，即持有上市公司股份30%的股东（包括通过协议、其他安排与他人共同持有的股份）；② 发出收购要约，收购人必须公告上市公司收购报告书；③ 收购要约具有法定有效期限，收购要约的期限不得少于30日，并不得超过60日；④ 在收购要约确定的承诺期限内，收购人不得撤销其收购要约。

（2）协议收购。

协议收购是指收购人直接向持有大比例股权的股东，提出收购其所持股权的意向，以双方协议的形式收购上市公司股权的行为。

协议收购具有下列特点：① 协议收购是收购人与被收购公司的股东意思表示一致的产物。② 协议收购的标的是非流通股票。我国非流通股票包括国家股、法人股、内部职工股等，这些股票不能进入证券交易所以集中竞价的方式买卖，只能依法通过协议方式转让。③ 协议收购具有公开性，当事人达成收购协议后，应当向证监会和证券交易所作出书面报告，并予以公告。

拓展阅读5-1

反收购策略

收购行为完成后，收购人应当在 15 日内将收购情况报告国务院证券监督管理机构和证券交易所，并予以公告。

5.4　证券机构

5.4.1　证券交易所

1）证券交易所的概念

证券交易所是为证券集中交易提供场所和设施，组织和监督证券交易，实行自律管理的法人。证券交易所分为会员制证券交易所和公司制证券交易所两种形式。会员制证券交易所是以会员协会形式成立的不以营利为目的的法人组织，其会员主要为证券商，只有会员以及有特许权的经纪人，才有资格在交易所中交易。会员制证券交易所实行会员自治、自律、自我管理。目前，多数国家的证券交易所都实行会员制。公司制证券交易所是以营利为目的的公司法人。公司制证券交易所对在本所内的证券交易负有担保责任。公司制证券交易所的证券商及其股东不得担任证券交易所的董事、监事或经理。我国的证券交易所是会员制证券交易所，是不以营利为目的的法人。

2）证券交易所的组织机构

（1）理事会。

《证券法》规定，证券交易所设理事会。理事会是证券交易所的决策机构，目前每届任期 3 年。理事会的主要职责是：制定、修改证券交易所的业务规则；审定总经理提出的工作计划、财务预算、决算方案；审定对会员的接纳、处分；根据需要决定专门委员会的设置等。

（2）总经理。

证券交易所设总经理一人，由国务院证券监督管理机构任免。其总经理为证券交易所的法定代表人，主持证券交易所的日常管理工作。证券交易所可根据需要设立专门委员会，如证券发行审核委员会、监察委员会等。

3）证券交易所的职责和交易规则

（1）证券交易所的职责。

① 证券交易所依照证券法律、行政法规制定上市规则、交易规则、会员管理规则和其他有关规则，并报国务院证券监督管理机构批准。

② 证券交易所应当为组织公平的集中交易提供保障，公布证券交易即时行情，并按交易日制作证券市场行情表，予以公布。未经证券交易所许可，任何单位和个人不得发布证券交易即时行情。

③ 因突发性事件而影响证券交易的正常进行，证券交易所可以采取技术性停牌的措施；因不可抗力的突发性事件或者为维护证券交易的正常秩序，证券交易所可以决定临时停市。

④ 证券交易所对证券交易实行实时监控，并按照国务院证券监督管理机构的要求，对异常的交易情况提出报告。证券交易所应当对上市公司及相关信息披露义务人披露信息进行监督，督促其依法及时、准确地披露信息。证券交易所根据需要，可以对出现重大异常交易情况的证券账户限制交易，并报国务院证券监督管理机构备案。

⑤ 筹集、管理风险基金。证券交易所应当从其收取的交易费用和会员费、席位费中提取一定比例的金额设立风险基金。风险基金由证券交易所理事会管理。风险基金提取的具体比例和使用办法，由国务院证券监督管理机构会同国务院财政部规定。证券交易所应当将收存的风险基金存入开户银行专门账户，不得擅自使用。

⑥ 证券交易所可以自行支配的各项费用收入，应当首先用于保证其证券交易场所和设施的正常运行并逐步改善。实行会员制的证券交易所的财产积累归会员所有，其权益由会员共同享有，在其存续期间，不得将其财产积累分配给会员。

（2）证券交易规则。

① 进入证券交易所参与集中交易的，必须是证券交易所的会员。

② 投资者应委托证券公司买卖证券：投资者应当与证券公司签订证券交易委托协议，并在证券公司开立证券交易账户。以书面、电话以及其他方式，委托该证券公司代其买卖证券，不能自己到证券交易所进行证券交易。

③ 证券公司根据投资者的委托，按照证券交易规则提出交易申报，参与证券交易所内的集中交易，并根据成交结果承担相应的清算交收责任；证券登记结算机构根据成交结果，按照清算交收规则，与证券公司进行证券和资金的清算交收，并为证券公司客户办理证券的登记过户手续。

④ 按照依法制定的交易规则进行的交易，不得改变其交易结果。对交易中违规交易者应负的民事责任不得免除；在违规交易中所获利益，依照有关规定处理。

⑤ 证券交易所的负责人和其他从业人员在执行与证券交易有关的职务时，与其本人或者其亲属有利害关系的，应当回避。

在证券交易所内从事证券交易的人员，违反证券交易所有关交易规则的，由证券交易所给予纪律处分；对情节严重的，撤销其资格，禁止其入场进行证券交易。

5.4.2 证券公司

1）证券公司的概念

证券公司是指依照《公司法》和《证券法》规定设立的经营证券业务的有限责任公司或者股份有限公司。

依照我国《公司法》的规定，证券公司从它成立的时候起就按照现代企业制度来规范管理，以使证券公司能够成为具有一定规模的，产权清晰、风险自负、权责分明、管理科学的现代企业，担负起证券公司在证券发行与交易中的责任。

2）证券公司的设立条件

（1）有符合法律、行政法规规定的公司章程；

（2）主要股东具有持续盈利能力，信誉良好，最近 3 年无重大违法违规记录，净资产不低于人民币 2 亿元；

（3）有符合本法规定的注册资本；

（4）董事、监事、高级管理人员具备任职资格，从业人员具有证券从业资格；

（5）有完善的风险管理与内部控制制度；

（6）有合格的经营场所和业务设施；

（7）法律、行政法规规定的和经国务院批准的国务院证券监督管理机构规定的其他条件。

3）证券公司的业务

经国务院证券监督管理机构批准，证券公司可以经营下列部分或者全部业务：

（1）证券经纪；

（2）证券投资咨询；

（3）与证券交易、证券投资活动有关的财务顾问；

（4）证券承销与保荐；

（5）证券自营；

（6）证券资产管理；

（7）其他证券业务。

案例分析 5-4

证券公司可以从事一些证券类业务，现在有以下一些说法：（1）证券公司均可以从事证券自营业务；（2）证券公司均不得从事证券自营业务；（3）证券公司只能从事由包销产生的证券自营业务；（4）一部分证券公司可以从事证券自营业务。

问题：根据《证券法》的规定，以上哪种说法是正确的？

分析：第（4）种说法是正确的。根据《证券法》的规定，只从事证券经纪、证券投资咨询以及与证券交易和投资活动有关的财务顾问业务的证券公司要求的注册资本最低限额为人民币 5 000 万元；而从事证券自营业务的证券公司要求的注册资本最低限额为人民币 1 亿元。因此，并不是所有的证券公司都可以从事证券自营业务。

资料来源：根据百度文库相关资料整理所得。

5.4.3　证券登记结算机构

1）证券登记结算机构的概念

《证券法》规定，证券登记结算机构是为证券交易提供集中登记、存管与结算服务，不以营利为目的的法人。

2）证券登记结算机构的设立条件

（1）自有资金不少于人民币2亿元；

（2）具有证券登记、存管和结算服务所必需的场所和设施；

（3）主要管理人员和从业人员必须具有证券从业资格；

（4）国务院证券监督管理机构规定的其他条件。

3）证券登记结算机构的职能

（1）证券账户、结算账户的设立。

这是专门为投资者买卖证券而设立的，证券账户用于记录投资者的买卖证券情况，结算账户的作用在于证券交易中为买卖双方清算交收服务。证券公司在证券登记结算机构设立账户，实际上就是证券公司与证券登记结算机构建立了一种服务和被服务的关系，登记结算机构为证券公司提供证券交易的有关服务。

（2）证券的托管和过户。

托管就是证券持有人将其所持有的证券委托证券登记结算机构保管，这样便于交易结算，也比较安全；过户就是根据证券交易清算交收的结果，将证券持有人持有证券的事实记录下来；所用的形式是将一个所有者账户上的证券转移到另一个所有者账户上，这种转移是股权、债权的一种转移，它由证券登记结算机构经办。

（3）证券持有人名册登记。

这是由证券登记结算机构进行股权、债权的登记，它是根据证券交易中结算、交收、过户的结果进行的，这种登记确定了投资者的权利，并形成了证券持有人名册。

（4）证券交易所上市证券交易的清算和交收。

这是实际履行交易双方的责任，完成一方交付证券，另一方支付价款的过程，这样证券交易才能完成，下一步的交易才能开始并继续。

（5）受发行人的委托派发证券权益。

一般来说，证券发行并上市交易，在投资者之间流动，发行人难以掌握哪些人持有证券，但是要向股东派发权益，或者向债权人支付利息，最好的办法就是委托证券登记结算机构依据证券持有人登记名册派发，这样可以做到准确、便捷，有利于保护投资者利益。

（6）办理与上述业务有关的查询。

它有一个限定，就是与上述业务有关的事项，这是合理的，也可以说是相关业务的延伸，这是又一项法定的职能。

（7）国务院证券监督管理机构批准的其他业务。

除了上述六项业务外，还有一些是证券登记结算机构可以提供的服务，但它们需要经过国务院证券监督管理机构的批准。

5.4.4　证券交易服务机构

证券交易服务机构是指专门从事证券投资咨询业务，证券资信评级业务，证券发行与交易的会计、审计及法律业务的机构。在证券的发行市场上，它们能为投资者提供准确的投资信息，帮助投资者作出正确的投资决策，使证券的发行工作得以顺利进行；在证券的交易市场中，它们能够协助上市公司及时而准确地披露经营、财务和资产状况，为政府的监督管理提供依据，从而使投资者的权益得到切实的维护。

《证券法》规定，投资咨询机构及其从业人员从事证券服务业务不得有下列行为：

（1）代理委托人从事证券投资；

（2）与委托人约定分享证券投资收益或者分担证券投资损失；

（3）买卖本咨询机构提供服务的上市公司股票；

（4）利用传播媒介或者通过其他方式提供、传播虚假或者误导投资者的信息；

（5）法律、行政法规禁止的其他行为。

有上述所列行为之一，给投资者造成损失的，依法承担赔偿责任。

5.4.5　证券业协会

1）证券业协会的概念

证券业协会是证券业的自律性组织，是社会团体法人。协会的宗旨是根据发展社会主义市场经济的要求，贯彻执行国家有关方针、政策和法规，发挥政府与证券经营机构之间的桥梁和纽带作用，促进证券业的开拓发展。加强证券业的自律管理，维护会员的合法权益，建立和完善具有中国特色的证券市场体系。

中国证券业协会的会员分为团体会员和个人会员，团体会员为证券公司。《证券法》规定，证券公司应当加入证券业协会。个人会员只限于证券市场管理部门有关领导以及从事证券研究及业务工作的专家，由协会根据需要吸收。

证券业协会的权力机构为由全体会员组成的会员大会。证券业协会章程由会员大会制定，并报国务院证券监督管理机构备案。会员大会每两年举行一次，必要时经常务理事会决议可临时召开。证券业协会设会长、副会长。证券业协会设理事会，理事会成员依章程的规定由选举产生，每届任期两年，可连选连任。

2）证券业协会的职责

证券业协会履行下列职责：

（1）协助证券监督管理机构教育和组织会员执行法律、行政法规；

（2）依法维护会员的合法权益，向证券监督管理机构反映会员的建议和要求；

（3）收集整理信息，为会员提供服务；

（4）制定会员应遵守的规则，组织会员单位从业人员的业务培训，开展会员间的业务交流；

（5）调解会员之间、会员与客户之间发生的纠纷；

（6）组织会员就证券业的发展、运作及有关内容进行研究；

（7）监督、检查会员行为，对违反法律、行政法规或者协会章程的，按规定给予纪律处分；

拓展阅读 5-2

股票停牌

（8）国务院证券监督管理机构赋予的其他职责。

5.5 法律责任

5.5.1 违反证券发行规范的法律责任

1）擅自公开或者变相公开发行证券的法律责任

《证券法》规定，违反本法第九条的规定，擅自公开或者变相公开发行证券的，责令停止发行，退还所募资金并加算银行同期存款利息，处以非法所募资金金额百分之五以上百分之五十以下的罚款；对擅自公开或者变相公开发行证券设立的公司，由依法履行监督管理职责的机构或者部门会同县级以上地方人民政府予以取缔。对直接负责的主管人员和其他直接责任人员给予警告，并处以五十万元以上五百万元以下的罚款。

2）以欺骗手段骗取发行核准的法律责任

发行人在其公告的证券发行文件中隐瞒重要事实或者编造重大虚假内容，尚未发行证券的，处以二百万元以上二千万元以下的罚款；已经发行证券的，处以非法所募资金金额百分之十以上一倍以下的罚款。对直接负责的主管人员和其他直接责任人员，处以一百万元以上一千万元以下的罚款。

发行人的控股股东、实际控制人组织、指使从事前款违法行为的，没收违法所得，并处以违法所得百分之十以上一倍以下的罚款；没有违法所得或者违法所得不足二千万元的，处以二百万元以上二千万元以下的罚款。对直接负责的主管人员和其他直接责任人员，处以一百万元以上一千万元以下的罚款。

5.5.2 违反证券交易规范的法律责任

《证券法》中关于证券交易的章节为第三十五条到第六十一条。

在限制转让期内转让证券，或者转让股票不符合法律、行政法规和国务院证券监督管理机构规定的，责令改正，给予警告，没收违法所得，并处以买卖证券等值以下的罚款。

法律、行政法规规定禁止参与股票交易的人员，违反本法第四十条的规定，直接或者以化名、借他人名义持有、买卖股票或者其他具有股权性质的证券的，责令依法处理非法持有的股票、其他具有股权性质的证券，没收违法所得，并处以买卖证券等值以下的罚款；属于国家工作人员的，还应当依法给予处分。

证券服务机构及其从业人员，违反本法第四十二条的规定买卖证券的，责令依法处理非法持有的证券，没收违法所得，并处以买卖证券等值以下的罚款。

上市公司、股票在国务院批准的其他全国性证券交易场所交易的公司的董事、监事、高级管理人员、持有该公司百分之五以上股份的股东，违反本法第四十四条的规定，买卖该公司股票或者其他具有股权性质的证券的，给予警告，并处以十万元以上一百万元以下的罚款。

违反本法第四十五条的规定，采取程序化交易影响证券交易所系统安全或者正常交易秩序的，责令改正，并处以五十万元以上五百万元以下的罚款。对直接负责的主管人员和其他直接责任人员给予警告，并处以十万元以上一百万元以下的罚款。

证券交易内幕信息的知情人或者非法获取内幕信息的人违反本法第五十三条的规定从事内幕交易的，责令依法处理非法持有的证券，没收违法所得，并处以违法所得一倍以上十倍以下的罚款；没有违法所得或者违法所得不足五十万元的，处以五十万元以上五百万元以下的罚款。单位从事内幕交易的，还应当对直接负责的主管人员和其他直接责任人员给予警告，并处以二十万元以上二百万元以下的罚款。国务院证券监督管理机构工作人员从事内幕交易的，从重处罚。

利用未公开信息进行交易的，依照前款的规定处罚。

操纵证券市场的，责令依法处理其非法持有的证券，没收违法所得，并处以违法所得一倍以上十倍以下的罚款；没有违法所得或者违法所得不足一百万元的，处以一百万元以上一千万元以下的罚款。单位操纵证券市场的，还应当对直接负责的主管人员和其他直接责任人员给予警告，并处以五十万元以上五百万元以下的罚款。

编造、传播虚假信息或者误导性信息，扰乱证券市场的，没收违法所得，并处以违法所得一倍以上十倍以下的罚款；没有违法所得或者违法所得不足二十万元的，处以二十万元以上二百万元以下的罚款。

在证券交易活动中作出虚假陈述或者信息误导的，责令改正，处以二十万元以上二百万元以下的罚款；属于国家工作人员的，还应当依法给予处分。

传播媒介及其从事证券市场信息报道的工作人员违反本法第五十六条第三款的规定，从事与其工作职责发生利益冲突的证券买卖的，没收违法所得，并处以买卖证券等值以下的罚款。

证券公司及其从业人员违反本法第五十七条的规定，有损害客户利益的行为的，给予警告，没收违法所得，并处以违法所得一倍以上十倍以下的罚款；没有违法所得或者违法所得不足十万元的，处以十万元以上一百万元以下的罚款；情节严重的，暂停或者撤销相关业务许可。

违反本法第五十八条的规定，出借自己的证券账户或者借用他人的证券账户从事证券交易的，责令改正，给予警告，可以处五十万元以下的罚款。

5.5.3　证券机构的法律责任

1）证券机构法律责任的概念

证券机构的法律责任是指证券机构违反证券法律规定的义务，所产生的应当承担的具有法定强制力的不利后果。研究证券经营机构的法律责任，对于证券市场的规范发展和保障投资人和筹资人的利益，维护"三公"原则，提高证券市场的效率，有着重要的理论和实际意义。

2）证券交易所违反《证券法》的规定应承担的法律责任

非法开设证券交易场所的，由县级以上人民政府予以取缔，没收违法所得，并处以违法所得一倍以上十倍以下的罚款；没有违法所得或者违法所得不足一百万元的，处以一百万元以上一千万元以下的罚款。对直接负责的主管人员和其他直接责任人员给予警告，并处以二十万元以上二百万元以下的罚款。

证券交易所违反本法第一百零五条的规定，允许非会员直接参与股票的集中交易的，责令改正，可以并处五十万元以下的罚款。

3）证券公司违反《证券法》的规定应承担的法律责任

《证券法》第一百八十三条规定，证券公司承销或者销售擅自公开发行或者变相公开发行的证券的，责令停止承销或者销售，没收违法所得，并处以违法所得一倍以上十倍以下的罚款；没有违法所得或者违法所得不足一百万元的，处一百万元以上一千万元以下的罚款；情节严重的，并处暂停或者撤销相关业务许可。给投资者造成损失的，应当与发行人承担连带赔偿责任。对直接负责的主管人员和其他直接责任人员给予警告，并处以五十万元以上五百万元以下的罚款。

证券公司违反《证券法》第一百二十条第五款规定提供证券融资融券服务的，没收违法所得，并处以融资融券等值以下的罚款；情节严重的，禁止其在一定期限内从事证券融资融券业务。对直接负责的主管人员和其他直接责任人员给予警告，并处以二十万元以上二百万元以下的罚款。

证券公司违反《证券法》第一百二十九条的规定从事证券自营业务的，责令改正，给予警告，没收违法所得，并处以违法所得一倍以上十倍以下的罚款；没有违法所得或者违法所得不足五十万元的，处以五十万元以上五百万元以下的罚款；情节严重的，并处撤销相关业务许可或者责令关闭。对直接负责的主管人员和其他直接责任人员给予警告，并处以二十万元以上二百万元以下的罚款。

证券公司违反《证券法》第一百三十四条第一款的规定接受客户的全权委托买卖证券的，或者违反本法第一百三十五条的规定对客户的收益或者赔偿客户的损失作出承诺的，责令改正，给予警告，没收违法所得，并处以违法所得一倍以上十倍以下的罚款；没有违法所得或者违法所得不足五十万元的，处以五十万元以上五百万元以下的罚款；情节严重的，并处撤销相关业务许可。对直接负责的主管人员和其他直接责任人员给予警告，并处以二十万元以上二百万元以下的罚款。

证券公司的从业人员违反《证券法》第一百三十六条的规定，私下接受客户委托买卖证券的，责令改正，给予警告，没收违法所得，并处以违法所得一倍以上十倍以下的罚款；没有违法所得的，处以五十万元以下的罚款。

4）证券登记结算机构、证券交易服务机构违反《证券法》的规定应承担的法律责任

证券服务机构及其从业人员，违反本法第四十二条的规定买卖证券的，责令依法处理非法持有的证券，没收违法所得，并处以买卖证券等值以下的罚款。

擅自设立证券登记结算机构的，由国务院证券监督管理机构予以取缔，没收违法所得，并处以违法所得一倍以上十倍以下的罚款；没有违法所得或者违法所得不足五十万元的，处以五十万元以上五百万元以下的罚款。对直接负责的主管人员和其他直接责任人员给予警告，并处以二十万元以上二百万元以下的罚款。

证券投资咨询机构违反本法第一百六十条第二款的规定擅自从事证券服务业务，或者从事证券服务业务有本法第一百六十一条规定行为的，责令改正，没收违法所

得，并处以违法所得一倍以上十倍以下的罚款；没有违法所得或者违法所得不足五十万元的，处以五十万元以上五百万元以下的罚款。对直接负责的主管人员和其他直接责任人员，给予警告，并处以二十万元以上二百万元以下的罚款。

会计师事务所、律师事务所以及从事资产评估、资信评级、财务顾问、信息技术系统服务的机构违反本法第一百六十条第二款的规定，从事证券服务业务未报备案的，责令改正，可以处二十万元以下的罚款。

证券服务机构违反本法第一百六十三条的规定，未勤勉尽责，所制作、出具的文件有虚假记载、误导性陈述或者重大遗漏的，责令改正，没收业务收入，并处以业务收入一倍以上十倍以下的罚款，没有业务收入或者业务收入不足五十万元的，处以五十万元以上五百万元以下的罚款；情节严重的，并处暂停或者禁止从事证券服务业务。对直接负责的主管人员和其他直接责任人员给予警告，并处以二十万元以上二百万元以下的罚款。

发行人、证券登记结算机构、证券公司、证券服务机构未按照规定保存有关文件和资料的，责令改正，给予警告，并处以十万元以上一百万元以下的罚款；泄露、隐匿、伪造、篡改或者毁损有关文件和资料的，给予警告，并处以二十万元以上二百万元以下的罚款；情节严重的，处以五十万元以上五百万元以下的罚款，并处暂停、撤销相关业务许可或者禁止从事相关业务。对直接负责的主管人员和其他直接责任人员给予警告，并处以十万元以上一百万元以下的罚款。

➤ 【学思践悟】　　　多项政策利好支持，进一步活跃资本市场

党的二十大报告提出，"以中国式现代化全面推进中华民族伟大复兴"。学习贯彻党的二十大精神，对中国资本市场而言，建设中国特色现代资本市场，就是新征程上的使命任务。

自 2023 年 7 月 24 日中共中央政治局会议提出"活跃资本市场"后，证监会、财政部、交易所等多部门接连推出多项政策落实政治局会议精神。8 月 27 日，证监会连发三文，就统筹一二级市场平衡，优化 IPO、再融资监管安排，进一步规范股份减持行为，调降融资保证金比例等方面作出一系列安排。同日，财政部、税务总局公告，为活跃资本市场、提振投资者信心，自 2023 年 8 月 28 日起，证券交易印花税实施减半征收。

资料来源：根据相关资料整理。

问题：这些政策对活跃资本市场具有什么样的作用？

分析：

（1）降低融资保证金比例能够直接改善市场的流动性状况，并带来增量资金入场。根据证监会和上交所、深交所、北交所的安排，自 9 月 8 日起，将投资者融资买入证券时的融资保证金最低比例从 100% 降低至 80%，而这也是自两融业务开通以来证监会首次下调融资保证金比例。融资保证金比例的降低意味着在保证金规模相同的情况下，投资者能够从证券公司获得更多的流动性支持。

（2）规范减持行为的同时阶段性收紧IPO、再融资节奏有助于缓解市场的资金流出压力、提振投资者信心。近年来，上市公司大股东通过离婚等方式规避减持限制频频引发市场关注，而本次证监会同样进一步规范了股份减持行为，明确要求上市公司存在破发、破净情形，或者最近三年未进行现金分红、累计现金分红金额低于最近三年年均净利润30%的，控股股东、实际控制人不得通过二级市场减持本公司股份。此外，证监会推出的阶段性收紧IPO节奏，对于存在破发、破净、经营业绩持续亏损、财务性投资比例偏高等情形的上市公司再融资，适当限制其融资间隔、融资规模，严格要求上市公司募集资金应当投向主营业务等举措，同样能够起到改善A股市场供需平衡、稳定市场资金的作用。

（3）印花税的下调在降低交易成本的同时，也会起到提振市场交易情绪的作用。2022年全年，我国证券交易印花税收入达到2 759亿元，本次印花税减半或将为A股市场每年额外释放出约1 400亿元左右的资金。

本章小结

狭义的证券，一般仅指有价证券。有价证券是指一种具有一定票面金额，证明持券人有权按期取得一定收入，并可自由转让和买卖的所有权或债权凭证证书，简称证券。它的主要表现形式是股票、债券和基金证券。

证券市场是股票、债券、投资基金券等各种有价证券发行和买卖的场所。

《证券法》规定，公开发行证券，必须符合法律、行政法规规定的条件，并依法报经国务院证券监督管理机构或者国务院授权的部门核准；未经依法核准，任何单位和个人不得公开发行证券。

证券交易是指依照交易规则对已经依法发行并经投资者认购的证券进行买卖的行为。

证券上市，是指经国务院证券监督管理机构核准公开发行的股票、公司债券等证券，按照公司法、证券法规定的条件，经该证券的发行人提出申请并报经国务院证券监督管理机构核准，国务院证券监督管理机构可以授权证券交易所依法定条件和法定程序核准股票上市申请，同时由证券交易所依规定在证券交易所挂牌交易。

证券交易所是为证券集中交易提供场所和设施，组织和监督证券交易，实行自律管理的法人。

证券公司是指依照《公司法》和《证券法》规定设立的经营证券业务的有限责任公司或者股份有限公司。

证券交易服务机构是指专门从事证券投资咨询业务，证券资信评级业务，证券发行与交易的会计、审计及法律业务的机构。

证券业协会是证券业的自律性组织，是社会团体法人。

本章训练

一、思考题

1.新股发行的条件有哪些？

2.试述证券交易的概念及特征。

3.简述要约收购制度的主要内容。

4.证券交易所的职责有哪些？

二、案例分析题

依据《证券法》的有关规定，证监会对赵某内幕交易西藏诺迪康药业股份有限公司（以下简称西藏药业）的股票行为进行了立案调查和审理，并依法向当事人告知了作出行政处罚的事实、理由、依据及当事人依法享有的权利，应当事人赵航的要求于2022年8月22日举行了听证会，听取了赵某及其代理人的陈述和申辩。本案现已调查、审理终结。

经查明，赵某存在以下违法事实：利用内幕信息进行股票交易。

赵航与西藏药业董事、内幕信息知情人王某是朋友，两人在工作上和生活上均有交情。赵航自认其在2020年5月24日下午与王某等人见面喝茶时，听见王某谈及西藏药业与上海一家利用mRNA技术生产新冠疫苗的公司开展合作的事情，其根据在基金行业的从业经验，检索出上海拥有mRNA技术生产新冠疫苗的公司就是斯微生物，判断这是重大利好，并据此买入"西藏药业"股票。

问题：本案例中，赵某违反了《证券法》的哪些条款？

分析：

（1）西藏药业公告内容的实质为上市公司签订了一项购买疫苗特许经营权的合同。依据《上市规则》11.12.7条，"上市公司出现下列情形之一的，应当及时向本所报告并披露：……（八）订立重要合同……上述事项涉及具体金额的，比照适用第9.2条的规定或本所其他规定。"西藏药业涉案交易事项的合同金额符合《上市规则》9.2条的标准，该交易属于"订立重要合同"。因此，西藏药业涉案交易事项属于《证券法》第八十条第二款第三项规定"公司订立重要合同……，可能对公司的资产、负债、权益和经营成果产生重要影响"的重大事件，构成《证券法》第五十二条第二款规定的内幕信息。

（2）根据《证券法》第五十五条规定，禁止任何人操纵证券市场，影响或者意图影响证券交易价格或者证券交易量；操纵证券市场行为给投资者造成损失的，应当依法承担赔偿责任。最终，依据《证券法》第一百九十一条的规定，证监会决定对赵某处以5 000 000元的罚款。

资料来源：根据证监会官网的相关资料整理所得。

第6章

保险法律制度

学习目标

知识目标：理解保险的概念与特征、保险合同的概念、特征、形式；掌握保险法的基本原则、保险法律关系、保险合同的订立和履行；了解保险法的概念、我国保险法的立法概况、保险业法律制度。

素养目标：通过介绍保险概念、保险合同、基本原则以及保险法律制度等相关知识，培养学生树立客户至上的服务意识，以及风险分散的风险意识，做个诚实守信的好公民，用实际行动践行社会主义核心价值观的诚信原则。

导入案例

某个体户经批准经营了一个小煤矿，该煤矿与工人签订了雇佣合同。合同中规定，如果工人在采矿中发生意外事故致死，由矿方给付丧葬费、抚恤金1万元。考虑到工人意外伤害风险的客观存在，矿方与保险公司签订了保险合同，以工人在受雇期间的意外伤害赔偿为保险责任，每人保险限额为1万元，投保人与被保险人均为矿方。在保险有效期内，因发生瓦斯爆炸而致5名工人窒息死亡，其家属纷纷向矿方和保险公司提出索赔。

问题：

（1）本案的保险属于什么险种？

（2）保险合同关系存在于哪两个当事人之间？

（3）受害人家属对被保险人的索赔是否有效？

（4）受害人家属是否能向保险人索赔？

（5）各受害人家属最终可以获得的保险赔偿额为多少？

分析：

（1）本案的险种属于雇主责任保险。

（2）保险合同关系存在于雇主与保险人之间。

（3）受害人家属对被保险人的索赔完全有效。

（4）因为矿方与保险公司签订了保险合同，以工人在受雇期间的意外伤害赔偿为保险责任，每人保险限额为 1 万元，所以各受害人家属最终可以获得的保险赔偿额为 1 万元。

资料来源：根据百度文库相关资料整理所得。

6.1　保险和保险法概述

6.1.1　保险

案例分析 6-1

孙某有一所房子，出租给王某，租期为 2021 年 9 月 1 日至 2022 年 8 月 31 日。由于担心房子损毁承担赔偿责任，王某投保了房屋综合保险。由于工作变动，王某于 2022 年 7 月 2 日退租。2022 年 7 月 30 日因邻居家意外导致房子发生火灾，王某向保险公司提出索赔，保险公司以王某对保险标的不具有保险利益为由，拒绝支付保险金。

问题：王某能否获得赔偿？

分析：不能获得赔偿。根据《保险法》第十二条的规定，财产保险要求整个保险期内投保人都必须对保险标的具有保险利益。在本案中，王某由于退租，与房子之间没有保险利益，保险公司有权拒绝支付保险金。

资料来源：根据百度文库相关资料整理所得。

1）保险的概念与特征

（1）保险的概念。

保险是指为确保社会经济生活的安定，运用多数机构和个人的集合力量，根据合理的计算，共同建立基金，对因特定危险事故所造成的财产损失给予补偿或对人身约定事件的出现实行给付的一种经济保障制度。保险的实质不是保证危险不发生、不遭受损失，而是对危险发生后遭受的损失予以经济补偿。

《保险法》第二条规定："本法所称保险，是指投保人根据合同约定，向保险人支付保险费，保险人对于合同约定的可能发生的事故因其发生所造成的财产损失承担赔偿保险金责任，或者当被保险人死亡、伤残、疾病或者达到合同约定的年龄、期限等条件时承担给付保险金责任的商业保险行为。"可见，《保险法》中的保险是一种约定的商业保险行为，这种约定行为的法律形式就是保险合同。

（2）保险的特征。

①强制性与自愿性相结合。

保险的强制性表现在，保险立法具有强制性，保险关系一经确定，任何人不得随意取缔；保险费率、待遇标准及调解办法统一以后，保险机构强制执行，不能随意更改。保险的自愿性表现在，社会成员有权决定是否向保险公司投保、投保的险种及投保的期限。保险是自愿性与强制性相结合的，如签订保险合同是当事人双方自愿的事，但合同一旦生效，就具有强制性。

②权利与义务的对等性。

保险人和被保险人双方既享有一定权利，又承担一定义务。保险人承担给付保险金的义务，被保险人或受益人享有受领保险金的权利；投保人有缴纳保险费的义务，保险人有收取保险费的权利。

③补偿的有限性。

保险的补偿一般在事后进行，即当风险发生并造成危害后果时，补偿才开始。补偿是有限的，其有限性表现在两个方面：一是保险补偿是价值补偿，而非实物补偿，财产损失不能退回，人身伤害亦不能复原，保险人对损失做价值估算，以货币形式赔偿受害人；二是保险补偿只是一定程度的补偿，补偿金额与受害者损失的实际价值不能完全对等。

2）保险的分类

（1）按照保险目的的不同，保险可分为社会保险和商业保险。

社会保险是指在既定的社会政策下，由国家通过立法手段对全体社会公民强制征缴保险费，形成保险基金，用以对其中因年老、疾病、生育、伤残死亡和失业而导致丧失劳动能力或失去工作机会的成员提供基本生活保障的一种社会保障制度。社会保险不以营利为目标，运行中若出现赤字，国家财政将给予支持。商业保险指保险公司所经营的各类保险业务，是社会保险以外的普通保险，它以营利为目的，其资金主要来源于投保人交纳的保险费，一般受《保险法》规范。我国《保险法》规定的保险范围，也以商业保险为限。

（2）按保险标的性质的不同，保险分为财产保险、人身保险。

财产保险是以物质财产或财产性利益为保险标的，以实物的毁损和利益的灭失为保险事故的各种保险，包括普通财产保险、农业保险、保证保险、责任保险和信用保险等。人身保险是以人的生命或健康为保险标的，以人的生理意外事故作为保险事故的保险。人身保险又可分为人身意外伤害保险、健康保险和人寿保险等。

（3）按照保险实施的方式和形式的不同，保险分为自愿保险和法定保险。

自愿保险是通过投保人或被保险人和保险人双方在平等原则的基础上，根据自愿原则而签订的保险。法定保险又称强制保险，它是由国家（政府）通过法律或行政命令强制实行的保险，如社会保险、机动车的第三者责任保险。

（4）按照保险人是否转移保险责任划分，保险可分为原保险和再保险。

原保险又称第一次保险，是指保险人在保险责任范围内直接由自己对被保险人负赔偿责任的保险。再保险又称分保或第二次保险，是原保险人为减轻或避免所负风险把责任的一部分或全部转移给其他保险人的保险。再保险的目的主要是分散风险、扩大承保能力、稳定经营。

拓展阅读6-1

社会保险与商业保险的比较

（5）按照保险人的人数划分，保险可分为单保险和复保险。

单保险是投保人对于同一保险标的、同一保险利益、同一保险事故，与一个保险人订立保险合同的行为。复保险，或称重复保险，是投保人对于同一保险标的、同一保险利益、同一保险事故，与数个保险人分别订立数个保险合同的行为。

6.1.2　保险法

1）保险法的概念

保险法是调整保险关系的法律规范的总和。保险法是调整保险活动中保险人与投保人、被保险人以及受益人之间法律关系的重要法律，也是国家对保险企业、保险市场实施监督管理的法律。

2）我国保险法的立法概况

（1）中华人民共和国成立前的保险法。

1805 年，英国东印度公司的商人达卫森在我国广州开设了第一家外商保险公司——谏当保险行。1865 年，中国第一家民族保险公司义和保险公司在上海开业。清政府为了监管保险业，于 1904 年制定了《大清商律》。1918 年，当时的中华民国颁布了保险业法案，之后相继制定了保险法和一系列保险业法律法规。

（2）中华人民共和国成立后的保险法。

1949 年，中国人民保险公司在北京成立。中华人民共和国成立后的很长一段时间，我国对保险活动的规范均是以政令或部门规范性文件的方式进行的。1958 年 10 月，在西安召开的全国财贸会议决定停办国内保险业务。1979 年，国内保险业务停办 20 年后，中国人民保险公司正式恢复办理国内业务，同时，保险立法也逐步开始完善。1981 年制定的《中华人民共和国经济合同法》中规定了财产保险的内容。1983 年国务院发布了《财产保险合同条例》。1992 年通过的《海商法》对海上保险做了明确的规定。1995 年 6 月 30 日，第八届全国人民代表大会常务委员会第十四次会议通过了《中华人民共和国保险法》，同年 10 月 1 日正式施行。2002 年 10 月 28 日，第九届全国人民代表大会常务委员会第十三次会议通过了关于修改《中华人民共和国保险法》（以下简称《保险法》）的决定，经修正后的《保险法》于 2003 年 1 月 1 日起开始施行。2009 年 2 月 28 日，第十一届全国人民代表大会常务委员会第七次会议表决通过了《保险法》的修订草案，2014 年 8 月 31 日第十二届全国人民代表大会常务委员会通过对本法的修正，2015 年 4 月 24 日第十二届全国人民代表大会常务委员会第十四次会议又一次对本法进行修正。

6.2　保险法的基本原则

6.2.1　保险利益原则

1）保险利益的含义

保险利益是指投保人对保险标的的具有法律上承认的经济利益，投保人投保时必须对保险标的的具有保险利益。投保人对保险标的的不具有保险利益的，保险合同无效。

2）保险利益的条件

要构成保险法上承认的利益，必须具备以下三个条件：

（1）必须是合法的利益。

保险利益必须是得到法律认可，受法律保护，可以在法律上主张的利益。法律上不予承认和保护的利益，如窃贼对赃款物、赌徒对赌博所得的利益，不能成为保险利益。

（2）必须是不确定的、可实现的利益。

首先，保险利益必须是现实中存在的或者客观上可实现的利益，不是主观的臆测或推断认为可以获得的利益。其次，这种利益必须能够通过一定标准加以确定，以作为保险金额和实施保险赔付的依据。"无价之宝"在保险中是不存在的。

（3）必须是经济性的利益。

所谓经济利益是指投保人或被保险人对保险标的的利益必须是可以通过货币计量的利益。比如，财产保险的目的在于对已经遭受的损失进行补偿，所以保险利益必须具有经济上的可补偿性，能够以货币方式来估价和计量，否则根本无法通过保险方式来弥补。

3）保险利益原则的具体内容

（1）保险利益原则在一般财产保险中的规定。

在一般财产保险中，保险利益原则要求投保人对其与保险人订立的保险合同所对应的保险标的应具有保险利益，而且所约定的保险金额不得超过该保险利益额度。一般财产保险的保险利益必须从保险合同订立到损失发生的全过程都存在。一般财产保险的保单转让一定要事先征得保险人同意并由其签字，否则，转让无效。但我国法律未明确规定，在财产保险中，哪些人享有保险利益。一般认为，在财产保险中享有保险利益的人主要有以下三类：

① 对财产享有所有权和其他物权的人，如所有权人、抵押权人、质押权人、留置权人等；

② 财产的受托人或保管人；

③ 财产的其他合法占有人，如承租人、承包人等。

（2）保险利益原则在海上货物运输保险中的规定。

海上货物运输保险的保险利益原则要求在投保时可以不存在保险利益，但在发生保险事故时保险利益一定要存在。同时，由于运输货物处于流动状态，为了便于国际贸易的快速顺利进行，海上货物运输保险的保险单可以自由地转让，无须征得保险人同意。

（3）保险利益原则在人身保险中的规定。

人身保险的保险利益必须在保险合同订立时存在，而不要求在保险事故发生时具有保险利益。此外，人寿保险保单可出售、转让和抵押。

我国采用限制家庭成员关系范围并结合被保险人同意的方式来确定人身保险的保险利益。《保险法》第三十一条规定，投保人对下列人员具有保险利益：①本人；②配偶、子女与父母；③前项以外与投保人有抚养、赡养或者扶养关系的家庭其他成员、近亲属；④与投保人有劳动关系的劳动者。被保险人同意投保人为其订立合同的，视为投保人对被保险人具有保险利益。

4）保险利益原则的意义

（1）保险利益原则可以有效防止和遏制投机行为的发生。

保险金的给付以保险合同中约定的保险事故的发生为条件，因此，保险具有一定的投机性。如果允许不具有保险利益的人以他人的生命或财产作为保险标的，以自己作为受益方进行投保，那么一旦发生保险事故，他就不承担任何损失而获取远远超过保险费的保险给付，保险活动就完全成为投机赌博行为，而丧失了转移风险、减少损失的作用。

（2）保险利益原则的适用可以防止道德风险的发生。

道德危险是指被保险人为了索取保险人赔款而故意促使保险事故的发生或在保险事故发生时，放任损失的扩大。受益方是保险金给付的直接承受者。如果保险合同不以受益方具有保险利益为前提，那么为了获取保险赔偿，往往会出现故意破坏作为保险标的人或物的行为，从而导致道德危险。保险利益原则的使用较好地避免了这个问题。

（3）保险利益原则可以确定赔偿金额。

当保险事故发生时，受益方请求的损害赔偿额不得超过保险利益的金额或价值，如若不坚持保险利益原则，受益方请求的损害赔偿额超过保险利益的金额或价值，也就是说获得和所受损失不相称的利益，将损害保险人的合法利益，更深层次地否认或是减损保险活动的价值。

6.2.2　最大诚信原则

1）最大诚信原则的含义

最大诚信是指当事人真诚地向对方充分而准确地告知有关保险的所有重要事实，不允许存在任何虚伪、欺瞒、隐瞒行为。在保险法律关系中，对当事人的诚信程度要求比一般民事活动更严格，必须遵循最大诚信原则，这是由保险经营的特点所决定的。

最大诚信原则是指保险合同当事人订立合同及合同有效期内，应依法向对方提供足以影响对方作出订约与履约决定的全部实质性重要事实，同时绝对信守合同订立的约定与承诺。

2）最大诚信原则的内容

最大诚信原则的内容包括告知、保证、弃权和禁止反言。

（1）告知。

告知是指合同订立之前、订立时及在合同订立之后的有效期内，双方当事人均应如实申报、陈述重要事实。

①投保人或被保险人的告知内容。

投保人或被保险人必须告知的重要事实是足以影响保险人决定是否承保以及保险费率的事实，包括：

A.在签订合同时，投保人必须主动把有关保险标的的风险状况和其他重要事实告知保险人；

B.合同订立后，如果保险标的的风险增加，应当及时通知保险人；

C.如果发生保险事故，投保人应当及时通知保险人；

D. 如果有重复保险，要通告保险人；

E. 在保险标的所有权发生转让时，投保人必须通知保险人。

②保险人的告知内容。

保险人必须告知的重大事实是指足以影响善意的投保人或被保险人是否投保以及投保条件的事实，包括：

A. 保险人在订立保险合同时应当主动向投保人说明合同条款的内容，如制定的条款、保险单的内容、保险费率等，特别是明确说明责任免除条款；

B. 保险人在保险事故发生或在合同约定的条件满足后，应当按合同的约定履行赔偿或给付义务。

③告知的形式。

由于保险标的种类繁多，告知的内容各有不同，范围极其广泛，在保险业发展过程中产生了两种告知方式：无限告知和询问告知。无限告知是指要求投保人将已知和应知的所有情况尽量告知保险人，不得保留。询问告知，即有限告知，是指如实填报保险单证上的有关项目与补充回答相结合。

④违反告知的法律后果。

A. 投保人违反告知义务，如果这种违反告知义务的行为是故意的，保险人有权解除保险合同；若在保险人解约之前发生保险事故造成保险标的的损失，保险人可不承担赔偿或给付责任，且不退还保险费。

B. 如果这种违反告知义务的行为是因过失、疏忽所致，保险人同样可以解除保险合同，对在合同解除之前发生保险事故所致损失，不承担赔偿或给付责任，但可以退还保险费。

C. 保险人在订立保险合同时没有向投保人明确说明合同中关于保险人责任免除条款的，该条款不产生效力。

D. 保险公司在保险业务中隐瞒了与保险合同有关的重要情况，欺骗投保人、被保险人或受益人，构成犯罪的，依法追究刑事责任；不构成犯罪的，由金融监督管理部门对保险公司处以1万元以上5万元以下的罚款。

E. 保险公司承诺向投保人、被保险人或者受益人给予非法的保险费回扣或者其他利益的，由金融监督管理部门责令改正，对保险公司处以1万元以上5万元以下的罚款。

（2）保证。

保证是指投保人或被保险人对在保险期限内的特定事项作为或不作为向保险人所做的担保或承诺。它是投保人对保险人所做的担保，是合同的重要条款之一。

保证按存在的形式分为明示保证和默示保证。明示保证是以书面形式载明于保险合同中，以"被保险人义务"条款表达的一类保证事项。默示保证是指虽未以条款形式列明，但是按照行业或国际惯例、有关法规以及社会公认的准则，投保人或被保险人应该作为或不作为的事项。

（3）弃权和禁止反言。

弃权是指合同一方出于某种目的以明示或默示表示放弃其根据保险合同可以主张

的某种权利。

　　禁止反言是当合同一方当事人在已经弃权的情况下，将来不得要求行使这项权利。

6.2.3　近因原则

案例分析 6-2

　　陈某驾驶有号牌摩托车搭载彭某和何某与郑某驾驶的无号牌摩托车相撞，导致何某倒地后被货车碾压死亡。事故认定书认定：郑某、陈某、货车司机承担此次事故的同等责任；彭某、何某无责任。摩托车和货车均投保了保险。

　　问题：上述肇事车辆的保险公司是否应承担赔偿责任？为什么？

　　分析：应当承担赔偿责任。对于承保货车的保险公司而言，何某被货车碾压致死是近因，而此前的摩托车相撞致何某倒地则不是近因；对于承保摩托车的保险公司而言，摩托车相撞致何某倒地是近因，而此后的何某被货车碾压致死则不是近因。所以，何某被货车碾压致死才是《保险法》规定的保险公司理赔的近因，应由承保货车的保险公司承担理赔责任。

　　资料来源：根据百度相关资料整理所得。

　　近因是指引起保险标的损失的直接、有效、起决定作用的因素，即效果上最近的原因。

　　近因原则是保险法的基本原则之一，是指只有在导致保险事故的近因属于保险责任范围内时，保险人才应承担保险责任。也就是说，保险人承担赔偿责任的范围应限于以承保风险为近因造成的损失。

6.2.4　损失补偿原则

案例分析 6-3

　　张某在某保险公司投保机动车损失险，保险金额按照新车购置价确定。此后投保车辆发生保险事故，因对定损金额不能形成一致意见，张某自行修理车辆并就修理费部分要求保险公司理赔。保险公司认为，根据保险条款的规定，张某主张的修车费已经超过了投保车辆按照扣减折旧率后计算的实际价值，故只同意赔偿该经计算后的价值部分，对超出部分不予理赔。张某遂诉至法院。

　　问题：人民法院该如何判决？

　　分析：根据《最高人民法院关于适用〈中华人民共和国保险法〉若干问题的解释（二）》第九条和《保险法》第十七条第二款的规定，保险公司应当就此进行提示并作出明确说明，现保险公司不能举证证明，该条款对张某不产生法律效力。因张某的修车费用并未超出保险金额，法院最终判决支持张某的诉讼请求。

　　资料来源：佚名. 消费者涉财产保险纠纷案件典型案例［EB/OL］.［2019-03-28］.http://chsh.sinoins.com/2019-03/28/content_287573.htm.

1）损失补偿原则的含义

损失补偿原则是当保险事故发生时，被保险人从保险人处所得到的赔偿应正好填补被保险人因保险事故所造成的保险金额范围内的损失。这是保险理赔的基本原则。通过补偿，使被保险人的保险标的在经济上恢复到受损前的状态，不允许被保险人因损失而获得额外的利益。

2）损失补偿原则的体现

（1）在保险财产遭受部分损失后仍有残值的情况下，保险人在进行赔偿时要扣除残值。

（2）在保险事故是由第三者责任引起的情况下，保险人在赔偿被保险人的损失后取代其行使对第三者的追偿权。

（3）在善意的重复保险情况下，如果各保险人的保险金额总和超过了保险标的的价值，则应采取分摊原则分摊损失。

（4）在不足额保险的情况下，对被保险人所遭受的损失应采取比例赔偿方式进行赔偿。

6.3　保险合同

6.3.1　保险合同的概念与特征

1）保险合同的概念

保险合同是投保人与保险人约定保险权利义务关系的协议。投保人是指与保险人订立保险合同，并按照保险合同负有支付保险费义务的人。保险人是指与被保险人订立保险合同，并承担赔偿或者给付保险金责任的保险公司。

2）保险合同的特征

（1）保险合同是双务有偿合同。

双务合同是指合同双方当事人相互承担义务、享有权利的合同。有偿合同是指因为享有一定的权利而必须偿付一定对价的合同。在保险合同中，投保人有按时缴足保险费的义务，享有在保险事故发生后索赔的权利；保险人有履行保险赔付的义务，享有收取保险费的权利。

（2）保险合同是射幸合同。

射幸合同是一种碰运气的机会性合同。在保险合同中，实际上是投保人以交付保险费为代价将不可预料的危险事故所致的损失转移给保险人承担，但危险事故将来可能发生，也可能不发生，保险人赔偿义务的实际履行带有偶然性，即射幸性。

（3）保险合同是附合合同。

附合合同也称标准合同或格式合同，指当事人一方提出合同的主要内容，另一方面必须服从和接受，而没有选择、变更、增减的自由。保险合同是最典型的附合合同。

6.3.2　保险合同法律关系

1）主体

保险合同主体包括保险合同的当事人、关系人和辅助人。

（1）保险合同的当事人。

保险合同的当事人包括保险人和投保人。

保险人也称"承保人"，是指经营保险业务，与投保人订立保险合同，收取保险费，组织保险基金，并在保险事故发生或保险期限届满后，对被保险人赔偿损失或给付保险金的保险公司。保险人在我国专指保险公司。保险人经营保险业务，必须取得国家保险业监管部门核准的资格，在规定的业务范围内，开展保险经营活动。

投保人也称"要保人"，是指与保险人签订保险合同，并承担交付保险费义务的人。在一般情况下，保险合同签订后的投保人即成为被保险人；但投保人可以是被保险人本人，也可以是法律所许可的其他人。无论是自然人或法人，作为投保人，必须具备以下两个条件：①具有相应的权利能力和行为能力；②对保险标的具有保险利益。

（2）保险合同的关系人。

保险合同的关系人包括被保险人和受益人，他们对合同利益享有独立的请求权。

被保险人俗称"保户"，是指受保险合同保障并享有保险金请求权的人。

受益人，是指在人身保险中，保险事件发生后，有权获得保险给付的人。就财产保险而言，因领受给付的人多是被保险人自己，故通常无受益人的规定。投保人、被保险人均可为受益人。

（3）保险合同辅助人。

保险合同辅助人包括保险代理人、保险经纪人和保险公估人。保险代理人也称保险代理商，是指根据保险人的委托，向保险人收取代理手续费，并在保险人授权的范围内代为办理保险业务的单位和个人。保险经纪人是基于投保人的利益为投保人与保险人订立保险合同提供中介服务，并依法收取佣金的单位，在我国是指保险经纪公司。保险公估人是指向保险人或被保险人收取费用，为其办理保险标的的评估、查勘、鉴定、估损、理赔计算等业务的人，在我国是指专门从事保险公估业务的法人组织。

2）客体

案例分析 6-4

据报道，南京市公安局 2020 年 6 月 9 日通报了一起航班延误骗保案：从 2015 年至 2020 年，李某涉嫌利用航班延误实施诈骗近 900 次，骗取保险理赔款 300 余万元。

据警方介绍，李某曾在航空公司工作，她利用自己和 20 余名亲友的身份证号、护照号，专门购买延误率较高的航班机票，然后用每张机票再购买十多份甚至数十份航班延误险。一旦航班延误，便向保险公司索赔；若没有延误，就赶在飞机起飞前将票退掉。一份航班延误险的保费从 40 元到 100 元不等，因航班延误而赔付的金额从 400 元到 2 000 元不等。有一趟航班，嫌疑人以 5 个人的身份索赔了 10 余万元。

问题：李某是否构成保险诈骗？

分析：《保险法》强调的是最大诚信，主要是要避免道德风险。如果买航班延误险是为了盈利，那就是一种道德上的冒险，这是《保险法》不允许的。保险合同的免责条款一共规定了七种情形，其中第四、五、六这三种情形分别是：被保险人未能按照预定行程办理登机手续；办理完登机手续之后，未能准时乘坐原计划的航班；被保险人未能登乘原计划搭乘的承运人安排的最早便利的航班。如果李某伪造的航班延误证明材料是针对这类免责条款，虚构了保险公司不能免责的事实，这种情况下就足以让保险公司陷于认识错误，导致保险公司认为飞机延误之后，其不能免责，因此支付了赔偿。只有在这种情况下，李某的行为才可能涉嫌保险诈骗罪，最终要以保险诈骗罪来追究其刑事责任。

资料来源：袁婉君. 利用航班延误骗保 300 余万元　保险合同应认定无效［EB/OL］.［2020-06-16］. http://chsh.sinoins.com/2020-06/16/content_348617.htm.

　　保险合同的客体是指保险法律关系的客体，即保险合同当事人权利义务所指向的对象。由于保险合同保障的对象不是保险标的本身，而是被保险人对其财产或者生命、健康所享有的利益，即保险利益，所以，保险利益是保险合同当事人的权利义务所指向的对象，是保险合同的客体。

　　我国《保险法》规定，投保人对保险标的应当具有保险利益。投保人对保险标的不具有保险利益的，保险合同无效。这就是说，只有对保险标的具有保险利益的人，才能具有投保人的资格，投保人具有保险利益是保险合同生效的依据和条件，当投保人对保险标的不具有保险利益时，不能与保险人订立保险合同，保险人即使在不知情的情况下与不具有保险利益的人订立了保险合同，该保险合同仍然无效。在履行保险合同的过程中，如果投保人丧失了保险利益，保险合同也无效。

3）内容

　　保险合同的内容是指保险合同当事人之间由法律所确认的权利和义务。保险合同的内容通常以保险条款的形式体现。根据《保险法》的规定，保险合同应包括下列事项：

（1）保险人的名称和住所。

（2）投保人、被保险人的名称和住所，以及人身保险的受益人的名称和住所。

（3）保险标的。保险标的必须明确记载于合同中，据以判断投保人对其有无保险利益，并确定保险人的保险责任范围。

（4）保险责任和责任免除。保险责任是指保险单上记载的危险发生造成保险标的损失或约定的人身保险事故发生时，保险人所承担的赔偿或给付责任。责任免除是指依法或按合同约定，保险人可以不负赔偿或给付责任的范围。对于责任免除条款，保险人在订立保险合同时应当向投保人明确说明；未明确说明的，该条款不具有法律效力。

（5）保险期间和保险责任开始时间。保险期间即保险合同的有效期间。只有在保险期间发生保险事故或出现保险事件，保险人才承担赔偿给付责任。保险责任开始时间，即保险人开始履行保险责任的时间。

（6）保险价值。保险价值是指保险人与被保险人约定并记载于保险单中的保险标的的价值，也可以按照保险事故发生时保险标的的实际价值确定。

（7）保险金额。保险金额是指在保险事故发生后，保险人承担赔偿或者给付保险金责任的最高限额。保险金额不得超过保险价值，超过保险价值的，超过部分无效。保险金额低于保险价值的，除合同另有约定外，保险人按照保险金额与保险价值的比例承担赔偿责任。

（8）保险费以及支付办法。保险费简称保费，是投保人应该向保险人支付的费用。保险合同应该约定保险费的支付办法。

（9）保险金赔偿或者给付办法。保险人承担保险责任的方法一般以金钱给付为原则。

（10）违约责任和争议处理。

（11）订立合同的日期。

投保人和保险人可以在前述规定的保险合同事项外，就与保险有关的其他事项作出约定。

6.3.3 保险合同的订立

1）保险合同的形式

《保险法》规定：投保人提出投保要求，经保险人同意承保，并就合同的条款达成协议，保险合同成立。保险人应当及时向投保人签发保险单或其他保险凭证，并在保险单或者其他保险凭证中载明当事人双方约定的合同内容。经投保人和保险人协商同意，也可以采取其他协议形式订立保险合同。由此可见，我国保险合同的形式为书面形式，主要包括投保单、保险单、暂保单和保险凭证。

（1）投保单。

投保单又称保书，是指保险人预先备制供投保人提出保险请求时使用的格式文件，一般载明保险合同的主要条款。投保人如实填写的投保单是保险合同的组成部分，是保险合同成立的重要凭据。

投保单的主要内容包括：投保人、被保险人的姓名、名称和住所；保险标的的名称及存放地点；保险险别；保险责任的起讫；保险价值和保险金额等。投保单本身并非正式的合同文本，一经保险人接受后，即成为保险合同的一部分。

（2）保险单和保险凭证。

保险单又称保单，是指保险人交付给投保人证明其与保险公司订立保险合同的正式书面凭证。保险单一般载明保险合同的主要内容，保险单是保险合同的重要组成部分，但签发保险单不构成保险合同成立的要件，而是保险人的法定义务。

保险凭证是指内容和格式简化了的保险单，与保险单具有同等法律效力。

（3）暂保单。

暂保单又称临时保单，是指保险人或其代理人签发正式保单之前的临时合同凭证。暂保单不同于保险单，但是在有限期限内，在保险单作成交付之前，具有与保险单相同的效力。

（4）其他书面协议。

其他书面协议是指投保人和保险人不采用上述形式订立的书面保险合同，是订立保险合同的辅助形式。

2）保险合同的订立程序

保险合同的订立程序主要包括投保和承保两个步骤。投保是投保人向保险人提出订立保险合同的请求并提交投保单的行为，即保险要约。承保是保险人承诺投保人的保险要约的行为，即保险承诺。承保为保险人的单方面法律行为，保险要约一经承诺，保险合同即告成立。

6.3.4　保险合同的履行

案例分析 6-5　　　　　　　如实告知不等于主动告知

某公司职工熊某通过保险公司业务员陈某为其 59 岁的母亲王某投保了 8 份重大疾病终身险。陈某未对王某的身体状况进行询问就填写了保单。事后陈某也未要求王某做身体检查。后王某不幸病逝，熊某要求保险公司理赔。保险公司以投保时未如实告知被保险人在投保前因"帕金森综合征"住院治疗的事实为由，拒绝理赔。熊某遂上诉法院，要求给付保险金 24 万元。

问题：在本案中，投保人熊某是否履行了告知义务？

分析：投保人履行了告知义务。如实告知并不是主动告知。在本案中，业务员陈某未对被保险人、投保人进行任何询问，就填写了保单中有关被保险人病史的内容。事后陈某也未要求被保险人王某做身体检查。因此，不能认定被保险人故意隐瞒事实，不履行如实告知义务。所以，保险公司应予以赔付。

资料来源：根据百度文库相关资料整理所得。

保险合同的履行是指保险合同订立并生效后，当事人全面完成各自承担的约定义务以满足他人权利实现的行为。为保证保险合同的顺利履行，保险合同双方当事人在履行合同中必须承担相应的义务。另外，保险合同的履行包括索赔、理赔和代位求偿三个环节。

1）投保人的义务

（1）交纳保险费的义务。交纳保险费是投保人最重要的义务，同时也是保险合同生效的重要条件。投保人按照约定的期限交纳保险费是对履行保险合同有诚意的表示。如果投保人不依约交纳保险费，保险人可以分情况或要求其尽快补交保险费及利息，或终止保险合同。保险人如果终止合同，对终止合同前投保人所欠保险费及利息，仍有权要求投保人如数交纳。

（2）告知的义务。保险合同是最大诚信合同，它要求投保人在保险合同订立时必须如实申报有关保险标的的具体情况。在保险合同履行过程中，虽未发生保险事故，但当保险标的有危险变化时，投保人应当及时通知保险人。

（3）保险事故发生通知的义务。保险合同订立后，如果所投保的危险事故发生，应由投保人、被保险人或受益人及时通知保险人。

（4）防灾减损的义务。这是指保险法规定的投保人、被保险人负有的防灾防损和出险之后的施救义务。

（5）协助义务。在保险人依合同对保险标的进行查验，或者在保险人于保险事故发生后，核实损害、查实证据以及进行抗辩时，被保险人应当对保险人提供一切必要的协助。但保险人、投保人、被保险人为查明和确定保险事故的性质、原因和保险标的的损失程度所支付的必要的、合理的费用，由保险人承担。

（6）索赔举证的义务。保险事故发生后，依照保险合同请求保险人赔偿时，投保人、被保险人应当向保险人提供其所能提供的与确认保险事故的性质、原因、损失程度等有关的证明和资料。

2）保险人的义务

（1）保险人支付赔偿金的义务。这是指保险人对保险责任范围内的损失给予赔偿或在一定期限到来时给付保险金的行为。保险人履行义务是以保险条款约定的责任范围或一定期限的到来为前提条件的。保险人对责任范围以外的事故或在约定的期限尚未到来时不承担赔偿损失或给付保险金的责任。

（2）保密的义务。保险人在办理保险业务时对知悉的投保人、被保险人或受益人的业务、财产状况，负有保密义务。

3）索赔

保险索赔是指被保险人、受益人或者被保险人的继承人在被保险人发生保险事故的情况下，向保险人提出给付保险金的请求。索赔程序包括出险通知、保护现场接受检验、提出索赔请求、提供索赔证据、领取保险赔偿金或保险金等步骤。索赔的时效为：人寿保险的索赔时效为自知道保险事故之日起 5 年内；其他保险的索赔时效为自知道保险事故发生之日起 2 年内。

4）理赔

理赔是保险人在被保险人或受益人提出索赔请求后，根据保险合同的规定履行有关保险赔偿责任的行为。理赔程序包括立案检验、现场勘查、审查单证、核定责任、赔偿和给付等步骤。

5）代位求偿权

代位求偿权是指因第三者对保险标的的损害而造成保险事故的，保险人自向被保险人赔偿保险金之日起，在赔偿金额范围内代位行使被保险人对第三者请求赔偿的权利。

保险事故发生后，被保险人已经从第三者取得损害赔偿的，保险人赔偿保险金时，可以相应扣减被保险人从第三者处已取得的赔偿金额。保险人行使代位请求赔偿的权利，不影响被保险人就未取得赔偿的部分向第三者请求赔偿的权利。保险事故发生后，保险人未赔偿保险金之前，被保险人放弃对第三者的请求赔偿的权利的，保险人不承担赔偿保险金的责任。保险人向被保险人赔偿保险金后，被保险人未经保险人同意放弃对第三者请求赔偿的权利的，该行为无效。由于被保险人的过错致使保险人不能行使代位请求赔偿的权利的，保险人可以相应扣减保险赔偿金。除被保险人的家庭成员或者其组成人员故意造成保险事故以外，保险人不得对抗被保险人的家庭成员或者其组成人员行使代位请求赔偿的权利。

6.3.5　保险合同的变更、解除和终止

1）保险合同的变更

在保险合同有效期内，投保人和保险人经协商同意，可以变更保险合同的有关内容。变更保险合同的，应当由保险人在原保险单或者其他保险凭证上批注或者附贴批单，或者由投保人和保险人订立变更的书面协议。保险合同的变更可分为主体变更和内容变更两种。

保险合同的主体变更是指在不改变合同内容的情况下，只改变保险合同的当事人和关系人，即改变保险人、投保人、受益人或被保险人。保险合同内容的变更是指在保险合同主体不变的情况下，保险标的的数量、品种、价值或存放地点发生变化，或保险期限、金额、责任等方面的变化，以及人身保险合同中的一些事项的变更等。

2）保险合同的解除

保险合同的解除是在保险合同期限尚未届满前，合同一方当事人依照法律或约定行使解除权，提前终止合同效力的法律行为。保险合同的解除，一般分为法定解除和意定解除两种形式。

法定解除是指当法律规定的事项出现时，保险合同当事人一方可依法对保险合同行使解除权。如投保人在保险责任开始前，可以对保险合同行使解除权；保险人在投保人、被保险人或者受益人违背诚实信用原则时，有权解除合同。

意定解除又称协议注销终止，是指保险合同双方当事人依合同约定，在合同有效期内发生约定情况时可随时注销保险合同。意定解除要求保险合同双方当事人应当在合同中约定解除的条件，一旦约定的条件成立，一方或双方当事人有权行使解除权，使合同的效力归于消灭。

拓展阅读6-2

保险合同的
免责条款

3）保险合同的终止

保险合同的终止是指合同确定的权利义务消灭。保险合同订立后，有多种原因能使合同失效而告终止。保险合同终止可分为自然终止、合同已履行而终止、协议注销、违约失效、合同自始失效等。

6.4　保险业法律制度

6.4.1　保险公司

1）保险公司的组织形式

我国《保险法》规定，保险公司只能采取股份有限公司或者国有独资公司的组织

形式，排除了一般的有限责任公司或合伙企业组织形式。

有关保险公司管理的规定法律法规，主要是《保险法》和《保险公司管理规定》。

2）保险公司的设立

（1）设立条件。

保险公司的设立条件，是设立保险公司必须具备的实质性要件。根据我国《保险法》第七十二条和《保险公司管理规定》第七条的规定，设立保险公司必须同时具备以下条件：

① 有符合法律、行政法规和国家金融监督管理总局规定条件的投资人、股权结构合理；

② 有符合《保险法》和《公司法》规定的章程草案；

③ 投资人承诺出资或者认购股份，拟注册资本不低于人民币 2 亿元，且必须为实缴货币资本；

④ 具有明确的发展规划、经营策略、组织机构框架、风险控制体系；

⑤ 拟任董事长、总经理应当符合国家金融监督管理总局规定的任职资格条件；

⑥ 有投资人认可的筹备组负责人；

⑦ 国家金融监督管理总局规定的其他条件。

（2）设立程序。

根据《保险法》的规定，设立保险要经过初审申请、筹建、正式申请、审批、办理经营保险业务经营许可证及保险公司的设立登记等过程。

① 初审申请。

设立保险公司的初审申请程序，是指发起人向主管机关表达设立保险公司的意向、条件和理由，为保险监督管理机构提供初步审查依据。

② 筹建。

设立保险公司的申请经初步审查合格后，申请人应当依照保险法和公司法的规定进行保险公司的筹建，使保险公司的设立条件得以完善和成熟。

③ 正式申请。

在筹建工作完成后，申请人应向保险监督管理机构提交正式申请文件，依法包括：保险公司的章程；股东名册及其股份或者出资人及其出资额；持有公司股份 10%以上股东的资信证明和有关资料；法定验资机构出具的验资证明；拟任职的高级管理人员的简历和资格证明；经营方针和计划；营业场所和与业务有关的其他设施的资料；保险监督管理机构规定的其他文件资料。

④ 审批。

保险公司的设立申请在向主管机关递交正式申请后，就进入审批阶段。保险监督管理机构自收到设立保险公司的正式申请文件之日起 6 个月内，应当作出批准或不批准的决定。

⑤ 颁发经营保险业务许可证。

保险监督管理机构在收到保险公司的全部申请文件之后，经审查认为符合保险公司的设立条件以及国家宏观调控政策而作出批准设立保险公司的决定，同时应颁发经营保险业务许可证。经营保险业务许可证是保险主管机关颁发的允许经营保险业务的证件，它是保险公司从事保险业务的基础，是其权利能力和行为能力的表征，也是向市场监督管理部门申请登记时必备文件之一，保险业务许可证应载明被许可设立的保险公司的名称和住所，保险业务的范围等。

⑥保险公司的设立登记。

经公司登记机关核准设立登记后，公司登记机关即颁发企业法人营业执照。企业法人营业执照是保险公司取得企业法人资格和合法经营的凭证。企业法人营业执照分正本和副本，正本和副本具有同等的法律效力。

保险公司自取得经营保险业务许可证之日起6个月内无正当理由未办理公司登记的，其经营许可证自动失效。

3）保险公司的业务范围

保险公司的业务范围是指法律和章程所规定的，保险公司从事经营活动的领域。保险公司的业务范围包括财产保险业务和人身保险业务。

（1）财产保险业务。

财产保险业务，是指保险公司以财产及其有关利益为保险对象的业务，包括财产损失保险、责任保险、信用保险等保险业务。财产损失保险是指以财产作为保险标的，如果保险财产在保险事故中受到损失，保险公司即按保险合同对这种财产损失承担赔偿责任。责任保险是指财产责任保险，保险标的为被保险人对第三者应当依法承担的经济赔偿责任。信用保险的保险标的是被保险人对他人的信用。

（2）人身保险业务。

人身保险业务，是以人的寿命和身体健康为保险对象的保险业务，包括人寿保险、健康保险、意外伤害保险。人寿保险是以被保险人的寿命作为保险标的，以死亡或者生存作为保险事故。当保险事故发生时，保险公司承担给付保险金的责任。健康保险是以被保险人的疾病、分娩及其所致的伤残或者死亡为保险事故，当保险事故发生时，由保险公司承担给付保险金的责任。意外伤害保险是以意外伤害及其所致的残废或者死亡作为保险事故，当保险事故发生时，由保险公司承担给付保险金的责任。

6.4.2　保险业经营规则

1）保险分业经营规则

（1）禁止兼营。

禁止兼营是指同一保险人不得同时兼营财产保险业务和人身保险业务。但是，根据《保险法》规定，经营财产保险业务的保险公司经保险监督管理机构核定，可以经营短期健康保险业务和意外伤害保险业务。

（2）禁止兼业。

禁止兼业是指保险公司不得经营保险业以外的其他业务和非保险业者不得经营任何保险业务。禁止兼业的目的主要在于，避免保险公司分散精力，以便保险监督机构监督管理。

2）保险业务范围的核定

《保险法》规定，保险公司的业务范围由保险监督管理机构依法核定；保险公司只能在被核定的业务范围内从事保险经营活动。

6.4.3　保险业的监管

1）保险业的监督管理部门

保险业的监督管理部门是指对注册经营保险业务的机构及保险市场进行监管的部门。

我国保险业经历了一个曲折发展的过程。中华人民共和国成立后，中国人民保险公司也很快成立，由中国人民银行管理。从 20 世纪 50 年代后半期起，我国保险业进入长时间的低谷状态，对保险业的监管也就停滞不前。1979 年 4 月，国务院批准逐步恢复国内保险业务，保险业仍由中国人民银行监督管理。1985 年 3 月 3 日，国务院颁布的《保险企业管理暂行条例》规定："国家保险管理机关是中国人民银行。"之后，中国人民银行逐步建立和加强了监管保险业的内设机构。1995 年 7 月，中国人民银行成立保险司，专司对中资保险公司的监管。同时，中国人民银行加强了系统保险监管机构建设，要求在省级分行设立保险科，省以下分支配备专职保险监管人员。随着银行业、证券业、保险业分业经营的发展，为了更好地对保险业进行监督管理，国务院于 1998 年 11 月 18 日，批准设立中国保险监督管理委员会，专司全国商业保险市场的监管职能。为了防范和化解金融风险，保护金融消费者的合法权益，维护金融稳定，中国银行保险监督管理委员会（以下简称"银保监会"）成立于 2018 年。2023 年 5 月 18 日，中国银行保险监督管理委员会转制改为国家金融监督管理总局。

2）国家金融监督管理总局对保险业日常监管的主要内容

国家金融监督管理总局对保险公司及其分支机构的经营活动依法分级对口进行日常和年度检查。国家金融监督管理总局的检查采取现场检查与非现场检查相结合的方式。检查通常包括下列全部或部分事项：

（1）机构设立或变更事项的审批或报备手续是否完备。

（2）申报材料的内容与实际情况是否相符。

（3）资本金、各项准备金是否真实、充足。

（4）偿付能力是否符合要求，资金运用是否合法。

（5）业务经营和财务情况是否良好，报表是否齐全、真实。

（6）是否超范围或跨区域违规开办业务。

（7）是否按规定对使用的保险条款和保险费率报请审批或备案。

（8）机构负责人的任用或变更手续是否完备。

（9）需要事后报告的事项是否及时报告。

（10）国家金融监督管理总局认为需要检查的其他事项。

当国家金融监督管理总局工作人员检查工作时，应当出示有关证件；当国家金融监督管理总局委托会计师事务所、审计师事务所等社会中介机构代其检查时，应当采用书面委托的形式。对于国家金融监督管理总局的现场检查，保险公司应当予以配合，并按要求提供有关文件、材料。

3）国家金融监督管理总局对保险公司的整顿和接管

（1）整顿。

整顿是指银保监会为纠正保险公司违法经营行为而采取的监督指导经营的强制措施。

① 整顿的适用对象是保险公司未按照保险法的规定提取或结转各项准备金，或者未按照保险法的规定办理再保险，或者严重违反保险法关于保险资金运用的规定，经政府保险监管机构责令限期改正而在期限内未予改正的保险公司。

② 整顿的目的是纠正保险公司违法经营行为，使其恢复正常经营。

③ 整顿的程序。

A.组成整顿组织。保险公司符合整顿条件的，保险监管机构应作出整顿决定，并选派保险专业人员和指定该保险公司的有关人员，组成整顿组织，对该保险公司进行整顿。整顿组织的职权是在整顿过程中监督被整顿的保险公司的日常业务以及该保险公司的负责人和有关管理人员行使职权的情况。

B.发布整顿决定。保险监管机构的整顿决定应当载明被整顿保险公司的名称、整顿理由、整顿组织和整顿期限，并予以公告。

C.实施整顿措施。在整顿过程中，保险公司的原有业务继续进行，但要接受整顿组织的监督。保险监管机构有权根据需要停止开展新的业务或者停止部分业务，调整资金运用。

D.整顿结束。被整顿的保险公司经整顿已纠正其违法行为，恢复正常经营状况的，由整顿组织提出报告，经保险监管机构批准，整顿结束。

（2）接管。

接管是指国家金融监督管理总局对违反保险法规定、损害社会公共利益、可能严重危及保险公司偿付能力的保险公司采取的强制改组、接替经营管理的强制措施。接管与整顿相比，是一种更为严厉的监管方式。

① 接管的适用对象是没有按照保险法规定提取或者结转各项准备金，或者没有依法办理再保险，可能严重危及或者已经危及保险公司偿付能力的；严重违反资金运用规定，致使资金周转困难，无法履行到期债务的；发生严重损害被保险人利益和社会公共利益情况的。

② 接管的目的是对被接管的保险公司采取必要措施，恢复保险公司的正常经营，以保护被保险人的利益和社会公共利益。

③ 接管的程序如下：

A.组成接管组织。其组成由国家金融监督管理总局决定。

B.公告接管决定。保险监管机构的接管决定一般应当载明被接管保险公司的名称、接管理由、接管组织、接管措施和接管期限等内容，并予以公告。

C.实施接管措施。接管措施由保险监管机构根据实际情况决定。一般是由接管组织代行保险公司的经营管理权，但被接管的保险公司的法人资格和保险业务经营资格不发生变化，其债权债务关系也不因接管而发生变化。

D. 接管终止。接管终止有两种情况：其一，接管期限届满，被接管的保险公司已恢复正常经营能力的，由保险监管机构决定，可以接管终止。如果接管期限届满，保险公司未能恢复正常的经营能力，经保险监管机构决定，可以延期，但接管期限最长不得超过 2 年。其二，接管组织认为被接管的保险公司的财产已不足以清偿所负债务的，经保险监管机构批准，依法向人民法院申请宣告该保险公司破产。

≫ 【学思践悟】   助力脱贫攻坚，社会保险责无旁贷——坚定制度自信

陈丽英是建瓯市玉山镇上房村的贫困户，六年前，陈丽英患上重病常年卧床，巨额的医药费让家里负债累累，无力参加养老保险。建瓯市城乡居民保中心开展精准扶贫入户调查时，了解到陈丽英的情况，立即着手为她办理社会保障卡。然而，为陈丽英参保的过程却一波三折。陈丽英原籍古田县，嫁入玉山镇后，她一直没有在市里落户，属于典型的无户口、无身份证、无银行卡"三无"人员，参保的必要材料全部缺失。经与古田派出所联系得知，陈丽英在古田的户口也已被注销，随迁落户的方案行不通。工作人员又与当地玉山镇派出所联系，多番努力下，陈丽英终于顺利落户并办理了身份证。户口及身份证的问题解决了，参保工作成功了一半。考虑到陈丽英常年卧床，行动不便，工作人员提前与当地农商银行联系，为陈丽英开辟绿色通道。后来，工作人员一起上门为她办好了社保卡，解决了她的后顾之忧。当前居民保扶贫工作进入最后冲刺，各地城乡居民保险经办机构紧抓社保扶贫作风建设，对体弱多病、行动不便、精神残疾等贫困对象，主动联合合作金融机构、公安、民政等部门开展上门服务，让陈丽英这样特殊的贫困人员足不出户便可办理参保。

资料来源：根据相关资料整理所得。

问题：社会保险在脱贫攻坚中起到什么样的作用？

分析：习近平总书记指出，对丧失劳动能力、无法通过产业扶持和就业帮助实现脱贫的贫困人口，要通过社会保障实施政策性兜底扶贫。社会保险是社会保障的重要组成部分，也是一个国家保障国民应对风险、促进社会稳定的重要政策。中国社会保险制度建立虽然较晚，但在逐步完善的过程中，充分体现了以人为本的理念，在经历了几十年的发展后，社会保险制度已经覆盖了绝大多数的城镇和农村居民，从医疗、养老、工伤、失业等各个领域保障了居民的基本需求。以农村居民为例，新农合加大病保险的社会医疗保险，能够补偿 50% 甚至更高的医疗支出，这对于因病致贫这一我国最主要的贫困诱因，起到了极大的缓解作用。如果没有社会保险，我国农村因年老丧失劳动能力而收入降低，因疾病产生大额医疗支出或丧失劳动能力而引发的陷贫、返贫现象，会比现状严重得多，实现全面小康也就无从谈起。

病有所依、老有所养、急人民所急，这就是中国的社会保险，体现了以人为本、为人民服务的制度本色。今后，中国社会保险将继续发挥制度优势，坚定制度自信，进一步发展完善中国社会保险制度。

本章小结

　　保险，是指投保人根据合同约定，向保险人支付保险费，保险人对于合同约定的可能发生的事故因其发生所造成的财产损失承担赔偿保险金责任，或者当被保险人死亡、伤残、疾病或者达到合同约定的年龄、期限时承担给付保险金责任的商业保险行为。

　　保险法是调整保险关系的法律规范的总和。

　　保险利益是指投保人对保险标的具有法律上承认的经济利益，投保人投保时必须对保险标的具有保险利益。

　　最大诚信是指当事人真诚地向对方充分而准确地告知有关保险的所有重要事实，不允许存在任何虚伪、欺瞒、隐瞒行为。

　　保险合同是投保人与保险人约定保险权利义务关系的协议。

　　保险公司的业务范围包括财产保险业务和人身保险业务。

本章训练

一、思考题

　　1.保险的特征有哪些？

　　2.保险法律关系的主体有哪些？

　　3.投保人的义务有哪些？

　　4.保险人的义务有哪些？

　　5.简述保险公司的业务范围。

二、案例分析题

　　2018年12月1日，邱某光向某保险公司投保安行宝3.0意外伤害保险、祥宁幸福意外伤害保险，被保险人均为邱某光，受益人均为被保险人的父亲邱某坤。保险有效期内，被保险人在家中暑身故。随后，受益人邱某坤以意外身故为由向保险公司提出索赔；保险公司以导致身故的原因并非意外伤害为由拒赔。受益人因此向法院提起了诉讼，并主张即使不属于意外伤害身故，在具体身故原因难以确定的情况下，保险公司也应按照《最高人民法院关于适用〈中华人民共和国保险法〉若干问题的解释（三）》第二十五条规定的比例分摊原则按比例支付保险金。

　　问题：

　　（1）受益人和保险公司哪一方理由成立？为什么？

　　（2）如果被保险人邱某光在家中摔倒致使死亡，请问是否可以获得理赔？

　　分析：

　　（1）目前，我国保险实践中对有涉及因果关系的保险事故也均采用近因原则处理。同时，近因原则也在我国司法实践中得到承认。在本案中，邱某光中暑表面看像是突发的，实际上中暑是缓慢的热量集聚而导致的，不符合意外伤害的突发性。因此，导致邱某光身故的原因不属于意外伤害，保险公司的做法是对的。

（2）如果受益人在家摔倒，属于意外伤害险的保障范围，应该获得保险理赔。

资料来源：刘光富. 比例分摊在保险合同纠纷中的适用——以一起意外险案为例［EB/OL］.［2020-05-19］. http：//chsh.sinoins.com/2020-05/19/content_344096.htm.

第7章
票据法律规范

学习目标

知识目标：理解票据的概念和特征、票据责任；掌握票据的种类，票据关系与基础关系的关系，票据行为的基本规定，票据伪造、票据变造、票据丧失的补救措施，票据权利内容及取得条件，票据抗辩的类型；了解票据法的概念及我国的票据立法、涉外票据的法律适用、违反《中华人民共和国票据法》（以下简称《票据法》）的法律责任。

素养目标：通过介绍票据市场发展历史，让学生了解中国票据市场的快速发展以及对国民经济发展起着重大的作用，让学生坚定民族自豪感，激发学生的爱国情感，让学生感受到国家的日益强大；同时，也认识到我国票据市场还处在初级阶段，与发达国家成熟市场还存在一定的差距，激发学生奋发图强的意志；理解党的二十大报告提出的构建高水平社会主义市场经济体制，营造市场化、法治化、国际化一流营商环境的精神。由于票据市场存在风险，引导学生树立投资风险意识，坚守职业道德。

导入案例　　　　　　未进行线上追索的持票人行使追索权

华恩公司向卓果公司背书转让电子商业承兑汇票一张用以支付货款，该汇票金额为10万元，出票人及承兑人为川南公司，出票及承兑日期为2021年6月30日，票据到期日为2021年12月30日，收款人为建工公司。该汇票的连续背书人依次为建工公司、堃楚公司、华恩公司、卓果公司。2021年12月28日，卓果公司作为最后持票人通过电子商业汇票系统向承兑人川南公司提示付款。2022年1月4日，川南公司回复：拒绝签收。其拒付理由为承兑人账户余额不足。卓果公司后续并未通过电子商业汇票系统向前手背书人发起追索，而是直接向法院起诉行使追索权，要求票据背书人建工公司、堃楚公司、华恩公司承担票据责任。

法院审理后认为，卓果公司系基于与华恩公司之间的真实交易关系取得涉案汇票，其作为票据的最后持有人，依法享有票据权利。卓果公司虽系期前提示付款，但承兑人在汇票到期后作出了拒付应答，故卓果公司无须在票据到期之后再次向承兑人提示付款。卓果公司在票据被拒付后的法定期间内提起本案诉讼，其对各背书人行使票据追索权符合法律规定。遂判决，建工公司、堃楚公司、华恩公司向卓果公司连带支付汇票金额10万元以及资金占用利息。

　　资料来源：中国法院网.未进行线上追索的持票人可以诉讼方式行使追索权［EB/OL］.［2023－03－23］.https://www.chinacourt.org/article/detail/2023/03/id/7207762.shtml.

　　问题：

　　（1）谈谈你对票据追索权的理解。

　　（2）持票人可否通过诉讼方式行使追索权？谈谈你的理由。

　　分析：

　　（1）票据追索权是为促进票据流通、加强票据安全、保护持票人权益而创设的制度。持票人在付款请求权无法实现时，方可向前手行使票据追索权。电子商业汇票持票人提示付款被拒付后，未在电子商业汇票系统中向前手发起线上追索，而以诉讼方式要求前手承担相应票据责任，经审查行使追索权符合法律规定的，应予支持。

　　（2）从法律规定上看，持票人以诉讼方式行使追索权具有合法性。根据《票据法》第二章第六节关于追索权的相关规定，持票人在追索时限内行使追索权，需具备实质要件与形式要件，前者是持票人的付款请求权未能实现，后者是持票人应提供被拒绝承兑或者被拒绝付款的有关证明。但票据法并未规定持票人行使追索权的方式。另外，《票据法》第十七条第一款第四项规定，持票人对前手的再追索权，自清偿日或者被提起诉讼之日起三个月内有效。而持票人能行使再追索权意味着后手已对其行使了追索权并获得清偿，故"被提起诉讼之日起"亦表示能以诉讼方式行使追索权。

7.1　票据与票据法概述

7.1.1　票据概述

1）票据的概念与特征

　　票据是商业活动中广泛使用的一种重要支付工具，同时它又有信用功能，是重要的信用工具。由于它是替代货币进行支付的，本身就有了财产的特性，成为动产的一个特别种类。"票据"一词，有广义、狭义之分。广义的票据，是指所有商业上的凭证，如股票、债券、发票、提单、仓单、保单等；狭义的票据，是指出票人依据票据法签发的、由本人或委托他人在见票时或者在票载日期无条件支付确定金额给持票人的有价证券。《票据法》所称的票据是指狭义的票据。根据我国《票据法》的规定，票据包括汇票、本票和支票。

　　票据作为有价证券的一种，与其他有价证券相比，具有以下法律特征：

　　（1）票据是设权证券。

　　设权证券，是指持票据者凭票据上所记载的权利内容，来证明其票据权利以取得财产。票据作成前，票据权利不存在，票据权利是在票据作成的同时产生的。票据权利随票据的转移而转让。没有票据，就没有票据上的权利。票据的作用在于创设一定的权利。因此，票据为设权证券。

（2）票据是流通证券。

票据具有流通性，票据在到期前，可以通过背书和交付而转让，并可以在市场上自由流通。

（3）票据是要式和文义证券。

票据必须根据法律规定方式作成，才能有效。票据上必须载明名称、金额、收付款银行、支付日期等，否则票据无效。票据行为还必须按一定的程序进行，并办理必要的手续。

（4）票据是无因证券。

票据根据一定的信用行为等原因而产生，它的设立是有原因的。但是，票据的流通是不问其产生的原因的，它在流转过程中只要具备要式，票据权利人在行使权利时无须说明其取得票据的原因，票据债务人无条件支付即可。票据上的法律关系只是单纯的金钱支付关系，至于票据设立的原因及其是否有瑕疵，对票据上的法律关系没有任何影响。因此，票据一经转让，持票人可不问前手当事人之间有无契约纠纷，即有权要求付款人按期无条件付款。

（5）票据是债权证券。

根据证券上的权利所表示的法律性质的不同，证券可分为物权证券、股权证券和债权证券三种。物权证券是证明物权的，如提单、仓单等；股权证券是证明股东权利的，如股票等；债权证券是证明债权的，票据是债权证券，票据权利人可对票据义务人行使付款请求权和追索权。

另外，票据还是占有证券、提示证券、金钱证券、返还证券。

2）票据的功能

（1）支付功能。票据可以通过背书来多次转让，是市场上一种流通的支付工具。票据作为支付工具，可以减少现金的使用。以票据作为支付工具，代替现金支付，可以达到迅速、准确、安全的目的。

（2）信用功能。票据是建立在信用基础上的书面支付凭证，由于《票据法》规定了对票据债务人抗辩的种种限制和对票据债权人的严密保护，票据成为一种可靠的信用工具，在商品交易中被广泛运用。

（3）汇兑功能。在商事活动中，商人之间的结算主要是凭借票据的汇兑功能，以解决异地之间现金支储在空间上的障碍问题，用以了结相互之间的债权债务。

（4）融资功能。票据的融资作用主要通过票据贴现来实现。票据贴现是以未到期票据向银行售换现金。银行按市场利率，先行扣除取现日至到期日的利息，尔后以票面金额付给持票人。银行以贴现方式收下票据，可再向中央银行或其他银行贴现以取得资金，称为"再贴现"。票据贴现，解决了资金流转的困难，使票据持有人的资金从票据形式转变为现金形式，从而加速资金周转，促进经济发展。

案例分析 7-1　　　　　　　**票据新规助力中小微融资**

2022 年 11 月 18 日，《商业汇票承兑、贴现与再贴现管理办法》（以下简称《办法》）正式发布，自 2023 年 1 月 1 日起施行。与 1997 年的《商业汇票承兑、贴现与再贴现管理暂行办法》相比，此次《办法》是时隔 25 年后的首次全面修订，并在名称上将"暂行"二字去掉，被业内称为"票据新规"。

《办法》第二十五条规定，商业汇票的付款期限应当与真实交易的履行期限相匹配，自出票日起至到期日止，最长不得超过 6 个月；《办法》第十四条规定，申请贴现的商业汇票持票人应为自然人、在中华人民共和国境内依法设立的法人及其分支机构和非法人组织；《办法》第三十六条规定，商业汇票承兑人最近 2 年发生票据持续逾期或者未按规定披露信息的，金融机构不得为其办理票据承兑、贴现、保证、质押等业务。

"上一版《暂行办法》偏重于业务管理，新版《办法》偏重于规范管理。"江西财经大学九银票据研究院执行院长肖小和认为，这说明票据市场已发展成为金融市场不可或缺和服务实体经济的重要工具。在逾期商票不断增多的趋势下，此次《办法》中对承兑人逾期的处罚趋于严格，提出了较强的惩戒措施，强化了对承兑人的信用约束机制。

资料来源：张艳芬. 25 年来首次全面修订 票据新规助力中小微融资〔N〕. 证券时报，2022-11-22.

问题：关于《办法》中的以下新规：将商业汇票最长期限由 1 年调整至 6 个月，加"自然人"为持票人主体，以及"商业汇票承兑人最近 2 年发生票据持续逾期或者未按规定披露信息的，金融机构不得为其办理票据承兑、贴现、保证、质押等业务"，请谈谈你的理解。

分析：

（1）此次《办法》将商业汇票最长期限由 1 年调整至 6 个月后，即从制度层面降低了中小企业的账款周期和融资成本。

（2）加"自然人"为持票人主体，体现了国家对个体工商户这个市场主体的重视，使现有上亿户的个体工商户和农村承包经营户也可成为商业汇票的持票人和贴现申请人，方便了小微企业的用票与融资，体现了"个体工商户是重要的市场主体"原则。

（3）《办法》规定："商业汇票承兑人最近 2 年发生票据持续逾期或者未按规定披露信息的，金融机构不得为其办理票据承兑、贴现、保证、质押等业务"，这意味着不讲信用的机构，未来会被金融机构剔除票据业务的"名单"，这体现了党的二十大报告提出的"加强和完善现代金融监管""依法将各类金融活动全部纳入监管"。这样的惩戒机制对进一步净化票据市场的信用起到了非常重要的作用。

7.1.2　票据的种类

根据我国《票据法》的规定，票据包括汇票、本票、支票三种。

1）汇票

汇票是出票人签发的，委托付款人在见票时或指定的到期日，向持有票据的人无条件支付确定金额的票据。汇票在出票时有三个当事人：出票人，即签发汇票的人；收款人，即持汇票向付款人请求付款的人；付款人，即受出票人的委托向收款人付款的人。

按出票人不同，汇票可分为银行汇票和商业汇票。银行汇票，出票人是银行，付款人也是银行。商业汇票，出票人是企业或个人，付款人可以是企业、个人或银行。按付款人的不同，商业汇票又可分为银行承兑的商业汇票和商业承兑的商业汇票。

按付款日期不同，汇票可分为即期汇票和远期汇票。即期汇票就是见票即付的汇票。远期汇票，是指约定付款日期，持票人只能在约定的付款日期才能提示付款的汇票，可分为见票即付、见票后定期付款、出票后定期付款、定日付款。

2）本票

本票是出票人签发的，承诺自己在见票时无条件支付确定的金额给收款人或者持票人的票据。本票是自付证券，本票出票时当事人只有出票人和收款人，出票人即为付款人。因此，本票无须承兑，出票人始终是主债务人。

按出票人的不同，本票可分为银行本票和商业本票。银行或其他金融机构为出票人签发的本票，即银行本票。银行或其他金融机构以外的法人或自然人为出票人签发的本票，即商业本票。

我国《票据法》只规定了银行本票，且银行本票仅限于见票即付。

3）支票

（1）支票的概念和分类。

支票是出票人签发的，委托办理支票存款业务的银行或其他金融机构在见票时，无条件支付确定的金额给收款人或持票人的票据。

支票的付款人是特定的金融机构。在我国，支票的付款人只能是办理支票存款业务的银行或者其他金融机构，其他单位和个人不能是支票的付款人，并且只有在银行开立支票存款账户、具有可靠资金保证的法人才可签发和使用支票。

按照支付票款的方式，支票可分为普通支票、现金支票和转账支票。普通支票既可以转账，也可以用于支取现金。用于转账的，可在普通支票左上角加画两条平行线，又称划线支票；未画线的普通支票，可用于支取现金。现金支票专门用于支取现金。这种支票在印制时，已在支票的上端印明了现金字样。转账支票专门用于转账，不得用于支取现金。这种支票在印制时，在支票的上端已印明了"转账"字样。

拓展阅读7-1

我国票据的
起源与发展

（2）禁止签发的支票。

我国《票据法》规定，禁止签发空头支票。出票人的支票金额超过其付款时在付款人处实有的存款金额的，即空头支票。支票的金额、收款人名称可以由出票人授权被记。未被记前，不得背书转让和提示付款。签发空头支票或印章与预留印鉴不符的支票，按票面金额对其处以 5%，但不低于 1 000 元的罚款；同时处以 2% 的赔偿金，赔偿收款人。

7.2 票据法律关系

7.2.1 票据法律关系的概念与构成

1）票据法律关系的概念

票据法律关系是指票据当事人之间在票据的签发和转让等过程中发生的权利义务关系。票据法律关系可分为票据关系和票据法上的非票据关系。票据关系是指当事人之间基于票据行为而发生的债权债务关系。票据法上的非票据关系则是指由票据法所规定的，不是基于票据行为直接发生的法律关系。

2）票据法律关系的构成

票据法律关系同其他法律关系一样，也有主体、客体、内容三个构成要素。

（1）票据法律关系的主体。

票据法律关系的主体，即票据法律关系的当事人——债权人和债务人，包括出票人（又称发票人）、持票人、承兑人、付款人、收款人、背书人、被背书人、保证人、参加付款人、预备付款人等。这些人可以是自然人、法人，也可以是非法人组织，还可以是国家。

（2）票据法律关系的客体。

票据法律关系的客体是指票据法律关系的权利和义务所共同指向的对象。亦称为标的。由于票据法律关系是因支付或清偿一定的金钱而发生的法律关系，所以，其客体只能是一定数额的货币。

（3）票据法律关系的内容。

票据法律关系的内容是指参加票据法律关系的主体依法所享有的权利和承担的义务，即票据权利和票据义务。票据权利是票据权利人依法为实现票据债权而为一定行为或要求他人为一定行为的可能性，即付款请求权。票据义务又称票据责任，是票据义务人依法为或不为一定行为的必要性，如付款人的付款、承兑人的承兑、保证人的担保等

7.2.2 票据基础关系

根据产生的法律基础不同，非票据关系又分为票据法上的非票据关系与民法上的非票据关系。民法上的非票据关系是指票据的基础关系，可分为三种，即票据原因关系、票据预约关系和票据资金关系。

1）票据原因关系

票据原因关系指当事人之间基于票据授受原因而发生的法律关系，如因买卖、赠与、借贷等而授受票据，其买卖、赠与、借贷等即为票据的原因关系。原因关系可以是有对价的，也可以是无对价的，如买卖、借贷是有对价的，赠与便是无对价的。

票据关系的成立虽是基于一定的原因，但是票据一经成立，就与原因关系相脱

离。也就是说，原因关系的成立与否，都不影响票据权利的行使，票据权利人在行使权利时，也不必证明有票据原因。

2）票据预约关系

票据预约关系是指票据行为人与其相对人之间就票据行为，尤其是就票据的签发或者转让所达成的一定的合意。票据预约关系实际是联系票据原因与票据行为的桥梁。票据预约关系是票据行为的基础，但票据上的权利义务关系并非由于票据预约而产生，而是基于票据行为产生。因此，票据预约关系是否成立或是否遵守，对票据法律关系不产生影响。

3）票据资金关系

票据资金关系指汇票或支票的付款人与出票人或其他资金义务人之间所建立的委托付款法律关系。汇票和支票都是委托证券，须委托他人付款。作为付款人，本无替出票人向持票人付款的义务，之所以付款，原因在于他与出票人之间存在一定的资金关系。本票为自付证券，不存在委托他人付款的问题，因而无资金关系可言。票据资金关系不以金钱为限，债权或信用也可。

案例分析 7-2

2020年7月24日，B公司作为出票人向收款人中建欣立公司出具电子商业承兑汇票一张，票据承兑人为B公司，票据金额为20万元，汇票到期日为2021年7月23日，票据可转让。出票人承诺：本汇票信息请予以承兑，到期无条件付款。承兑人承诺：本汇票已经承兑，到期无条件付款。2020年7月28日，中建欣立公司将上述汇票背书转让给A公司。2020年8月6日，A公司将上述汇票背书转让给C公司。2020年10月19日，C公司将上述汇票背书转让给D公司。2020年10月21日，D公司将上述汇票背书转让给E公司。2020年11月24日，E公司将上述汇票背书转让给F公司。2021年1月25日，F公司将上述汇票背书转让给君初公司，同日君初公司又背书转让给鹿铭公司。2021年7月15日、7月28日、8月2日，鹿铭公司通过电子商业承兑汇票系统向承兑人提示付款，承兑人拒绝承兑，目前票据状态为"逾期提示付款已拒付（可以追所有人）"。

鹿铭公司向一审法院起诉请求：（1）判令中建欣立公司、君初公司向鹿铭公司连带偿付票据款人民币（以下币种均同）20万元；（2）判令中建欣立公司、君初公司向鹿铭公司连带支付以20万元为基数，自汇票到期日2021年7月23日起至实际清偿之日止，按照LPR标准计算的利息损失；（3）案件受理费、保全费由中建欣立公司、君初公司共同负担。

中建欣立公司在一审中举证《商业汇票转让合同》及相应收取贴现款的银行客户回单，证明中建欣立公司通过非法贴现行为将涉案票据背书转让给A公司，对鹿铭公司持票的合法性提出异议。鹿铭公司向法院提出中建欣立公司、君初公司支付票据款及相应利息损失的诉讼请求，一审法院予以支持。

资料来源：上海市高级人民法院.中建欣立建设发展集团股份有限公司与上海鹿铭贸易有限公司等票据追索权纠纷二审民事判决书［EB/OL］.［2022-06-01］.https：//www.hshfy.sh.cn/shfy/web/flws_view.jsp？pa=adGFoPaOoMjAyMqOpu6Y3NMPx1tU0NjC6xSZ3c3hoPTEPdcssz.

问题：结合票据的无因性，请谈谈本案中鹿铭公司是否为合法持票人。

分析：根据票据行为无因性原理，在合法持票人向不具有贴现资质的主体进行"贴现"，该"贴现"人给付贴现款后直接将票据交付其后手，其后手支付对价并记载自己为被背书人后，又基于真实的交易关系和债权债务关系将票据进行背书转让的情形下，应当认定最后持票人为合法持票人。

7.3　票据行为

7.3.1　票据行为的概念与特征

1）票据行为的概念

在日常经济生活中，当事人选择通过票据这一金融工具来实现各自权利义务的转移时，就会涉及各种不同的票据行为。票据行为是票据法律关系的表现和确认方式。票据行为有狭义与广义之分。狭义的票据行为是指承担票据债务的要式法律行为，包括出票、背书、承兑、保证、参加承兑、保兑共六种。根据《票据法》的规定，我国票据行为仅包括出票、背书、承兑、保证、付款。广义的票据行为是指以发生、变更或消灭票据关系为目的而为的法律行为，除包括以上各种狭义的票据行为外，还包括付款（在我国为狭义的票据行为）、参加付款、见票、画线、涂销等。本书所指的票据行为仅为狭义的票据行为。

2）票据行为的特征

（1）要式性。

票据行为的要式性，是指票据行为均具有法律规定的行为方式与效力，不允许行为人任意选择或变更。票据行为要式性的目的在于使票据的款式明确统一，易于当事人辨别票据上的权利与义务，从而促进票据的流通。

（2）无因性。

票据行为的无因性，是指票据行为具备法定形式有效成立后，即与其基础关系相分离，即使基础关系存在瑕疵或无效，对票据行为的效力均不产生影响。

（3）文义性。

票据行为的文义性，是指票据行为的内容及效力范围，由票据上所记载的文义构成并加以确定，即使票据记载与实际情况不符甚至出现错误，也不允许当事人以票据以外的证明方法来变更或补充。

（4）独立性。

票据行为的独立性，又称票据行为独立原则，是指同一票据上如有数个票据行为时，各票据行为均依其票据上所载文义，分别独立发生效力，其中一个行为无效，不影响其他行为的效力。

7.3.2 票据行为的要件

票据行为作为一种法律行为，必须具备一般法律行为应具备的要件，即票据行为的实质要件。同时，票据行为作为要式的法律行为还必须具备《票据法》所规定的特别要件，即票据行为的形式要件。

1）实质要件

（1）行为人须具有票据行为能力。票据行为能力是指票据行为人的票据权利能力和票据行为能力。我国《票据法》对票据权利能力并没有任何明确的限制性规定。只要具备民事主体资格，无论是自然人、法人还是其他团体或组织，都具有票据权利能力。我国《票据法》第六条规定："无民事行为能力人或者限制民事行为能力人在票据上签章的，其签章无效。"

（2）行为人的意思表示须合法、真实。票据行为人的意思表示原则上也必须符合票据法律规定，即合法、真实或无瑕疵。以欺诈、偷盗或者胁迫等手段取得票据的，或者明知有前述情形，出于恶意取得票据的，不得享有票据权利。

2）形式要件

票据行为的形式要件有书面、签章、记载和交付四项。

（1）书面。

票据行为必须以书面形式和法定格式做成才能发生效力。票据凭证的格式和印刷管理办法由中国人民银行规定。票据当事人应当使用中国人民银行规定的统一格式的票据，使用未按中国人民银行统一规定印制的票据，票据无效。

（2）签章。

票据签章是各种票据行为的共同要件。任何一种票据行为都必须由行为人在票据上签章方为有效。签章，是指签名、盖章以及签名加盖章。法人或其他单位在使用票据时，签章为该法人或该单位的盖章加其法定代表人或得其授权之人签章。另外，票据上的签名，必须为当事人本名、真名。

（3）记载。

票据记载是票据行为有效成立的首要条件，票据法对各种票据行为的票据记载均有明确具体规定。票据记载的具体内容称为票据的记载事项，每个记载事项称为票据的记载文句。票据行为不同，票据记载事项也不相同，相应的记载文句也就不同。依据效力不同，票据记载事项可分为必要记载事项、任意记载事项、不得记载事项三种。

①必要记载事项。

必要记载事项可分为绝对必要记载事项和相对必要记载事项两类。

绝对必要记载事项指《票据法》规定的行为人为票据行为时必须在票据上进行记载，如不记载则票据因此无效的记载事项。例如，根据我国《票据法》的规定，汇票出票时的绝对必要记载事项是：A.表明"汇票"的字样；B.无条件支付的委托；

C.确定的金额；D.付款人名称；E.收款人名称；F.出票日期；G.出票人签章。本票出票时的绝对必要记载事项是：A.表明"本票"的字样；B.无条件支付的承诺；C.确定的金额；D.收款人名称；E.出票日期；F.出票人签章。支票出票时的绝对必要记载事项是：A.表明"支票"的字样；B.无条件支付的委托；C.确定的金额；D.付款人名称；E.出票日期；F.出票人签章。

相对必要记载事项是指《票据法》规定的行为人为票据行为时应在票据上记载，如未记载则依《票据法》的规定执行，票据并不因此无效的记载事项。如根据我国《票据法》第二十三条的规定，汇票应记载付款日期、付款地和出票地，如未记载付款日期，则视为见票即付；未记载付款地的，付款人的营业场所、住所或者经常居住地为付款地；未记载出票地的，出票人的营业场所、住所或者经常居住地为出票地。

②任意记载事项。

任意记载事项，是指《票据法》规定由当事人选择记载的事项，该事项一经记载，即产生《票据法》上的效力。如出票人或背书人在汇票上记载"不得转让"，就属于任意记载事项，行为人不作记载，对票据效力不发生影响；一旦作了记载，就产生《票据法》规定的效力。

③不得记载事项。

不得记载事项，是指《票据法》禁止行为人在票据上记载的事项，包括记载无效的事项和使票据无效的事项。

记载无效的事项是指行为人虽作记载，但《票据法》上视作未记载，只是此项记载本身无效，票据的效力并不因此受到影响。如在支票上记载付款日期的，该记载无效。使票据无效的事项，是指行为人记载了此类事项，不仅记载本身无效，而且使整个票据也无效。如在汇票上记载附条件支付委托的，汇票无效。

（4）交付。

票据交付是票据行为有效成立的最终要件。它是指票据行为人在依法完成票据记载和票据签章之后，以自己的意思将票据交与持票人。只有在票据交付后，票据行为才最终完成，票据上的权利义务才得以产生。因此，在票据未交付之前，如因遗失、被盗或者其他非基于行为人真意的事由而使票据被第三人取得时，由于票据行为尚未完成，行为人不必承担票据责任。但是，如果第三人系善意持票人，行为人则应责任。

7.3.3 票据行为的代理

1）代理的概念和要件

票据行为的代理，是指代理人在代理权限内，在票据上明示本人的名义，证明为本人代理的意思并签章，法律后果直接由被代理人承担的法律行为。其有效成立的要件有：

① 明示本人的名义，即代理人必须在票据上标明被代理人的姓名或名称。

② 证明为本人代理的意思，即代理人代本人进行票据行为时，必须在票据上表示代理的意思。

③ 代理人签名或盖章，即代理人在票据上记载自己的姓名或名称。

④ 须经本人授权。

2）票据无权代理和票据越权代理

（1）票据无权代理。

票据无权代理是指行为人没有被代理人的授权而以代理人名义在票据上签章的行为。《票据法》规定，没有代理权而以代理人名义在票据上签章的，应当由签章人承担票据责任。

（2）票据越权代理。

票据越权代理是指代理人超越代理权限而使被代理人增加票据责任的代理行为。《票据法》规定，代理人超越代理权限的，应当就其超越权限的部分承担票据责任。

7.3.4　票据行为的种类

1）出票

（1）出票的概念。

出票，又称发票，是指行为人作成票据并将其交给收款人的行为。出票行为的行为人称为出票人，接受票据的人称为收款人，收款人实际上就是票据的第一持票人。出票行为是创设票据权利的行为，即基本票据行为。没有出票行为，也就没有背书、承兑、保证等附属票据行为。因此，任何票据都必须有出票行为，但不一定要有背书、承兑、保证等附属票据行为。

出票行为的成立，以作成基本票据、记载票据上的"应记载事项"及出票人签章、交付票据为要件，仅作成票据而不交付票据，则不产生出票效力。

（2）出票的记载事项。

出票时的记载事项可分为必要记载事项、任意记载事项、不得记载事项三种，且因票据的种类不同而有所区别。以下仅就出票的绝对必要记载事项加以说明。

① 表明票据的字样。为区分不同的票据种类，使票据债务人和债权人能够明确其因票据行为而成为票据当事人，从而确定该种票据法律关系和运用相应的票据规则，出票时的首要记载事项就是必须在票据上表明使用的是汇票，还是本票或者支票，即必须表明"汇票""本票"和"支票"字样，否则票据无效。

② 确定的金额。票据属于货币证券，票据债权的标的只能是一定数额的货币。票据金额的记载必须具体、明确，不得使用笼统或模糊的词汇记载，也不能进行选择性、浮动性或概括性等记载。此外，根据《票据法》第八条和第九条的规定，票据金额以中文大写和数码同时记载，二者必须一致，二者不一致的，票据无效。票据金额、日期、收款人名称不得更改，更改的票据无效。

③ 无条件支付的委托或承诺。无论是作为委托证券的汇票、支票，还是作为自付证券的本票，其支付都必须是无条件的。如出票时记载支付委托或承诺附加条件，则会导致票据无效。所谓无条件，一般是指在票据记载的支付委托或承诺项下，正当持票人待行使的请求权是完整的、自由的，不受任何约束。

④ 出票日期。出票日期对于确定出票人在出票时有无行为能力或有无代理权、

确定出票后定期付款汇票的到期日、确定见票后定期付款汇票的提示时间等均具有重大意义。出票日期应是现实存在的日期，且其记载应完整、具体，不得晚于实际出票日。

⑤ 付款人和收款人。汇票和支票通常由出票人以外的第三人充当付款人。由于付款人是票据的基本当事人之一，故我国票据法将付款人名称规定为汇票和本票的绝对必要记载事项之一。本票的付款人是出票人自己，由于出票人签章是票据的必备事项，因此付款人名称也就构成本票的必备事项。与付款人相同，收款人也是票据的基本当事人之一，当然也就是汇票、本票的绝对必要记载事项。支票上的收款人名称和支票金额一样，可由出票人授权补记，未补记前不得背书转让和提示付款。

⑥ 出票人签章。出票人是通过其签章于票据之上来加以确定的。如果出票人未在票据上签章，就没有票据的原始债务人。没有票据债务人，也就没有债权人，票据便因此无效。所以，出票人签章是票据的绝对必要记载事项。

（3）出票的效力。

出票的效力是指出票行为完成后，出票人、付款人和收款人应承担的义务或享有的权利。

① 对出票人的效力。出票人签发票据后，即成为票据债务人。就汇票而言，出票人负有担保汇票承兑和付款的责任；就本票而言，出票人是第一债务人，负有绝对、最终付款的责任；支票的出票人仅负有担保付款的责任。

② 对付款人的效力。汇票的付款人在承兑之前，只负有相对付款责任，承兑之后即为承兑人，是汇票的第一债务人，负有绝对付款的责任；支票的付款人，原则上只负有相对付款的责任，但如果与出票人之间有资金关系，则应承担付款的责任。

③ 对收款人的效力。收款人是票据债权人，依法享有付款请求权和对出票人的追索权。

2）背书

（1）背书的概念。

背书是指持票人依法定方式在票据的背面或者粘单上记载有关事项并签章，以实现转让票据权利或法律允许的其他目的的票据行为。背书的行为人称为背书人，接受其交付的人称为被背书人。

背书是票据转让的一种重要方式，既可作支付手段，也可起担保作用，它赋予了票据的流通属性。此外，由于票据行为具有连带性特点，票据上多个票据行为都负有确保票据持票人实现票据权利的责任，因此背书次数越多，背书人就越多，票据的担保人越多，票据的可信度就越高，即持票人实现票据权利的保障性就越强。

（2）背书的分类。

① 根据背书的目的不同，可分为转让背书和非转让背书。转让背书是指以转让票据权利为目的的背书。非转让背书是指不以转让票据权利为目的的背书。非转让背书依其目的不同，又可分为设质背书和委托收款背书两种。

② 根据背书效力的不同，将其分为一般转让背书和特殊转让背书。前者是指在

被背书人、背书时间等方面不存在特殊情形的背书，绝大多数背书都属于此；后者是指在被背书人、背书时间等方面具有特殊性的背书。一般有回头背书、期后背书、限制背书三种。回头背书是指以票据上的原债务人为被背书人的背书；期后背书指在票据被拒绝承兑、被拒绝付款或超过付款提示期限后所为的背书；限制背书是在背书中附加某些特别的记载，从而对转让的票据权利给予一定限制的背书，如在背书中记载"不得转让"。

③ 根据一般转让背书的记载方式不同，将其分为完全背书与空白背书。完全背书，又称正式背书或记名背书，是指背书人记载背书旨意、背书人的名称并签章的背书；空白背书，又称略式背书或无记名背书，是指背书人不记载被背书人的名称，仅由自己签章的背书。依据我国《票据法》的规定，被背书人名称是绝对必要记载事项，如有欠缺，背书行为无效，因此我国不承认空白背书的效力

（3）一般转让背书的效力。

① 权利移转效力。这是指票据上的一切权利经背书后，即移转给被背书人。

② 权利担保效力。这是指背书人对于在其后的所有被背书人，均负有担保付款的责任。

③ 权利证明效力。这是指票据权利的有效移转，可以背书连续的形式予以证明，如背书形式上具有连续性，则推定持票人为合法的权利人，享有行使票据权利的资格，而无须举证证明。

（4）背书的连续。

背书的连续，是指在票据转让中，转让票据的背书人与受让票据的被背书人在票据上的签章依次前后衔接。背书连续对持票人产生权利证明的效力，持票人无须另外举证即可行使票据权利。如背书形式上不连续而实质上连续，票据并非无效，仅背书间断后的持票人不得主张票据上的权利；若持票人能以实质连续证明背书的连续，则可行使票据上的权利。就付款人来讲，对背书连续的票据进行付款的，为《票据法》上的有效支付，付款人可因此免责。

3）承兑

（1）承兑的概念。

承兑是指远期汇票的付款人在票据的正面记载有关事项并签章，然后将票据交付请求承兑之人，承诺在汇票到期日支付汇票金额的票据行为。承兑是汇票特有的制度，其意义在于确定汇票上的权利义务关系。

（2）承兑的程序。

① 提示承兑。它是指汇票的持票人在应进行承兑的期限内向付款人出示票据，并要求付款人承诺付款的行为。提示既是持票人行使票据权利的表现，也是其保全票据权利的手段。提示必须依法定提示期限进行，定日付款或出票后定期付款的汇票，持票人应当在汇票到期日之前向付款人提示承兑；见票后定期付款的汇票，持票人应当自出票日起1个月内向付款人提示承兑。

② 承兑或拒绝承兑。承兑与否是付款人的权利，既可以承兑，也可以拒绝承兑。

如付款人拒绝承兑，持票人可据此行使期前追索权；如愿意承兑，则应自收到提示承兑的汇票之日起 3 日内作出承兑。

③ 交还汇票。付款人为承兑的意思表示一旦完结，应立即将汇票交还持票人。承兑自付款人交还汇票于持票人后即产生效力。

（3）承兑的效力。

① 对付款人的效力。付款人承兑后即变为承兑人，承兑人是票据上的第一债务人，负有绝对的付款责任。

② 对持票人的效力。持票人所享有的汇票权利，在未承兑前，只是一种期待权。在付款人承兑后，就变成了现实权。汇票到期，持票人便可向承兑人请求付款。

③ 对出票人和背书人的效力。汇票经付款人承兑后，出票人和所有的背书人都免受期前追索。若付款人拒绝承兑，则持票人可行使期前追索权。

4）保证

（1）保证的概念。

保证，是指票据债务人以外的第三人，以担保因票据行为所产生的债务为目的而进行的一种附属票据行为。按照《票据法》的规定，保证只适用于汇票和本票，支票不适用保证，原因在于我国支票的付款提示期限过短。

（2）票据保证的记载事项。

保证人必须在票据或者粘单上记载下列事项：表明"保证"的字样；保证人名称和住所；被保证人的名称；保证日期；保证人签章。

（3）保证的效力。

① 对保证人的效力。保证人负有与被保证人相同的责任。保证人履行保证责任后，保证债务消灭，被保证人后手的票据债务也随之消灭，保证人取得持票人对被保证人及其前手的追索权。承兑人、被保证人及其前手，不得以对抗持票人的事由来对抗保证人。

② 对持票人的效力。持票人在条件具备时，可以直接向保证人行使付款请求权或行使追索权。

③ 对被保证人及其前、后手的效力。如果保证人清偿了持票人的追索，被保证人的后手即可免责，但对被保证人及其前手来讲，仍然负有对保证人清偿的责任。

5）付款

（1）付款的概念。

付款，是指付款人向持票人支付票据金额以消灭票据法律关系的行为。从理论上讲，付款有广义与狭义之分。广义的付款是指一切票据债务人所进行的支付；狭义的付款仅指付款人及其代理人的付款行为。严格意义上的付款，是指狭义的付款。

（2）付款的程序。

付款的程序分为提示票据、支付款项和交回票据三个步骤：

① 提示票据。持票人向付款人出示票据，请求支付票据金额的行为。持票人提示付款应在法定付款提示期间进行。根据我国《票据法》的规定，汇票的提示期间

为：见票即付的汇票自出票日起1个月内；定日付款、出票后定期付款以及见票后定期付款的汇票，自到期日起10日内。本票的提示付款期限为自出票日起2个月内。支票的提示付款期间为自出票日起10日内。如持票人不在提示期间为付款的提示，则丧失对其前手的追索权。

② 支付款项。持票人在提示期间提示付款时，付款人或其代理人应当当场及时付款，不得延期。付款人付款时，对持票人是否为合法权利人负有形式审查义务。

③ 交回票据。付款人在当日足额付款后，持票人应当在票据上签收，并将票据交给付款人。交回票据是持票人获得付款后的义务，同时也是付款人的权利。只有交回票据，票据债务人的责任才能免除，票据法律关系才能消灭。

（3）付款的效力。

我国《票据法》上的付款都是全部付款，部分付款是我国《票据法》所不允许。付款人依法足额付款后，全体票据债务人的责任解除。

案例分析 7-3

甲公司在与乙公司交易中获得由乙公司签发的面额50万元的汇票一张，付款人为丙银行。甲公司向丁购买了一批货物，将汇票背书转让给丁以支付货款，并记载"不得转让"字样，后丁又将此汇票背书给戊。

问题：戊向丙银行提示承兑时遭拒绝，戊可行使追索权的对象有哪些？

分析：汇票到期被拒绝付款的，持票人可以对背书人、出票人以及汇票的其他债务人行使追索权。背书人在汇票上记载"不得转让"字样，其后手再背书转让的，原背书人对后手的被背书人不承担保证责任。甲公司是在背书时记载了"不得转让"字样的背书人，甲对其后手丁的被背书人戊不承担保证责任。因此，戊不能向甲公司行使追索权。

本案例中，乙公司是出票人，丁是背书人，戊在被拒绝付款后，可以向乙公司与丁行使追索权。

丙银行是付款人，在戊提示付款时，丙银行已经拒绝了戊的付款请求，因此不属于被追索人员的范围。

资料来源：中国注册会计师协会.经济法[M].北京：人民出版社，2019.

7.3.5 票据伪造和变造

票据存在两种状态：一是完全整洁；二是存在一定不足。存在不足的票据包括票据形式上的欠缺和非形式上的欠缺。票据形式上的欠缺，是指票据形式不完备，欠缺《票据法》所规定的必要记载事项。票据非形式上的欠缺包括票据伪造、变造和涂销。

1）票据伪造

（1）票据伪造的概念。

票据伪造是指假冒他人的名义，以行使票据上的权利为目的而实施票据行为的行为，包括假冒出票人的名义签发票据的行为，以及假冒他人名义进行的背书、承兑、保证等其他票据行为。

（2）票据伪造的构成要件。

① 票据伪造行为符合票据行为的形式要件。票据伪造行为并不符合票据行为的实质要件，但表面上却符合形式要件。若不具备票据行为形式要件，则不构成票据的伪造。

② 须是假冒他人名义而进行的票据行为。被伪造人可以是现实的人，也可以是虚构的人。

③ 伪造的目的是骗取金钱，即在不承担票据责任的前提下，享有票据权利或利益。

④ 伪造的票据必须已经转手。转手是各种票据行为的形式要件之一，只有转手才能证实主观上骗取金钱的目的。

（3）票据伪造的效力。

① 对伪造人的效力。

根据《票据法》规定之"真实签章人负票据责任"的原则，伪造人是假冒他人签章，即伪造人在票据上并无真实签章。因此，伪造人不承担票据责任，而应当承担的责任是相应的民事责任、行政责任或刑事责任。

② 对被伪造人的效力。

票据是文义证券，票据当事人只依据自己在票据上的签章，对票据上记载的文义承担责任。被伪造人在票据上没有真实签章，并且没有任何可能造成表见代理的过错或因素，在任何情况下，被伪造人均不对伪造票据承担任何责任，这一点是绝对的，即使在票据背书转让后，被伪造人也可以对抗任何持票人。

③ 对在票据上真实签章人的效力。

票据具有独立性和文义性。一票据行为的有效与否，不影响另一票据行为的成立，行为人只要在票据上签章，签章人就应对票据所记载的事项承担责任。因此，票据上有伪造、变造签章的，不影响票据上其他真实签章的效力。如果行为人在这种票据上签章了，就不能以票据上有伪造签章为由而不承担票据义务。不论这一伪造签章在其签章之前或之后，均不影响真正的签章人承担责任。

④ 对持票人的效力。

如前所述，如果持票人的前手中没有在票据上真实签章的人，则不能对被伪造人和伪造人行使票据权利，但可对伪造人行使民法上的请求赔偿权。如果持票人的前手中有在票据上真实签章的人，则持票人可向其行使追索权。

⑤ 对付款人的效力。

付款人如发现票据属伪造，有权拒绝承兑或者拒付。通常出票人与付款人预约委托支付票据金额，均在付款人处留有出票人的签名笔迹或预留印鉴。付款人在付款时应辨认出票人的签章是否真实，是否与预留笔迹或印鉴相一致；付款人付款时有恶意或重大过失，则应自行承担责任。至于对伪造的背书签章，付款人或者其委托的代理付款人在付款时，仅承担审查票据是否背书连续，并审查提示付款人的合法身份证明或者有效证件，对背书签章的真伪不负审查责任。

2）票据变造

（1）票据变造的概念。

票据变造，是指依法没有变更权限的人，在有效的票据上变更票据上除签章以外的其他记载的事项，从而使票据上的权利义务内容发生变化的行为。

（2）票据变造的构成要件。

① 票据变造的对象必须是合法有效的票据。

② 票据变造的内容必须是签章以外的记载事项。

③ 变造人必须是无权变更票据内容的人。

④ 变造的目的是实现变更后的票据权利。

（3）票据变造的效力。

① 对变造人的效力。对变造人的效力分为两种情况：A.变造人在票据上签章了，就应对其签章时票据上的文义负责；B.变造人没有在票据上签章，则变造人不承担票据上的责任，但可依刑法或民法追究其相应的刑事责任和民事责任。

② 对变造前签章人的效力。票据是文义证券，票据当事人应对其签章时票据上记载事项负责，而不是对其签章以后变造票据所记载事项负责。因此，《票据法》第十四条明确规定，票据上其他记载事项被变造的，在变造之前签章的人，对原记载事项负责。

③ 对变造后签章人的效力。票据变造后的真实签章人，在其签章时，是以变造后的票据所记载事项作为自己的票据行为的内容，应承担其签章时票据所记载事项的票据责任。

④ 对不能辨别是在票据变造之前还是变造之后签章的人的效力。通常情况下，签章在变造之前还是之后，通过背书的日期等是可以确定的。不能辨别是在票据变造之前或之后签章的，视同在变造之前签章。

案例分析 7-4

丁拾得一张甲为出票人、乙为背书人、丙为被背书人的银行承兑汇票。票面金额为5万元，见票后3个月内付款。丁拾得票据后，立即伪造丙的签章，将汇票转让给自己。然后拿到A银行贴现。A银行审查了汇票的背书连续后，给予贴现。这时丙发现汇票丢失，立即向法院申请公示催告，并向付款人B银行（尚未承兑）提出挂失止付。

问题：

（1）丁除了承担票据责任之外，是否还应承担其他法律责任？

（2）付款人B银行是否承担票据责任？

（3）A银行因为善意取得而成为真正的票据权利人，甲能不能以丁的伪造背书行为而主张A银行的票据权利无效？

分析：

（1）丁虽然伪造了丙的签章，但同时在汇票上作为背书人留下了自己的真实签章，丁应承担刑事责任、民事责任和票据责任。

（2）付款人 B 银行由于未进行承兑，未成为票据债务人，因此不承担票据责任。

（3）A 银行因为善意取得可以获得票据权利。

资料来源：中国注册会计师协会. 经济法［M］. 北京：人民出版社，2019.

3）票据涂销

票据涂销是指将票据上的签名或其他记载事项加以涂抹消除的行为。涂销的方法包括浓墨涂抹、橡皮擦拭或纸片糊盖，用化学方法或在背书栏内外用文义表明铲除其背书部分等，而被涂销的文义是否能辨别则在所不问。如果票据涂销后已难以辨别其为票据，则构成票据的毁损或灭失。

7.4　票据权利、票据责任及票据抗辩

7.4.1　票据权利

1）票据权利的概念

票据法律关系中的核心问题就是票据权利和义务。票据权利是指持票人向票据债务人请求支付票据金额的权利，包括付款请求权和追索权两种。其中，付款请求权是第一次请求权，追索权是第二次请求权。持票人必须首先行使付款请求权，只有在付款请求权不能实现时，才能行使追索权。

2）票据权利的内容

（1）付款请求权。

付款请求权是指票据债权人请求票据主债务人或其他付款人按照票据所载金额支付金钱的权利。付款请求权是第一次请求权。

（2）追索权。

追索权是指当持票人的第一次请求权不能实现，即债权人行使付款请求权而遭拒绝或者因其他法定原因而不能实现时，在保全票据权利的基础上，向除主债务人以外的前手（包括出票人、背书人、保证人）请求偿还票据金额及其损失的权利。例如经持票人追索，被追索人做了清偿，那么他对另外的相对人可再行使追索权，这种权利被称为再追索权。

追索权一般应在票据到期不付款时才能行使。但根据我国《票据法》规定，票据到期日前，有下列情形之一的，持票人可以行使期前追索权：汇票被拒绝承兑；承兑人或者付款人死亡、逃匿；承兑人或者付款人被依法宣告破产或者因违法被责令终止业务活动。

追索人请求的债权金额包括被拒绝付款的票据金额、票据金额自到期日或者提示

付款日至清偿日止的利息以及取得有关拒绝证明和发出通知书的费用。再追索权请求的债权金额包括已清偿的全部金额、该金额自清偿日起至再追索清偿日止的利息以及发出通知书的费用。

3）票据权利的取得与限制

（1）票据权利的取得。

票据权利一般可从以下三个途径取得：一是从出票人处取得；二是被背书人从背书人处取得，因为票据经背书可以转让他人，所以，只要背书连续，被背书人取得了票据，即取得了票据权利；三是依照法定方式，如因税收、继承、赠与、投资分红等原因取得。

（2）票据权利取得的限制。

占有票据是取得票据权利的标志，因而为了防止通过不合法手段占有票据的行为，我国《票据法》对票据权利的取得有两项限制：①以欺诈、偷盗或者胁迫等手段取得票据的，或者明知有前列情形，出于恶意取得票据的，或者有重大过失取得票据的，不得享有票据权利；②以无偿或者不以相当对价取得票据的，不得享有优于其前手的票据权利。

4）票据权利的时效

时效是指法律所确认的某种权利取得以及行使的时间范围。为了有利票据的有序流通，《票据法》对票据权利的行使时间作了规定，如果持票人在法定时间内不行使票据权利，时间届满，其票据权利即告消灭。具体规定如下：

① 持票人对票据的出票人和承兑人的权利，自票据到期日起2年。见票即付的汇票、本票，自出票日起2年。

② 持票人对支票出票人的权利，自出票日起6个月。

③ 持票人对前手的追索权，在被拒绝承兑或者被拒绝付款之日起6个月。

④ 持票人对前手的再追索权，自清偿日或者被提起诉讼之日起3个月。

5）票据权利丧失与补救

（1）票据丧失。

票据丧失是指持票人非依本人意愿而失去对票据的占有，包括绝对丧失（如毁灭、焚毁等）与相对丧失（如遗失、被窃等）。

票据的丧失不像丧失货币那样当然丧失权利，即票据的丧失并不意味着当然丧失票据权利，但票据是完全的有价证券，票据权利人行使权利，必须以持有票据、提示票据、交回票据为必要，所以票据权利人丧失票据后，可能发生票据金额被冒领的风险，不能直接向票据债务人行使权利。因此，为保护持票人的利益，《票据法》设立了各种补救措施，使得票据权利人在丧失票据后，仍有行使票据权利的机会。

（2）票据丧失的补救方式。

①挂失止付。

挂失止付是失票人将丧失票据的情况通知付款人或代理付款人，并由接受通知的付款人暂停支付的临时性救济措施。《票据法》规定，未记载付款人或者无法确定付款人及其代理付款人的票据是不可作挂失止付的。已承兑的商业汇票、支票填明"现金"字样并填明代理付款银行的银行汇票、填明"现金"字样的银行本票可以挂失止付。但挂失止付是失票人在丧失票据后可以采取的一种暂时的预防措施，以防止票据被冒领或骗取。因此，失票人既可以在票据丧失后先采取挂失止付，再申请公示催告或提起诉讼，也可以直接申请公示催告，并由法院受理后发出止付通知，还可以直接向法院提起诉讼。

②公示催告。

公示催告是失票人在丧失票据后，向法院提出申请，请求法院以公告的方法通知不确定的利害关系人申报权利，逾期未申报者，则权利失效，而法院通过除权判决宣告丧失的票据无效的一种制度。

③普通诉讼。

普通诉讼是指丧失票据的失票人直接向人民法院提起民事诉讼，要求法院判令付款人向其支付票据金额的活动。这一票据丧失补救措施属一般民事诉讼范畴，所以被称为普通诉讼。其具体操作方法与一般民事诉讼是相同的。

案例分析 7-5

甲向乙购买原材料，为支付货款，甲向乙出具金额为 50 万元的商业汇票一张，丙银行对该汇票进行了承兑。后乙不慎将该汇票丢失，被丁拾得。乙立即向付款人丙银行办理了挂失止付手续。

资料来源：中国注册会计师协会. 经济法[M]. 北京：人民出版社，2019.

问题：

（1）乙因丢失票据而确定性地丧失了票据权利吗？

（2）乙在丢失汇票后，可否直接提起诉讼要求丙银行付款？

（3）乙在通知挂失止付后的多长时间内，应向法院申请公示催告？

分析：

（1）失票人应当在通知挂失止付后 3 日内，也可以在票据丧失后，依法向人民法院申请公示催告，或者向人民法院提起诉讼。据此可知，乙丢失票据后并非确定性地丧失了票据权利。

（2）挂失止付不是公示催告程序和诉讼程序的必经程序，因此，失票人在丧失票据之后，可以直接向法院提起民事诉讼，请求法院判令票据债务人向其支付票据金额。

（3）如果失票人已经向付款人发起挂失止付通知，则应在通知挂失止付后3 日内申请公示催告。

7.4.2   票据责任

1）票据责任的概念

票据责任又称票据债务，是指票据债务人向票据权利人支付票据金额的义务。它与票据权利相对应。

2）票据责任人的分类

票据责任人可分为主债务人和次债务人两类：

（1）主债务人是指直接承担付款责任的票据责任人，如本票的出票人，已承兑汇票的承兑人。支票没有主债务人，因为支票的出票是以出票人在开户银行或其他金融企业有足额存款为前提的。出票人的出票是委托银行或其他金融企业从其存款余额向持票人按支票所载金额付款的行为，这一点与汇票委托他人付款、本票出票人自己付款是有区别的。支票只有在付款人拒绝付款时，出票人才成为主债务人。

（2）次债务人是指对持票人付款不首先负责的票据债务人，其所承担的是票据承兑和付款的担保责任，包括汇票的出票人、背书人、本票的背书人、支票的背书人及各类票据的保证人。次债务人通常是持票人行使追索权的对象。次债务人在持票人不获承兑或不获付款时才承担清偿票据金额及其他必要费用的责任。

7.4.3　票据抗辩

1）票据抗辩的概念

在票据纠纷案件中，票据债务人承担票据责任的前提是票据形式的有效性和持票人票据权利的存在。如果票据本身或持票人的票据权利存在瑕疵，票据债务人可以对抗持票人的请求，这就是票据抗辩制度。票据抗辩，是指票据债务人对票据债权人的请求，提出相应的事实或理由予以对抗，并以此拒绝履行票据债务的行为。其中，票据债务人所提出的合法事实或理由，称为抗辩事由；票据债务人依法所享有的对抗持票人而拒绝履行票据债务的权利，称为票据抗辩权。

2）票据抗辩的种类

（1）物的抗辩。

物的抗辩，又称客观的抗辩或绝对的抗辩，是指一切票据债务人或特定的票据债务人可以对抗任何票据债权人的抗辩。该种抗辩主要是基于票据本身无效、票据行为本身具有某些缺陷或者依票据性质所引发的事项而产生的。

物的抗辩，根据行使抗辩权的主体范围不同，可分为两种：

① 一切票据债务人可以对抗一切持票人的抗辩。这类抗辩主要包括：A.以票据不符合法定的形式要件而无效所主张的抗辩，包括因出票欠缺票据必要记载事项或记载了不得记载的事项而使票据无效的抗辩，如欠缺确定的金额、无条件支付的委托文句、出票人签章等记载，均可导致票据无效；因更改了不可更改的事项而使票据无效的抗辩。我国《票据法》规定，票据金额、日期、收款人名称不得更改，更改的票据无效。B.以票据权利无法行使所主张的抗辩，包括不依票据文义而提出请求的抗辩，如票据所记载的到期日未至所产生的抗辩等、持票人以付款地与票载付款地或者票据法规定的付款地不符所主张的抗辩等；票据债权已消灭或失效的抗辩，如票据债权因付款而消灭的抗辩、票据金额因提存而导致票据权利消灭的抗辩、票据已经法院除权判决而丧失效力的抗辩、票据时效已过致使票据权利消灭的抗辩等。

② 特定票据债务人可以对抗一切持票人的抗辩。这类抗辩主要包括：A.票据上

记载的债务人是欠缺民事行为能力的人；B.票据上记载的债务人是被他人无权代理的或越权代理的；C.票据上记载的债务人是被伪造人；D.票据上发生变造，票据上记载的债务人是在变造前签的章；E.票据上记载的债务人因持票人权利时效已过或持票人欠缺权利保全手续而解除了票据责任；F.票据上记载的债务人是被法院宣告破产或被行政主管部门责令中止业务活动的。

（2）人的抗辩。

人的抗辩，又称相对抗辩或主观抗辩，是指一切票据债务人或特定票据债务人可以对抗特定债权人的抗辩。人的抗辩只能对抗特定的持票人，如果持票人有所变更，则此种抗辩就会受到影响。也就是说，在人的抗辩中，票据债务人对抗某一个持票人的抗辩事由不能同时用来对抗其他持票人。这是因为此种抗辩系基于当事人之间的特别关系而产生的或者基于债权人方面的原因而产生的。

人的抗辩可分为两种：

① 一切票据债务人可以对抗特定票据债权人的抗辩。此种抗辩主要有：A.以欺诈、胁迫、偷盗等方式恶意取得票据的抗辩；B.持票人欠缺或丧失受领票据金额能力的抗辩，如持票人被宣告破产、票据债权被法院扣押禁止付款等；C.持票人欠缺形式上受领票据金额的资格的抗辩，如背书不连续所产生的抗辩。

② 特定的票据债务人可以对抗特定持票人的抗辩。此种抗辩发生在特定的票据债权人与债务人之间，主要是基于直接当事人之间的原因关系。其主要表现有：A.基于原因关系的抗辩。在直接当事人之间，票据债务人可以原因关系非法、不存在或无效来对抗票据债权人的付款请求。B.欠缺对价的抗辩。我国《票据法》第十条第二款规定，票据的取得，必须给付对价，即应当给付票据双方当事人认可的相对应的代价。也就是说，持票人必须通过支付对价方能取得票据权利，若欠缺对价，与持票人有直接交易关系的票据债务人便可以此为由行使抗辩权。但是，根据《票据法》规定，因税收、继承、赠与而无偿取得票据的，不受给付对价的限制。C.欠缺交付的抗辩。出票、背书等票据行为均以票据的交付为成立要件，如未经交付，出票人、背书人可以此为由对抗持票人，但不能对抗善意第三人。D.禁止背书所引起的抗辩。出票人禁止背书的，该票据即失去流通性，如有收款人以外的人向出票人主张票据权利，出票人可以记载了"禁止背书"为由进行抗辩。背书人禁止背书的，由于其仅对直接后手负票据责任，因此如有间接后手向其追索，该背书人可以禁止背书为由进行抗辩。

3）票据抗辩的限制

票据抗辩是有限制的，票据债务人不得以自己与出票人或者与持票人的前手之间的抗辩事由对抗持票人，但是持票人明知存在抗辩事由而取得票据的除外。这便是对票据抗辩限制的规定。《票据法》中对票据抗辩的限制主要表现在以下方面：

（1）票据债务人不得以自己与出票人之间的抗辩事由对抗持票人，即如果票据债务人与出票人之间存在抗辩事由，该票据债务人不得以此抗辩事由对抗善意持票人。

（2）票据债务人不得以自己与持票人的前手之间的抗辩事由对抗持票人。

(3) 凡是善意的、已付对价的正当持票人可以向票据上的一切债务人请求付款，不受前手权利瑕疵和前手相互间抗辩的影响。

(4) 持票人取得的票据是无对价或不相当对价的，由于其享有的权利不能优于其前手的权利，因此票据债务人可以对抗持票人前手的抗辩事由对抗该持票人。

案例分析 7-6　已将汇票背书转让的债权人不可再主张原因债权

森麒麟轮胎公司陆续为力帆乘用车公司供应汽车零部件产品。供货后，力帆乘用车公司向森麒麟轮胎公司签发了5张电子银行承兑汇票支付货款，金额合计255万元。森麒麟轮胎公司收到5张汇票后，又背书转让给第三方。汇票到期后，承兑人未兑付汇票金额。森麒麟轮胎公司遂诉至法院，请求力帆乘用车公司支付前述5张汇票对应的货款255万元及其他拖欠货款。

重庆市第一中级人民法院审理后认为，5张汇票到期后却未得到兑付，力帆乘用车公司并未实际完成货款的支付义务。遂判决，力帆乘用车公司支付前述5张汇票对应的货款255万元。

宣判后，力帆乘用车公司不服，提起上诉。重庆市高级人民法院审理后认为，力帆乘用车公司向森麒麟轮胎公司签发5张汇票支付部分货款。森麒麟轮胎公司又将前述汇票背书转让给第三人。现在，森麒麟轮胎公司已不是汇票的持票人，其票据权利已经处分，不享有票据权利。涉案汇票未经兑付，即使森麒麟轮胎公司面临最后持票人追索，鉴于森麒麟轮胎公司现并未实际承担责任，也并非涉案汇票的最终债务人，在追索过程中也不必然成为实际承担责任人。森麒麟轮胎公司是否实际承担票据责任尚不确定。森麒麟轮胎公司请求力帆乘用车公司支付与5张汇票相关的255万元货款的诉讼请求不应支持。森麒麟轮胎公司可以待汇票追索事实确定后另行主张权利。遂判决，撤销一审判决，驳回森麒麟轮胎公司的诉讼请求。

资料来源：人民法院.已将汇票背书转让的债权人不可再主张原因债权［EB/OL］.［2022-01-13］.http://rmfyb.chinacourt.org/paper/html/2022-01/13/content_213017.htm.

问题：汇票未兑付时，已将汇票背书转让的债权人是否可再主张原因债权？

分析：持票人选择原因关系主张权利，需要交出汇票。《票据法》第五十五条、第七十条、第七十一条均明确规定，持票人获得付款的，应当交出汇票，其目的是防止票据债务人重复清偿的风险，以及便于清偿债务人行使票据权利。当持票人选择原因关系主张权利时，也需要交出汇票。首先，如果持票人不将汇票交给债务人，债务人清偿原因债务后，还将面临清偿票据债务的风险，尤其是在债权人将汇票背书转让给第三人的情形。其次，持票人不将汇票交给债务人也不便于债务人及时向前手行使票据追索权。再次，从票据的缴回证券属性来看，票据是一种完全的有价证券，其权利的创设、行使、实现均须依赖证券，因此持票人也应当缴回票据。债务人通过签发或背书转让汇票的方式向债权人清偿债务后，债权人可再次将汇票背书转让给第三人。

即使汇票未实际兑付，债权人选择原因关系向债务人主张相应债权的，人民法院不予支持。

7.5　涉外票据的法律适用

7.5.1　涉外票据的概念

涉外票据，是指具有涉外因素的票据，即出票、背书、承兑、保证、付款等行为中，既有发生在中国境内又有发生在中国境外的票据。《票据法》对涉外票据涉外因素的规定，主要是从行为角度加以认定的，即出票、背书、承兑、保证、付款等行为中，只要有一项发生在境外，就被认定为是涉外票据。

7.5.2　涉外票据的法律适用

1）关于民事行为能力的法律适用

《票据法》第九十六条对此规定了两种情况：一是票据债务人的民事行为能力，适用其本国法律；二是票据债务人的民事行为能力，依照其本国法律为无民事行为能力或者为限制民事行为能力而依照行为地法律为完全民事行为能力的，适用行为地法律。

2）关于出票时记载事项的法律适用

这里的记载事项包括本章所介绍的汇票、本票、支票规定的出票时的绝对必要记载事项、相对必要记载事项和非法定记载事项等。《票据法》第九十七条规定了两种情况：一是汇票、本票出票时的记载事项，适用出票地法律；二是支票出票时的记载事项，适用出票地法律，经当事人协议，也可以适用付款地法律。

3）关于背书、承兑、保证、付款行为的法律适用

《票据法》第九十八条规定："票据的背书、承兑、付款和保证行为，适用行为地法律。"依此规定，上述四种行为可能会在汇票中出现，但就本票和支票而言，由于没有承兑制度，因此不存在适用承兑行为地法律的问题；就支票而言，由于没有保证制度，因此也不存在适用保证行为地法律的问题。

4）关于追索权行使期限的法律适用

《票据法》第九十九条规定，票据追索权的行使期限，适用出票地法律。

5）关于提示期限、拒绝证明的方式及出具期限的法律适用

《票据法》第一百条规定，票据的提示期限、有关拒绝证明的方式、出具拒绝证明的期限，适用付款地法律。

6）关于票据丧失时保全票据权利程序的法律适用

《票据法》第一百零一条规定，票据丧失时，失票人请求保全票据权利的程序，适用付款地法律。

7.6 违反《票据法》的法律责任

7.6.1 票据欺诈行为的法律责任

有以下票据欺诈行为之一的，依法追究刑事责任：

（1）伪造、变造票据的；

（2）故意使用伪造、变造的票据的；

（3）签发空头支票或者故意签发与其预留的本名签名式样或者印鉴不符的支票、骗取财物的；

（4）签发无可靠资金来源的汇票、本票，骗取资金的；

（5）汇票、本票的出票人在出票时作虚假记载，骗取财物的；

（6）冒用他人的票据，或者故意使用过期或者作废的票据，骗取财物的；

（7）付款人同出票人、持票人恶意串通，实施前六项所列行为之一的。

有上述所列行为之一，情节轻微，不构成犯罪的，依照国家有关规定给予行政处罚。

7.6.2 金融机构工作人员的法律责任

金融机构工作人员在票据业务中玩忽职守，对违反票据法规定的票据予以承兑、付款或者保证的，给予处分；造成重大损失，构成犯罪的，依法追究刑事责任。造成损失的，由该金融机构和直接责任人员依法承担赔偿责任。处分包括由单位给予该人员警告、记过、撤职、开除公职等行政处分；刑事责任是指，根据刑法规定，处3年以下有期徒刑或者拘役，情节特别严重的，处3年以上7年以下有期徒刑；赔偿责任是指由金融机构和直接责任人员承担的连带责任。

7.6.3 票据付款人违法行为的法律责任

票据的付款人对见票即付或者到期的票据，故意压票，拖延支付的，由金融行政管理部门处以罚款，对直接责任人员给予处分，给持票人造成损失的，依法承担赔偿责任。

> **【学思践悟】   执行助力优化营商环境 护航"诚信兴商"**

2021年3月4日A公司通过连续背书合法取得电子商业承兑汇票一张，票据金额38万元。出票人与承兑人均为B公司，收款人为C公司。该汇票到期后，原告A公司要求承兑此汇票，被拒绝承兑。经法院判决，被告B公司承担清偿责任、C公司对该笔债务承担连带责任。后因两个被告均未履行生效判决确定的义务，原告A公司向法院申请强制执行。

案件进入执行程序，执行法官立即向被执行人下发执行通知书、报告财产令、传票等法律文书，并足额冻结了被执行人B公司的银行账户资金。后B公司提交材料与证据证明该涉案银行账户资金为项目商品房预售资金监管账户，经法院审理查明，该账户资金暂不能被强制扣划，执行陷入僵局。

经申请执行人A公司提供财产线索，法院执行局迅速与该案另一位被执行人C公司取得联系，并传唤其到法院接受调查。C公司负责人到法院后，拒不承认该项债务，面对被执行人C公司推诿的态度，执行法官向其充分释明"连带责任"的法律意义，并阐明若法院采取强制措施可能造成企业失信惩戒、征信降级、银行账户冻结等影响企业经营的一系列不利后果。最终，C公司迫于法律威严，同意将38万元支付到法院指定账户。法院执行局迅速联系申请执行人A公司办理了领款手续，至此该案顺利执行完毕。

法官释法：商业活动通过承兑汇票支付非常便捷，在经济领域被大量使用。本案系通过连续背书转让合法取得承兑汇票后，持票人提示付款，出票人与承兑人拒绝付款，从而引发持票人起诉要求出票人、承兑人、背书人承担相应责任的票据追索权纠纷。

法条链接：《中华人民共和国票据法》。

第六十一条：汇票到期被拒绝付款的，持票人可以对背书人、出票人以及汇票的其他债务人行使追索权。

汇票到期日前，有下列情形之一的，持票人也可以行使追索权：

（一）汇票被拒绝承兑的；

（二）承兑人或者付款人死亡、逃匿的；

（三）承兑人或者付款人被依法宣告破产的或者因违法被责令终止业务活动的。

资料来源：陈佳婧.执行助力优化营商环境 护航"诚信兴商"［EB/OL］.［2023-02-28］. http://www.efaw.cn/content/5857204.

问题：湘潭市雨湖区人民法院在执行该起票据追索案件的过程中，如何体现了优化市场营销环境？

分析：司法最大限度保护持票人即债权人的权利。发生票据纠纷，司法力量将成为其坚强的后盾。党的二十大报告提出，"构建高水平社会主义市场经济体制。""完善产权保护、市场准入、公平竞争、社会信用等市场经济基础制度，优化营商环境。"

在执行过程中，面对被执行人C公司推诿的态度，执行法官向其充分释明"连带责任"的法律意义，并阐明若法院采取强制措施可能造成企业失信惩戒、征信降级、银行账户冻结等影响企业经营的一系列不良后果。执行法官向被执行人宣传了"商事诚信"政策法规及"诚信兴商"理念，进一步优化了市场营商环境。

本章小结

我国《票据法》所称的票据是指出票人依据《票据法》签发的、由本人或委托人在见票时或者在票载日期无条件支付确定金额给持票人的有价证券，包括汇票、本票和支票。

票据法律关系是指票据当事人之间在票据的签发和转让等过程中发生的权利义务关系。票据法律关系可分为票据关系和非票据关系。

根据我国《票据法》的规定，在我国票据行为仅包括出票、背书、承兑、保证、付款。

票据伪造是指假冒他人的名义，以行使票据上的权利为目的而实施票据行为的行为。

票据变造是指依法没有变更权限的人，在有效的票据上，变更票据上除签章以外的其他记载事项，从而使票据上的权利义务内容发生变化的行为。

货币政策工具是中央银行为实现其货币政策目标所采取的各种调控货币供应量的手段。

票据权利是指持票人向票据债务人请求支付票据金额的权利，包括付款请求权和追索权两种。

票据责任又称票据债务，是指票据债务人向票据权利人支付票据金额的义务。

票据抗辩，是指票据债务人对票据债权人的请求提出相应的事实或理由予以对抗，并以此拒绝履行票据债务的行为。

涉外票据是指具有涉外因素的票据，即在出票、背书、承兑、保证、付款等行为中，既有发生在中国境内又有发生在中国境外的票据。

本章训练

一、思考题

1. 票据的特征有哪些？
2. 简述票据行为的要件。
3. 什么是票据基础关系？
4. 票据丧失后应如何补救？
5. 简述票据的伪造与变造。
6. 简述票据抗辩。

二、案例分析题

甲收到一张银行承兑汇票，背书给乙，乙又背书给丙，但同时记载了"若丙交的货物不符合质量要求，则背书无效""若丙交的货物不符合质量要求，则丙不享有票据权利""若丙交的货物不符合质量要求，则丙及一切后手都不享有票据权利""交货后，方可享有票据权利""丙交货后，方可背书转让票据"等条件。

资料来源：王忻昕.接受票据背书的法律风险防范［J］.法制博览，2022（33）.

问题：

（1）如果丙不向乙交货或者交的货物不符合质量要求，乙可否要求付款人付款？

（2）如果受让人因某种原因被付款人拒绝付款，受让人是否可以向所有前手进行追索？

分析：

（1）《票据法》第三十三条规定，背书不得附有条件。背书时附有条件的，所附条件不具有汇票上的效力。因此，如果丙不向乙交货或者交的货物不符合质量要求，并不影响乙票据权利的实现，乙仍然可以要求付款人付款。

（2）如果乙将票据进行了再背书，因为票据无因性理论，接受背书的人仍然可以向甲主张票据权利。因此，背书人在背书时，没有记载"不得转让"字样，而是记载了类似上面的那些条件，企图将自己的责任对象限定为直接后手，是法律所不承认的，所附条件是无效的，但背书是有效的。因此，如果丙背书给受让人，可以放心接受。如果受让人因某种原因被付款人拒绝付款，受让人可以向所有前手进行追索，包括乙。也就是说，受让人可以放心接受附条件的背书，但要谨慎接受记载有"不得转让"字样的背书。

第8章
政策性银行和非银行金融机构法律制度

学习目标

知识目标：理解政策性银行和非银行金融机构的概念；了解政策性银行的特征；了解我国的政策性银行及其基本制度、非银行金融机构及其基本制度以及城乡信用合作社及其联合社的法律制度；掌握对政策性银行和非银行金融机构的监管规范。

素养目标：通过学习政策性银行职能，了解政策性银行在我国国民经济中的重要作用和历史使命，增强学生对政策性银行不以营利为目的、以国家和社会公共利益的实现为其经营出发点的认识，激发学生的爱国情怀和社会责任感；通过学习政策性银行和非银行金融机构法律制度，理解党的二十大报告提出的深化金融体制改革、强化金融稳定保障体系、推动生态环境保护和高质量发展、推进中国式现代化的精神，理解健全金融监管体系、落实政策性银行改革方案和强化监管、防范以及化解新形势下金融风险的重要性，培养学生树立遵守法律法规和金融监管的意识。

导入案例　　　　基础设施先行开启募群众美好新生活

农发行贵州省分行紧紧围绕服务国家重大战略，强化农业基础，累计投放基础设施贷款 3 213 亿元，大力支持农业农村基础设施建设。十年来，农发行贵州省分行运用"绿色金融"全力支持长江大保护、生态修复、环境保护等生态文明建设，持续擦亮"绿色银行"特色品牌。截至目前，绿色信贷余额达 1 257 亿元，占全行贷款余额 40.9%。农发行贵州省分行对照国家和贵州省农村人居环境改善规划，大力支持水、电、路、气等基础设施向乡村覆盖延伸，全面提升乡村公共服务水平。支持仁怀市茅台镇整体城镇化项目、铜仁市"一带双核"八官溪至两河口乡村振兴农耕文化旅游带示范项目建设，推动项目地点分别成为贵州省第三届旅游发展大会、2021 年国际山地旅游暨户外运动大会举办地。与此同时，围绕国家重大水利工程、水网骨干工程等重点领域，累计投放 443 亿元贷款，支持建成夹岩水利枢纽等一批水利工程，助力贵州水资源配置逐步优化，基本实现县县有中型水库的布局，让群众用上稳定水、干净水、放心心水；支持贵州乡村公路、通组硬化路建设，累计投放 280 亿元贷款，打通群众美好幸福生活的"最后一公里"；聚焦持续增强贵州住房保障能力，累计投放 1 102 亿元棚改贷款，喜圆群众安居梦想。

资料来源：佚名. 农发行这十年/贵州省分行：引入金融活水　润泽贵州高原［EB/OL］.［2022-11-09］. http://www.adbc.com.cn/n354767/n395343/c425081/content.html.

问题：结合案例，谈谈你对中国农业发展银行宗旨的理解。

分析：农发行贵州省分行紧紧围绕服务国家重大战略，强化农业基础，体现了中国农业发展银行按照国家的法律、法规和方针、政策，以国家信用为基础，筹集农业政策性信贷资金，承担国家规定的农业政策性金融业务，代理财政性支农资金的拨付，为农业和农村经济发展服务的宗旨。

8.1　政策性银行法律制度

8.1.1　政策性银行的概念及特征

1）政策性银行的概念

政策性银行，是指由政府创立和担保、以贯彻国家产业政策和区域发展政策为目的、具有特殊的融资原则、不以营利为目的的金融机构。

政策性银行是国家干预、协调经济的产物，是为适应国家宏观经济调控政策，弥补"市场失灵"的需要而产生的，对于发展国民经济、实现社会稳定有着很重要的意义。20 世纪 30 年代，美国、日本、法国等先后成立了本国的政策性银行。之后的几十年，世界各国为扶持基础产业、调节区域差距、促进本国企业开拓国际市场，纷纷成立了自己的政策性银行，并制定相应的法律规范加以调整。

2）政策性银行的特征

（1）由政府创立。

政策性银行多由政府创立、参股或保证，以政府为后盾。这使得政策性银行与政府之间有着密切的联系，政府对政策性银行有着实质上的控制权和影响力。

（2）业务范围的特定性。

政策性银行有着自己特定的服务领域，不与商业银行展开竞争，其经营范围主要集中于关系国民经济健康、稳定、可持续发展和体现国家产业政策的农业、住房、进出口贸易、公共工程建设、扶贫助困等基础部门或领域，为其提供必要的资金支持。

（3）经营目的的非营利性。

政策性银行是政府进行宏观调控、发展国民经济的专门性金融机构。它与商业银行的根本区别就在于政策性银行不以营利为目的，而以国家和社会公共利益的实现为其经营的出发点。政策性银行在发放资金上主要侧重于商业银行不愿意投资的领域，这些领域普遍存在投资数额大、周期长等特点，难以满足商业银行实现短期盈利的目的。因此，政策性银行对符合条件的组织提供中长期低利率信贷资金，以实现其执行政府决策的经营目的。

（4）融资方式的特殊性。

政策性银行不能吸收公众存款，融资渠道和商业银行有着明显区别。由于政策性银行以政府投资为主，因此国家财政拨款是其主要的融资渠道。另外，中央银行的再贷款、再贴现和专项基金以及发行政策性金融债券等也是其重要的融资方式。

（5）法律调整的单独性。

在大多数国家，政策性银行均由单独的法律、法规进行调整，如韩国的《产业银行法》《住宅银行法》《进出口银行法》，日本的《开发银行法》《农林渔业金融公库法》，美国的《农业信贷法》《全国住房建筑法》等。

8.1.2 我国的政策性银行

1993年12月25日，在《国务院关于金融体制改革的决定》中，提出"建立政策性金融与商业性金融分离、以国有商业银行为主体、多种金融机构并存的金融组织体系"。组建政策性银行的目的是：实现政策性金融和商业性金融分离，以解决国有专业银行身兼两任的问题；割断政策性贷款与基础货币的直接联系，确保人民银行调控基础货币的主动权。

根据《国务院关于金融体制改革的决定》，我国先后组建了国家开发银行、中国农业发展银行和中国进出口银行3家政策性银行。

1）国家开发银行

国家开发银行于1994年成立，是直属国务院领导的政策性银行。成立30多年来，国家开发银行累计为4 000多个项目发放贷款16 000多亿元。仅2004年，就重点支持了国家石油储备、南水北调、北京奥运、上海世博等一大批国家重点项目，在贯彻国家宏观经济政策、发挥宏观调控职能、支持经济发展和经济结构战略性调整以及关系国家经济发展命脉的基础设施建设、基础产业和支柱产业重大项目及配套工程建设中，发挥了长期融资领域主力银行的作用。2023年上半年，国家开发银行深入贯彻党中央、国务院决策部署，立足职能定位，聚焦主责主业，不断加大对水利基础设施建设投融资支持力度，发放水利建设贷款1 102亿元，为助推国家水网建设、优化水资源配置贡献开发性金融力量。

（1）国家开发银行的宗旨。

国家开发银行立足社会主义初级阶段经济发展的瓶颈制约和市场缺损的国情特点，按照科学发展观的要求和宏观调控政策的目标，运用开发性金融的建设市场方法，建立长期稳定的资金来源，筹集和引导社会资金，重点支持"两基一支"和高新技术产业及其配套工程建设，以及政府急需发展的其他领域，完善风险约束机制，推进市场建设，促进城乡、区域、经济社会、人与自然、国内和对外开放的协调发展，实现经济持续稳定发展的目标。

国家开发银行以"增强国力、改善民生"为使命，紧紧围绕服务国家经济重大中长期发展战略，坚持凝聚共识、合力共建、合作共赢的开发性金融方法，筹集、引导社会资金。国家开发银行支持的领域主要包括：

①基础设施、基础产业、支柱产业、公共服务和管理等经济社会发展的领域；

② 新型城镇化、城乡一体化及区域协调发展的领域；

③ 传统产业转型升级和结构调整，以及节能环保、高端装备制造等提升国家竞争力的领域；

④ 保障性安居工程、扶贫开发、助学贷款、普惠金融等增进人民福祉的领域；

⑤ 科技、人文交流等国家战略需要的领域；

⑥ 共建"一带一路"、国际产能合作和装备制造合作、基础设施互联互通、能源资源、中资企业"走出去"等国际合作的领域；

⑦ 配合国家发展需要和国家经济金融改革的相关领域；

⑧ 符合国家发展战略和政策导向的其他领域。

（2）国家开发银行的资金来源。

国家开发银行的资金来源首先是财政部拨付的 500 亿元的注册资本金和重点建设基金。另外，国家开发银行还发展了多渠道的融资手段，包括发行债券、税收返还、同业拆借市场等，特别是在债券发行方面取得了不俗的业绩。2022 年 10 月，国家开发银行在全国银行间债券市场面向全球投资人成功发行 120 亿元"基础设施绿色升级"专题"债券通"绿色金融债券，至此已累计发行绿色金融债券 1 560 亿元。

（3）国家开发银行的主要业务。

① 融资业务。融资业务包括发行国债和金融债券；办理同业拆借；境外发行外币债券和办理国际银团信贷；其他融资业务。

② 贷款业务。贷款业务包括对基础设施、基础产业和支柱产业进行中长期贷款；办理间接银团贷款、联合贷款业务和资产管理业务；中小型企业融资的贷款业务；其他符合国家产业政策和发展规划的贷款业务。

③ 中间业务。中间业务包括承销有信贷关系的企业债券；建设项目贷款的评审、咨询和担保业务；与贷款项目有关的本外币企业存款和结算业务；其他金融服务业务。

（4）国家开发银行的组织和管理。

国家开发银行总部设在北京，目前在中国内地设有 37 家一级分行和 4 家二级分行。

国家开发银行受国务院直接领导，下设行长 1 名，副行长和行长助理若干名，由国务院任命。行长是银行的法定代表人，负责全行工作；副行长协助行长工作并分管相应的部门工作。国家开发银行根据实际需要成立分支机构和办事机构。

国家开发银行在业务上接受中国人民银行和国家金融监督管理总局的指导和监督，并设立了国家开发银行监事会，对银行的经营状况和对国家政策的执行情况进行监督。

2）中国农业发展银行

中国农业发展银行是根据国务院《关于金融体制改革的决定》和《关于组建中国农业发展银行的通知》于 1994 年 11 月 18 日成立的国有农业政策性银行，直属国务院领导。中国农业发展银行成立近 30 年来，全面贯彻落实国家粮棉购销政策和有关经济、金融政策，为国家实施宏观调控、确保国家粮食安全、保护广大农民利益、促进农业和农村经济发展发挥了重要作用。

（1）中国农业发展银行的宗旨。

中国农业发展银行按照国家的法律、法规和方针、政策，以国家信用为基础，筹集农业政策性信贷资金，承担国家规定的农业政策性金融业务，代理财政性支农资金的拨付，为农业和农村经济发展服务。

（2）中国农业发展银行的资金来源。

中国农业发展银行注册资金为200亿元人民币，从中国农业银行资本金中拨付；业务范围内开户企事业单位的存款；发行金融债券；财政支农资金；向中国人民银行申请再贷款；同业存款；协议存款；境外筹资。

（3）中国农业发展银行的主要业务。

①办理粮食、棉花、油料收购、储备、调销贷款。②办理肉类、食糖、烟叶、羊毛、化肥等专项储备贷款。③办理粮食、棉花、油料加工企业和农、林、牧、副、渔业的产业化龙头企业贷款。④办理粮食、棉花、油料种子贷款。⑤办理粮食仓储设施及棉花企业技术设备改造贷款。⑥办理农业小企业贷款和农业科技贷款。⑦办理农业基础设施建设贷款。支持范围限于农村路网、电网、水网（包括饮水工程）、信息网（邮政、电信）建设，农村能源和环境设施建设。⑧办理农业综合开发贷款。支持范围限于农田水利基本建设、农业技术服务体系和农村流通体系建设。⑨办理农业生产资料贷款。支持范围限于农业生产资料的流通和销售环节。⑩代理财政支农资金的拨付。⑪办理业务范围内企事业单位的存款及协议存款、同业存款等业务。⑫办理开户企事业单位结算。⑬发行金融债券。⑭资金交易业务。⑮办理代理保险、代理资金结算、代收代付等中间业务。⑯办理粮棉油政策性贷款企业进出口贸易项下的国际结算业务以及与国际业务相配套的外汇存款、外汇汇款、同业外汇拆借、代客外汇买卖和结汇、售汇业务。⑰办理经国务院或中国银行业监督管理委员会批准的其他业务。⑱办理投资业务。

（4）中国农业发展银行的组织和管理。

中国农业发展银行在机构设置上实行总行、分行、支行制，总行设在北京，并按照合理分工、精简高效、协调制衡的原则，设立分支机构。中国农业发展银行设行长1名，副行长若干名，由国务院任命。行长为法定代表人，负责全行的工作；副行长协助行长工作并分管相应的部门工作。

中国农业发展银行在业务上接受中国人民银行和国家金融监督管理总局的指导和监督，并设立了中国农业发展银行监事会，对银行的经营状况和对国家农业产业政策的执行情况进行监督。

3）中国进出口银行

中国进出口银行成立于1994年，直属国务院领导，是政府全资拥有的国家出口信用机构。中国进出口银行是我国外经贸支持体系的主要力量和金融体系的重要组成部分。经过30年的发展，中国进出口银行成为我国机电产品、高新技术产品出口和对外承包工程及各类境外投资的政策性融资主渠道，外国政府贷款的主要转贷行和中国政府对外优惠贷款的承贷行。

（1）中国进出口银行的宗旨。

中国进出口银行贯彻执行国家产业政策、外经贸政策、金融政策和外交政策，为扩大我国机电产品、成套设备和高新技术产品出口、推动有比较优势的企业"走出去"开展对外承包工程和境外投资、促进对外关系发展和国际经贸合作，提供政策性金融支持。

（2）中国进出口银行的资金来源。

中国进出口银行注册资金为 33.8 亿元人民币，由财政部核拨。此外，中国进出口银行向金融机构发行金融债券，可以在境外资本市场、货币市场筹集资金和开展同业拆借。

（3）中国进出口银行的主要业务。

①经批准办理配合国家对外贸易和"走出去"领域的短期、中期和长期贷款，含出口信贷、进口信贷、对外承包工程贷款、境外投资贷款、中国政府援外优惠贷款和优惠出口买方信贷等；②办理国务院指定的特种贷款；③办理外国政府和国际金融机构转贷款（转赠款）业务中的三类项目及人民币配套贷款；④吸收授信客户项下存款；⑤发行金融债券；⑥办理国内外结算和结售汇业务；⑦办理保函、信用证、福费廷等其他方式的贸易融资业务；⑧办理与对外贸易相关的委托贷款业务；⑨办理与对外贸易相关的担保业务；⑩办理经批准的外汇业务；买卖、代理买卖和承销债券；⑪从事同业拆借、存放业务；⑫办理与金融业务相关的资信调查、咨询、评估、见证业务；⑬办理票据承兑与贴现；⑭代理收付款项及代理保险业务；⑮买卖、代理买卖金融衍生产品；⑯资产证券化业务；⑰企业财务顾问服务；⑱组织或参加银团贷款；⑲海外分支机构在进出口银行授权范围内经营当地法律许可的银行业务；⑳按程序经批准后以子公司形式开展股权投资及租赁业务；㉑经国务院银行业监督管理机构批准的其他业务。

拓展阅读 8-1

我国政策性
银行首单绿色
金融债券成功
发行

（4）中国进出口银行的组织和管理。

中国进出口银行设董事会，实行董事会领导下的行长负责制。董事会设董事长1 名，副董事长 2 名，由国务院任命。行长为法定代表人，另设副行长若干名，协助行长工作。中国进出口银行总部设在北京，截至 2020 年年末，在国内设有 32 家营业性分支机构和驻香港代表处；在海外设有巴黎分行、东南非代表处、圣彼得堡代表处、西北非代表处。

中国进出口银行接受中国人民银行和国家金融监督管理总局的指导和监督，并设立了中国进出口银行监事会，对银行的经营状况进行监督。

8.1.3　我国政策性银行法律规范

1）我国政策性银行法律规范的现状

我国政策性银行已经建立近 30 年并得到了迅速发展，为国家进行宏观调控、调整产业结构、发展对外贸易作出了巨大贡献。但是，在相关法律制度建设方面非常欠缺，尚无一部专门调整政策性银行的法律规范。目前，政策性银行的运作规范是以《中华人民共和国中国人民银行法》、国务院《关于金融体制改革的决定》和一些行政法规、规章为主，而其中的大量条款已和政策性银行的发展现状相去甚远，显然已经不能适应政策性银行的发展变化，重新立法迫在眉睫。

近年来，国家有关部门高度关注新形势下国家开发银行、中国农业发展银行和中国进出口银行的战略定位及立法问题，这是一件意义重大且影响深远的大事，表明中国政策性金融即将迈入依法有效运行的新阶段。围绕支持国家战略和服务经济社会发展，推动政策性银行立法，既是进一步规范政策性银行改革发展的过程，又是对我国政策性银行所集中体现的金融制度优势进行全面总结的过程。

2）我国政策性银行的立法

我们认为，政策性银行立法应立足于我国的实际国情，并广泛借鉴国外的先进经验，在把握政策性银行发展趋势的前提下，对我国政策性银行立法进行准确定位。除此之外，3家政策性银行的多年经营也为立法提供了较为丰富的实践经验，其章程在一定程度上为立法提供了前导经验。同时，3家政策性银行所存在和显现出来的一系列亟待解决的问题以及必须消除的弊病，也从反面为立法提供了可供参考的资料。

由于3家政策性银行的宗旨和主要业务各有不同，所追求的国家经济政策各有侧重，因此政策性银行立法应该遵循"一行一法"的单独立法原则，即对各政策性银行的定位、宗旨、性质、任务、资本构成与总量、资金来源与资金运用、业务种类与原则、赋税减免和其他优惠、内部权力结构、主要领导人的任免、董事会的组成与权力、与政府各相关部门的关系、外部监督等都应有相关的具体规定。

3）政策性银行监督管理办法

中国银行业监督管理委员会（现为国家金融监督管理总局，下同）于2017年11月发布了《国家开发银行监督管理办法》《中国进出口银行监督管理办法》《中国农业发展银行监督管理办法》。这些办法要求3家政策性银行建立健全以资本充足率为核心的资本约束机制，完善资本管理政策、制度及流程，制订有效的资本规划和资本充足率管理计划，建立稳健的内部资本充足评估程序。

（1）《国家开发银行监督管理办法》。

为加强对国家开发银行的监督管理，督促落实国家战略和政策，规范经营行为，有效防控金融风险，中国银行业监督管理委员会根据《银行业监督管理法》等法律法规制定了《国家开发银行监督管理办法》。

《国家开发银行监督管理办法》规定，国家开发银行应当坚持依法合规经营、审慎稳健发展，遵守国家法律法规、银行业审慎经营规则，强化资本约束，实现长期可持续发展；围绕服务国家经济重大中长期发展战略，建立市场化运行、约束机制，发展成为资本充足、治理规范、内控严密、运营安全、服务优质、资产优良的开发性金融机构。由中国银行业监督管理委员会及其派出机构依法对国家开发银行实施监督管理。

案例分析 8-1　　　　　　　**风险抵御能力持续增强**

　　近日，国家开发银行发布 2021 年度报告。年报显示，截至 2021 年年末，国家开发银行资产总额为 171 679.41 亿元，同比增长 0.38%；风险抵御能力持续增强，全年化解处置风险资产 718 亿元，化解不良贷款 205 亿元，不良贷款率为 0.84%，较上年年末增加 0.05 个百分点；资本充足率为 11.66%，一级资本充足率为 9.85%，核心一级资本充足率为 9.84%。

　　国家开发银行表示，2021 年坚持稳中求进，贯彻国家宏观政策，聚焦主责主业，加大开发性金融对实体经济的支持力度。

　　资料来源：马懋.国家开发银行 2021 年报出炉 开发性金融支持实体经济力度加大 [EB/OL].［2022-05-06］. https：//baijiahao. baidu. com/s？ id=1732053865413959452&wfr= spider&for=pc.

　　问题：国家开发银行全面化解处置风险资产和资本充足率达到 11.66%，体现了《国家开发银行监督管理办法》的哪些要求？

　　分析：国家开发银行全面化解处置风险资产，体现了《国家开发银行监督管理办法》有关风险控制的规定，国家开发银行应当按照内控优先原则，建立健全科学合理的内部控制组织体系、业务全流程管理措施、会计制度、制衡机制及资产保全机制，加强内控文化建设，确保有效贯彻执行国家法律法规，平稳实现发展战略、经营管理及风险管理目标。另外，资本充足率达到 11.66%，体现了国家开行银行建立健全以资本充足率为核心的资本约束机制。

　　（2）《中国进出口银行监督管理办法》。

　　《中国进出口银行监督管理办法》的出台是深化中国进出口银行改革的需要，是弥补监管制度短板、提升监管有效性的需要，也是加强金融监管、防控金融风险的需要。《中国进出口银行监督管理办法》突出了中国进出口银行服务国家战略的政策性金融定位，要求中国进出口银行围绕国民经济发展重点领域和薄弱环节做好金融服务，同时强调市场化运作，要求其遵循银行运行的一般规律。

　　《中国进出口银行监督管理办法》包括总则、市场定位、公司治理、风险管理、内部控制、资本管理、激励约束、监督管理、附则 9 个章节，共 71 条，覆盖中国进出口银行经营管理和审慎性监管的主要方面。一是要求中国进出口银行坚守政策性金融定位，坚持以政策性业务为主体开展经营活动，重点支持外经贸发展、对外开放、国际合作、"走出去"领域；二是要求中国进出口银行构建决策科学、执行有力、监督有效的公司治理机制，并对董事会、高管层、监事会提出履职要求；三是要求中国进出口银行结合自身业务特点构建全面风险管理和内部控制体系，有效防控信用风险、国别风险等各类风险；四是要求中国进出口银行建立健全资本约束机制，制订有效的资本规划和资本补充计划，完善内部资本充足评估程序和动态资本补充机制；五是要求中国进出口银行建立健全激励约束机制，强化内部问责，同时中国银行业监督管理委员会也将加强外部监管，对违反该办法的行为，将依据《银行业监督管理法》等法律法规采取审慎监管措施，实施行政处罚。

《中国进出口银行监督管理办法》的出台有利于推动进出口银行深化改革，将其建设成为定位明确、业务清晰、功能突出、资本充足、治理规范、内控严密、运营安全、服务良好、具备可持续发展能力的政策性银行；有利于完善银行业监管规制体系，补齐监管制度短板，充分体现依法治国、依法行政、依法监管；在防控金融风险的同时，引导进出口银行充分发挥在稳增长、调结构、支持外贸发展、实施"走出去"战略中的功能和作用。

案例分析 8-2　中国进出口银行河北省分行：内控管理不断加强　服务质效持续提升

近年来，中国进出口银行河北省分行形成了"以党建带业务，以党建促发展"的良好局面，积极发挥政策性金融机构跨周期、逆周期调节作用，在稳增长、调结构、支持外贸发展、实施"走出去"战略中发挥了主渠道作用，为河北省实体经济高质量发展注入强劲金融动能。

安全是金融系统的生命线。该分行牢牢守住风险底线，不断深化"风险为本、审慎经营、内控优先"的理念，进一步打造良好合规文化，做好风险防控，确保资产质量稳中向好；制订了内控管理规划，印发信贷业务操作手册，明确工作要求，优化业务流程，强化制度执行；建立了反洗钱专档机制，开展客户身份识别专项检查，反洗钱工作质效明显提升，在总行一季度非现场检查中"零差错"。该分行在人民银行石家庄中心支行 2021 年度非法人义务机构反洗钱分类评级中被评为最优级。

该分行通过加强客户分类管理，加强风险排查，严控增量风险，做好风险预警，按照"一户一策"原则制订风险化解方案，精准、强力推动客户风险化解工作，发现风险及时进行处置，减少损失。该分行将企业汇率风险管理工作与"我为群众办实事"活动相结合，深入了解企业实际需求，做好政策宣讲，做到精准帮扶，把为企业办实事、解难题落到实处。

资料来源：闫树园. 中国进出口银行河北省分行：完善内控管理　提升服务质效[EB/OL].［2022-09-20］. http：//he.people.com.cn/n2/2022/0920/c192235-40132252.html.

问题：请结合《中国进出口银行监督管理办法》的相关规定，谈谈你对中国进出口银行河北省分行牢牢守住风险底线，不断深化"风险为本、审慎经营、内控优先"理念的理解。

分析：中国进出口银行河北省分行牢牢守住风险底线，不断深化"风险为本、审慎经营、内控优先"的理念，体现了《中国进出口银行监督管理办法》中有关"风险管理"的规定：建立适合政策性金融机构业务特点的风险管理模式，构建与本行职能定位、风险状况、业务规模和复杂程度相匹配的全面风险管理体系，加强对各类风险的识别、计量、监测、控制和处置。

（3）《中国农业发展银行监督管理办法》。

政策性银行改革是党中央、国务院全面深化金融改革的重要内容。《中国农业发展银行监督管理办法》从监管角度对中国农业发展银行的市场定位提出要求，有助于中国农业发展银行围绕定位开展业务。

《中国农业发展银行监督管理办法》督促中国农业发展银行围绕市场定位开展业务：一是要求中国农业发展银行依托国家信用，主要服务维护国家粮食安全、脱贫攻坚、实施乡村振兴战略、促进农业农村现代化、改善农村基础设施建设等领域，在农村金融体系中发挥主体和骨干作用；二是要求中国农业发展银行严守政策性金融定位，坚持以政策性业务为主体开展经营活动；三是要求中国农业发展银行遵守市场秩序，建立与商业性金融机构的互补合作关系；四是引入业务范围动态调整机制，中国农业发展银行董事会要定期听取商业性金融机构、企业和政府部门等各方意见，每 3 年或必要时调整业务范围或制订业务划分调整方案，避免中国农业发展银行的业务偏离定位；五是要求中国农业发展银行以服务国家战略、实现可持续发展为导向，以保障政策性业务为原则，健全激励约束机制，同时绩效考核指标设置要有利于引导员工落实国家政策、发展政策性业务、依法合规经营和有效防控风险。

《中国农业发展银行监督管理办法》着重强调以下监管要求：一是要建立健全以资本充足率为核心的资本约束机制，完善资本管理政策、制度及流程，确保资本能够充分抵御所面临的风险；二是要根据业务发展战略、风险状况、资本监管要求，制订有效的资本规划和资本补充计划，合理确定业务发展规模和速度，确保资本水平持续满足监管要求，资本预算与分配应当优先保障政策性业务；三是要建立稳健的内部资本充足评估程序，至少每年实施一次内部资本充足评估，并将评估结果用于经营管理决策和战略规划；四是要建立内源性资本积累与外源性资本补充相结合的动态、可持续资本补充机制。

▶▶▶

案例分析 8-3　　　　　不断加大政策性金融支农力度

近年来，中国农业发展银行（以下简称农发行）坚守金融本源和主责主业，不断加大政策性金融支农力度，全力服务国家战略和"三农"发展。2022年上半年，农发行累放贷款 1.4 万亿元，同比多投放 2 198 亿元。

农发行按照全面实施乡村振兴战略部署，聚焦农业农村重点领域、关键环节和脱贫地区，主动适应"三农"需求新特点、新变化，丰富拓展服务手段，提高金融服务水平，全力推动农业农村优先发展。

坚持不懈深化改革创新。持续推动农发行改革实施总体方案落实落地，纵深推进内部"八项改革"，现代银行体制机制进一步完善。牢固树立创新发展理念，积极推进产品创新、服务创新、模式创新和流程创新，创新实施"八大工程"，努力夯实高质量发展基础。

大力推动涉农直接融资。精准对接农村直接融资需求，稳步推进重点建设基金、股权投资业务，着力打造农业政策性投资平台，参股国家融资担保基金、农业再保险公司和省级担保公司，拓宽农村融资渠道，助力经济稳增长。

全力服务农业国际循环。坚持开放发展理念，利用两个市场、两种资源，进一步优化进出口贸易金融服务，在积极支持农业"走出去"的同时，大力支持紧缺农产品进口。2022年上半年，农发行本外币信贷和国际结算支持粮棉油进口734亿元，有效助力农业发展双向贸易和投资，促进农业国际循环健康畅通。

广泛引导社会资金回流反哺"三农"。努力拓展支农资金来源渠道和规模，有效降低筹资成本，增强优惠支农能力，2022年上半年新发行债券7 045亿元。加强缺口和期限管理，畅通资金融入融出双向通道，保障信贷资金投放需求。

农发行全力服务国家粮食安全和重要农产品稳产保供，持续巩固和拓展脱贫攻坚成果同乡村振兴有效衔接，推动农业农村现代化。

资料来源：佚名.农发行：不断加大政策性金融支农力度［N］.中国城乡金融报，2022-10-26（A02）.

问题：请结合《中国农业发展银行监督管理办法》中的市场定位，谈谈你对农发行全面实施乡村振兴战略部署、不断加大政策性金融支农力度的理解。

分析：根据《中国农业发展银行监督管理办法》第五条的规定："农发行应当依托国家信用，服务经济社会发展的重点领域和薄弱环节。主要服务维护国家粮食安全、脱贫攻坚、实施乡村振兴战略、促进农业农村现代化、改善农村基础设施建设等领域，在农村金融体系中发挥主体和骨干作用。"另外，农发行不断加大政策性金融支农力度，体现了农发行为全面推进乡村振兴、加快推动农业农村现代化作出积极贡献。

8.2　非银行金融机构法律制度

8.2.1　非银行金融机构概述

1）非银行金融机构的概念和特征

（1）非银行金融机构的概念。

非银行金融机构，是指银行以外的从事货币信用业务和金融服务业务的金融机构，是国家金融体系的重要组成部分。非银行金融机构是中国金融经济改革取得的显著成绩之一。

（2）非银行金融机构的特征。

① 未冠以"银行"名称。非银行金融机构的名称不能冠以"银行"字样，只能是与本机构经营业务相对应的名称，如保险公司、证券公司、信用合作社等。

② 从事的金融服务业务较为单一。非银行金融机构从事的主营业务一般较为单一，大多数非银行金融机构不能吸收存款和发放贷款，其主要从事的经营活动受到相

应法规的严格限制。

③ 由单独的法律法规调整。非银行金融机构一般由单独的法律规范调整，如《中华人民共和国保险法》《中华人民共和国证券法》《金融资产管理公司条例》《城市信用合作社管理办法》等。

2）非银行金融机构的分类

（1）根据业务性质，非银行金融机构可分为合作金融机构、保险公司、证券公司、信托投资公司、金融公司、财务公司、邮政储蓄等。

（2）根据活动区域，非银行金融机构可分为全国性非银行金融机构和地方性非银行金融机构。

3）非银行金融机构的设立和监管

（1）非银行金融机构的设立。

① 设立原则：符合国民经济发展需要；符合金融发展的政策和方向；符合银行业、信托业、保险业、证券业分业经营和分业管理的原则；符合金融机构合理布局、公平竞争的原则；符合经济核算原则。

② 设立条件：具有符合金融监管机构规定的最低限额以上的人民币货币资本或营运资金；经营外汇业务的，应具有符合规定的外币资本或营运资金；法定代表人和董事长、副董事长、总经理、副总经理、主任、副主任都必须符合金融监管机构规定的任职资格；从业人员中应有 60% 以上从事过金融业务工作或属于大中专院校金融专业毕业生；具有符合金融监管机构规定条件的营业场所和完备的防盗窃、报警、通信、消防等设施；金融监管机构要求具备的其他条件。

③ 申请和审批：申请筹建金融机构，应向金融监管机构提交筹建申请报告、筹建可行性报告、筹建方案、筹建人员名单及其简历等资料各 3 份。金融监管机构对金融机构筹建申请的答复期为 3 个月，逾期未获批准的，申请人 6 个月内不得再次提出同样的申请。筹建申请经批准后方可筹建，筹建期限为 6 个月。筹建期内不得从事金融业务活动。金融机构筹建就绪，应向金融监管机构提出开业申请，并提交开业申请报告，会计师事务所或有关单位出具的验资证明，资本金或营运资金入账原始凭证复印件，投资者的背景资料、资产负债表和会计报表，拟任法定代表人和主要负责人的名单及其履历，从事过金融业务工作的人员占从业人员的比例，营业场所所有权或使用权的证明文件等资料。金融监管机构在收到开业申请之日起 30 日内通知申请人是否批准其申请。经批准开业的金融机构，应持批准文件到市场监督管理部门办理登记注册手续，并领取"金融机构法人许可证"或"金融机构营业许可证"，经营外汇业务的按规定申领"经营外汇业务许可证"。

（2）非银行金融机构的监管。

①中国银行保险监督管理委员会成立之前。

非银行金融机构实行分类监管和统一监管相结合的原则，分别由中国银行业监督管理委员会、中国保险监督管理委员会和中国证券监督管理委员会（以下简称"中国证监会"）行使监督管理权。

中国银行业监督管理委员会设立非银行金融机构监管部，承办对全国非银行金融机构（证券、期货和保险类除外）的监管；依法审核有关机构的设立、变更、终止及业务范围；拟定监管规章制度；会同有关部门提出存款类金融机构紧急风险处置意见和建议；监测资产负债比例、资产质量、业务活动、财务收支等经营管理、内部控制和风险情况；对违法违规行为进行查处；审查高级管理人员任职资格。

中国保险监督管理委员会负责对各保险公司的审批和监管：审批保险公司及其分支机构、保险集团公司、保险控股公司的设立；会同有关部门审批保险资产管理公司的设立；审批境外保险机构代表处的设立；审批保险代理公司、保险经纪公司、保险公估公司等保险中介机构及其分支机构的设立；审批境内保险机构和非保险机构在境外设立保险机构；审批保险机构的合并、分立、变更、解散，决定接管和指定接受；参与、组织保险公司的破产、清算等。

中国证监会负责对各证券公司和期货公司的审批和监管：监管证券期货经营机构、证券投资基金管理公司、证券登记清算公司、期货清算机构、证券期货投资咨询机构；与中国人民银行共同审批基金托管机构的资格并监管其基金托管业务；制订上述机构高级管理人员任职资格的管理办法并组织实施；负责证券期货从业人员的资格管理；研究和拟订证券期货市场的方针政策、发展规划；起草证券期货市场的有关法律法规；制定证券期货市场的有关规章；统一管理证券期货市场，按规定对证券期货监督机构实行垂直领导；监督股票、可转换债券、证券投资基金的发行、交易、托管和清算；批准企业债券的上市；监管上市国债和企业债券的交易。

②中国银行保险监督管理委员会成立之后。

中国银行保险监督管理委员会设立非银部，承担金融资产管理公司、企业集团财务公司、金融租赁公司、汽车金融公司、消费金融公司、货币经纪公司等机构的准入管理，开展非现场监测、风险分析和监管评级，根据风险监管需要开展现场调查，提出个案风险监控处置和市场退出措施，并承担组织实施具体工作；设立信托部，承担信托机构的准入管理，开展非现场监测、风险分析和监管评级，根据风险监管需要开展现场调查，提出个案风险监控处置和市场退出措施，并承担组织实施具体工作，指导信托业保障基金经营管理；设立农村银行部，承担农村中小银行机构的准入管理，开展非现场监测、风险分析和监管评级，根据风险监管需要开展现场调查，提出个案风险监控处置和市场退出措施，并承担组织实施具体工作。

中国证监会管理证券期货交易所，按规定管理证券期货交易所的高级管理人员；归口管理证券业、期货业协会；监管证券期货经营机构、证券投资基金管理公司、证券登记结算公司、期货结算机构、证券期货投资咨询机构、证券资信评级机构；审批基金托管机构的资格并监管其基金托管业务；制订有关机构高级管理人员任职资格的管理办法并组织实施；指导中国证券业、期货业协会开展证券期货从业人员资格管理工作；监管境内企业直接或间接到境外发行股票、上市以及在境外上市的公司到境外发行可转换债券；监管境内证券、期货经营机构到境外设立证券、期货机构；监管境外机构到境内设立证券、期货机构，从事证券、期货业务等。

③国家金融监督管理总局成立之后。

2023 年 5 月，国家金融监督管理总局正式挂牌。2023 年 3 月，中共中央、国务院印发了《党和国家机构改革方案》（以下简称《改革方案》），根据《改革方案》，组建国家金融监督管理总局，统一负责除证券业之外的金融业监管，强化机构监管、行为监管、功能监管、穿透式监管、持续监管，统筹负责金融消费者权益保护，加强风险管理和防范处置，依法查处违法违规行为。作为国务院直属机构，国家金融监督管理总局是在中国银行保险监督管理委员会的基础上组建的，将中国人民银行对金融控股公司等金融集团的日常监管职责、有关金融消费者保护职责，中国证监会的投资者保护职责划入国家金融监督管理总局。

中国证监会垂直领导全国证券期货监管机构，对证券期货市场实行集中统一监管；管理有关证券公司的领导班子和领导成员；监管股票、可转换债券、证券公司债券和国务院确定由中国证监会负责的债券及其他证券的发行、上市、交易、托管和结算；监管证券投资基金活动；批准企业债券的上市；监管上市国债和企业债券的交易活动；监管上市公司及其按法律法规必须履行有关义务的股东的证券市场行为；监管境内期货合约的上市、交易和结算；按规定监管境内机构从事境外期货业务；管理证券期货交易所；按规定管理证券期货交易所的高级管理人员；归口管理证券业、期货业协会；监管证券期货经营机构、证券投资基金管理公司、证券登记结算公司、期货结算机构、证券期货投资咨询机构、证券资信评级机构；审批基金托管机构的资格并监管其基金托管业务；制订有关机构高级管理人员任职资格的管理办法并组织实施；指导中国证券业、期货业协会开展证券期货从业人员资格管理工作；监管境内企业直接或间接到境外发行股票、上市以及在境外上市的公司到境外发行可转换债券；监管境内证券、期货经营机构到境外设立证券、期货机构；监管境外机构到境内设立证券、期货机构，从事证券、期货业务；监管证券期货信息传播活动，负责证券期货市场的统计与信息资源管理；会同有关部门审批会计师事务所、资产评估机构及其成员从事证券期货中介业务的资格，并监管律师事务所、律师及有资格的会计师事务所、资产评估机构及其成员从事证券期货相关业务的活动；依法对证券期货违法违规行为进行调查、处罚；归口管理证券期货行业的对外交往和国际合作事务；承办国务院交办的其他事项。

8.2.2　我国城乡信用合作社及其联合社的法律规范

1）城乡信用合作社的概念

城乡信用合作社是城市信用合作社（以下简称城市信用社）和农村信用合作社（以下简称农村信用社）的统称，是指依法设立的，以社员集体投资为基础的合作金融机构。城乡信用合作社是我国非银行金融机构的重要组成部分。

城乡信用合作社本着自愿参加、社员集资、民主管理、自我服务、自我约束、自负盈亏的原则开展经营活动。

2）农村信用社及其联合社

（1）农村信用社的概念。

农村信用社是中国金融体系的重要组成部分，也是目前最主要的合作金融组织形式，是指由农户、信用社职工、农村经济组织等入股组成，实行民主管理，主要为社员提供金融服务的合作金融组织。2022年，全国农村中小银行资产规模实现稳步增长，存贷款市场份额和排名位居区域前列，资产质量整体可控，风险抵补能力不断提升。2022年年末，农村合作金融机构（简称农合机构）总资产规模达到47.62万亿元，村镇银行资产规模达到2.22万亿元，农合机构贷款总额为26.41万亿元，近3年复合增长率达到了12%，村镇银行各项贷款为1.45万亿元，户均贷款余额为28.68万元。在很多地区，农村信用社已成为农村金融服务的主力军。

（2）我国农村信用社的历史沿革。

① 中华人民共和国成立之初到1958年"大跃进"前，是我国农村信用社普遍建立和发展的时期，有信用互助组、农村信用社、农业生产合作社等形式。

② 从1958年"大跃进"开始到1978年党的十一届三中全会前，是农村信用社历经波折的时期。

③ 从1978年党的十一届三中全会开始到1995年，是农村信用社恢复和发展的时期。农村信用社归农业银行管理，实行两套编制、两本账簿。农村基层信用社入股组建县联合社，信用社与县联合社为两级法人体制。

④ 1996年至今。1996年，农村信用社脱离农业银行，开始恢复合作金融性质。1996年8月，国务院发布《关于农村金融体制改革的决定》，农村信用社正式脱离与农业银行的行政隶属关系，逐步成为"农民自愿入股，社员民主管理，主要为社员服务"的合作金融组织，并由中国人民银行对其进行监督和管理。

当前，农信社改革取得突破，根据中国银行业协会发布的《全国农村中小银行机构行业发展报告（2023）》，"一省一策"指导原则有序推进，主要体现在：

首先，2022年是省联社深化体制机制改革的元年，省联社改革有序推进。2022年4月18日，浙江农商联合银行挂牌成立，全国深化农信社改革"第一单"正式在浙江落地，河南、辽宁、山西、广西等地区的省联社改革方案在年内也获得了监管批复。

其次，部分农信机构加速合并重组。例如，四川、云南等的市区机构与县域联社（农商银行）组建地级市农商银行，部分发展较好的头部农商银行，与省内部分基础较差、亟待改制的农信机构建立以股权为纽带的"帮扶"关系，形成若干农商银行集团，如广州农商银行、深圳农商银行等。为优化股权结构、增强抵御风险的能力、加强战略协同和业务联动，在主管单位和省联社的推动下，在监管部门的大力支持下，区域内（省内或同一地市级内）农商银行相互持股频现。2022年，湖南、山西、安徽等地区的33家农商银行投资入股了区域内的其他农商银行。

最后，村镇银行按照监管政策要求，加快推进体制机制改革。通过结构性重组，持续化解风险，推进自身高质量发展。其中，主发起行吸收合并或增持旗下村镇银行，已成为村镇银行合并重组的重要路径之一，2022年共有4家村镇银行因被主发起行吸收合并而解散。

（3）农村信用社的设立条件。

根据《中国银行业监督管理委员会合作金融机构行政许可事项实施办法》（以下简称《办法》），设立农村信用社，应当具备下列条件：①有符合中国银行业监督管理委员会规定的章程；②以发起方式设立且发起人不少于500人；③注册资本最低限额为100万元人民币，且为实缴资本；④有符合任职资格条件的理事和高级管理人员；⑤主任和副主任的人数不少于2名；⑥80%以上的从业人员有1年以上金融工作的经历或具有金融及相关专业中专以上的学历；⑦有健全的组织机构和管理制度；⑧有符合要求的营业场所、安全防范措施和与业务有关的其他设施。

设立农村信用社，还应当符合以下审慎性条件：①有健全的风险管理体系，能有效控制关联交易风险；②有科学有效的人力资源管理制度，有较高素质的专业人才；③具备有效的资本约束和补充机制；④没有地方人民政府财政资金入股；⑤中国银行业监督管理委员会规定的其他审慎性条件。

（4）农村信用社的业务范围。

经金融监管机构批准，农村信用社可经营下列人民币业务：①办理存款、贷款、票据贴现、国内结算业务；②办理个人储蓄业务；③代理其他银行金融业务；④代理收付款项及受托代办保险业务；⑤买卖政府债券；⑥代理发行、代理兑付、承销政府债券；⑦提供保险箱业务；⑧由县联合社统一办理资金融通调剂业务；⑨办理经金融监管机构批准的其他业务。

（5）农村信用社的股权设置和组织机构。

①股权设置。农村信用社的注册资本金是农村信用社社员缴纳的股金和农村信用社公积金转增形成的资本总额。

农村信用社所有社员必须用货币资金入股，单个社员的最高持股比例不得超过该农村信用社股金总额的2%。农村信用社不得印制股票，只发记名式股金证书，作为入股者所有权凭证和分红依据。股金证书应载明认缴股金数额及所享有的所有者权益份额。农村信用社社员持有的股金，经向本社办理登记手续后可以转让。农村信用社社员经本社理事会同意后，可以退股。

②组织机构。农村信用社实行民主管理，其权力机构是社员代表大会。社员代表大会由本社社员代表组成。选举社员代表时每个社员一票。社员代表每届任期3年。社员代表大会由理事会召集，每年召开1次。理事会认为必要，可随时召开；经1/2以上的社员代表提议，或2/3以上的监事提议，也可临时召开。

社员代表大会行使下列职权：制定或修改章程；选举或更换理事会、监事会成员；审议批准理事会、监事会工作报告；审议批准年度财务预算方案、决算方案、利润分配方案和弥补亏损方案；对农村信用社的分立、合并、解散和清盘事项作出决议；决定其他重大事项。其中，章程的修改，农村信用社的分立、合并、解散和清盘，要经社员代表大会全体代表2/3以上通过；其他议案必须经社员代表大会全体代

表1/2以上通过。

理事会是社员代表大会的常设执行机构，由5名以上（奇数）理事组成。理事均由社员担任，由社员代表大会选举和更换。理事会会议由理事长召集和主持。每半年召开1次，必要时可随时召开。

理事会行使下列职权：召集社员代表大会，并向社员代表大会报告工作；执行社员代表大会决议；选举和更换理事长、副理事长；审定农村信用社的发展规划、经营方针、年度业务经营计划；聘任和解聘农村信用社主任、副主任；审议农村信用社主任的工作报告；批准农村信用社的内部管理制度；批准农村信用社内部职能部门和分支机构的设置方案；拟订农村信用社年度财务预算方案、决算方案、利润分配方案和弥补亏损方案；拟订农村信用社合并、分立、解散等重大事项的计划和方案；章程规定和社员代表大会授予的其他职权。

理事会设理事长1名，主持理事会工作；副理事长1~2名，协助理事长工作。理事长、副理事长由县联合社提名，由理事会选举产生。理事长、副理事长的选举和更换，要经理事会全体理事2/3以上通过，其他议案必须经理事会全体理事1/2以上通过。

监事会是农村信用社的监督机构，由3名以上（奇数）监事组成。监事由社员代表大会选举或更换。每届任期同社员代表大会，行使职权到下届社员代表大会选出新的监事为止。监事应由社员代表、职工代表组成。理事、主任、副主任和财务负责人不得兼任监事。监事会会议由监事长召集和主持，每半年召开1次，必要时可随时召开。

监事会行使下列职权：派代表列席理事会会议；监督农村信用社执行国家法律、法规、政策；对理事会决议和主任的决定提出质询；监督农村信用社的经营管理和财务管理；向社员代表大会报告工作；章程规定和社员代表大会授予的其他职权。

监事会设监事长1名，主持监事会工作。监事长的选举和更换要经监事会全体监事2/3以上通过，其他议案必须经监事会全体监事1/2以上通过。

农村信用社实行理事会领导下的主任负责制。设主任1名，为法定代表人，副主任1~2名。农村信用社规模较小的，其主任、副主任可由理事长、副理事长兼任。农村信用社主任由县联合社推荐并进行考核，报经地（市）金融监管分局审核批准其任职资格后，由理事会予以聘任。

农村信用社的理事长、副理事长、主任、副主任及其他主要管理人员不得在党政机关任职，不得兼任其他企事业单位的高级管理人员，不得从事除本职工作以外的其他任何以营利为目的的经营活动。

（6）农村信用社省（自治区、直辖市）联合社。

农村信用社省（自治区、直辖市）联合社（以下简称省联社）是由所在省（自治区、直辖市）内的农村信用合作社市（地）联合社、县（市、区）联合社、县（市、区）农村信用合作联合社、农村合作银行自愿入股组成的，实行民主管理，主要履行行业自律管理和服务职能，具有独立企业法人资格的地方性金融机构。省联社不对公众办理存贷款金融业务。

①设立。根据《办法》，应当具备下列条件：有符合中国银行业监督管理委员会规定的章程；以发起方式设立；注册资本最低限额为 500 万元人民币，且为实缴资本；有符合任职资格条件的理事和高级管理人员；主任和副主任的人数不少于 2 名；80% 以上的从业人员有 1 年以上金融工作的经历或具有金融及相关专业中专以上的学历；有健全的组织机构和管理制度；有符合要求的住所、消防设施和与业务有关的其他设施。

设立省联社，还应当符合以下审慎条件：有良好的公司治理结构；有科学有效的人力资源管理制度，有高素质的专业人才；具备有效的资本约束和补充机制；没有地方人民政府财政资金入股；中国银行业监督管理委员会规定的其他审慎性条件。

设立省联社，申请人应当向省（自治区、直辖市）监管局提出申请，经审核同意后由中国银行业监督管理委员会批准。经批准开业的省联社，由省（自治区、直辖市）监管局颁发金融许可证，并凭金融许可证向市场监督管理部门办理登记，领取营业执照。

②股权设置。农村信用合作社市（地）联合社、县（市、区）联合社、县（市、区）农村信用合作联合社、农村合作银行和农村商业银行可向省联社入股，省联社不吸收其他法人和自然人入股。

省联社每股股金 10 元人民币。单个社员社出资比例不得超过省联社股本总额的 10%，社员社入股金额不得超过其实收资本的 30%。社员社必须以货币资金入股，股金必须一次募足。

省联社印发记名股权证书，以人民币标明面值，作为社员社所有权凭证和分红依据。省联社股权证书依法可以承继和转让。股份过户手续在年终决算之后、社员大会之前办理。

③组织机构。社员大会是省联社的权力机构，由社员社代表组成。每个社员社的代表数量相同。社员社代表每届任期 3 年，可连选连任。

省联社设理事会。理事会是社员大会的执行和监督机构，由 9~15 名理事（奇数）组成。每个社员社担任理事的人数不得超过 1 人、省联社职工中担任理事的人数不得超过理事人数的 20%。理事每届任期 3 年，可连选连任。

理事会设理事长 1 名，副理事长 1 名。理事长为省联社的法定代表人。理事长、副理事长由全体理事 2/3 以上选举产生。

理事会会议每年至少召开 4 次，由理事长召集和主持。经理事长、1/3 以上理事和主任提议，可召开临时理事会会议。每次会议应当于会议召开 10 日前书面通知全体理事。

理事会会议应由 1/2 以上的理事出席方可举行。理事会实行"一人一票"的表决制度。理事会作出决议，必须经全体理事过半数通过。重大事项必须经全体理事 2/3 以上通过。

省联社高级管理层由主任和副主任组成。省联社设主任 1 名，副主任 2~4 名。主任、副主任的聘任由全体理事2/3以上通过。主任、副主任任期3年，期满后可以连任。主任不得由理事长兼任。

④基本职能。省联社履行下列职能：督促农村信用社贯彻执行国家金融方针政策，落实支农工作；制定行业自律管理制度并督促执行；指导农村信用社健全法人治理结构，完善内控制度；对农村信用社业务经营、财务活动、劳动用工和社会保障及内部管理等工作进行辅导和审计；督促农村信用社依法选举理事和监事，选举、聘用高级管理人员；指导防范和处置农村信用社的金融风险；指导、协调电子化建设；指导员工培训教育；协调有关方面关系，维护农村信用社的合法权益；组织农村信用社之间的资金调剂；参加资金市场，为农村信用社融通资金；办理或代理农村信用社的资金清算和结算业务；提供信息咨询服务；省联社章程规定的其他职能。

案例分析 8-4　　湖南省农村信用社联合社：强化政治引领 扛牢使命担当

成立于2005年的湖南省农村信用社联合社（以下简称湖南省联社），履行对全省102家农商银行的服务、指导、协调和行业管理职能，并在党的工作上实行垂直领导和统一管理，全系统约有4万名在职员工和超4 000个营业网点。湖南省联社党委始终坚持以习近平新时代中国特色社会主义思想为指导，大力实施党建引领质量主导战略，以"党建共创、金融普惠"行动为重要抓手，不断夯实全省农信系统思想政治工作基础，推动各项工作取得了较好成效。

截至2021年年末，全系统各项存款规模突破12 000亿元，各项贷款规模近8 000亿元，存贷款总量及增量稳居省内金融机构首位，充分发挥了农村金融主力军、地方金融排头兵和普惠金融领跑者的作用。2022年年初，湖南省联社被评为"2020—2021年全国金融系统思想政治工作优秀单位"。湖南省联社扎实推进联点包村工作，组织全系统全体员工对全省2.4万个行政村走访授信全覆盖，累计走访超500万户，有力地推动了农商银行进一步回归支农支小本源。推行发展联动共谋、资源联用共享、信用联创共育、志愿服务共帮、组织联合共建、人才成长共育，构建"网点到镇、服务进村、党员到家"的共建格局。

资料来源：邓德林，杨均天.湖南省农村信用社联合社：强化政治引领 扛牢使命担当[EB/OL]．[2022-05-23]．http://www.cfthinkingfront.cn/news/16064.html.

问题：湖南省联社在党的工作上实行垂直领导和统一管理，它履行了哪些职能？

分析：湖南省联社履行了下列职能：督促农村信用社贯彻执行国家金融方针政策，落实支农工作；制定行业自律管理制度并督促执行；指导农村信用社健全法人治理结构，完善内控制度；对农村信用社业务经营、财务活动、劳动用工和社会保障及内部管理等工作进行辅导和审计；督促农村信用社依法选举理事和监事，选举、聘用高级管理人员；指导防范和处置农村信用社的金融风险；指导、协调电子化建设；指导员工培训教育；协调有关方面关系，维护农村信用社的合法权益；组织农村信用社之间的资金调剂；参加资金市场，为农村信用社融通资金；办理或代理农村信用社的资金清算和结算业务；提供信息咨询服务；省联社章程规定的其他职能。

3）城市信用社及其联合社

城市信用社，是指依照《城市信用合作社管理办法》，在城市市区内由城市居民、个体工商户和中小企业法人出资设立的，主要为社员提供服务，具有独立企业法人资格的合作金融组织。

城市信用社实行社员民主管理、一人一票的原则。社员具有平等的表决权、选举权和被选举权。遵循自主经营、自负盈亏、互利互助、自我约束、自我积累的原则开展各项业务活动。

（1）设立。

设立城市信用社，必须具备下列条件：①有50个以上的社员，其中企业法人社员不少于10个；②有符合规定的注册资本最低限额；③有符合规定的章程；④有具备任职专业知识和业务工作经验的理事长、主任及其他高级管理人员；⑤有健全的组织机构和管理制度；⑥有符合要求的营业场所、安全防范措施和与业务有关的其他设施。

城市信用社的注册资本最低限额为100万元人民币，由社员实际缴纳的股金总额构成。

（2）社员。

城市信用社的社员为具备规定条件，并向城市信用社缴纳股金者。一家城市信用社的社员不得同时成为其他城市信用社的社员。国家公务员和金融机构的工作人员不得成为城市信用社的社员。

社员需要用货币资金入股，不得以债权、实物资产、有价证券等折价入股。

城市信用社社员缴纳的股金最低限额为5 000元。个人、个体工商户和企业法人社员所持股金最高限额分别不得超过城市信用社股金总额的2%、3%和5%。城市信用社成立后应当向社员签发社员证书。

（3）组织机构。

城市信用社由全体社员组成社员大会。社员大会是城市信用社的权力机构。

城市信用社设立理事会，其成员5~11名。理事可由社员担任，也可由非社员担任，但非社员理事人数不得超过理事会成员的20%。理事任期3年，可连选连任。理事会对社员大会负责。理事会设理事长1名、副理事长1~2名。非社员理事不得担任理事长、副理事长。理事长为城市信用社的法定代表人。

城市信用社设立监事会，其成员为单数，但不得少于5人。监事会成员由社员代表、职工代表组成，职工代表出任监事由职工民主推选产生。理事、主任、副主任及其他主要经营管理人员不得兼任监事。监事会应在监事中推选1名首席监事。

城市信用社实行理事会领导下的主任负责制。主任由理事会聘任或者解聘。

（4）业务范围。

城市信用社的具体业务范围包括：①吸收社员存款；②吸收规定限额以下的非社员的公众存款；③发放贷款；④办理结算业务；⑤办理票据贴现；⑥代收代付款项及受托代办保险业务；⑦办理经批准的其他业务。

（5）城市信用合作社联合社。

城市信用合作社联合社（以下简称联社）是由市区内城市信用社出资设立的，经中国人民银行授权，对市区内城市信用社及联社所在地级城市辖区内其他城市信用社实行行业归口监督、管理、协调，具有企业法人资格的管理经营型的城市信用社联合组织。城市信用社以其出资额为限对联社承担责任。联社以其全部法人财产对联社的债务承担责任。

联社在符合条件的地级城市设立，其名称中应包含所在城市的名称。设立联社，应当具备以下条件：市区城市信用社机构数量4家以上；注册资本最低限额为80万元人民币，由城市信用社实际缴纳的股金构成，每个城市信用社出资额最高不得超过其自身注册资本的20%；城市信用社必须与原行政挂靠单位实行人、财、物完全脱钩。

联社实行社员制。社员，是指在联社章程上签名盖章、认缴出资，并以出资额对联社承担责任的城市信用社。凡设立联社的城市，市区内城市信用社必须参加联社，成为联社的社员。

联社实行民主管理。社员大会是联社的权力机构，由社员派出的代表组成，每个社员可选派1名代表。社员不论出资多少，都只拥有一票表决权。社员大会每年召开1次，必要时可召开临时社员大会。

联社设理事会。理事会是社员大会闭会期间的执行机构。其成员由社员大会选举和罢免。理事会成员中非社员理事不得超过理事会成员的20%。

联社设监事会。监事会为联社的内部监督机构，监事会由联社社员代表、联社职工代表组成。

联社可设1个营业部。营业部经营下列业务：办理城市集体企业、私营企业和个体工商户的存款、贷款和结算业务；组织管理城市信用社的联合贷款；组织城市信用社之间的资金调剂；办理城市信用社的结算业务；办理经批准的其他金融业务。

8.2.3 我国其他非银行金融机构的法律规范

1）财务公司

财务公司，是指依据《中华人民共和国公司法》和《企业集团财务公司管理办法》设立的，为企业集团成员单位技术改造、新产品开发及产品销售提供金融服务，以中长期金融业务为主的非银行金融机构。财务公司是独立的企业法人，应自主经营、自担风险、自负盈亏、自我约束。

企业集团的成员单位包括集团母公司，母公司控股51%以上的子公司，母公司、子公司单独或共同持股 20% 以上的公司，或持股不足 20% 但处于最大股东地位的公司。外资企业集团的成员单位还包括该外资企业集团的外方投资者在中国境内直接持股或与该外资企业集团共同持股 20% 以上的公司。

1996 年，中国人民银行发布了《企业集团财务公司管理暂行办法》，开始对财务公司进行规范化管理。2000 年 6 月 30 日，中国人民银行根据财务公司的发展状况和实际问题，发布了《企业集团财务公司管理办法》，对企业集团财务公司的设立条件和程序、业务范围和风险控制、监督管理和行业自律以及整顿、接管及终止等内容作了明确规定。

2007 年，中国银行业监督管理委员会发布了《申请设立企业集团财务公司操作规程》，目的是进一步规范企业集团财务公司的申请设立工作，确保财务公司市场准入工作健康、有序地进行。

2023 年 6 月 13 日，国家金融监督管理总局印发了《企业集团财务公司监管评级办法》，全面评价企业集团财务公司的风险和管理状况，合理配置监管资源，有效实施分类监管，防范企业集团经营风险向财务公司传导，引导财务公司坚持主责主业、稳健经营和规范发展，持续提升服务实体经济能力。

2）邮政金融

邮政金融是在综合利用邮政网点的基础设施、人员等资源的基础上，面向城乡居民提供的零售金融业务。邮政金融业务主要包括邮政储蓄、邮政汇兑和邮政代理。中国邮政储蓄银行定位于服务"三农"、城乡居民和中小企业，依托"自营+代理"的独特模式和资源禀赋，致力于为中国经济转型中最具活力的客户群体提供服务，加速向数据驱动、渠道协同、批零联动、运营高效的新零售银行转型。

邮政储蓄是经中国人民银行批准成立的专门办理居民个人储蓄业务的金融机构。邮政储蓄自 1986 年 4 月恢复开办以来，历经多年的发展，目前已经成为我国零售金融市场的重要组成部分。1999 年，国务院和中国人民银行明确批复同意设立中国邮政储蓄银行。2006 年 12 月 31 日，中国银行业监督管理委员会正式批准中国邮政储蓄银行开业，同意中国邮政集团公司以全资方式出资组建中国邮政储蓄银行有限责任公司，并核准中国邮政储蓄银行有限责任公司章程。

拓展阅读 8-2

邮储银行：以特色金融服务助力推进中国式现代化

中国邮政储蓄银行于 2011 年 12 月 31 日获得批准整体改制为股份有限公司，2012 年 1 月 21 日正式更名为中国邮政储蓄银行股份有限公司，2016 年 9 月在香港联交所挂牌上市，2019 年 12 月在上海证券交易所挂牌上市。

3）汽车金融公司

（1）汽车金融公司的概念。

汽车金融公司，是指经中国银行保险监督管理委员会批准设立的，为汽车购买者及销售者提供贷款的非银行金融企业法人。

汽车金融公司在国外有近百年历史。通常，汽车金融公司隶属于较大的汽车工业集团，成为向消费者提供汽车消费服务的重要组成部分。随着我国汽车消费市场的不断扩大和消费层次的多样化，为实现我国加入 WTO 的承诺，中国银行业监督管理委员会决定设立汽车金融公司。随着汽车金融公司行业的发展，《汽车金融公司管理办法》先后经历了三版修订：第一版《汽车金融公司管理办法》是中国银行业监督管理委员会于 2003 年发布的，同年还发布了相应的实施细则；第二版《汽车金融公司管理办法》是中国银行业监督管理委员会于 2008 年修订后发布的；第三版《汽车金融公司管理办法》是国家金融监督管理总局公布挂牌以来的"1 号令"于 2023 年发布的，自 2023 年 8 月 11 日起施行。

（2）汽车金融公司的设立。

①设立汽车金融公司法人机构，应具备下列条件：有符合《中华人民共和国公司法》和国家金融监督管理总局规定的公司章程；有符合本办法规定的出资人；有符合本办法规定的注册资本；有符合任职资格条件的董事、高级管理人员和熟悉汽车金融业务的合格从业人员；建立了有效的公司治理、内部控制和风险管理体系；建立了与业务经营和监管要求相适应的信息科技架构，具有支撑业务经营的必要、安全且合规的信息系统，具备保障业务持续运营的技术与措施；有与业务经营相适应的营业场所、安全防范措施和其他设施；国家金融监督管理总局规定的其他审慎性条件。

汽车金融公司的出资人为中国境内外依法设立的非银行企业法人，其中主要出资人须为汽车整车制造企业或非银行金融机构。所谓主要出资人，是指出资数额最大且出资额不低于拟设汽车金融公司全部股本 30% 的出资人。汽车金融公司出资人中至少应当有 1 名出资人具备 5 年以上丰富的汽车消费信贷业务管理和风险控制经验，或为汽车金融公司引进合格的专业管理团队，其中至少包括 1 名有丰富汽车金融从业经验的高级管理人员和 1 名风险管理专业人员。

汽车金融公司注册资本最低限额为 10 亿元人民币或等值的可自由兑换货币。注册资本为一次性实缴货币资本。

国家金融监督管理总局可以根据汽车金融业务发展情况及审慎监管需要，调高注册资本最低限额。

②非金融机构作为汽车金融公司出资人，应当具备以下条件：最近 1 个会计年度营业收入不低于 500 亿元人民币或等值的可自由兑换货币；作为主要出资人的，还应当具有足够支持汽车金融业务发展的汽车产销规模；最近 1 个会计年度末净资产不低于总资产的 30%；作为汽车金融公司控股股东的，最近 1 个会计年度末净资产不低于总资产的 40%；财务状况良好，且最近 2 个会计年度连续盈利；作为汽车金融公司控股股东的，最近 3 个会计年度连续盈利；入股资金为自有资金，不得以借贷资金入股，不得以他人委托资金入股；权益性投资余额原则上不得超过本企业净资产的 50%（含本次投资金额）；作为汽车金融公司控股股东的，权益性投资余额原则上不得超过本企业净资产的 40%（含本次投资金额）；国务院规定的投资公司和控股公司除外；遵守注册地法律，近 2 年无重大违法违规行为；主要股东自取得股权之日起 5 年内不得转让所持有的股权，承诺不将所持有的汽车金融公司股权进行质押或设立信托，并在拟设公司章程中载明；国家金融监督管理总局规定的其他审慎性条件。

③非银行金融机构作为汽车金融公司出资人，应当具备以下条件：入股资金为自有资金，不得以借贷资金入股，不得以他人委托资金入股；遵守注册地法律，近2年无重大违法违规行为；主要股东自取得股权之日起5年内不得转让所持有的股权，承诺不将所持有的汽车金融公司股权进行质押或设立信托，并在拟设公司章程中载明；注册资本不低于3亿元人民币或等值的可自由兑换货币；具有良好的公司治理结构、内部控制机制和健全的风险管理体系；作为主要出资人的，还应当具有5年以上汽车消费信贷业务管理和风险控制经验；财务状况良好，最近2个会计年度连续盈利；权益性投资余额原则上不得超过本企业净资产的50%（含本次投资金额）；满足所在国家或地区监管当局的审慎监管要求。

（3）汽车金融公司的设立程序。

汽车金融公司的设立、变更、终止和董事及高级管理人员任职资格核准的行政许可程序，按照国家金融监督管理总局有关规定执行。

（4）汽车金融公司的业务范围。

①汽车金融公司可从事下列部分或全部本外币业务：接受股东及其所在集团母公司和控股子公司的定期存款或通知存款；接受汽车经销商和售后服务商贷款保证金和承租人汽车租赁保证金；同业拆借业务；向金融机构借款；发行非资本类债券；汽车及汽车附加品贷款和融资租赁业务；汽车经销商和汽车售后服务商贷款业务，包括库存采购、展厅建设、零配件和维修设备购买等贷款；转让或受让汽车及汽车附加品贷款和融资租赁资产；汽车残值评估、变卖及处理业务；与汽车金融相关的咨询、代理和服务。

前述中，控股子公司，是指股东所在集团母公司持股50%（含）以上的公司。汽车经销商，是指依法取得汽车（含新车及二手车）销售资质的经营者。汽车售后服务商，是指从事汽车售后维护、修理、汽车零配件和附加品销售的经营者。汽车附加品，是指依附于汽车所产生的产品和服务，如导航设备、外观贴膜、充电桩、电池等物理附属设备以及车辆延长质保、车辆保险、车辆软件等与汽车使用相关的服务。

②符合条件的汽车金融公司，可以向国家金融监督管理总局及其派出机构申请经营下列部分或者全部本外币业务：发行资本工具；资产证券化业务；套期保值类业务；国家金融监督管理总局批准的其他业务。

汽车金融公司申请开办上述业务的具体条件和程序，按照行政许可有关规定执行。

（5）汽车金融公司的公司治理。

汽车金融公司应当根据有关法律法规和监管规定，建立健全公司治理架构，遵循各治理主体独立运作、有效制衡、相互合作、协调运转的原则，构建决策科学、执行有力、监督有效的公司治理机制。

（6）汽车金融公司的经营规则。

①汽车金融公司应当基于真实贸易背景开展贷款和融资租赁业务，严格资金用途管理。汽车金融公司仅限于向其汽车贷款或融资租赁业务客户（含贷款或融资租赁合

同已结清客户）提供汽车附加品融资服务。②汽车金融公司开展融资租赁业务应当合法取得租赁物的所有权，应当按照国家有关规定进行融资租赁登记公示，保障对租赁物的合法权益。③汽车金融公司应当规范开展保证金存款业务，不得从信贷资金中直接扣收保证金。④汽车金融公司发行非资本类债券，应当坚持举债同偿债能力相匹配原则，审慎合理安排债券发行计划。发债资金用途应当依法合规并符合国家政策规定。⑤汽车金融公司转让汽车及汽车附加品贷款和融资租赁资产，应当严格遵守法律法规和监管规定，遵守真实、整体和洁净转让原则。⑥汽车金融公司经营业务中涉及外汇管理事项的，应当遵守国家外汇管理有关规定。

▶▶▶

案例分析 8-5　　　　　　　上汽通用汽车金融公司车贷业务

上汽通用汽车金融有限责任公司（以下简称上汽金融公司）成立于2004年8月，总部设在中国上海，是中国银行业监督管理委员会（现为国家金融监督管理总局）批准成立的全国第一家汽车金融公司。上汽金融公司由上海汽车集团财务有限责任公司、General Motors Financial Company，Inc.和上汽通用汽车有限公司合资组建。截至2023年年末，上汽金融公司注册资本为92亿元人民币，并与全国超过300个城市中的8 000多家汽车经销商建立了良好的零售信贷业务合作关系，成为了一家覆盖范围广、业务品种丰富、服务水平一流的汽车金融公司。

上汽金融公司始终秉承着"开放、锐进、专业、绩效"的经营理念，引进国外先进的金融经验和技术，结合国内市场特点，为购买上汽集团旗下的上汽通用、上汽通用五菱，以及其他整车企业生产和销售的乘用车的个人客户或者企业客户提供购车相关的金融服务。截至2022年年末，上汽金融公司已累计帮助超过950万零售客户实现了金融购车梦想。2017年至今，上汽金融公司已连续6年实现年新增零售贷款合同超百万台，始终保持中国汽车金融行业领先水平。

客户在上汽金融公司申请一般车贷需要满足以下条件：

① 具有完全民事行为能力的自然人；

② 具有合法有效的身份证明、户籍证明，或有效居留证明、婚姻证明；

③ 具有良好的信用记录和还款意愿；

④ 具有稳定的合法收入来源和按时足额偿还贷款本息的能力；

⑤ 持有与特约经销商签订的购车协议或购车合同；

⑥ 上汽金融公司规定的其他条件。

资料来源：佚名.一般购车贷款需要什么申请条件［EB/OL］.［2023-08-21］. https：//www.saicgmac.com/Loan_QA.aspx.

问题：

（1）根据《汽车金融公司管理办法》的规定，汽车金融公司注册资本最低限额是多少？

（2）一般车贷申请中，要求客户持有与特约经销商签订的购车协议或购车合同，体现了《汽车金融公司管理办法》中的什么要求？

分析：

（1）根据《汽车金融公司管理办法》的规定，汽车金融公司注册资本最低限额为 10 亿元人民币或等值的可自由兑换货币。注册资本为一次性实缴货币资本。

（2）一般车贷申请中，要求客户持有与特约经销商签订的购车协议或购车合同，体现了《汽车金融公司管理办法》中的要求：汽车金融公司应当基于真实贸易背景开展贷款和融资租赁业务，严格资金用途管理。

【学思践悟】国家开发银行发放超 400 亿元贷款支持黄河流域生态保护

记者近日从国家开发银行了解到，自 2021 年中共中央、国务院印发《黄河流域生态保护和高质量发展规划纲要》以来，国家开发银行已累计发放黄河流域生态保护领域中长期贷款超 400 亿元，助力绘就黄河流域生态保护新画卷。

国家开发银行融资支持黄河流域控制性枢纽、堤防加固、病险水库除险加固等工程建设，服务保障母亲河长治久安。国家开发银行陕西分行贷款支持的陕西东庄水利枢纽工程集防洪减淤、发电供水、生态改造功能于一身，可年均减少进入黄河干流泥沙约 5 000 万吨，极大提高了渭河下游行洪能力，确保西安、咸阳、渭南 3 市 9 区防洪安全，助力守护渭河流域三秦百姓汛期安宁。

国家开发银行坚持规划先行，融资支持上中游水土保持、支流黑臭水体治理、垃圾分类和焚烧发电、污水处理厂等项目建设，为黄河流域生态保护综合治理输入开发性金融活水。国家开发银行山西分行累计发放贷款 4.37 亿元支持沁河沁源段生态综合治理项目，计划建设河道疏浚 40.8 公里，生态护坡 8.8 公里，生态涵养林及生态绿化 1 566 亩，为沁河构建水丰、质好、河美的生态屏障，助力实现"一泓清水入黄河"。

国家开发银行融资支持推进黄河流域重点水源和水资源配置工程建设，保障水资源高效利用，助力每一滴黄河水发挥最大效用。在宁夏和银川，都市圈城乡东线供水工程建设已近收官，该工程用黄河水替代地下水，将有效解决银川市城乡水资源总量不足、农村供水水源分散、水质恶化等问题，确保吴忠市、青铜峡市、灵武市城乡居民饮水安全，提升用水效率。国家开发银行宁夏分行发放贷款 11.6 亿元支持该工程建设，服务保障宁夏北部 72 万群众顺利喝上"黄河水"。

下一步，国家开发银行将切实贯彻落实党的二十大精神，持续破解黄河流域生态保护融资难题，积极服务搭建黄河保护治理"四梁八柱"，咬定目标、脚踏实地，埋头苦干、久久为功，坚定不移做好开发性金融支持黄河流域生态保护各项工作。

资料来源：左希.国家开发银行发放超 400 亿元贷款支持黄河流域生态保护［EB/OL］.［2023-08-18］. https://www.financialnews.com.cn/yh/sd/202308/t20230818_277178.html.

问题：国家开发银行融资支持黄河流域控制性枢纽、堤防加固、病险水库除险加固等工程建设，服务保障母亲河长治久安，结合《国家开发银行监督管理办法》相关规定，谈谈你的看法。

分析：党的二十大报告提出"统筹水资源、水环境、水生态治理，推动重要江河湖库生态保护治理"，"推动黄河流域生态保护和高质量发展"。

国家开发银行融资支持黄河流域控制性枢纽、堤防加固、病险水库除险加固等工程建设，服务保障母亲河长治久安，体现了《国家开发银行监督管理办法》对市场定位的要求：认真贯彻落实国家经济金融方针政策，充分运用服务国家战略，依托信用支持、市场运作、保本微利的开发性金融功能，发挥中长期投融资作用，加大对经济社会重点领域和薄弱环节的支持力度，促进经济社会持续健康发展。

本章小结

政策性银行和非银行金融机构是构成一国金融机构体系的重要组成部分。建立政策性银行是为了实现政策性金融与商业性金融的分离。以城市信用社和农村信用社为代表的非银行金融机构也是我国金融机构的重要组成部分。

本章训练

一、思考题

1.简述政策性银行的概念及特征。
2.简述我国3家政策性银行的基本宗旨。
3.简述非银行金融机构的概念及特征。
4.简述城乡信用合作社的基本概念。
5.简述我国邮政金融的业务范围。
6.简述我国汽车金融公司的设立条件。

二、案例分析题

某省15个农村信用社、县（市、区）联合社欲共同出资申请设立农村信用社省联合社（以下简称省联社），出资总额为600万元人民币。其中，甲县信用社出资80万元人民币，乙县信用社拟以自有的办公楼（价值50万元人民币）作为入股的股金。为尽快募得资金，还吸收了丙市商业银行的入股45万元人民币。此外，省联社章程还规定，社员社股金若不能一次缴纳，可在省联社成立后再行补缴。

问题：该省联社的设立过程中有哪些错误？

分析：

（1）甲县信用社出资80万元人民币，是错误的。因为单个社员社出资比例不得超过省联社股本总额的10%，省联社出资总额为600万元人民币，所以甲县信用社出资额最多为 60 万元人民币。

（2）乙县信用社拟以自己的办公楼作为入股的股金，是错误的。因为社员社必须以货币资金入股，不能以其他实物入股。

（3）省联社章程规定，社员社股金若不能一次缴纳，可在省联社成立后再行补缴，是错误的。因为社员社入股的股金必须一次募足，不能进行补缴。

第9章
证券投资基金法律制度

学习目标

知识目标：了解证券投资基金的概念、特征和分类；理解证券投资基金当事人的权利和义务；掌握证券投资基金的募集、交易和运作程序；明确证券投资基金的监管内容；熟悉证券投资基金信息披露的内容。

素养目标：通过学习基金市场的发展历史，培养学生对我国金融市场发展壮大的自信和自豪感；通过学习证券投资基金的特点和法律关系，培养学生自觉树立基金运作过程中的专业管理、利益共享、风险共担的基金投资理念，树立保护投资者的意识和价值投资理念，理解党的二十大报告提出的加强和完善现代金融监管、强化金融稳定保障体系、依法将各类金融活动全部纳入监管、健全资本市场功能的精神；通过学习基金相关法律制度，培养学生成为遵守基金法律法规、职业道德与业务规范的金融从业人员。

导入案例　　　　　私募基金业加大"伪私募"出清力度

2023年，监管部门加大了出清"伪私募""乱私募"的力度。数据显示，截至2023年2月21日，共计注销1 600家私募基金管理人。其中，被中国证券投资基金业协会（以下简称中基协）注销的私募基金管理人共计1 495家，远超2022年全年843家的注销数量。虽然私募基金管理人加速出清，但私募基金的管理规模增长超2 000亿元。与此同时，地方监管局也频频出手，对违规私募基金管理人出具罚单。

根据中基协2019年发布的《关于增设已注销私募基金管理人信息公示的通知》，注销机构主要分为主动注销、依公告注销和协会注销三类。其中，"协会注销"机构包括因纪律处分、异常经营及失联等情形被协会注销的机构。因纪律处分、异常经营情形等被注销的机构，注销后不得重新登记。

尽管出清节奏加快，但是私募基金的管理规模逆势增长。中基协公布的私募基金管理人登记及产品备案月报（2023年1月）显示，截至2023年1月末，存续私募基金管理人达22 156家，较上月减少1 511家，环比下降6.38%；管理基金数量 146 345 只，较上月增加 1 297 只，环比增长 0.89%；管理基金规模 20.23 万亿元，较上月增加 2 050.84 亿元，环比增长 1.02%。

　　从初期的鱼龙混杂，到纳入监管，再到从募集、备案等方面不断提高要求，私募基金身上的"草莽"气息不断弱化，正逐渐成为资产管理行业中的一支正规军。特别是自 2022 年以来，中基协相继印发了《关于加强经营异常机构自律管理相关事项的通知》《中国证券投资基金业协会自律管理和纪律处分措施实施办法》，切实采取了一系列有效措施，打击和淘汰"伪私募"。2022 年 12 月 30 日，中基协就新修订的《私募投资基金登记备案办法（征求意见稿）》及配套指引公开征求意见，落实"扶优限劣"，拟从基本经营、出资人和从业人员等方面出发，适度提高私募基金管理人登记要求，严把行业入口关。

　　资料来源：杨毅.私募基金业加大"伪私募"出清力度［N］.金融时报，2023-02-23（006）.

　　问题：请分析监管趋严对私募基金市场的发展有何积极意义。

　　分析：

　　（1）长期而言，监管趋严对私募有积极意义。针对特定高净值投资者，私募基金在合规管理方面的要求比公募基金更低，这也容易造成良莠不齐的情况，因此有必要提高私募基金门槛。对私募基金管理人来说，则要在合规经营、规范管理方面增加投入。

　　（2）2023 年加大了"伪私募"出清力度，体现了构建私募行业优胜劣汰、进退有序的常态化退出机制的监管趋势，有助于保护私募投资者利益、提升私募行业的认可度。

9.1　证券投资基金概述

9.1.1　证券投资基金的概念、特征和分类

1）证券投资基金的概念

　　证券投资基金，是指一种利益共享、风险共担的集合证券投资方式，即通过发行基金单位，集中投资者的资金，由基金托管人托管，由基金管理人管理和运用资金，从事股票、债券等金融工具投资。

　　证券投资基金起源于英国，盛行于美国。它是随着证券市场的发展产生的，是专门投资于各类证券的投资基金。世界各国和地区对证券投资基金的称谓也不尽相同，如美国将证券投资基金称为"共同基金"；英国和中国香港特别行政区称之为"单位信托基金"；日本和中国台湾地区则称之为"证券投资信托基金"。我国的证券投资基金起步于 1991 年，并以 1998 年出台的《证券投资基金暂行办法》为标志，进入规范化发展的阶段。2003 年 10 月 28 日，《中华人民共和国证券投资基金法》（以下简称《证券投资基金法》）的通过，正式确立了我国证券投资基金的法律地位。2012 年 12 月 28 日，第十一届全国人民代表大会常务委员会第三十次会议修订《证券投资基金法》并于 2013 年 6 月 1 日起施行。2015 年 4 月 24 日，第十二届全国人民代表大会常务

委员会第十四次会议又对《证券投资基金法》进行了修正。

2）证券投资基金的特征

（1）集合投资。

证券投资基金是一种集合投资方式，即通过向投资者发行基金份额或基金单位，能够在短期内募集大量的资金用于投资。同时，在投资过程中，能够发挥资金集中的优势，有利于降低投资成本，获取投资的规模效益。

（2）专业管理。

专业管理，又称专家管理，即证券投资基金是通过监管机构认可的专业化的投资管理机构来进行管理和运作的。这类机构是由具有专门资格的专家团队组成。专业管理还表现在：证券市场中的各类证券信息由专业人员进行收集、分析；各种证券组合方案由专业人员进行研究、模拟和调整；分散投资风险的措施由专业人员进行计算、测试等。

（3）组合投资、分散风险。

证券投资基金有特定的投资目标、投资范围、投资组合和投资限制。证券投资基金在投资过程中通过科学的投资组合和投资限制，实行分散化投资，这将有利于实现资产组合的多样化，并通过不同资产和不同投资证券的相互补充，达到降低投资风险和提高收益的目的。

（4）制衡机制。

证券投资基金在运作中实行制衡机制，即投资人拥有所有权、管理人运作基金资产、托管人保管基金资产。这种三方当事人之间相互监督、相互制约的机制，有利于规范基金运作，保护投资人的权益。

（5）利益共享、风险共担。

证券投资基金实行"利益共享、风险共担"，即投资人根据其持有基金单位或份额的多少，分配基金投资的收益或承担基金投资的风险。

3）证券投资基金的分类

根据不同的分类标准，投资基金有多种分类：

（1）根据投资基金组织形态的不同，可分为信托型投资基金、公司型投资基金和有限合伙型投资基金。

信托型投资基金，又称契约型投资基金，是依据信托契约，通过发行收益凭证募集基金资产而组建，并将基金资产投资于有价证券。信托型投资基金没有基金章程和董事会，而是通过信托契约来规范基金管理人、托管人和投资人三方当事人的行为。

公司型投资基金，是依据《公司法》而成立的投资基金。委托人组建以投资为目的的投资公司，发行投资基金股份，投资人购买投资基金股份，参与共同投资。公司型投资基金具有独立的法人资格。

有限合伙型投资基金是依据合伙协议而设立的基金组织。合伙人是基金的投资人。与前两种类型的基金相比，有限合伙型投资基金并不是基金的主要形式。

（2）根据投资基金发行的证券能否赎回，可分为开放型投资基金与封闭型投资基金。

开放型投资基金，又称管理型投资基金，是公司发行的一种普通股票，发行数量不固定，根据需要可以随时增发基金股份来增加公司资本，也允许基金投资人随时赎回投资来减少公司资本。投资基金单位的总数是变动的，追加购买或赎回的价格不同于原始发行价，而是以投资基金当时的净资产价值为基础加以确定。投资人可以按投资基金的报价在国家规定的营业场所申购或者赎回投资基金单位。

封闭型投资基金，又称固定型投资基金，其发行的股份数量是固定的，基金公司股东可以在证券市场上转让或购买基金股票（基金单位），但是不得随时赎回自己的投资。如果公司需要增资扩股，必须按照《公司法》和《证券投资基金法》规定的实质性条件和程序性条件操作。

开放型投资基金与封闭型投资基金的区别：

① 基金规模的可变性不同，开放型投资基金的基金单位是可赎回的，而且投资人可随时申购基金单位，所以其基金规模是不固定的；而封闭型投资基金的基金规模是固定不变的。

② 基金单位的交易价格不同。开放型投资基金的价格是以基金单位对应的资产净值为基础，不会出现折价现象；而封闭型投资基金的价格会更多地受到市场供求关系的影响，价格波动较大。

③ 基金单位的买卖途径不同。开放型投资基金的投资人可随时向基金管理公司直接购买或赎回基金，手续费较低；而封闭型投资基金的买卖类似于股票交易，可在证券市场买卖，需要缴纳手续费和证券交易税。一般而言，封闭型投资基金的费用高于开放型投资基金。

④ 投资策略不同。开放型投资基金必须保留一部分基金，以便应对投资人的随时赎回，进行长期投资会受到一定限制；而封闭型投资基金不可赎回，无须提取准备金，能够充分运用资金进行长期投资，取得长期经营绩效。

⑤ 所要求的市场条件不同。开放型投资基金的灵活性较大，基金规模伸缩性强，所以适用于开放程度较高、规模较大的金融市场；而封闭型投资基金正好相反，适用于金融制度尚不完善、开放程度较低且规模较小的金融市场。

（3）根据投资基金募集方式的不同，可分为公募证券投资基金和私募证券投资基金。

公募证券投资基金（以下简称公募基金），可分为公司型公募基金和信托型公募基金。公司型公募基金是通过向社会公众公开发行股票募集资金、以成立基金股份公司的方式而设立的基金。信托型公募基金是通过向社会公众公开发行基金收益凭证募集资金、以缔结基金信托契约的方式而设立的基金。公募基金的特点是公开、规范和严格。

私募证券投资基金（以下简称私募基金）在国外法律中没有明确的定义。在中国，私募基金往往是指通过非公开的方式，面向少数个人或机构投资人募集资金而设立的基金。其出售和赎回都是通过基金管理人与投资人私下协商来进行的。私募基金的组织形式可以是公司型的，也可以是信托型的，其特点是不公开和监管不严格。

（4）根据投资基金投资对象的不同，可分为股票基金、债券基金、货币市场基金、指数基金和期货基金。

从名称上我们可以看出，上述基金的投资对象分别为股票、证券、货币市场上的有价证券、股票价格指数和期货等。需要指出的是，这里的期货是金融期货，而非实物商品期货。

（5）根据投资基金投资区域的不同，可分为区域基金和环球基金。

区域基金是以某些特定的经济区域为投资对象而设立的基金。基金的资金来源可以来自国内，也可以来自国外。

环球基金，又称国际基金或世界基金，是一种投资于世界各地市场的空间范围最广的基金。其最大特点是通过将投资分散到世界各地来最大限度地降低风险。

（6）根据投资基金收入性质或投资目标的不同，可分为成长型基金、收入型基金和平衡型基金。

成长型基金是以基金资产长期增值为目的的基金；收入型基金是以获得当期的最大收入为目的的基金；平衡型基金则追求收入的平稳。

9.1.2　证券投资基金法律关系

证券投资基金法律关系，是指依据《证券投资基金法》的规定，证券投资基金当事人在基金资金募集、基金投资运作和基金利益分配等相关证券基金活动中所形成的权利与义务关系。

在基金的法律关系中，基金投资人、基金管理人、基金托管人是基本当事人，三者的关系是基金法律关系的核心，是构成基金法律框架的基础。

1）证券投资基金当事人

（1）基金投资人。

基金投资人，是指参与基金投资，持有基金份额的当事人。购买了基金份额，便成为基金份额持有人和基金资产的最终拥有人，享有由基金资产投资产生的各种权利，也要承担相应的义务。

基金份额持有人的权利和义务通常是由基金合同来规定的，虽然基金投资人不直接参与签订基金合同，但可购买基金份额，即等于承认基金合同，并认可合同规定的持有人的权利和义务。

基金份额持有人的权利包括：①分享基金财产收益；②参与分配清算后的剩余基金财产；③依法转让或者申请赎回持有的基金份额；④按照规定要求召开基金份额持有人大会；⑤对基金份额持有人大会审议事项行使表决权；⑥对基金管理人、基金托管人、基金服务机构损害其合法权益的行为依法提起诉讼；⑦公开募集基金的基金份额持有人有权查阅或者复制公开披露的基金信息资料，非公开募集基金的基金份额持有人对涉及自身利益的情况，有权查阅基金的财务会计账簿等财务资料；⑧基金合同约定的其他权利。

基金份额持有人大会是由全体基金份额持有人组成的，行使下列职权：①决定基金扩募或者延长基金合同期限；②决定修改基金合同的重要内容或者提前终止基金合同；③决定更换基金管理人、基金托管人；④决定调整基金管理人、基金托管人的报酬标准；⑤基金合同约定的其他职权。

按照基金合同的约定，基金份额持有人大会可以设立日常机构，行使下列职权：①召集基金份额持有人大会；②提请更换基金管理人、基金托管人；③监督基金管理人的投资运作、基金托管人的托管活动；④提请调整基金管理人、基金托管人的报酬标准；⑤基金合同约定的其他职权。

基金份额持有人大会的日常机构，是由基金份额持有人大会选举产生的人员组成的；其议事规则，由基金合同约定。基金份额持有人大会及其日常机构不得直接参与或者干涉基金的投资管理活动。

基金份额持有人应履行的义务包括：①遵守基金契约；②缴纳基金认购款项及规定的费用；③承担基金亏损或终止的有限责任，按照基金合同的约定，非公开募集基金可以由部分基金份额持有人作为基金管理人负责基金的投资管理活动，并在基金财产不足以清偿其债务时对基金财产的债务承担无限连带责任；④不从事任何有损于基金及其他基金持有人利益的活动。

（2）基金管理人。

基金管理人，是指发行基金份额募集证券投资基金，并按照法律、行政法规的规定和基金合同的约定，为基金份额持有人的利益，采取资产组合方式对基金财产进行管理、运用的机构。在证券投资基金法律关系中，基金管理人处于核心地位。基金投资人的利益能否得到有效保护，能否实现投资收益的预期，受基金管理人经营水平和职业道德的制约。

我国基金管理人须由依法设立的基金管理公司或者合伙企业担任。设立公开募集基金的基金管理公司，应当具备下列条件，并经国务院证券监督管理机构批准：①有符合《证券投资基金法》和《公司法》规定的章程；②注册资本不低于 1 亿元人民币，且必须为实缴货币资本；③主要股东应当具有经营金融业务或者管理金融机构的良好业绩、良好的财务状况和社会信誉，资产规模达到国务院规定的标准，最近 3 年没有违法违规行为；④取得基金从业资格的人员达到法定人数；⑤董事、监事、高级管理人员具备相应的任职条件；⑥有符合要求的营业场所、安全防范设施和与基金管理业务有关的其他设施；⑦有良好的内部治理结构、完善的内部稽核监控制度和风险控制制度；⑧法律、行政法规定的和经国务院批准的国务院证券监督管理机构规定的其他条件。

根据《证券投资基金法》，公开募集基金的基金管理人应当履行下列职责：①依法募集资金，办理基金份额的发售和登记事宜；②办理基金备案手续；③对所管理的不同基金财产分别管理、分别记账，进行证券投资；④按照基金合同的约定确定基金收益分配方案，及时向基金份额持有人分配收益；⑤进行基金会计核算并编制基金财务会计报告；⑥编制中期和年度基金报告；⑦计算并公告基金资产净值，确定基金份额的申购、赎回价格；⑧办理与基金财产管理业务活动有关的信息披露事项；⑨按照规定召集基金份额持有人大会；⑩保存基金财产管理业务活动的记录、账册、报表和其他相关资料；⑪以基金管理人名义，代表基金份额持有人利益行使诉讼权利或者实施其他法律行为；⑫国务院证券监督管理机构规定的其他职责。

公开募集基金的基金管理人及其董事、监事、高级管理人员和其他从业人员不得有下列行为：①将其固有财产或者他人财产混同于基金财产从事证券投资；②不公平地对待其管理的不同基金财产；③利用基金财产或者职务之便为基金份额持有人以外的人牟取利益；④向基金份额持有人违规承诺收益或者承担损失；⑤侵占、挪用基金财产；⑥泄露因职务便利获取的未公开信息，利用该信息从事或者明示、暗示他人从事相关的交易活动；⑦玩忽职守，不按照规定履行职责；⑧法律、行政法规和国务院证券监督管理机构规定禁止的其他行为。

公开募集基金的基金管理人的股东、实际控制人应当按照国务院证券监督管理机构的规定及时履行重大事项报告义务，并不得有下列行为：①虚假出资或者抽逃出资；②未依法经股东会或者董事会决议擅自干预基金管理人的基金经营活动；③要求基金管理人利用基金财产为自己或者他人牟取利益，损害基金份额持有人利益；④国务院证券监督管理机构规定禁止的其他行为。

公开募集基金的基金管理人的股东、实际控制人有上述行为或者股东不再符合法定条件的，国务院证券监督管理机构应当责令其限期改正，并可视情节责令其转让所持有或者控制的基金管理人的股权。上述股东、实际控制人按照要求改正违法行为、转让所持有或者控制的基金管理人的股权前，国务院证券监督管理机构可以限制有关股东行使股东权利。

公开募集基金的基金管理人违法违规，或者其内部治理结构、稽核监控和风险控制管理不符合规定的，国务院证券监督管理机构应当责令其限期改正；逾期未改正的，或者其行为严重危及该基金管理人的稳健运行、损害基金份额持有人合法权益的，国务院证券监督管理机构可以区别情形，对其采取下列措施：①限制业务活动，责令暂停部分或者全部业务；②限制分配红利，限制向董事、监事、高级管理人员支付报酬、提供福利；③限制转让固有财产或者在固有财产上设定其他权利；④责令更换董事、监事、高级管理人员或者限制其权利；⑤责令有关股东转让股权或者限制有关股东行使股东权利。

公开募集基金的基金管理人整改后，应当向国务院证券监督管理机构提交报告。经国务院证券监督管理机构经验收后，符合有关要求的，应当自验收完毕之日起3日内解除对其采取的有关措施。

公开募集基金的基金管理人的董事、监事、高级管理人员未能勤勉尽责，致使基金管理人存在重大违法违规行为或者重大风险的，国务院证券监督管理机构可以责令更换。公开募集基金的基金管理人违法经营或者出现重大风险，严重危害证券市场秩序、损害基金份额持有人利益的，国务院证券监督管理机构可以对该基金管理人采取责令停业整顿，指定其他机构托管、接管或者撤销等监管措施。在公开募集基金的基金管理人被责令停业整顿，被依法指定托管、接管或者清算期间，或者出现重大风险时，经国务院证券监督管理机构批准，可以对该基金管理人直接负责的董事、监事、高级管理人员和其他直接责任人员采取下列措施：①通知出境管理机关依法阻止其出境；②申请司法机关禁止其转移、转让或者以其他方式处分财产，或者在财产上设定其他权利。

基金管理人由于主客观原因不能继续履行职责的，基金管理人职责终止的情形有：①被依法取消基金管理资格；②被基金份额持有人大会解任；③依法解散、被依法撤销或者被依法宣告破产；④基金合同约定的其他情形。

公开募集基金的基金管理人职责终止的，基金份额持有人大会应当在 6 个月内选任新基金管理人；新基金管理人产生前，由国务院证券监督管理机构指定临时基金管理人。公开募集基金的基金管理人职责终止的，应当妥善保管基金管理业务资料，及时办理基金管理业务的移交手续，新基金管理人或者临时基金管理人应当及时接收。公开募集基金的基金管理人职责终止的，应当按照规定聘请会计师事务所对基金财产进行审计，并将审计结果予以公告，同时报国务院证券监督管理机构备案。对非公开募集基金的基金管理人进行规范的具体办法，由国务院金融监督管理机构依照《证券投资基金法》的原则制订。

案例分析 9-1

某公募基金交易员卖出某股票时操作失误，直接导致该股票成交价格大幅度波动，并造成基金财产损失。事后，被监管机构出具警示函。

问题：该基金交易员被监管机构出具警示函的原因是什么？

分析：《证券投资基金法》规定，基金管理人、基金托管人管理、运用基金财产，基金服务机构从事基金服务活动，应当恪尽职守，履行诚实信用、谨慎勤勉的义务。基金托管人未能勤勉尽责，在履行《证券投资基金法》规定的职责时存在重大失误的，国务院证券监督管理机构、国务院银行业监督管理机构应当责令其改正。

（3）基金托管人。

基金托管人是基金财产的托管者，与基金管理人共同受托，分工负责处理基金事宜。基金托管人由依法设立并取得基金托管资格的商业银行或者其他金融机构担任。

申请取得基金托管资格，应当具备以下条件，并经国务院证券监督管理机构和国家金融监督管理总局核准：①净资产和资本充足率符合有关规定；②设有专门的基金托管部门；③取得基金从业资格的专职人员达到法定人数；④有安全保管基金财产的条件；⑤有安全高效的清算、交割系统；⑥有符合要求的营业场所、安全防范设施和与基金托管业务有关的其他设施；⑦有完善的内部稽核监控制度和风险控制制度；⑧法律、行政法规规定的和经国务院批准的国务院证券监督管理机构、国务院银行业监督管理机构规定的其他条件。

基金托管人应当履行下列职责：①安全保管基金财产；②按照规定开设基金财产的资金账户和证券账户；③对所托管的不同基金财产分别设置账户，确保基金财产的完整与独立；④保存基金托管业务活动的记录、账册、报表和其他相关资料；⑤按照基金合同的约定，根据基金管理人的投资指令，及时办理清算、交割事宜；⑥办理与基金托管业务活动有关的信息披露事项；⑦对基金财务会计报告、中期和年度基金报告出具意见；⑧复核、审查基金管理人计算的基金资产净值和基金份额申购、赎回价格；⑨按照规定召集基金份额持有人大会；⑩按照规定监督基金管理人的投资运作；⑪国务院证券监督管理机构规定的其他职责。

基金托管人不得有以下行为：①将其固有财产或者他人财产混同于基金财产从事证券投资；②不公平地对待其管理的不同基金财产；③利用基金财产为基金份额持有人以外的第三人牟取利益；④向基金份额持有人违规承诺收益或者承担损失；⑤依照法律、行政法规有关规定，由国务院证券监督管理机构规定禁止的其他行为。

基金托管人发现基金管理人的投资指令违反法律、行政法规和其他有关规定，或者违反基金合同约定的，应当拒绝执行，立即通知基金管理人，并及时向国务院证券监督管理机构报告。基金托管人发现基金管理人依据交易程序已经生效的投资指令违反法律、行政法规和其他有关规定，或者违反基金合同约定的，应当立即通知基金管理人，并及时向国务院证券监督管理机构报告。

基金托管人不再具备证券投资基金规定的条件，或者未能勤勉尽责，在履行《证券投资基金法》规定的职责时存在重大失误的，国务院证券监督管理机构、国务院银行业监督管理机构应当责令其改正；逾期未改正的，或者其行为严重影响所托管基金的稳健运行、损害基金份额持有人利益的，国务院证券监督管理机构、国务院银行业监督管理机构可以区别情形，对其采取下列措施：①限制业务活动，责令暂停办理新的基金托管业务；②责令更换负有责任的专门基金托管部门的高级管理人员。基金托管人整改后，应当向国务院证券监督管理机构、国务院银行业监督管理机构提交报告；经验收，符合有关要求的，应当自验收完毕之日起3日内解除对其采取的有关措施。

国务院证券监督管理机构、国务院银行业监督管理机构对有下列情形之一的基金托管人，可以取消其基金托管资格：①连续3年没有开展基金托管业务的；②违反《证券投资基金法》规定，情节严重的；③法律、行政法规规定的其他情形。

基金托管人由于主客观原因不能继续履行基金托管职责的，基金托管人职责终止：①被依法取消基金托管资格；②被基金份额持有人大会解任；③依法解散、被依法撤销或者被依法宣告破产；④基金合同约定的其他情形。

基金托管人职责终止的，基金份额持有人大会应当在6个月内选任新基金托管人；新基金托管人产生前，由国务院证券监督管理机构指定临时基金托管人。基金托管人职责终止的，应当妥善保管基金财产和基金托管业务资料，及时办理基金财产和基金托管业务的移交手续，新基金托管人或者临时基金托管人应当及时接收。基金托管人职责终止的，应当按照规定聘请会计师事务所对基金财产进行审计，并将审计结果予以公告，同时报国务院证券监督管理机构备案。

　　2）基金财产

　　基金财产是基金管理人通过设立募集资金和管理运作基金而取得和形成的财产。基金财产是构成基金法律关系的基本要素之一，它通常表现为货币形式，有时表现为其他证券形式。

　　（1）基金财产范围。

　　① 设立募集资金。它是指基金管理公司在设立基金时所募集的资金。《证券投资基金法》第五十八条规定：基金募集期限届满，封闭式基金募集的基金份额总额达到准予注册规模的 80% 以上，开放式基金募集的基金份额总额超过准予注册的最低募集份额总额，并且基金份额持有人人数符合国务院证券监督管理机构规定的，基金管理人应当自募集期限届满之日起 10 日内聘请法定验资机构验资，自收到验资报告之日起 10 日内，向国务院证券监督管理机构提交验资报告，办理备案手续，并予以公告。由此可以看出，并没有具体规定基金成立的最低限额。

　　② 投资所得收益。它是指基金管理人、基金托管人因基金财产的管理、运用或者其他情形而取得的财产和收益。它具体包括收益、利息和孳息等积极财产，也包括债务等消极财产。对于不同类型的基金，由于投资目标和投资策略的不同，取得收益的来源和方式也不一样：一是利息收入，即以现金形式存在或将部分基金财产存于商业银行获取的利息收入；二是持有股票收入，即持有公司发行的股票取得的收入；三是炒作资本收入，即基金财产通过投资股票所得的价差收入，它是基金最主要的收益形式，收益水平取决于经济发展状况、证券市场行情和基金管理人的操作水平；四是资本增值。

　　（2）基金财产的独立性。

　　法律规定基金财产独立于基金管理人、基金托管人，要严格区分基金财产与基金管理人、基金托管人的自有财产，保护基金及其份额持有人的合法权益。这有利于基金的独立、公正运作，使之免受外界干扰，以获取最大收益。

　　为体现基金财产的独立性，《证券投资基金法》规定：①基金财产独立于基金管理人、基金托管人的自有财产，不得归入基金管理人、基金托管人的自有财产。基金管理人、基金托管人因依法解散、被依法撤销或者被依法宣告破产等原因进行清算的，基金财产不属于其清算财产。②基金财产债权独立于基金管理人、基金托管人的固有财产债权，基金的债权不得与基金管理人、基金托管人的固有债务抵消，不同基金财产的债权债务不得相互抵消。③非因基金本身承担的债务，债权人不得对基金财产主张强制执行。④基金托管人对其托管的不同基金财产应当分别独立设置账户，确保基金的完整与独立。

9.2　证券投资基金的募集、交易与运作

9.2.1　证券投资基金的募集

基金募集，是指根据法律规定，由设立基金的机构提出基金募集方案，并按相关程序向监管机关提出募集申请，经注册后进行的基金募集活动。证券投资基金的募集包括基金的公开募集和非公开募集两种情况。

1）基金的公开募集

（1）基金发行募集注册制。

我国对证券投资基金的公开发行募集实行注册制。公开募集基金，应当经国务院证券监督管理机构注册。未经注册，不得公开或者变相公开募集基金。公开募集基金包括向不特定对象募集资金、向特定对象募集资金累计超过200人，以及法律、行政法规规定的其他情形。公开募集基金应当由基金管理人管理，基金托管人托管。按照《证券投资基金法》第五十一条的规定，注册公开募集基金，由拟任基金管理人向国务院证券监督管理机构提交下列文件：①申请报告；②基金合同草案；③基金托管协议草案；④招募说明书草案；⑤律师事务所出具的法律意见书；⑥国务院证券监督管理机构规定提交的其他文件。

（2）申请与注册。

国务院证券监督管理机构应当自受理公开募集基金的募集注册申请之日起6个月内依照法律、行政法规及国务院证券监督管理机构的规定进行审查，作出注册或者不予注册的决定，并通知申请人；不予注册的，应当说明理由。

（3）基金募集的程序。

基金募集的程序如下：

① 基金募集申请经注册后，方可发售基金份额。基金份额的发售，由基金管理人或者其委托的基金销售机构办理。

② 基金管理人应当在基金份额发售的3日前公布招募说明书、基金合同及其他有关文件。上述文件应当真实、准确、完整。对基金募集所进行的宣传推介活动，应当符合有关法律、行政法规的规定。

③ 基金管理人应当自收到准予注册文件之日起6个月内进行基金募集。超过6个月开始募集，原注册的事项未发生实质性变化的，应当报国务院证券监督管理机构备案；发生实质性变化的，应当向国务院证券监督管理机构重新提交注册申请。基金募集不得超过国务院证券监督管理机构准予注册的基金募集期限。基金募集期限自基金份额发售之日起计算。

（4）基金募集期满的处理。

① 基金募集期限届满，封闭式基金募集的基金份额总额达到核准规模的80%以上，开放式基金募集的基金份额总额超过核准的最低募集份额总额，并且基金份额持有人人数符合国务院证券监督管理机构规定的，基金管理人应当自募集期限届满之日起10日内聘请法定验资机构验资，自收到验资报告之日起10日内向国务院证券监督管理机构提交验资报告，办理基金备案手续，并予以公告。

② 基金募集期限届满，不能满足上条规定的条件的，基金管理人应当承担下列责任：以其固有财产承担因募集行为而产生的债务和费用；在基金募集期限届满后 30 日内返还投资人已缴纳的款项，并加计银行同期存款利息。

　2）基金的非公开募集

（1）非公开募集基金主体的法律规定。

①基金投资人的规定。非公开募集基金应当向合格投资者募集，合格投资者累计不得超过 200 人。所谓合格投资者，是指达到规定资产规模或者收入水平，并且具备相应的风险识别能力和风险承担能力、其基金份额认购金额不低于规定限额的单位和个人。合格投资者的具体标准由国务院证券监督管理机构规定。非公开募集基金不得向合格投资者之外的单位和个人募集资金，不得通过报刊、电台、电视台、互联网等公众传播媒体或者讲座、报告会、分析会等方式向不特定对象宣传推介。

▶▶▶

案例分析 9-2

　　A 投资管理公司通过互联网公开宣传推介其管理的私募基金产品，在其投资官网未按规定设置在线特定对象确定程序，投资者未经特定对象确定程序即可在其新产品的认购页面直接点击进行认购预约。同时，公司管理的部分私募基金产品存在未对部分投资者风险识别能力和风险承担能力进行评估、部分投资者风险承担能力和产品风险等级不匹配的情形。

　　资料来源：中国证券投资基金业协会.纪律处分决定书 [EB/OL].［2021-11-18］.https://www.amac.org.cn/selfdisciplinemeasures/cyry/hyjg/202111/P020211118691229477263.pdf.

　　问题：A 投资管理公司违反了哪些法律规定？

　　分析：

　　（1）A 投资管理公司通过互联网公开宣传推介其管理的私募基金产品，在其投资官网未按规定设置在线特定对象确定程序，违反了《证券投资基金法》第九十一条的规定："非公开募集基金，不得向合格投资者之外的单位和个人募集资金，不得通过报刊、电台、电视台、互联网等公众传播媒体或者讲座、报告会、分析会等方式向不特定对象宣传推介。"

　　（2）公司管理的部分私募基金产品存在未对部分投资者风险识别能力和风险承担能力进行评估，违反了《证券投资基金法》第八十七条的规定："合格投资者，是指达到规定资产规模或者收入水平，并且具备相应的风险识别能力和风险承担能力、其基金份额认购金额不低于规定限额的单位和个人。"公司应该切实提高规范运作意识，持续加强业务管理，尽职履行基金管理人职责，杜绝违法违规行为。

②基金托管人、基金管理人的规定。除基金合同另有约定外，非公开募集基金应当由基金托管人托管。担任非公开募集基金的基金管理人，应当按照规定向基金行业协会履行登记手续，报送基本情况。未经登记，任何单位或者个人不得使用"基金"

或者"基金管理"字样或者近似名称进行证券投资活动；但是，法律、行政法规另有规定的除外。基金管理人、基金托管人应当按照基金合同的约定，向基金份额持有人提供基金信息。专门从事非公开募集基金管理业务的基金管理人，其股东、高级管理人员、经营期限、管理的基金资产规模等符合规定条件的，经国务院证券监督管理机构核准，可以从事公开募集基金管理业务。

（2）非公开募集基金基金合同的法律规定。

非公开募集基金应当制定并签订基金合同。基金合同应当包括下列内容：①基金份额持有人、基金管理人、基金托管人的权利、义务；②基金的运作方式；③基金的出资方式、数额和认缴期限；④基金的投资范围、投资策略和投资限制；⑤基金收益的分配原则、执行方式；⑥基金承担的有关费用；⑦基金信息提供的内容、方式；⑧基金份额的认购、赎回或者转让的程序和方式；⑨基金合同变更、解除和终止的事由、程序；⑩基金财产清算方式；⑪当事人约定的其他事项。

按照基金合同的约定，非公开募集基金可以由部分基金份额持有人作为基金管理人负责基金的投资管理活动，并在基金财产不足以清偿其债务时对基金财产的债务承担无限连带责任。非公开募集基金的基金合同还应载明：①承担无限连带责任的基金份额持有人和其他基金份额持有人的姓名或者名称、住所；②承担无限连带责任的基金份额持有人的除名条件和更换程序；③基金份额持有人增加、退出的条件、程序以及相关责任；④承担无限连带责任的基金份额持有人和其他基金份额持有人的转换程序。

非公开募集基金募集完毕，基金管理人应当向基金行业协会备案。对募集的资金总额或者基金份额持有人的人数达到规定标准的基金，基金行业协会应当向国务院证券监督管理机构报告。非公开募集基金财产的证券投资，包括买卖公开发行的股份有限公司股票、债券、基金份额，以及国务院证券监督管理机构规定的其他证券及其衍生品种。

基金管理人、基金托管人应当按照基金合同的约定，向基金份额持有人提供基金信息。专门从事非公开募集基金管理业务的基金管理人，其股东、高级管理人员、经营期限、管理的基金资产规模等符合规定条件的，经国务院证券监督管理机构核准，可以从事公开募集基金管理业务。

案例分析 9-3

北京 B 资本管理公司在非公开募集基金募集的过程中，向投资者承诺保本收益，在非公开募集基金募集完毕后，未按照相关规定及时填报并更新公司人员信息、高级管理人员信息、注册地信息等登记信息，未按照规定更新基金运行信息等备案信息，未在私募基金信息披露备份系统提交相关产品月报、季报和年报。

资料来源：中国证券投资基金业协会.纪律处分决定书［EB/OL］.［2021-11-18］.https://www.amac.org.cn/selfdisciplinemeasures/cyry/hyjg/202209/P020220907594237115369.pdf.

问题：北京 B 资本管理公司在非公开募集基金募集的过程中和募集完毕后，违反了哪些规定？

分析：北京 B 资本管理公司在非公开募集基金募集的过程中，向投资者承诺保本收益，违反了《私募投资基金监督管理条例》第二十条的规定："不得向投资者承诺投资本金不受损失或者承诺最低收益。"

北京 B 资本管理公司在非公开募集基金募集完毕后，未按照相关规定及时填报并更新公司人员信息、高级管理人员信息、注册地信息等登记信息，未按照规定更新基金运行信息等备案信息，未在私募基金信息披露备份系统提交相关产品月报、季报和年报，上述情形违反了《私募投资基金监督管理条例》第二十二条的规定："私募基金管理人应当自私募基金募集完毕之日起 20 个工作日内，向登记备案机构报送材料，办理备案。"

9.2.2　证券投资基金的交易与运作

1）公开募集基金的基金份额的交易、申购与赎回

（1）公开募集基金的基金份额的交易。

①公开募集基金交易核准制。

申请基金份额上市交易，基金管理人应当向证券交易所提出申请，证券交易所依法审核同意的，双方应当签订上市协议。基金份额上市交易规则由证券交易所制定，报国务院证券监督管理机构批准。

②基金份额上市交易的条件。

基金份额上市交易，应当符合下列条件：基金募集符合《证券投资基金法》的规定；基金合同期限为 5 年以上；基金募集金额不低于 2 亿元人民币；基金份额持有人不少于 1 000 人；基金份额上市交易规则规定的其他条件。

③基金份额上市交易的终止。

基金份额上市交易后，有下列情形之一的，由证券交易所终止其上市交易，并报国务院证券监督管理机构备案：不再具备《证券投资基金法》第六十三条规定的上市交易条件；基金合同期限届满；基金份额持有人大会决定提前终止上市交易；基金合同约定的或者基金份额上市交易规则规定的终止上市交易的其他情形。

（2）公开募集基金的基金份额的申购与赎回。

①基金份额的申购、赎回和登记的时间。

基金管理人应当在每个工作日办理基金份额的申购、赎回业务；基金合同另有约定的，从其约定。

②基金份额的申购、赎回和登记的办理。

开放式基金份额的申购、赎回和登记由基金管理人负责办理；基金管理人可以委托基金服务机构代为办理。

③基金份额的申购与赎回的成立、生效。

投资人交付申购款项，申购成立；基金份额登记机构确认基金份额时，申购生效；基金份额持有人递交赎回申请，赎回成立；基金份额登记机构确认赎回时，赎回生效。

④开放式基金的现金流。

开放式基金应当保持足够的现金或者政府债券，以备支付基金份额持有人的赎回款项。基金财产中应当保持的现金或者政府债券的具体比例，由国务院证券监督管理机构规定。

⑤基金份额申购与赎回的价格。

基金份额的申购与赎回的价格应依据申购、赎回日基金份额净值加、减有关费用计算。基金份额净值计价出现错误时，基金管理人应当立即纠正，并采取合理的措施防止损失进一步扩大。计价错误达到基金份额净值的0.5%时，基金管理人应当公告，并报国务院证券监督管理机构备案。

因基金份额净值计价错误造成基金份额持有人损失的，基金份额持有人有权要求基金管理人、基金托管人予以赔偿。

2）公开募集基金的运行

证券投资基金投资收益的最大化是基金管理人与基金持有人的利益所在，而是否能带来投资的高回报，关键在于基金管理人所进行的投资组合选择。

（1）基金管理人运用基金财产进行证券投资，应当采用资产组合方式。

所谓资产组合方式，是指基于证券投资基金的投资目的和投资方向，将基金财产投资于按照一定原则选择并按照一定比例进行组合的多种证券。运用基金财产进行组合投资的目的是降低投资风险，保持基金资产的流动性和投资收益的稳定性。

基金资产组合分为以下类型：

① 可投资的主要证券品种之间的组合。一只基金通常组合了不同的证券品种，但是以某一证券品种的资产组合为主。比如，股票型基金以股票组合为主，债券型基金以债券组合为主。

② 同一种证券的品种组合。以投资某一种证券为主的基金，根据其投资方向和目的的不同，其资产组合的具体品种各不相同。比如，同样是股票型基金，对于积极成长型基金，主要追求高风险、高回报，以买入卖出股票的差价为收益的主要来源，资产组合主要以具有高速成长潜力的中小型企业的股票为主；对于平稳成长型基金，主要追求稳定的长期的投资收益，以大型绩优公司的股票组合为主；对于股票指数基金，则以证券市场代表性指数的成分股股票为主进行投资组合。

③ 某些基金还对投资证券所代表的行业另有要求，在进行资产组合时应当按照基金合同的约定，对代表不同行业的证券进行资产组合。

（2）基金财产投资范围。

证券投资基金的基金财产应当用于证券投资。广义的证券，是指各种表明民事权利的书面凭证。狭义的证券，是指资本证券，主要包括表明债权关系的债券以及表明股东权利的股票。基金财产投资的证券指的是狭义的证券，即资本证券。

①上市交易的股票。

股票是发行公司为筹集资本向投资人发行的股份凭证，它代表的是股票持有者对发行公司的股东权利。上市交易的股票，是指在证券交易所挂牌，进行集中竞价交易的股票。投资于上市交易的股票，可以获取分配的股息和红利以及买入卖出股票的差价收益，并且上市交易的股票实行集中竞价交易，流通性强，股票所属公司的信息公开，受到严格的市场监管，是证券投资基金的主要投资品种之一。

②上市交易的债券。

债券是发行人为向社会借债筹措资金，向投资人发行的承诺到期支付利息和返还本金的债权凭证。目前，我国证券市场发行的债券主要包括政府债券（国债）、金融债券、公司债券和企业债券。政府债券是由中央政府发行的债券；金融债券是由银行或者非银行金融机构发行的债券；公司债券、企业债券则是由符合法律规定条件的公司、企业发行的债券。上市交易的债券，是指在证券交易所挂牌，实行集中竞价交易的债券。上市交易的债券到期偿还本息，收益比较稳定，风险较小，同样具有流通性，是证券投资基金的主要投资品种之一。

③国务院证券监督管理机构规定的其他证券品种。

国务院证券监督管理机构可以按照《证券投资基金法》的授权，根据我国证券市场和证券投资基金业的发展状况和实际需要，规定证券投资基金可投资的证券品种。

9.3 证券投资基金信息披露与监督管理

9.3.1 证券投资基金信息披露

1）证券投资基金主要当事人的信息披露义务

在基金募集和运作过程中，负有信息披露义务的当事人主要有基金管理人、基金托管人、召集基金份额持有人大会的基金份额持有人。他们应当依法及时披露基金信息，并保证所披露信息的真实性、准确性和完整性。各基金当事人在信息披露中的具体职责如下：

（1）基金管理人的信息披露义务。

对基金管理人来说，主要负责办理与基金财产管理业务活动有关的信息披露事项，具体涉及基金募集、上市交易、投资运作、净值披露等各环节，包括向中国证监会提交基金合同草案、托管协议草案、招募说明书草案等募集申请材料；在基金合同生效的次日，在指定报刊和基金管理人网站上登载基金合同生效公告；开放式基金合同生效后每 6 个月结束之日起 45 日内，将更新的招募说明书登载在基金管理人网站上，将更新的招募说明书摘要登载在指定的报刊上；在公告的 15 日前，应向中国证监会报送更新的招募说明书，并就更新内容提供书面说明；基金拟在证券交易所上市的，应向交易所提交上市交易公告书等上市申请材料；至少每周公告 1 次封闭式基金的基金资产净值和基金份额净值；在每年结束后 90 日内，在指定报刊上披露年度报告摘要，在基金管理人网站上披露年度报告全文；当发生对基金份额持有人权益或者基金价格产生重大影响的事件时，应在 2 日内编制并披露临时报告书，并在公开披露日分别报中国证监会和基金管理人主要办公场所所在地中国证监会派出机构备案；当媒体报道或市场流传的消息可能对基金价格产生误导性影响或者引起较大波动时，基金管理人应在知悉后立即对该消息进行公开澄清，并将有关情况报告中国证监会及基金上市的证券交易所；基金管理人召集基金份额持有人大会的，应至少提前 30 日公告大会的召开时间、会议形式、审议事项、议事程序和表决方式等事项；基金管理人职责终止时，应聘请会计师事务所对基金财产进行审计，并将审计结果予以公告，同时报中国证监会备案。

除依法披露基金财产管理业务活动相关的事项外，对基金管理人运用固有资金进行基金投资的事项，基金管理人也应履行相关披露义务，包括在基金季度报告中披露运用固有资金投资封闭式基金的情况；持有封闭式基金超过基金总额 5% 的，应按规定进行临时公告；拟申购、赎回开放式基金的，或已投资其他公司管理的开放式基金的，应按规定提前披露相关信息。

（2）基金托管人的信息披露义务。

基金托管人的信息披露义务主要是办理与基金托管业务活动有关的信息披露事项，具体涉及基金资产保管、代理清算交割、会计核算、净值复核、投资运作监督等环节，包括在基金份额发售的 3 日前，将基金合同、基金托管协议登载在基金托管人网站上；对基金管理人编制的基金资产净值、基金份额净值、基金份额申购赎回价格、基金定期报告和定期更新的招募说明书等公开披露的相关基金信息进行复核、审查，并向基金管理人出具书面文件或者盖章确认；在基金年度报告中出具基金托管人报告，对报告期内基金托管人是否尽职尽责履行业务以及是否遵规守约等情况作出声明；当基金发生涉及基金托管人及托管业务的重大事件时，基金托管人应当在事件发生之日起 2 日内编制并披露临时公告书，并报中国证监会和基金托管人主要办公场所所在地中国证监会派出机构备案；基金托管人召集基金份额持有人大会的，应至少提前 30 日公告大会的召开时间、会议形式、审议事项、议事程序和表决方式等事项，会议召开后，应将基金份额持有人大会决定的事项报中国证监会核准或备案，并予公告；基金托管人职责终止时，应聘请会计师事务所对基金财产进行审计，并将审计结果予以公告，同时报中国证监会备案。

同基金管理人一样，基金托管人也应建立健全各项信息披露管理制度，指定专人负责管理信息披露事务。

（3）基金份额持有人的信息披露义务。

基金份额持有人的信息披露义务主要体现在与基金份额持有人大会相关的披露义务。根据《证券投资基金法》的规定，当代表基金份额 10% 以上的基金份额持有人就同一事项要求召开持有人大会，而基金管理人和基金托管人都不召集时，代表基金份额 10% 以上的持有人有权自行召集，并报国务院证券监督管理机构备案。此时，该类基金份额持有人应至少提前 30 日公告基金份额持有人大会的召开时间、会议形式、审议事项、议事程序和表决方式等事项。会议召开后，如果基金管理人和基金托管人对基金份额持有人决定的事项不履行信息披露义务的，召集基金份额持有人大会的基金份额持有人应当履行相关的信息披露义务。

另外，有时公开披露的基金信息需要由中介机构出具意见书。例如，会计师事务所需要对基金年度报告中的财务报告、基金清算报告等进行审计，律师事务所需要对基金招募说明书、基金清算报告等文件出具法律意见书。此时，该类中介机构应保证所出具的文件的真实性、准确性和完整性。

2）证券投资基金信息披露的内容

（1）基金信息披露的概念。

基金信息披露，是指依据《证券投资基金法》的有关规定，在基金募集、交易、运作等一系列环节中，基金信息披露义务人向社会公众进行信息披露，并保证所披露信息的真实性、准确性和完整性。

建立基金信息披露制度，不仅可以提高证券市场的效率，防范证券市场信息披露的无序状况，克服可能存在的管理人道德风险问题，还可以增加资本市场的透明度，有利于投资者的价值判断，作出理性投资选择。

（2）基金信息披露的内容。

① 基金募集信息披露。基金募集信息披露，是指在基金募集过程中，基金管理人向社会公众公开披露有关信息。在基金募集信息披露中，基金招募说明书是较为重要的一个文件。基金招募说明书是基金管理人为发售基金份额而依法制作的，供基金投资人了解管理人基本情况，说明基金募集有关事宜，指导基金投资人认购基金份额的规范性文件。其编制原则是，基金管理人应将所有对基金投资人作出投资判断有重大影响的信息予以充分披露，以便基金投资人更好地作出投资决策。

根据《证券投资基金法》的规定，基金招募说明书应当包括下列内容：A.基金募集申请的核准文件名称和核准日期；B.基金管理人、基金托管人的基本情况；C.基金合同和基金托管协议的内容摘要；D.基金份额的发售日期、价格、费用和期限；E.基金份额的发售方式、发售机构及登记机构名称；F.出具法律意见书的律师事务所和审计基金财产的会计师事务所的名称和住所；G.基金管理人、基金托管人报酬及其他有关费用的提取、支付方式与比例；H.风险警示内容；I.国务院证券监督管理机构规定的其他内容。

②基金运作信息披露。基金运作信息披露主要是指在基金合同生效后至基金合同终止前，基金信息披露义务人依法定期披露基金的上市交易、投资运作及经营业绩等信息。其主要文件包括基金份额上市交易公告书和定期报告。

A.上市交易公告书。凡是根据有关法律法规发售基金份额并申请在证券交易所上市交易的基金，基金管理人均应编制并披露基金份额上市交易公告书。目前，披露上市交易公告书的基金品种主要有封闭式基金、上市型开放式基金（LOF）和交易型开放式指数基金（ETF）。

B.定期报告。定期报告包括基金年度报告、基金半年度报告和基金季度报告。

a.基金年度报告。基金管理人应当在每年结束之日起90日内，编制完成基金年度报告，并将年度报告正文登载于网站上，将年度报告摘要登载在指定报刊上。基金年度报告的财务会计报告应当经过审计。

b. 基金半年度报告。基金管理人应当在上半年结束之日起 60 日内，编制完成基金半年度报告，并将半年度报告正文登载于网站上，将半年度报告摘要登载在指定报刊上。

c. 基金季度报告。基金管理人应当在每个季度结束之日起 15 个工作日内，编制完成基金季度报告，并将季度报告登载在指定报刊和网站上。

基金合同生效不足 2 个月的，基金管理人可以不编制当期季度报告、半年度报告或者年度报告。基金定期报告应当在公开披露的第二个工作日，分别报中国证监会和基金管理人主要办公场所所在地中国证监会派出机构备案。报备应当采用电子文本和书面报告两种方式。

③ 基金临时信息披露。基金临时信息披露主要是指在基金存续期间，当足以影响到投资者决策和足以影响到证券市场价格变动的重大事件出现时，基金信息披露义务人依法对外披露的临时报告。

基金发生重大事件，有关信息披露义务人应当于重大事件发生起 2 日内编制临时报告书，予以公告，并在公开披露日分别报中国证监会和基金管理人主要办公场所所在地中国证监会派出机构备案。这里说的重大事件包括下列情况：基金份额持有人大会的召开；提前终止基金合同；基金扩募；延长基金合同期限；转换基金运作方式；更换基金管理人、基金托管人；基金管理人、基金托管人的法定名称、住所发生变更；基金管理人股东及其出资比例发生变更；基金募集期延长；基金管理人的董事长、总经理及其他高级管理人员、基金经理和基金托管人、基金托管的部门负责人发生变动；基金管理人的董事在 1 年内变更超过 50%；基金管理人、基金托管人的基金托管部门的主要业务人员在 1 年内变动超过 30%；涉及基金管理人、基金财产、基金托管业务的诉讼；基金管理人、基金托管人受到监管部门的调查；基金管理人及其董事、总经理及其他高级管理人员、基金经理受到严重行政处罚，基金托管人及其基金托管部门负责人受到严重行政处罚；重大关联交易事项；基金收益分配事项；管理费、托管费等费用计提标准、计提方式和费率发生变更；基金份额净值计价错误达基金份额净值的 0.5%；基金改聘会计师事务所；变更基金份额发售机构；基金更换注册登记机构；开放式基金开始办理申购、赎回；开放式基金申购、赎回费率及其收费方式发生变更；开放式基金发生巨额赎回并延期支付；开放式基金连续发生巨额赎回并暂停接受赎回申请；开放式基金暂停接受申购、赎回申请后重新接受申购、赎回；中国证监会规定的其他事项。

3）证券投资基金信息披露的禁止行为

为了防止信息误导给投资者造成损失，保护公众投资者的合法权益，维护证券市场的正常秩序，法律法规对于以公开披露基金信息为名，编制、传播虚假基金信息，恶意进行信息误导，诋毁同行或竞争对手等行为作出了禁止性规定，具体包括以下情形：

（1）虚假记载、误导性陈述或者重大遗漏。虚假记载，是指信息披露义务人将不存在的事实在基金信息披露文件中予以记载的行为。误导性陈述，是指使投资者对基金投资行为发生错误判断并产生重大影响的陈述。重大遗漏，是指披露中存在应披露而未披露的信息，以至于投资者作出重大决策。以上三类行为将扰乱市场正常秩序，侵害投资者合法权益，属于严重的违法犯罪行为。

（2）对证券投资业绩进行预测。对于证券投资基金，其投资领域横跨资本市场和货币市场，投资范围涉及股票、债券、货币市场工具等金融产品，基金的各类投资标的由于受到发行主体、经营情况、市场涨跌、宏观政策以及基金管理人的操作等因素影响，其风险收益变化存在一定的随机性，因此对基金的证券投资业绩水平进行预测并不科学，应予以禁止。

（3）违规承诺收益或者承担损失。基金是存在一定投资风险的金融产品，投资者应根据自己的收益偏好和风险承受能力，审慎选择基金产品，即所谓的"买者自慎"。一般情况下，基金管理人可以受托管理基金资产，基金托管人可以受托保管基金资产，但没有人可以替代基金投资人承担基金投资的盈亏。就基金信息披露义务人而言，他没有承诺收益的能力，也不存在承担损失的能力。因此，如果信息披露中违规承诺收益或承担损失，则被视为对投资者的诱骗及进行不正当竞争。

（4）诋毁其他基金管理人、基金托管人或者基金份额发售机构。如果基金管理人、基金托管人或者基金销售机构对其他同行进行诋毁、攻击，借以抬高自己，则被视为违反市场公平原则，扰乱市场秩序，构成一种不当竞争行为。

（5）中国证监会禁止的其他行为。

9.3.2　证券投资基金监督管理

1）证券投资基金监管概述

基金是面向社会大众销售的投资产品，不断完善对基金活动的监管，是保护广大投资者利益的重要保证。建立健全基金监管体系，既是我国基金业规范运作的客观要求，也是我国基金业快速、健康发展的重要保证。中国证监会在对我国基金的监管上负有最主要的责任。

（1）基金监管的含义。

基金监管，是指监管部门运用法律的、经济的以及必要的行政手段，对基金市场参与者行为进行的监督与管理。基金监管对于维护证券市场良好秩序、提高证券市场效率、保护基金份额持有人利益均具有重大意义，是证券市场监管体系中不可缺少的组成部分。

证券投资基金监管体系可分为基金从业机构的内部监管体系和监管机构的外部监管体系。

内部监管体系包括：①内部自我控制体系。其目的在于合理评价和控制风险。在基金管理业务中，管理投资风险的技术和防范操作风险的制度共同构成了内部控制制度的基本框架。②公司治理结构。基金管理公司属于专业投资管理机构，其治理结构中不但要综合考虑股东、董事会、管理层之间的权利与义务制衡机制，还要建立相关的机制来保护利益相关人的权益。通过完善治理结构，可在基金管理公司内部形成基金监管的第一道防线。

外部监管体系包括：①独立中介机构的监督；②信息披露和媒体监督；③行业自律监管；④国务院证券监督管理机构的监管，它是基金监管的最后一道防线，也是整个基金监管体系的核心。

（2）证券监督管理机构的监督管理。

中国证监会是我国基金市场的监管主体，其依法对基金市场参与者的行为进行监督管理，在涉及个别监管事项上，如基金托管资格核准、行业银行设立基金公司的审核及监管等，则由中国证监会联合其他有关金融监管部门实施联合监管。国务院证券监督管理机构的监管是整个基金监管体系的核心。《证券投资基金法》规定，国务院证券监督管理机构在监管基金活动中，依法履行下列职责：①依法制定有关证券投资基金活动监督管理的规章、规则，并依法行使审批权、核准权或注册权；②办理基金备案；③对基金管理人、基金托管人及其他机构从事证券投资基金活动进行监督管理，对违法行为进行查处，并予以公告；④制定基金从业人员的资格标准和行为准则，并监督实施；⑤监督检查基金信息的披露情况；⑥指导和监督基金同业协会的活动；⑦法律、行政法规规定的其他职责。

证券投资基金监管活动主要包括对基金管理公司的监管、对基金托管人的监管、对证券投资基金服务机构的监管和对证券投资基金的监管等。

（3）基金行业协会的监督管理。

中国证券业协会作为我国证券业的自律性组织，对基金业实行行业自律管理。证券交易所负责组织和监督基金的上市交易，并对上市交易基金的信息披露进行监督。基金行业协会是证券投资基金行业的自律性组织，是社会团体法人。基金管理人、基金托管人应当加入基金行业协会，基金服务机构可以加入基金行业协会。基金行业协会的权力机构为全体会员组成的会员大会。基金行业协会设理事会。理事会成员依章程的规定由选举产生。基金行业协会章程由会员大会制定，并报国务院证券监督管理机构备案。

基金行业协会履行下列职责：①教育和组织会员遵守有关证券投资的法律、行政法规，维护投资人合法权益；②依法维护会员的合法权益，反映会员的建议和要求；③制定和实施行业自律规则，监督、检查会员及其从业人员的执业行为，对违反自律规则和协会章程的，按照规定给予纪律处分；④制定行业执业标准和业务规范，组织基金从业人员的从业考试、资质管理和业务培训；⑤提供会员服务，组织行业交流，推动行业创新，开展行业宣传和投资人教育活动；⑥对会员之间、会员与客户之间发生的基金业务纠纷进行调解；⑦依法办理非公开募集基金的登记、备案；⑧协会章程规定的其他职责。

（4）证券交易所的自律管理。

证券交易所的监管主要包括两个方面：一是对基金上市的监管。其主要体现在证券交易所制定详细的交易规则，对基金上市行为进行规范。二是对基金投资行为的监管。根据国务院证券监督管理机构的有关规定，证券交易所应当在规定时间内向国务院证券监督管理机构报送基金交易行为月度监控报告。当单一基金或基金管理公司管理的不同基金出现异常交易行为时，证券交易所可视情况进行处理，包括提示、警告、公开谴责等，对异常交易程度和性质的认定有争议的，书面报告国务院证券监督管理机构。

2）基金服务机构监管

（1）对基金管理公司的监管。

对基金管理公司的监管主要包括市场准入监管和日常持续监管。

市场准入监管主要是指对相关资格的审核与批准，包括：①对基金管理公司设立的审核；②对基金管理公司重大事项变更的审核，如变更股东、注册资本或者股东出资比例，以及变更名称、住所、修改章程等；③对基金管理公司分支机构设立的审核等。

基金管理公司日常监管的主要内容包括：①基金公司的治理监管，如监督基金管理公司股东会、董事会、监事会的职责规定是否明确、合法、有效等；②内部控制监管，基金管理公司的内部控制对防范和化解风险、保护基金资产的安全、保障持有人利益有着十分重要的作用，是日常监管的重点。

（2）对基金托管人的监管。

中国证监会对基金托管人的监管可分为市场准入监管和日常监管两个方面。市场准入监管包括确立托管人托管资格，要求在资产质量、人员配备、办公硬件及系统软件、风险控制等方面符合《证券投资基金法》《证券投资基金托管业务管理办法》《证券投资基金托管资格管理办法》等法律法规的规定；规定基金托管人批准资格，商业银行及其他金融机构从事基金托管业务，应当经中国证监会核准，依法取得基金托管资格。日常监管主要是对基金托管机构高级管理人员从业资格的监管和对托管人托管业务的日常监管。

（3）对基金销售机构和注册登记机构的监管。

此项监管主要是对基金代销机构、登记机构的准入监管及对基金销售机构的日常监管。

3）基金运作监管

（1）对基金募集申请核准的监管。

基金募集申请核准是基金运作的首要业务环节。对基金募集申请核准的监管包括对基金设立申报材料是否齐备的审查；对基金设立申报材料是否合法的审查；对基金设立申报材料进行评议以及国务院证券监督管理机构核准或者不予核准的决定。

（2）对基金销售活动的监管。

对基金销售活动的监管主要包括销售人资格和销售行为监管两个方面。

按照《证券投资基金法》的规定，商业银行、证券公司等机构可以接受基金管理人的委托，办理开放式基金单位的认购、申购和赎回业务，但其资格要经国务院证券监督管理机构认定核准。此外，基金管理公司、基金代销机构中向投资人提供基金投资咨询服务的工作人员应当具备基金从业资格。

　　《证券投资基金法》体现了对禁止性销售行为的监管，如不得有虚假记载、误导性陈述和重大遗漏；不得对证券投资业绩进行预测；不得诋毁其他基金管理人、基金托管人或者基金份额发售机构；不得有国务院证券监督管理机构规定的其他行为。

　　（3）对基金信息披露的监管。

　　目前，对基金信息披露进行监管的部门主要是国务院证券监督管理机构和证券交易所，但各自的分工和权限有所不同。国务院证券监督管理机构主要负责起草修订基金信息披露的相关规章，对基金设立信息披露文件进行审核，指导、督促交易所的监管等。证券交易所主要负责监管上市基金的持续信息披露。

　　（4）对基金投资与交易行为的监管。

　　监管部门对证券投资基金投资与交易行为的日常监管主要是指对基金投资的比例、投资禁止行为等进行监管。《证券投资基金法》规定，对证券投资基金投资与交易的违法违规行为，监管部门可视情节严重程度给予不同程度的处理。

4）基金行业高级管理人员和投资管理人员监管

　　（1）基金行业高级管理人员监管。

　　基金高级管理人员的监管由市场准入监管、任职期间监管、违规处理和市场退出等环节组成。在《基金从业人员资格管理暂行规定》中，高级管理人员，是指基金管理公司、基金托管部总经理、副总经理以及国务院证券监督管理机构认定的其他人员。

　　加强对基金高级管理人员的监督管理，有利于规范基金管理公司的运作，防范基金管理公司的经营风险；有利于提高基金高级管理人员的执业素质，保护基金份额持有人利益；有利于实现信息资源的集中共享。

　　（2）基金管理公司投资管理人员监管。

　　基金管理公司投资管理人员，是指在公司负责基金研究、投资、交易的人员以及实际履行相应职责的人员，包括公司投资决策委员会成员；公司分管投资、研究、交易业务的高级管理人员；公司投资、研究、交易部门的负责人；基金经理、基金经理助理；中国证监会规定的其他人员。

　　对基金管理公司投资管理人员的监管包括对任职资格、注册制度、行为规范、日常管理等的监管。

案例分析 9-4　　　　　　　　**运用并购消息进行投资交易**

　　A 基金管理公司的一名基金投资经理，在参加一次同学聚会时，从同学处了解到 B 上市公司即将并购另一家公司的消息，这位同学是 B 上市公司高管，于是该基金经理利用此消息进行了投资交易。

　　问题：该基金投资经理利用此消息进行的投资交易是否构成内幕交易？

　　分析：该基金投资经理利用此消息进行的投资交易属于内幕交易，违反了《证券投资基金法》中"基金财产不得用于从事内幕交易、操纵证券交易价格及其他不正当的证券交易活动"的规定。

【学思践悟】　私募投资基金向法治化、规范化发展

《私募投资基金监督管理条例》（以下简称《条例》）于 2023 年 7 月 3 日正式公布。业内专家认为，《条例》的出台，完善了私募基金监管制度，并划定监管底线，代表着我国私募监管进入新的阶段，也展现出监管新理念，进一步促使私募基金业务活动朝着更加法治化、规范化的方向发展。

《条例》出台后，监管制度序列更加完备。数据显示，截至 2023 年 5 月底，在中国证券投资基金业协会登记的私募基金管理机构 2.2 万家，管理基金数量 15.3 万只，管理基金规模 21 万亿元左右。从小众行业成长为我国金融体系重要组成部分，私募基金在服务实体经济、支持创新创业、提高直接融资比重、满足居民财富管理需求等方面，发挥着越来越重要的作用。2023 年 6 月 16 日，《条例》通过国务院常务会议审议，并于 2023 年 9 月 1 日起正式施行。北京大学法学院教授郭雳表示，《条例》是我国私募投资基金行业首部行政法规，补充了私募基金监管序列上的缺环，为规范私募基金提供了行政法规层面的依据，可以更好平衡监管制度层级，以灵活应对行业实践的需求，丰富完善了监管制度体系。北京天驰君泰律师事务所合伙人、北京市律师协会公司法专业委员会副主任原森泰认为，《条例》补足了私募基金监管方面的短板，增加了私募基金法律制度供给，并将近年来私募行业行政监管规则等纳入其中，提升了规则效力层的级别。

私募监管主体更加明确。私募基金主要分为私募证券基金、私募股权基金两类。其中，《证券投资基金法》主要对私募证券基金的监管作出了规定，但对私募股权基金的监管则主要依赖部门规章、规范性文件及自律规则。

资料来源：梁银妍.私募投资基金向法治化规范化发展［N］.上海证券报，2023-07-11（002）.

问题：《私募投资基金监督管理条例》在哪些环节上完善了私募投资基金的监管？

分析：《私募投资基金监督管理条例》划定了监管底线，规范了私募投资基金"募、投、管、退"各关键环节的相关活动，并对不同类型私募基金，特别是创业投资基金实施差异化监管，对基金管理人侵占挪用基金财产等违法违规行为从严规制，有效夯实了私募投资基金的法治基础，监管活动环节得到了进一步完善。党的二十大报告提出，加强和完善现代金融监管，强化金融稳定保障体系，依法将各类金融活动全部纳入监管，守住不发生系统性风险底线。

本章小结

证券投资基金是随着证券业的发展而出现的一种实行组合投资、专业管理、利益共享、风险共担的集合投资方式。与投资股票、债券不同，证券投资基金是一种间接投资工具。证券投资基金当事人包括基金投资人、基金管理人和基金托管人，他们享有权利也履行义务。证券投资基金应当按照法律规定的程序进行募集、交易与运作，

不得违规操作。证券投资基金的信息披露应真实、准确、完整。同时，证券投资基金的监管部门要依法对基金市场参与者的行为进行监督与管理。

本章训练

一、思考题

1.证券投资基金的特点是什么？

2.开放型投资基金与封闭型投资基金的区别有哪些？

3.基金管理人、基金托管人的职责有哪些？

4.简述证券投资基金监管的内容。

二、案例分析题

A证券公司、B基金管理公司和C信托投资公司拟作为发起人共同设立封闭式证券投资基金（以下简称D基金）。上述发起人拟订的设立D基金的有关计划要点如下：

（1）D基金的基金单位拟定为8亿份，每份面值为1元人民币，每份发行价格拟定为1.02元人民币。基金的募集期限为6个月，自该基金批准之日起，在6个月内募集的资金达到6亿元人民币，该基金即可成立。

（2）D基金的存续时间为4年。当封闭期限届满时，基金持有人大会同意续期的，即可续期；基金持有人大会不同意续期的，即不得续期。

（3）D基金拟以其资产总值的75%用于股票、债券的投资。为了保证基金资产的安全，其投资于1家上市公司的股票将不超过自身资产净值的15%。

（4）D基金的托管人拟由A证券公司担任，基金管理人拟由B基金管理公司担任。如果D基金不能在批准的规模内募集到法定的资金，将不能成立。基金发起人必须将已募集的资金（在扣除募集费用之后）退还给基金认购人。

问题：按上述顺序，分别指出不符合规定之处，并说明理由。

分析：

（1）首先，D基金的募集期限的安排不符合有关规定。根据有关规定，封闭式基金的募集期限为3个月，而非6个月。其次，D基金的募集资金达到6亿元人民币即可成立，不符合有关规定。根据有关规定，封闭式基金募集的资金超过批准规模的80%即可成立。以此计算，D基金的募集资金只有达到6.4亿元人民币才可成立。

（2）首先，D基金的存续时间不符合有关规定。根据有关规定，D基金的存续时间不得少于5年，而非4年。其次，D基金有关续期的表述有不当之处。根据有关规定，基金的续期除了须经过基金持有人大会同意及具备其他条件外，还须经过国务院证券监督管理机构的批准。

（3）D基金用于投资股票、债券的资产比例和持有1家上市公司的股票比例不符合有关规定。根据有关规定，1只基金投资于股票、债券的比例，不得低于该基金资产总值的80%；1只基金持有1家上市公司的股票，不得超过该基金资产净值的10%。

（4）根据有关规定，基金托管人应为商业银行，D基金的基金托管人由A证券公司担任不符合规定。基金发起人在基金不能成立时返还已募集资金的方式不符合有关规定。根据有关规定，如果基金不能成立，基金发起人必须承担基金募集费用，已募集的资金并加计银行活期存款利息在30天内退还基金认购人。

第10章
期货交易法律制度

学习目标

知识目标：理解期货的概念、期货交易法的适用范围和原则；掌握期货交易所、期货公司的相关规范；熟知期货从业人员行为规范；了解期货市场相关主体违法应承担的法律责任。

素养目标：通过学习期货市场发展历程，认识到我国期货市场正逐步成熟和完善，以及期货市场对国民经济的重要作用，培养学生爱岗敬业的情怀；通过学习期货交易特点，培养学生诚实守信，恪尽职守，促进机构规范运作，维护期货行业声誉，树立以专业的技能，谨慎、勤勉尽责地为客户提供服务的工作作风，理解党的二十大报告提出的深化金融体制改革、加强和完善现代金融监管、强化金融稳定保障体系、稳步扩大制度型开放的精神；通过学习期货交易法律制度，培养学生树立遵守期货从业有关法律、行政法规，遵守期货业协会和期货交易所自律规则的意识。

导入案例　　　　　　　　期货公司私自可否违背客户交易指令

某期货公司接受客户张某委托为其进行玉米期货交易，张某根据玉米期货近期的表现，总结经验，得出玉米处于多头行情中，并有加速上涨的趋势，于是下达交易指令，买入玉米期货合约50手。但是，期货公司根据自己以往的经验，预测玉米期货的走势并不十分明朗，有下跌的风险，于是擅自做主没有为张某下达交易指令。结果玉米期货价格迅速上涨，造成张某没有获利。

资料来源：根据2023—2024年期货从业资格之期货法律法规自测题整理所得。

问题：在案例中，期货公司应受到何种惩罚？

分析：期货公司未按照规定接受客户委托或者不按照客户委托内容擅自进行期货交易的，根据《期货交易管理条例》第六十七条的规定，应责令改正，给予警告，没收违法所得，并处违法所得1倍以上5倍以下的罚款；没有违法所得或者违法所得不满10万元的，并处10万元以上50万元以下的罚款；情节严重的，责令停业整顿或者吊销期货业务许可证。

10.1　期货法规概述

10.1.1　期货交易概述

1）期货交易的概念

在现代市场经济中存在两种交易形式，即现货交易和期货交易。现货交易是以实现实物商品所有权的转移为最终目的的交易行为，它是人们经济生活中最熟悉、最普通、历史也最悠久的交易形式。现货交易发展到一定程度，出现了远期交易行为，即以合同的形式约定下来，并在未来某个时间交收实物的一种交易行为。这种远期交易的进一步发展，最终产生了区别于现货交易方式的期货交易。

期货交易是交易双方在期货交易所买卖期货合约，并根据期货合约条款在未来某一特定时间，以某一特定价格买卖某一特定数量和质量的资产的交易方式。

2）期货交易与现货交易的区别

期货交易与现货交易有相同的地方，如二者都是一种交易方式，是真正意义上的买卖、涉及商品所有权的转移等。

二者的不同有以下几点：

（1）买卖的直接对象不同。

现货交易买卖的直接对象是商品本身，有样品，有实物，看货定价。而期货交易买卖的直接对象是期货合约，是买进或卖出多少手或多少张期货合约。

（2）交易目的不同。

现货交易是一手交钱、一手交货的交易，马上或一定时期内进行实物交收和货款结算。期货交易的目的不是到期获得实物，而是通过套期保值来回避价格风险或投资获利。

（3）交易方式不同。

现货交易一般是一对一谈判签订合同，具体内容由双方商定，签订合同之后不能兑现，就要诉诸法律。期货交易是以公开、公平竞争的方式进行交易。一对一谈判交易（或称私下对冲）被视为违法。

（4）交易场所不同。

现货交易一般分散进行，如粮油、日用工业品、生产资料都是由一些贸易公司、生产厂商、消费厂家进行分散交易，只有一些生鲜和个别农副产品是以批发市场的形式进行集中交易。但是，期货交易必须在交易所内依照法规进行公开、集中交易，不能进行场外交易。

（5）保障制度不同。

现货交易有《民法典》等法律保护，合同不兑现即毁约时要用法律或仲裁的方式解决。期货交易除了国家的法律和行业法规、交易所规则外，主要是以保证金制度为保障，以保证到期兑现。

（6）商品范围不同。

现货交易的品种是一切进入流通的商品，而期货交易的品种是有限的，主要是农产品、石油、金属商品以及一些初级原材料和金融产品。

（7）结算方式不同。

现货交易是货到款清，无论时间多长，都是一次或数次结清。期货交易由于实行保证金制度，必须每日结算盈亏，实行逐日盯市制度。结算价格是以成交价为依据计算的。

3）期货交易与远期交易的区别

期货是在远期交易的基础上发展起来的。远期交易，是指买卖双方先谈好价格，在未来的某个时间再按照这个价格进行交易。期货交易也是未来的买卖活动，但和远期交易有很大区别。

（1）期货交易是在期货交易所发生的、公开进行的标准化合约的交易。每个期货合约的条款都是标准化的，如到期日规定在每月15日或最后一个交易日，基础资产是某种规格的电解铜或者五年期国债，一张合约的买卖相当于5吨铜或者10万元面额的国债买卖。远期交易并没有这样的规定。

（2）期货交易的对象是期货合约，而不是实物商品。因此，期货投资者可以在合约到期时进行实物交割或者现金交割。就实物交割而言，一方交纳现金，另一方交出合约中约定的商品，这和远期交易是相同的；不同的地方在于，期货合约可以在合约到期前采用平仓的方式冲销原来的交易。因此，期货交易的流动性更强。

（3）期货交易实行保证金制度和当日无负债结算制度，因而其违约风险远远低于远期交易。

10.1.2 我国的期货交易立法

1）我国期货交易的发展

中国古代已有由粮栈、粮市构成的商品信贷及远期合约制度。在民国时期，上海曾出现多个期货交易所，市场一度出现疯狂热炒。1949年中华人民共和国成立后，期货交易所在中国销声匿迹几十年，直到1990年郑州粮食批发市场开业，掀起了一波期货热炒风潮，各省市百花齐放，曾经一度同时开设超过50家期货交易所，超过全球其他国家期货交易所数目的总和。1994—1998年，国务院两次大力收紧监管，暂停多个期货品种，勒令多家期货交易所停止营业。自1998年后，中国合法的商品期货交易所只剩下上海期货交易所、大连商品交易所、郑州商品交易所三家，前者经营能源与金属商品期货，后两者经营农产品期货。2006年9月，中国金融期货交易所在上海挂牌成立，这标志着我国期货市场正逐步成熟和完善。

2）我国的期货交易立法

在中国期货市场发展初期，因为没有明确行政主管部门，有关部门间缺乏协调，各自为政，配套法律、法规严重滞后，使中国期货市场出现了盲目发展的势头。于是，1993年，国家工商行政管理局发布了《期货公司登记管理暂行办法》。随后，《国务院办公厅转发国务院证券委员会关于坚决制止期货市场盲目发展若干意见请示的通知》（国办发〔1994〕69号）。1998年，国务院下达了《关于进一步整顿和规范期货市

拓展阅读10-1

广州期货交易所首个品种工业硅期货成功上市

场的通知》。1999 年 6 月 2 日，国务院令第 267 号发布了《期货交易管理暂行条例》，自 1999 年 9 月 1 日起施行。为了加强对期货公司董事、监事和高级管理人员任职资格的管理，规范期货公司运作，防范经营风险，根据《公司法》和《期货交易管理条例》，中国证券监督管理委员会于 2007 年制定了《期货公司董事、监事和高级管理人员任职资格管理办法》。2007 年 2 月 7 日，国务院第 168 次常务会议通过《期货交易管理条例》，自 2007 年 4 月 15 日起施行。根据《国务院关于废止和修改部分行政法规的决定》的要求，对《期货交易管理条例》进行了第四次修订。

10.2　期货交易法内容

10.2.1　期货交易法的适用范围和原则

1）期货交易法的适用范围

从事期货交易，主要包括商品和金融期货合约、期权合约交易及其相关活动。由此可见，期货交易法的调整范围仅限于期货合约的交易买卖。同时，《期货交易管理条例》规定，未经国务院期货监督管理机构审核并报国务院批准，期货交易所不得从事信托投资、股票投资、非自用不动产投资等与其职责无关的业务。期货公司不得从事与期货业务无关的活动，不得为其股东、实际控制人或者其他关联人提供融资，不得对外担保。期货交易所不得参与期货交易。

2）期货交易法的基本原则

（1）诚实信用原则。

期货投资者在与期货公司订立经纪合同时，双方的法律地位完全平等，是平等主体间的民事法律关系。交易双方的合法权益主要是通过依法订立并履行商品期货合约来实现的。从事期货交易活动，应当遵循诚实信用原则。这就要求交易双方在进行期货交易时，诚实守信，以善意的方式履行其义务，不得有欺诈、内幕交易和操纵期货交易价格的违法行为。

（2）公开、公平与公正原则。

公开原则，是指期货交易必须在公开场合进行，无论经纪人是为自己还是为客户，每笔交易都必须公开，便于公众和主管部门公开监督所有交易。

公平原则，是指交易双方应本着公平的观念进行期货交易，法律上为所有交易主体设定平等地位，并为其提供公平竞争的机会。

公正原则，是指法律为交易者提供公正的竞争环境和前提。首先，法律必须规定期货交易所、期货经纪人或期货管理部门从公平原则出发，设立必要的监控系统，以保证期货交易能公正、顺利进行。其次，在处理期货交易纠纷及争议时，无论通过仲裁还是司法程序，都应从公平的角度出发来处理有关的纠纷。

（3）实行账户分离，不得挪作他用的原则。

《期货交易管理条例》规定，期货交易应当严格执行保证金制度。期货交易所向会员以及期货公司向客户收取的保证金，不得低于国务院期货监督管理机构、期货交易所规定的标准，并应当与自有资金分开，专户存放。无论期货交易所还是期货公司，向会员收取的保证金，都属于会员所有，只能用于会员的交易结算，严禁挪作他用。期货公司应当为每一客户单独开立专门账户，设置交易密码，不得混码交易。另外，期货交易所、期货公司、非期货公司结算会员应当按照国务院期货监督管理机构、财政部门的规定提取、管理和使用风险准备金，不得挪用。

10.2.2 期货交易的相关当事人

1）期货交易所

（1）期货交易所概述。

期货交易所是专门进行标准化期货合约买卖的场所，按照其章程的规定实行自律管理，以其全部财产承担民事责任。在现代市场经济条件下，期货交易所是一种具有高度系统性和严密性、高度组织化和规范化的交易服务组织，它本身不参与交易活动，不参与期货价格的形成，也不拥有合约标的商品，只为期货交易提供设施和服务。

期货交易所的组织形式主要有会员制和股份制两种。目前，世界上大多数期货交易所都是采用会员制的组织形式，我国的期货交易所也采用这种形式。会员制是交易所的一个重要属性，这一属性说明了交易所的社会公众性。交易所的这种组织机构形式决定了它是一个自律性很强的管理机构。

（2）期货交易所的作用。

期货交易所对期货交易的正常开展，具有十分重要的作用：

① 统一制定期货合约，将期货合约的条款统一化和标准化，使期货市场具有高度流动性，提高了市场效率。

② 为期货交易制定规章制度和交易规则，并保证和监督这些制度、规则的实施，最大限度地规范交易行为。

③ 监督、管理交易所内进行的交易活动，调解交易纠纷，包括交易者之间的纠纷、会员同经纪人或经纪公司之间的纠纷等，并提供仲裁程序和仲裁机构（如仲裁委员会）。

④ 为交易双方提供履约及财务方面的担保。期货交易中的买方和卖方都是以期货交易所为对手，即不必考虑真正的成交对手是谁。这是由于期货交易机制要求交易所作为"买方的卖方和卖方的买方"，承担最终履约责任，从而大大降低了期货交易中的信用风险。

⑤ 提供信息服务，及时把场内所形成的期货价格公布于众。这就增加了市场的透明度和公开性。

⑥ 为期货交易提供结算、交割服务，如向会员追缴和清退保证金、收取交割货款和提货单（仓单）等。

⑦ 为期货交易提供一个专门的、有组织的场所和各种方便、齐全的设施，如先进的通信设备等。

（3）期货交易所的职责。

《期货交易管理条例》规定，期货交易所履行以下职责：提供交易的场所、设施和服务；设计合约，安排合约上市；组织并监督交易、结算和交割；保证合约的履行；按照章程和交易规则对会员进行监督管理；国务院期货监督管理机构规定的其他职责。

（4）期货交易所的权利。

期货交易所出现异常情况时，期货交易所可以按照其章程规定的权限和程序，决定采取下列紧急措施：①提高保证金；②调整涨跌停板幅度；③限制会员或者客户的最大持仓量；④暂时停止交易；⑤采取其他紧急措施。

这里所指的异常情况，根据《期货交易所管理办法》的规定，包括：①地震、水灾、火灾等不可抗力或者计算机系统故障等不可归责于期货交易所的原因导致交易无法正常进行；②会员出现结算、交割危机，对市场产生重大影响；③出现本办法第四十六条情况（当期货价格出现同方向连续涨跌停板时，期货交易所可以采用调整涨跌停板幅度、提高交易保证金比例及按一定原则减仓等措施化解风险）并采取相应措施后仍未化解风险；④期货交易所业务规则中规定的其他情况。期货交易所宣布出现异常情况并决定采取紧急措施前必须报告中国证监会。异常情况消失后，期货交易所应当及时取消紧急措施。

（5）期货交易所的权利限制。

《期货交易管理条例》第十三条规定，期货交易所办理下列事项，应当经国务院期货监督管理机构批准：①制定或者修改章程、交易规则；②上市、中止、取消或者恢复交易品种；③国务院期货监督管理机构规定的其他事项。国务院期货监督管理机构批准期货交易所上市新的交易品种，应当征求国务院有关部门的意见。

（6）期货交易所对其相关人员的限制性要求。

期货交易所工作人员应当自觉遵守有关法律法规、规章和政策，恪尽职守、勤勉尽责、诚实守信，具有良好的职业操守；期货交易所工作人员不得从期货交易所的会员、期货投资者处谋取利益，不得直接或者间接从事期货交易，不得泄露内幕信息或者利用内幕信息获得非法利益；期货交易所的工作人员履行职务，遇到与本人或者其亲属有利害关系的情形时，应当回避；期货交易所的工作人员在任职期间或者离开期货交易所未满 1 年的，不得在该期货交易所的会员单位任职；国家公务员不得在期货交易所任职。

未经中国证监会批准，期货交易所的理事长、总经理、副总经理不得在任何营利性组织中兼职。期货交易所的非会员理事和工作人员不得以任何形式在期货交易所会员单位及其他与期货交易有关的营利性单位兼职。

因违法行为或者违纪行为被解除职务的期货交易所、证券交易所、证券登记结算机构的负责人，或者期货公司、证券公司的董事、监事、高级管理人员，以及国务院期货监督管理机构规定的其他人员，自被解除职务之日起未逾 5 年的，不得担任期货交易所的负责人、财务会计人员；因违法行为或者违纪行为被撤销资格的律师、注册会计师或者投资咨询机构、财务顾问机构、资信评级机构、资产评估机构、验证机构的专业人员，自被撤销资格之日起未逾 5 年的，不得担任期货交易所的负责人、财务会计人员。

（7）期货交易所的设立、合并、分立、解散。

设立期货交易所，由国务院期货监督管理机构审批。未经批准，任何单位或者个人不得设立或者变相设立期货交易所。

期货交易所的合并、分立或者联网交易等，由国务院期货监督管理机构审批。期货交易所可以采取吸收合并和新设合并两种方式，合并前各方的债权、债务，由合并后存续或者新设的期货交易所承继。期货交易所分立的，其债权、债务由分立后的期货交易所承继。

期货交易所有下列情况之一的解散：①章程规定的营业期限届满；②会员大会或者股东大会决定解散；③中国证监会决定关闭。

2）期货公司

（1）期货公司的概念和职责。

期货公司，是指依法设立的以自己的名义代理客户进行期货交易并收取一定手续费的中介组织。《期货交易管理条例》第十五条规定："期货公司是依照《中华人民共和国公司法》和本条例规定设立的经营期货业务的金融机构。设立期货公司，应当在公司登记机关登记注册，并经国务院期货监督管理机构批准。未经国务院期货监督管理机构批准，任何单位或者个人不得设立或者变相设立期货公司，经营期货业务。"

作为交易者与期货交易所之间的桥梁，期货公司具有下列职能：根据客户指令代理买卖期货合约、办理结算和交割手续；对客户账户进行管理，控制客户交易风险；为客户提供期货市场信息，进行期货交易咨询，充当客户的交易顾问。

（2）期货公司的设立条件。

申请设立期货公司，应当符合《中华人民共和国公司法》的规定，并具备下列条件：①注册资本最低限额为人民币3 000万元；②董事、监事、高级管理人员具备任职资格，从业人员具有期货从业资格；③有符合法律、行政法规规定的公司章程；④主要股东以及实际控制人具有持续盈利能力，信誉良好，最近3年无重大违法违规记录；⑤有合格的经营场所和业务设施；⑥有健全的风险管理和内部控制制度；⑦国务院期货监督管理机构规定的其他条件。国务院期货监督管理机构根据审慎监管原则和各项业务的风险程度，可以提高注册资本最低限额。国务院期货监督管理机构应当在受理期货公司设立申请之日起6个月内，根据审慎监管原则进行审查，作出批准或者不批准的决定。

（3）期货公司高级管理人员的任职资格。

期货公司高级管理人员应当具备以下条件：①身体状况良好；②诚实守信，勤勉尽责，具有良好的职业道德；③有相应的经济或者管理工作经验；④取得期货从业人员资格；⑤中国证监会规定的其他条件。

下列人员不得担任期货公司高级管理人员：

①不符合《证券法》规定的证券交易所负责人资格条件的；②被中国证监会宣布为证券、期货市场禁止进入者的；③被开除的国家公务人员或者事业单位工作人员，

自被开除之日起未逾 5 年的；④因违法违规行为或者违纪行为被解除职务的期货交易所、期货公司或者其他金融机构的从业人员、董事、监事，自被解除职务之日起未逾 5 年的；⑤因失职造成重大经济损失或者导致发生重大案件的直接责任人和负有直接领导责任的人员，受到警告或者警告以上处罚，执行期满未逾 5 年的；⑥由国务院期货监督管理机构规定的其他情形的。期货公司高级管理人员不得在党政机关兼职。总经理、副总经理不得在其他营利性组织兼职。

（4）期货公司的变更和解散。

期货公司的变更，是指期货公司在存续期间内所发生的法律人格、组织、活动范围等方面的重大变化以及其他登记事项的变化。期货公司办理下列事项，应当经国务院期货监督管理机构批准：合并、分立、停业、解散或者破产；变更业务范围；变更注册资本且调整股权结构；新增持有 5% 以上股权的股东或者控股股东发生变化；国务院期货监督管理机构规定的其他事项。

期货公司的终止，是指期货公司丧失民事主体资格，不再具有民事权利能力和行为能力的状态。期货公司或者其分支机构有《中华人民共和国行政许可法》第七十条规定的情形或者下列情形之一的，国务院期货监督管理机构应当依法办理期货业务许可证注销手续：①营业执照被公司登记机关依法注销；②成立后无正当理由超过 3 个月未开始营业，或者开业后无正当理由停业连续 3 个月以上；③主动提出注销申请；④国务院期货监督管理机构规定的其他情形。期货公司在注销期货业务许可证前，应当结清相关期货业务，并依法返还客户的保证金和其他资产。期货公司分支机构在注销经营许可证前，应当终止经营活动，妥善处理客户资产。

案例分析 10-1

宏发期货有限公司欲扩大规模，面向社会公开招聘高级管理人员，现在有 3 人来应聘，应聘者分别是：

李某，男，22 岁，证券专业，应届本科毕业大学生，有期货从业资格。

张某，女，35 岁，本科毕业，曾在某证券公司工作 8 年，有期货从业资格。

赵某，男，30 岁，曾是某高校证券专业教师，有期货从业资格，去年因出现教学事故，被学校开除。

问题：谁符合应聘条件？

分析：张某符合应聘条件。由于李某是应届毕业大学生，没有相关的工作经验，而期货公司高级管理人员要求有相应的经济或者管理工作经验，因此李某不符合应聘条件。赵某是被开除的人员，根据规定，被开除的国家公务人员或者事业单位工作人员，自被开除之日起未逾 5 年的，不能担任期货公司的高级管理人员，所以赵某也不符合条件。

10.2.3 期货市场的监督与管理

1）中国证券监督管理委员会

中国证券监督管理委员会（以下简称中国证监会）是我国期货市场的主管机关，监督和管理期货交易所和期货公司。中国证监会的职责有以下九项：①制定有关期货市场监督管理的规章、规则，并依法行使审批权；②对品种的上市、交易、结算、交割等期货交易及其相关活动进行监督管理；③对期货交易所、期货公司及其他期货经营机构、非期货公司结算会员、期货保证金安全存管监控机构、期货保证金存管银行、交割仓库等市场相关参与者的期货业务活动进行监督管理；④制定期货从业人员的资格标准和管理办法，并监督实施；⑤监督检查期货交易的信息公开情况；⑥对期货业协会的活动进行指导和监督；⑦对违反期货市场监督管理法律、行政法规的行为进行查处；⑧开展与期货市场监督管理有关的国际交流、合作活动；⑨法律、行政法规规定的其他职责。

2）期货交易所

期货交易所应当依照《期货交易管理条例》和中国证监会的规定，建立健全各项规章制度，加强对期货交易所活动的风险控制和对会员以及期货交易所工作人员的监督管理。

3）期货公司

期货公司应当建立健全内部业务管理规则，加强对客户资信情况的审查，并应当按照期货交易所的规定，向期货交易所报告大户名单、交易情况。同时，期货交易所和期货公司应当定期向中国证监会报送财务会计报告、有关资料和审计报告。

4）期货业协会

期货业协会是根据《社会团体登记管理条例》设立的全国期货行业自律性组织，是非营利性的社会团体法人。期货公司以及其他专门从事期货经营的机构应当加入期货业协会，并缴纳会员费。期货业协会履行下列职责：教育和组织会员遵守期货法律法规和政策；制定会员应当遵守的行业自律性规则，监督、检查会员行为，对违反协会章程和自律性规则的，按照规定给予纪律处分；负责期货从业人员资格的认定、管理以及撤销工作；受理客户与期货业务有关的投诉，对会员之间、会员与客户之间发生的纠纷进行调解；依法维护会员的合法权益，向国务院期货监督管理机构反映会员的建议和要求；组织期货从业人员的业务培训，开展会员间的业务交流；组织会员就期货业的发展、运作以及有关内容进行研究；期货业协会章程规定的其他职责。期货业协会的业务活动应当接受国务院期货监督管理机构的指导和监督。

10.2.4 期货市场的法律责任

1）期货交易所的法律责任

（1）对期货交易所和直接人员的违规处罚。

《期货交易管理条例》第六十四条规定，期货交易所、非期货公司结算会员有下列行为之一的，责令改正，给予警告，没收违法所得：①违反规定接纳会员的；②违反规定收取手续费的；③违反规定使用、分配收益的；④不按照规定公布即时行情的，或者发布价格预测信息的；⑤不按照规定向国务院期货监督管理机构履行报告义务的；⑥不按照规定向国务院期货监督管理机构报送有关文件、资料的；⑦不按照规定建立、健全结算担保金制度的；⑧不按照规定提取、管理和使用风险准备金的；⑨违反国务院期货监督管理机构有关保证金安全存管监控规定的；⑩限制会员实物交割总量的；⑪任用不具备资格的期货从业人员的；⑫违反国务院期货监督管理机构规定的其他行为。

有前款所列行为之一的，对直接负责的主管人员和其他直接责任人员给予纪律处分，处 1 万元以上 10 万元以下的罚款。有本条第一款第二项所列行为的，应当责令退还多收取的手续费。

（2）对期货交易所和直接人员的经济处罚。

《期货交易管理条例》第六十五条规定，期货交易所有下列行为之一的，责令改正，给予警告，没收违法所得，并处违法所得 1 倍以上 5 倍以下的罚款；没有违法所得或者违法所得不满 10 万元的，并处 10 万元以上 50 万元以下的罚款；情节严重的，责令停业整顿：①未经批准，擅自办理本条例第十三条所列事项的；②允许会员在保证金不足的情况下进行期货交易的；③直接或者间接参与期货交易，或者违反规定从事与其职责无关的业务的；④违反规定收取保证金，或者挪用保证金的；⑤伪造、涂改或者不按照规定保存期货交易、结算、交割资料的；⑥未建立或者未执行当日无负债结算、涨跌停板、持仓限额和大户持仓报告制度的；⑦拒绝或者妨碍国务院期货监督管理机构监督检查的；⑧违反国务院期货监督管理机构规定的其他行为。

有前款所列行为之一的，对直接负责的主管人员和其他直接责任人员给予纪律处分，处 1 万元以上 10 万元以下的罚款。非期货公司结算会员有本条第一款第二项、第四项至第八项所列行为之一的，依照本条第一款、第二款的规定处罚、处分。

2）期货公司的法律责任

（1）对期货公司和直接人员的违法处罚。

《期货交易管理条例》第六十六条规定，期货公司有下列行为之一的，责令改正，给予警告，没收违法所得，并处违法所得 1 倍以上 3 倍以下的罚款；没有违法所得或者违法所得不满 10 万元的，并处 10 万元以上 30 万元以下的罚款；情节严重的，责令停业整顿或者吊销期货业务许可证：①接受不符合规定条件的单位或者个人委托的；②允许客户在保证金不足的情况下进行期货交易的；③未经批准，擅自办理本条例第十九条所列事项的；④违反规定从事与期货业务无关的活动的；⑤从事或者变相从事期货自营业务的；⑥为其股东、实际控制人或者其他关联人提供融资，或者对外担保的；⑦违反国务院期货监督管理机构有关保证金安全存管监控规定的；⑧不按照规定向国务院期货监督管理机构履行报告义务或者报送有关文件、资料的；⑨交易软件、结算软件不符合期货公司审慎经营和风险管理以及国务院期货监督管理机构有关保证金安全存管监控规定的要求的；⑩不按照规定提取、管理和使用风险准备金的；⑪伪造、涂改或者不按照规定保存期货交易、结算、交割资料的；⑫任用不具备资格的期货从业人员的；⑬伪造、变造、出租、出借、买卖期货业务许可证或者经营许可证的；⑭进行混码交易的；⑮拒绝或者妨碍国务院期货监督管理机构监督检查的；⑯违反国务院期货监督管理机构规定的其他行为。

期货公司有前款所列行为之一的，对直接负责的主管人员和其他直接责任人员给予警告，并处1万元以上5万元以下的罚款；情节严重的，暂停或者撤销期货从业人员资格。

（2）对期货公司欺诈客户的处罚。

《期货交易管理条例》第六十七条规定，期货公司有下列欺诈客户行为之一的，责令改正，给予警告，没收违法所得，并处违法所得1倍以上5倍以下的罚款；没有违法所得或者违法所得不满10万元的，并处10万元以上50万元以下的罚款；情节严重的，责令停业整顿或者吊销期货业务许可证：①向客户作获利保证或者不按照规定向客户出示风险说明书的；②在经纪业务中与客户约定分享利益、共担风险的；③不按照规定接受客户委托或者不按照客户委托内容擅自进行期货交易的；④隐瞒重要事项或者使用其他不正当手段，诱骗客户发出交易指令的；⑤向客户提供虚假成交回报的；⑥未将客户交易指令下达到期货交易所的；⑦挪用客户保证金的；⑧不按照规定在期货保证金存管银行开立保证金账户，或者违规划转客户保证金的；⑨国务院期货监督管理机构规定的其他欺诈客户的行为。

期货公司有前款所列行为之一的，对直接负责的主管人员和其他直接责任人员给予警告，并处1万元以上10万元以下的罚款；情节严重的，暂停或者撤销期货从业人员资格。

案例分析 10-2

客户A在某期货公司营业部开户并存入了近1 000万元准备进行大豆期货交易。当时因市场原因客户A一直没有进行交易。该营业部总经理看到席位上有这么多资金，根据自己的经验判断大豆期货处于多头行情，认为赚钱的机会来了，于是擅自利用这些资金以自己的名义进行了多手期货合约。

问题：根据相关法律规定，该营业部总经理应该受到什么处罚？

分析：根据《期货交易管理条例》第六十七条的规定，期货公司挪用客户保证金的，对直接负责的主管人员和其他直接责任人员给予警告，并处1万元以上10万元以下的罚款；情节严重的，暂停或者撤销期货从业人员资格。

3）对内幕交易人员的处罚

《期货交易管理条例》第六十九条规定，期货交易内幕信息的知情人或者非法获取期货交易内幕信息的人，在对期货交易价格有重大影响的信息尚未公开前，利用内幕信息从事期货交易，或者向他人泄露内幕信息，使他人利用内幕信息进行期货交易的，没收违法所得，并处违法所得1倍以上5倍以下的罚款；没有违法所得或者违法所得不满10万元的，处10万元以上50万元以下的罚款。单位从事内幕交易的，还应当对直接负责的主管人员和其他直接责任人员给予警告，并处3万元以上30万元以下的罚款。国务院期货监督管理机构、期货交易所和期货保证金安全存管监控机构的工作人员进行内幕交易的，从重处罚。

案例分析 10-3

　　连续数个交易日，大豆持仓不断增加，多空双方严重对峙，市场风险加大。期货交易所临时召开紧急会议商讨如何控制风险，交易所工作人员 A 参加了会议。会议快结束时，A 主动出去给其好友投资者 B 打电话，告知交易所将采取严格的风险控制措施，预料大豆价格将会大跌。B 得知消息，立刻卖空大豆期货合约 50 手。当天晚上，期货交易所公布风险控制措施。第二天大豆期货价格果然暴跌，B 平仓获利 8 万元。

　　问题：在案例中，A 违反了什么规定？

　　分析：A 违反了《期货交易管理条例》第六十九条的规定："期货交易内幕信息的知情人或者非法获取期货交易内幕信息的人，在对期货交易价格有重大影响的信息尚未公开前，利用内幕信息从事期货交易，或者向他人泄露内幕信息，使他人利用内幕信息进行期货交易的，没收违法所得，并处违法所得 1 倍以上 5 倍以下的罚款；没有违法所得或者违法所得不满 10 万元的，处 10 万元以上 50 万元以下的罚款。单位从事内幕交易的，还应当对直接负责的主管人员和其他直接责任人员给予警告，并处 3 万元以上 30 万元以下的罚款。国务院期货监督管理机构、期货交易所和期货保证金安全存管监控机构的工作人员进行内幕交易的，从重处罚。"

4）对操纵期货交易价格的处罚

《期货交易管理条例》第七十条规定，任何单位或者个人有下列行为之一，操纵期货交易价格的，责令改正，没收违法所得，并处违法所得 1 倍以上 5 倍以下的罚款；没有违法所得或者违法所得不满 20 万元的，处 20 万元以上 100 万元以下的罚款：①单独或者合谋，集中资金优势、持仓优势或者利用信息优势联合或者连续买卖合约，操纵期货交易价格的；②蓄意串通，按事先约定的时间、价格和方式相互进行期货交易，影响期货交易价格或者期货交易量的；③以自己为交易对象，自买自卖，影响期货交易价格或者期货交易量的；④为影响期货市场行情囤积现货的；⑤国务院期货监督管理机构规定的其他操纵期货交易价格的行为。

单位有前款所列行为之一的，对直接负责的主管人员和其他直接责任人员给予警告，并处 1 万元以上 10 万元以下的罚款。

此外，《刑法》第一百八十二条规定，有下列情形之一，操纵证券、期货市场，影响证券、期货交易价格或者证券、期货交易量，情节严重的，处 5 年以下有期徒刑或者拘役，并处或者单处罚金；情节特别严重的，处 5 年以上 10 年以下有期徒刑，并处罚金：①单独或者合谋，集中资金优势、持股或者持仓优势或者利用信息优势联合或者连续买卖的；②与他人串通，以事先约定的时间、价格和方式相互进行证券、期货交易的；③在自己实际控制的账户之间进行证券交易，或者以自己为交易对象，自买自卖期货合约的；④不以成交为目的，频繁或者大量申报买入、卖出证券、期货合约并撤销申报的；⑤利用虚假或者不确定的重大信息，诱导投资者进行证券、期货交易的；⑥对证券、证券发行人、期货交易标的公开作出评价、预测或者投资建议，同时进行反向证券交易或者相关期货交易的；⑦以其他方法操纵证券、期货市场的。单位犯前款罪的，对单位判处罚金，并对其直接负责的主管人员和其他直接责任人员，依照前款的规定处罚。

案例分析 10-4

　　期货投资者 A 和 B 蓄意串通，按事先约定的时间、价格和方式在大豆期货市场相互进行期货交易，影响了大豆期货交易价格或者期货交易量。

　　问题：A 和 B 违反了什么规定？

　　分析：《期货交易管理条例》第七十条规定："任何单位或者个人有操纵期货交易价格的，责令改正，没收违法所得，并处违法所得 1 倍以上 5 倍以下的罚款；没有违法所得或者违法所得不满 20 万元的，处 20 万元以上 100 万元以下的罚款。"

　5）对交割仓单违法行为的处罚

　　《期货交易管理条例》第七十一条规定，交割仓库有本条例第三十五条第二款所列行为之一的，责令改正，给予警告，没收违法所得，并处违法所得 1 倍以上 5 倍以下的罚款；没有违法所得或者违法所得不满 10 万元的，并处 10 万元以上 50 万元以下的罚款；情节严重的，责令期货交易所暂停或者取消其交割仓库资格。对直接负责的主管人员和其他直接责任人员给予警告，并处 1 万元以上 10 万元以下的罚款。

　6）对其他违法行为的处罚

　　《期货交易管理条例》第七十二条至第七十九条规定：

　　（1）国有以及国有控股企业违反本条例和国务院国有资产监督管理机构以及其他有关部门关于企业以国有资产进入期货市场的有关规定进行期货交易，或者单位、个人违规使用信贷资金、财政资金进行期货交易的，给予警告，没收违法所得，并处违法所得 1 倍以上 5 倍以下的罚款；没有违法所得或者违法所得不满 10 万元的，并处 10 万元以上 50 万元以下的罚款。对直接负责的主管人员和其他直接责任人员给予降级直至开除的纪律处分。

　　（2）境内单位或者个人违反规定从事境外期货交易的，责令改正，给予警告，没收违法所得，并处违法所得 1 倍以上 5 倍以下的罚款；没有违法所得或者违法所得不满 20 万元的，并处 20 万元以上 100 万元以下的罚款；情节严重的，暂停其境外期货交易。对单位直接负责的主管人员和其他直接责任人员给予警告，并处 1 万元以上 10 万元以下的罚款。

（3）非法设立期货交易场所或者以其他形式组织期货交易活动的，由所在地县级以上地方人民政府予以取缔，没收违法所得，并处违法所得 1 倍以上 5 倍以下的罚款；没有违法所得或者违法所得不满 20 万元的，处 20 万元以上 100 万元以下的罚款。对单位直接负责的主管人员和其他直接责任人员给予警告，并处 1 万元以上 10 万元以下的罚款。

非法设立期货公司及其他期货经营机构，或者擅自从事期货业务的，予以取缔，没收违法所得，并处违法所得 1 倍以上 5 倍以下的罚款；没有违法所得或者违法所得不满 20 万元的，处 20 万元以上 100 万元以下的罚款。对单位直接负责的主管人员和其他直接责任人员给予警告，并处 1 万元以上 10 万元以下的罚款。

（4）期货公司的交易软件、结算软件供应商拒不配合国务院期货监督管理机构调查，或者未按照规定向国务院期货监督管理机构提供相关软件资料，或者提供的软件资料有虚假、重大遗漏的，责令改正，处 3 万元以上 10 万元以下的罚款。对直接负责的主管人员和其他直接责任人员给予警告，并处 1 万元以上 5 万元以下的罚款。

（5）会计师事务所、律师事务所、资产评估机构等中介服务机构未勤勉尽责，所出具的文件有虚假记载、误导性陈述或者重大遗漏的，责令改正，没收业务收入，暂停或者撤销相关业务许可，并处业务收入 1 倍以上 5 倍以下的罚款。对直接负责的主管人员和其他直接责任人员给予警告，并处 3 万元以上 10 万元以下的罚款。

（6）任何单位或者个人违反本条例规定，情节严重的，由国务院期货监督管理机构宣布该个人、该单位或者该单位的直接责任人员为期货市场禁止进入者。

（7）国务院期货监督管理机构、期货交易所、期货保证金安全存管监控机构和期货保证金存管银行等相关单位的工作人员，泄露知悉的国家秘密或者会员、客户商业秘密，或者徇私舞弊、玩忽职守、滥用职权、收受贿赂的，依法给予行政处分或者纪律处分。

（8）违反本条例规定，构成犯罪的，依法追究刑事责任。

10.3　期货从业人员行为规范

10.3.1　期货从业人员行为规范概述

1）期货从业人员的范围

《期货从业人员管理办法》第四条规定，期货从业人员是指：①期货公司的管理人员和专业人员；②期货交易所的非期货公司结算会员中从事期货结算业务的管理人员和专业人员；③期货投资咨询机构中从事期货投资咨询业务的管理人员和专业人员；④为期货公司提供中间介绍业务的机构中从事期货经营业务的管理人员和专业人员；⑤中国证监会规定的其他人员。

2）从事期货经营业务的机构范围

《期货从业人员管理办法》第三条规定，本办法所称机构是指：①期货公司；②期货交易所的非期货公司结算会员；③期货投资咨询机构；④为期货公司提供中间介绍业务的机构；⑤中国证监会规定的其他机构。

10.3.2　期货从业人员资格的取得与注销

1）期货从业人员资格的取得

《期货从业人员管理办法》规定，期货从业人员应该参加期货从业资格考试，通过从业资格考试的，取得中国期货业协会颁发的从业资格考试合格证明。取得从业资格考试合格证明的人员从事期货业务的，应当事先通过其所在机构向中国期货业协会申请从业资格。未取得从业资格的人员，不得在机构中开展期货业务活动。

案例分析 10-5

刘某获得期货从业资格考试合格证明后被甲期货公司聘用。甲期货公司在调查其从业背景时发现，刘某曾在4年前因违规行为被撤销期货从业资格。

问题：甲期货公司可否为刘某办理从业资格申请？

分析：甲期货公司可以为刘某办理从业资格申请。根据《期货从业人员管理办法》第十条的规定，机构任用具有从业资格考试合格证明且符合下列条件的人员从事期货业务的，应当为其办理从业资格申请：品行端正，具有良好的职业道德；已被本机构聘用；最近3年内未受过刑事处罚或者中国证监会等金融监管机构的行政处罚；未被中国证监会等金融监管机构采取市场禁入措施，或者禁入期已经届满；最近3年内未因违法违规行为被撤销证券、期货从业资格；中国证监会规定的其他条件。

2）期货从业人员资格的注销

《期货从业人员管理办法》第十一条规定，期货从业人员辞职、被解聘或者死亡的，机构应当自上述情形发生之日起10个工作日内向中国期货业协会报告，由中国期货业协会注销其从业资格。

机构的相关期货业务许可被注销的，由中国期货业协会注销该机构中从事相应期货业务的期货从业人员的从业资格。

10.3.3　期货从业人员的行为规范

1）期货从业人员应该遵守的行为规范

《期货从业人员管理办法》第十四条规定，期货从业人员应当遵守下列执业行为规范：①诚实守信，恪尽职守，促进机构规范运作，维护期货行业声誉；②以专业的技能，谨慎、勤勉尽责地为客户提供服务，保守客户的商业秘密，维护客户的合法权益；③向客户提供专业服务时，充分揭示期货交易风险，不得作出不当承诺或者保证；④当自身利益或者相关方利益与客户的利益发生冲突或者存在潜在利益冲突时，及时向客户进行披露，并且坚持客户合法利益优先的原则；⑤具有良好的职业道德与守法意识，抵制商业贿赂，不得从事不正当竞争行为和不正当交易行为；⑥不得为迎合客户的不合理要求而损害社会公共利益、所在机构或者他人的合法权益；⑦不得以本人或者他人名义从事期货交易；⑧中国期货业协会规定的其他执业行为规范。

案例分析 10-6

　　甲是某期货经营机构的人员，一日，其主管人员要求他提供一些客户的信息，包括客户的姓名、性别、职业、住所、工作单位地址、联系方式、身份证件号、交易记录等信息。

　　问题：按照相关规定，甲应当怎么做？

　　分析：《期货从业人员管理办法》规定，期货从业人员应以专业的技能，谨慎、勤勉尽责地为客户提供服务，保守客户的商业秘密，维护客户的合法权益。

2）期货从业人员禁止的行为

　　《期货从业人员管理办法》第十五条规定，期货公司的期货从业人员不得有下列行为：①进行虚假宣传，诱骗客户参与期货交易；②挪用客户的期货保证金或者其他资产；③中国证监会禁止的其他行为。

　　《期货从业人员管理办法》第十六条规定，期货交易所的非期货公司结算会员的期货从业人员不得有下列行为：①利用结算业务关系及由此获得的结算信息损害非结算会员及其客户的合法权益；②代理客户从事期货交易；③中国证监会禁止的其他行为。

　　《期货从业人员管理办法》第十七条规定，期货投资咨询机构的期货从业人员不得有下列行为：①利用传播媒介或者通过其他方式提供、传播虚假或者误导客户的信息；②代理客户从事期货交易；③中国证监会禁止的其他行为。

　　《期货从业人员管理办法》第十八条规定，为期货公司提供中间介绍业务的机构的期货从业人员不得有下列行为：①收付、存取或者划转期货保证金；②代理客户从事期货交易；③中国证监会禁止的其他行为。

10.3.4　对期货从业人员的监督管理

1）对期货从业人员的监督管理机构

　　中国证监会指导和监督中国期货业协会对期货从业人员的自律管理活动。

2）对期货从业人员的监督管理措施

　　《期货从业人员管理办法》第二十二条至第二十五条规定，中国期货业协会应当组织期货从业人员后续职业培训，提高期货从业人员的职业道德和专业素质。期货从业人员应当按照有关规定参加后续职业培训，其所在机构应予以支持并提供必要保障。中国期货业协会应当对期货从业人员的执业行为进行定期或者不定期检查，期货从业人员及其所在机构应当予以配合。期货从业人员违反本办法以及中国期货业协会自律规则的，中国期货业协会应当进行调查、给予纪律惩戒。期货从业人员涉嫌违法违规需要中国证监会给予行政处罚的，中国期货业协会应当及时移送中国证监会处理。中国期货业协会应当设立专门的纪律惩戒及申诉机构，制定相关制度和工作规程，按照规定程序对期货从业人员进行纪律惩戒，并保障当事人享有申诉等权利。

》【学思践悟】　　　　期货期权新品种上市实行注册制

2022年8月1日起施行的《中华人民共和国期货和衍生品法》（以下简称《期货和衍生品法》）明确，期货及期权新品种上市实行注册制，并加大了对违法违规行为的处罚力度。

我国期货及衍生品市场起步于20世纪90年代，经过多次清理整顿，逐步走向统一和规范。截至2022年7月底，我国期货期权品种共96个。其中，商品期货64个，金融期货7个，商品期权20个，金融期权5个。

我国期货立法工作始于1993年，历经"两落三起"。《期货和衍生品法》作为我国期货和衍生品市场第一部基础性法律，凝结了我国期货市场30多年探索发展的实践经验和制度精华。大连商品交易所相关负责人表示，本所将按照《期货和衍生品法》的要求，运用法治思维，扎实推进期货现货结合、场内场外协同、境内境外连通的国际一流衍生品交易所建设，更好服务实体经济和国家战略。

值得一提的是，《期货和衍生品法》明确期货及期权新品种上市实行注册制，这将改变过去国务院多部委联席审批制。银河期货首席策略分析师沈恩贤表示，此举意味新品种的上市时间和流程会明显缩短，为期货市场服务实体经济进一步打开空间。

《期货和衍生品法》还加大了对违法违规行为的处罚力度。《期货和衍生品法》实施后，操纵期货市场、从事内幕交易等违法违规行为的成本较此前将大幅度提高。

期货市场迎来行业立法规范，深度参与其中的期货经营机构和交易群体获得新的指引和保护。"事必有法，然后可成。《期货和衍生品法》的实施，为我国期货和衍生品市场的发展打开了新空间，为促进行业规范发展、保护投资者权益、推动期货市场更好服务实体经济提供了强有力的法律保障。"华泰期货董事长胡智说，华泰期货将落实、践行法律法规，加强投资者权益保护，提升专业服务能力，将法律精神落实到经营管理中，在服务实体经济、促进衍生品市场发展中展现更大作为。

资料来源：马爽.期货期权新品种上市实行注册制［N］.中国证券报，2022-08-02（A02）.

问题：期货及期权新品种上市实行注册制，并加大了对违法违规行为的处罚力度。《期货和衍生品法》明确了交易者享有的各项权益，此项法律的实施将对我国期货市场发展带来哪些影响？

分析：党的二十大报告提出，加强和完善现代金融监管，强化金融稳定保障体系，依法将各类金融活动全部纳入监管，守住不发生系统性风险底线。稳步扩大规则、规制、管理、标准等制度型开放。

《期货和衍生品法》加大了对普通交易者的保护力度，构建了交易者保护制度体系，明确了交易者享有的各项权益，包括引入当事人承诺制度、完善多元纠纷解决机制、建立交易者分类和适当性制度、完善期货市场民事法律责任体系、规定期货经营机构禁止从事损害交易者利益的行为。

《期货和衍生品法》的实施有利于期货交易所增强服务实体经济能力，维护期货市场金融安全，同时鼓励期货经营机构加强投资者权益保护，促进扩大对外开放。

本章小结

期货交易是在固定场所内集中买卖某种期货合约的交易活动，它的最终目的并不是商品所有权的转移，而是通过买卖期货合约，回避现货价格风险。

目前，我国在期货市场交易领域中最全面、最完整的法律是《期货交易管理条例》，它对我国期货市场的运行起到了重要作用。本章阐述了期货交易的相关法律制度，涉及期货交易的概念、特点、期货交易法的适用范围和原则；期货交易所和期货公司及其设立条件、变更和终止；相关部门对期货市场的监督和管理。同时，禁止期货交易所及其直接人员实施违法违规行为；禁止期货公司及其相关人员操纵期货价格、从事内幕交易、欺诈客户。

本章训练

一、思考题

1.期货交易与现货交易、远期交易的区别有哪些？

2.期货公司的设立条件是什么？

3.期货交易所和直接人员的法律责任是什么？

4.期货从业人员禁止的行为有哪些？

二、案例分析题

当保证金账面余额低于维持保证金时，交易者必须在规定时间内补充保证金，否则在下一交易日，交易所或代理机构有权实施强行平仓。客户李某收到期货公司追加保证金通知后，表示将提交有价证券作为保证金。

问题：试分析客户李某提议提交哪些类型的有价证券作为保证金？

分析：《期货交易管理条例》第八十一条规定，保证金，是指期货交易者按照规定交纳的资金或者提交的价值稳定、流动性强的标准仓单、国债等有价证券，用于结算和保证履约。因此，客户李某收到期货公司追加保证金通知后可以提交的价值稳定、流动性强的标准仓单和国债作为保证金。

第11章
信托和融资租赁法律制度

学习目标

知识目标:理解信托的概念、信托法律关系的构成要素;掌握信托的设立、变更、终止及相关法律规定;了解融资租赁的含义、特征和种类;掌握融资租赁合同的订立、履行、变更、解除、终止。

素养目标:通过学习信托业务特征,理解"信任委托"之义,培养学生敬业、诚信的社会主义核心价值观;通过学习信托内控制度,培养学生严格遵守公司风险内控制度、勤勉尽责、维护客户最大利益的工作作风,理解党的二十大报告提出的深化金融体制改革、完善现代金融监管、坚持绿色低碳、完善社会治理体系的精神;通过学习信托和融资租赁法律制度,培养学生树立遵守信托和融资租赁的相关法律、行政法规的法律意识。

▶▶▶

导入案例　　　　　　安信信托行政处罚项目名称公开

2020年,安信信托股份有限公司此前因部分信托项目违规承诺8笔信托财产不受损失或保证最低收益,违规将部分信托项目的信托财产挪用于非信托目的的用途,推介部分信托计划未充分揭示风险,违规开展非标准化理财资金池等具有影子银行特征的业务,以及部分信托项目未真实、准确、完整披露信息5项违法违规事实,被上海银保监局开出1 400万元巨额罚单,再次披露公司受到审慎监管强制措施。

资料来源:国家金融监督管理总局上海监管局.安信信托行政处罚项目名称公开[EB/OL].[2020-06-15]. http://www.cbirc.gov.cn/branch/shanghai/view/pages/common/ItemDetail.html? docId=910027&itemId=998&generaltype=0.

问题:结合相关法律法规,分析该信托公司有哪些违规事项。

分析:

(1)该信托公司违规承诺8笔信托财产不受损失或保证最低收益,已造成严重的兑付风险,违反了《信托公司管理办法》第三十四条的规定:"信托公司开展信托业务,不得承诺信托财产不受损失或者保证最低收益。"

（2）该信托公司违规挪用信托财产，违反了《信托公司管理办法》第三十四条的规定："信托公司开展信托业务，不得将信托财产挪用于非信托目的的用途。"

（3）该信托公司推介部分信托计划未充分揭示风险，隐瞒了信托计划出现逾期等风险信息，以及部分信托项目未真实、准确、完整披露信息，违反了《信托公司管理办法》第三十二条的规定："以信托合同形式设立信托时，信托合同应当载明信托财产管理中风险的揭示和承担。"

（4）该信托公司违规开展非标准化理财资金池等具有影子银行特征的业务，违反了《信托公司管理办法》第二十四条的规定："信托公司管理运用或者处分信托财产，必须恪尽职守，履行诚实、信用、谨慎、有效管理的义务，维护受益人的最大利益。"

11.1   信托与信托法概述

11.1.1   信托的概念、特征及分类

1）信托的概念

信托，是指委托人基于对受托人的信任，将其财产转移给受托人，受托人按照委托人的意愿以自己的名义，为受益人的利益或特定目的管理或处分财产的关系。"受人之托，代人理财"是对信托本质内涵的高度概括。

2）信托的特征

信托作为一种财产转移和管理制度，与其他财产管理制度不同，具有以下法律特征：

（1）信托以信任为基础，以委托为依据。

信托行为的发生，涉及三方当事人，即委托人、受托人和受益人。三方共同形成了信托行为的信用关系。委托人基于对受托人的人品与能力的充分信任，将信托财产转移给受托人管理或处理。受托人通过自身的信托业务活动满足委托人的要求，使受益人获益。受益人是依据这种信托关系得到实际利益的人。委托人必须以信托合同对受托人进行委托，受托人接受委托，信托关系才可以成立。

（2）信托财产上的所有权与利益相分离。

信托财产由委托人转移给受托人后，一方面，受托人享有信托财产法律上、形式上的所有权，可以管理和处分信托财产；另一方面，受托人的这种所有权又是不完整的，受托人不享有受益权，即受托人必须将信托财产的收益交给受益人。所有权与利益相分离，正是信托区别于类似财产管理制度的根本特质。

（3）信托财产的独立性。

一旦信托有效设立，信托财产即从信托当事人的自有财产中分离出来，成为一项仅服从于信托目的的独立运作的财产。就委托人而言，一旦将财产交付信托，即丧失

对该财产的所有权，如果委托人破产，已设立信托的财产，也不能列入破产财产中，其债权人只能分配委托人在信托财产之外的其他财产。就受托人而言，虽然受托人取得了信托财产的所有权，但由于受托人不能对信托财产享受因行使所有权而带来的利益，因此受托人所承受的各种信托财产必须独立于其固有财产。受托人在管理和处分信托财产时，必须将信托财产与其自有财产区分开来，实行分别管理、分别造册。如果受托人破产，信托财产不能加入破产财产，也不能成为强制执行的对象。就受益人而言，虽然受益人享有受益权，但这只是一种信托利益的请求权，在信托法律关系存续期间，受益人并不享有信托财产的所有权。

（4）信托责任的有限性。

信托责任的有限性源于信托财产的独立性。在信托中，只要受托人在处理信托事务过程中没有违背信托目的和管理职责，即使未能取得信托利益或造成了信托财产的损失，受托人也不以自有财产负个人责任。受托人因处理信托事务所支出的费用以及对第三人所负的债务，都只以信托财产为限负有限清偿责任。法律上之所以作出这些安排，是为了防止受托人因其履行职责而受到无谓的损失，从而使信托的社会机能得到彻底发挥。

（5）信托管理的连续性。

信托是一种具有长期性和稳定性的财产管理制度。信托不因受托人的欠缺而影响其成立。已成立的信托也不因受托人的更迭而影响其存续，即信托设立后，受托人因死亡、丧失行为能力、解散、破产等不得已事由而终止其职务时，信托关系也不因此而消灭。在公益信托中还适用"类似原则"，即当公益信托所指定的公益目的不能实现或实现已无意义时，公益信托并不终止，有关机构将使信托财产用于与初始信托"尽可能类似"的其他公益目的上，从而使公益信托继续存在下去。

3）信托的分类

信托具有广泛的适用性，根据不同的标准，信托可分为不同的种类。

（1）以受托人身份的不同来分类，可分为商事信托和民事信托。

商事信托，是指受托人专门经营信托业务的信托。目前，各国以信托公司为受托人的各种贷款信托、投资信托、有价证券信托等均属于商事信托。商事信托以营利为目的。

民事信托，是指由除商业受托人以外的主体担任受托人的信托。目前，在社会生活中常见的由自然人或者除信托公司以外的法人或非法人团体担任受托人的各种私益信托，均属于民事信托。民事信托不以营利为目的。

（2）以信托设立的目的来分类，可分为公益信托和私益信托。

公益信托，是指以公共利益为目的的信托。这类信托的受益者为不特定的多数，并且公益信托的受托人必须经主管机关许可。目前，这类信托已广泛存在于各国，且种类越来越多。

私益信托，是指出于私益目的，即为信托人所指定的某人的利益而设立的信托。目前，各国的商事信托以及英美法系国家中常见的民事信托，都属于私益信托。

（3）以设立信托行为的不同标准来分类，可分为设定信托和法定信托。

设定信托，是指由信托人通过民事法律行为而设立的信托。例如，委托人通过遗嘱、契约或者其他民事法律行为而设立的信托，均属于此种信托。

法定信托，是指依据法律的直接规定而产生的信托。这类信托一般存在于某些关于财产的特别法之中。在这种信托中，受托人身份由法律直接赋予，与信托的其他关系人或有关国家机关的意志无关。这种信托在各国信托中比例很小。

（4）以受益人的不同来分类，可分为自益信托和他益信托。

自益信托，是指以委托人本人为受益人，享受信托利益的信托。目前，在各国的商事信托中有许多是自益信托。在这种信托中，委托人与受益人为同一人。

他益信托，是指委托人以外的人享受信托利益的信托。所有的公益信托，以及由委托人通过遗嘱而设立的信托都是他益信托。在这种信托中，委托人与受益人为不同的人。

拓展阅读11-1

坚持信托本源制度　提升专业能力服务高质量发展

（5）以设立信托的行为不同来分类，可分为契约信托和遗嘱信托。

信托的设立是按照契约进行的，即契约信托，又称生前信托。契约信托在信托成立时即发生法律效力。

信托的设立是按照遗嘱进行的，即遗嘱信托，又称死后信托。这类信托由信托人生前设立，但在其死亡时才发生法律效力。这种信托只能是他益信托。

（6）以信托产生的方式不同来分类，可分为明示信托与默示信托。

明示信托，是指由委托人通过明确的意思表示而设立的信托，如通过合同、遗嘱等设立的信托。

默示信托，是指委托人虽未明确表示，但可因其行为推定其具有信托的意图，由此而成立的信托。默示信托只存在于英美法系中。

11.1.2　信托法概述

信托法是调整信托关系的法律规范的总称。信托法包括信托基本法和信托业法。信托基本法是规定信托基本关系的法律规范。其内容包括信托财产、信托当事人（即委托人、受托人、受益人）的资格及各自的权利义务、信托的类别及设立和终止等。信托业法是规定金融信托机构的组织及其业务监管的法律规范。其内容包括信托机构的性质、业务范围、组织形式、设立条件及程序、变更、终止、经营规则、监督管理等。

信托业在我国刚刚兴起时，关于信托方面的立法很不完善。调整信托关系的法律规范主要是《金融信托投资机构管理暂行规定》《金融信托投资机构资金管理暂行办法》等行政规章。这些法律规定内容陈旧，远远不能适应我国社会主义市场经济发展的需要。因此，随着我国金融信托业的发展和金融体制改革的深化，迫切需要制定一部信托法。2001 年 4 月 28 日，第九届全国人民代表大会常务委员会第二十一次会议通过了《中华人民共和国信托法》（以下简称《信托法》），自 2001 年 10 月 1 日施行。这是我国第一部调整信托基本关系的法律，使我国信托关系的确立和信托行为的实施有了明确的法律标准。它有利于建立规范的信托制度，有利于保护信托当事人权益，有利于促进信托业的健康发展，也为制定其他相关法律法规提供了法律依据。《信托公司管理办法》于2006年12月28日通过，自2007年3月1日起施行。2007年1月22日，《中国银行业监督管理委员会关于印发〈信托公司治理指引〉的通知》要求各信托公司根据公司实际情况完善公司治理结构，提升公司治理成效，并依照有关法律法规的规定和本指引的要求，于2007年12月31日前修订公司章程。

案例分析 11-1

吉林A信托公司因公司治理机制长期严重缺失，股东会、董事会、监事会运行不规范受到处罚，行政处罚依据《中华人民共和国银行业监督管理法》第四十六条，行政处罚决定罚款40万元。A信托公司在一个会计年度内未召开过董事会会议，给出的理由是法定人数不足。在A信托公司年报的"董事会及下属委员会履行职责情况"名目下，A信托公司表示，报告期内由于公司董事会董事人数不足，未达到法定人数，独立董事空缺，报告期内未召开董事会会议。

问题：

（1）A信托公司在一个会计年度内未召开过董事会会议，违反了《信托公司治理指引》中的哪些规定？

（2）信托公司受到处罚，将对公司带来什么影响？

分析：

（1）上述行为违反了《信托公司治理指引》相关规定。《信托公司治理指引》第二十七条明确规定，董事会每年至少召开2次会议。董事会会议记录应做到真实、完整，并自作出之日起至少保存15年。出席会议的董事和记录人应当在会议记录上签字。

（2）信托公司受到处罚，将对公司具体业务的开展乃至整体业务的布局、公司评级和公司品牌声誉带来影响。从业务开展与布局来看，信托公司会因被处罚而影响房地产、险资和担任特定项目受托机构等业务的拓展；从影响公司评级来看，监管处罚将影响行业评级及监管评级，影响信托公司展业，尤其是失去发展受政策支持的创新业务的机会；从影响公司品牌声誉来看，信托公司受到处罚，将在一定程度影响资金端与资产端交易对手，尤其是新的交易对手的信任，进而影响业务拓展及信托产品销售。

11.1.3　信托法律关系的构成要素

信托法律关系，是指基于信托事实并由信托法律规范调整而形成的权利义务关系。信托法律关系由主体、客体和内容三部分构成。

1）信托法律关系的主体

信托法律关系的主体是从事信托行为的当事人，包括委托人、受托人和受益人。

委托人将财产委托转移给受托人，受托人取得财产并承诺为信托目的进行管理或处分，受益人享受信托财产的利益。

（1）委托人。

委托人是通过信托将自己财产转移给受托人管理或处分，并让受托人将信托收益交付自己或指定的其他受益人，从而导致信托关系产生的人。信托关系是一种以信托财产为中心的法律关系，委托人是以其合法所有的财产设立信托的人，是信托财产的提供人。没有委托人，就没有信托财产，更不可能设立信托关系。所以，委托人是以信托财产提供人的身份在信托关系中确立其法律地位的。

《信托法》规定，委托人应当是具有完全民事行为能力的自然人、法人或依法成立的其他组织。委托人一般应具备以下三个条件：①具有完全民事行为能力；②拥有一定数量的财产；③资产负债状况良好。

（2）受托人。

受托人是接受委托人的委托，依照信托目的为受益人的利益对信托财产进行管理或处分的人。受托人是在信托关系中不可缺少的、最重要的当事人，处于掌握、管理和处分信托财产的核心地位。

受托人的产生取决于委托人的信赖程度，由委托人自主选择。《信托法》规定，受托人应当是具有完全民事行为能力的自然人、法人，法律、行政法规对委托人的条件另有规定的，从其规定。

（3）受益人。

受益人是在信托关系中享受利益的人，是信托当事人之一。受益人可以是一人，也可以是数人；可以是自然人、法人，也可以是非法人组织；可以是委托人自己，也可以是委托人之外的第三人；可以具有行为能力，也可以不具有行为能力。

2）信托法律关系的客体

信托法律关系的客体，是指信托法律关系主体的权利义务所共同指向的对象，即借以产生信托法律关系的信托财产。所谓信托财产，是指委托人通过信托行为转移给受托人，并由受托人按照一定的信托目的进行管理或处分的财产。

信托财产的范围非常广泛。一般来说，凡是具有财产价值的东西，包括动产、不动产、物权、债权、有价证券、专利权、商标权、著作权以及其他财产权，都可以作为信托财产。但是，通常所说的人身权，如名誉权、姓名权、身份权等，因不具有财产价值，不得作为信托财产。

信托财产的法律性质比较特殊。受托人因设立信托而取得信托财产的所有权，但这种所有权要受到受益权的限制，即信托利益只能由受益人享受。在法律地位上，信托财产又具有独立性，即信托财产独立于委托人、受托人和受益人的自有财产，受托人必须独立加以管理，而且处于委托人、受托人、受益人三方债权人的追及范围之外。

3）信托法律关系的内容

信托法律关系的内容是信托法律关系的主体（即委托人、受托人和受益人）所享有的权利和承担的义务。

（1）委托人的权利和义务。

委托人的权利主要有：

① 知情权。委托人有权了解其信托财产的管理运用、处分及收支情况，并有权要求受托人作出说明。委托人有权查阅、抄录或者复制与其信托财产有关的信托账目以及处理信托事务的其他文件。

② 管理方法调整权。因设立信托时未能预见的特别事由，致使信托财产的管理方法不利于实现信托目的或者不利于受益人的利益时，委托人有权要求受托人调整该信托财产的管理方法。

③ 撤销权。受托人违反信托目的处分信托财产或者因违背管理职责、处理信托事务不当致使信托财产受到损失的，委托人有权向人民法院申请撤销该处分行为，并有权要求受托人恢复信托财产的原状或者予以赔偿；该信托财产的受让人明知是违反信托目的而接受该财产的，应当予以返还或者予以赔偿。委托人的这项申请撤销权，自委托人知道或者应当知道撤销原因之日起1年内不行使的归于消灭。

④ 解任权。受托人违反信托目的处分信托财产或者管理运用、处分信托财产有重大过失的，委托人有权依照信托文件的规定解任受托人，或者向人民法院申请解任受托人。

⑤ 选任新受托人的权利。受托人职责终止的，依照信托文件规定选任新受托人；信托文件未规定的，由委托人选任。

在信托关系存续期间，前受托人的任务一旦终止，其应当由新受托人依法取代。委托人有权在新受托人的产生方面发挥能动作用。

委托人的义务主要有：

① 确保信托财产的所有权转移给受托人的义务。

② 按照法律、信托行为的规定向受托人支付报酬的义务。

③ 除委托人已在信托文件中声明保留权利者外，不得干预受托人的活动。

④ 当委托人为唯一受益人时，如其解除信托的时机不利于受托人，则应赔偿受托人因此所受损害（如报酬的减少等）。

（2）受托人的权利和义务。

受托人的权利主要有：

① 管理信托财产与处理信托事务的权利。这一权利为信托关系本身派生出来的，信托目的是通过由受托人执行信托来使受益人获益，这就决定了受托人对这一权利的享有。只有当受托人享有这一权利，才有可能在执行信托的过程中切实履行法律赋予的各项义务，才有可能凭借自己的能力，使信托财产派生出受益权，从而为实现委托人或有关国家机关设立信托的目的创造条件。

② 请求法院变更信托财产管理方法的权利。对信托财产的管理，需要运用一定的管理方法。这一管理方法一经确定，一般情况下是不能变更的。但是，在信托关系存续期间，有时为了有利于受益人或者有利于信托目的的实现，的确需要对这一管理

方法进行变更。受托人有权在需要之时请求法院变更这一管理方法。

③ 费用及损害补偿请求权。在信托关系存续期间，要使对信托财产的管理和对信托事务的处理有效地进行，通常需要由受托人支付一定的有关费用。这种费用主要表现为信托财产所负担的税金与管理费，正常维持信托财产所必需的费用，以及因实施信托文件中规定的各项行为所必需的费用等。在许多情况下，这些费用均是受托人用自己的固有财产来垫付的。除此而外，在信托执行的过程中，受托人有时也会因非自己的过失而遭受财产损失，或者对第三人负有债务，并且这种损失或债务又较多地体现为受托人并未取得相应利益却开支了一定的费用，因此二者也属于"有关费用"的范围。受托人对在这一过程中垫付的前述各项有关费用，理应获得补偿。

④ 就自己执行的信托获得报酬的权利。受托人对于这一报酬权，可以通过下列途径来行使：一是直接对信托财产行使；二是对受益人行使；三是对委托人行使。究竟通过哪一种途径来行使这一权利，一般应当由导致受托人取得这一权利的法律或信托文件来规定。如果相关的法律或信托文件中对此并无规定，那么可以由受托人根据具体情况来选择。

⑤ 为信托文件所授予的权利。这一权利与上面提到的四项权利在性质上不同或者不完全相同：它是由委托人意定的权利；它还可以在有关的信托文件中，以明文规定的形式，授予受托人一定权利。这一权利既包括与信托财产或信托执行有关但在《信托法》中却并未规定的权利，又包括在信托行为中规定的事由出现之时变更或解除信托法律关系的权利以及其他有利于信托目的实现的权利等。

受托人的义务主要有：

① 诚信、谨慎、有效管理的义务。受托人应当遵守信托文件的规定，为受益人的最大利益处理信托事务。受托人管理信托财产，必须恪尽职守，履行诚实、守信、谨慎、有效管理的义务。

② 忠实义务。忠实义务，是指受托人必须以受益人的利益作为处理信托业务的唯一目的，必须避免与受益人产生利益冲突的情况。在管理信托财产时，不得利用信托财产为自己谋取利益。受托人违反规定，利用信托财产为自己谋取利益的，所得利益归入信托财产。

③ 对信托财产分别管理的义务。受托人必须将信托财产与其固有财产分别管理、分别记账，并将不同委托人的信托财产分别管理、分别记账。受托人不得将信托财产转为其固有财产。受托人将信托财产转为其固有财产的，必须恢复该信托财产的原状；造成信托财产损失的，应当承担赔偿责任。

④ 不得委托他人代理的义务。信托关系以信托为基础，没有委托人或有关国家机关对受托人的信任，就不可能有前者对后者的选任或指定，有关的信托法律关系便不能产生。信托法律关系的这一特征，要求受托人对信托财产亲自管理，对信托事务亲自处理，即要求受托人以自己的行为来执行信托，而不得委托他人代理。但信托文件另有规定或者有不得已事由的，可以委托他人代为处理。受托人依法将信托事务委托他人代理的，应当对他人处理信托事务的行为承担责任。

⑤ 共同受托人共同行动的义务。同一信托的受托人有 2 个以上的，为共同受托人。共同受托人应当共同处理信托事务，但信托文件规定对某些具体事务由受托人分别处理的，从其规定。共同受托人共同处理信托事务，意见不一致时，按信托文件规定处理；信托文件未规定的，由委托人、受益人或者利害关系人决定。

⑥ 账簿制作义务、报告与保密义务。受托人必须保存处理信托事务的完整记录。受托人应当每年定期将信托财产的管理运用、处分及收支情况，报告委托人和受益人。受托人对委托人、受益人以及处理信托事务的情况和资料负有依法保密的义务。

⑦ 交付信托利益的义务。受托人以信托财产为限向受益人承担支付信托利益的义务。向受益人交付信托利益是受托人最基本的义务，这一义务是信托关系的目的所派生的，目的是要求通过受托人执行信托来使受益人受益。受托人的其他义务均服务于此义务，即《信托法》要求受托人履行其他各项义务均是为了在法律上创造条件，使这一义务得到切实的履行。

⑧ 信托财产恢复原状或赔偿损失的义务。受托人违反信托目的处分信托财产或者因违背管理职责、处理信托事务不当致使信托财产受到损失的，负有恢复信托财产的原状或者赔偿损失的义务。

▶▶▶

案例分析 11-2　　　中融信托现逾期兑付　多家上市公司受影响

自 2023 年 8 月以来，上市公司关于中融国际信托有限公司（以下简称中融信托）逾期兑付的公告逐渐增多，截至记者发稿，已有 3 家上市公司发布相关逾期兑付公告。

据《证券日报》记者统计，3 家上市公司合计购买中融信托产品资金约 1.1 亿元。其中，既有尚未收到本金和投资收益的上市公司，也有已收回大部分本金的上市公司。

以微光股份为例，公司 7 月 6 日公布的关于使用部分闲置自有资金进行委托理财的进展公告显示，公司有多笔受托人为中融信托的理财产品尚未到期，包括中融–汇聚金 1 号货币基金集合资金信托产品，中融–庚泽 1 号集合资金信托产品等。对于产品逾期兑付的风险，多家上市公司均表示，信托产品投资款项的收回尚存在不确定性，并基于非保本理财产品的性质，存在本息不能全部兑付的风险，对公司本期及期后利润的影响也存在不确定性。

资料来源：许洁，陈潇.中融信托现逾期兑付 多家上市公司受影响［EB/OL］.［2023-08-13］.http://www.zqrb.cn/jrjg/xintuo/2023-08-13/A1691933815953.html.

问题：

（1）信托兑付体现了受托人的哪些义务？

（2）信托项目出现逾期会对信托公司和行业产生什么影响？

分析：

（1）信托兑付体现了受托人的以下义务：①交付信托利益的义务。受托人以信托财产为限向受益人承担支付信托利益的义务。向受益人交付信托利益是受托人最基本的义务，这一义务是信托关系的目的所派生的，目的是要求通过受托人执行信托来使受益人受益，受托人的其他义务均服务于此义务，即《信托法》要求受托人履行其他各项义务均是为了在法律上创造条件，使这一义务得到切实的履行。

②信托财产恢复原状或赔偿损失的义务。受托人违反信托目的处分信托财产或者因违背管理职责、处理信托事务不当致使信托财产受到损失的，负有恢复信托财产的原状或者赔偿损失的义务。

（2）信托项目出现逾期，首先会影响到信托公司乃至信托行业的品牌形象；其次，对新业务的开展会造成一定的负面影响；最后，信托项目逾期意味着相应的信托收入无法确认，对信托公司的业绩会带来直接影响。

（3）受益人的权利和义务。

受益人的权利主要有：

① 信托受益权。受益人自信托生效之日起享有信托受益权，当受益人为2个以上时，为共同受益人。共同受益人按照信托文件的规定享受信托利益。信托文件对信托利益的分配比例或者分配方法未做规定的，各受益人按照均等的比例享有信托利益。

② 放弃信托受益权。受益人可以放弃信托受益权。全体受益人放弃信托受益权的，信托终止。部分受益人放弃信托受益权的，被放弃的信托受益权按下列顺序确定归属：A.信托文件规定的人；B.其他受益人；C.委托人或者其继承人。

③ 享有知情权、管理方法变更权、撤销权、解任权。受益人行使上述权利，与委托人意见不一致时，可以向人民法院申请作出裁定。

《信托法》在承认受益人享有权利的同时，规定了受益人承担的义务，而且认为这种义务行为是特别有效的。受益人的义务主要有：① 依信托文件的规定，给付受托人报酬；② 补偿受托人在执行信托过程中垫付的有关费用。

受益人承担上述义务，以其享有受益权为前提。

11.1.4　信托的运作

1）信托的设立

（1）信托设立的概念。

所谓信托设立，是指通过一定的行为，在有关当事人（即委托人、受托人和受益人）之间创设的信托关系。使信托关系在这些人之间产生，并使他们在法律上分别具备委托人、受托人和受益人的身份。信托设立有广义和狭义之分。狭义的信托设立，是指通过民事行为而设立的信托关系。广义的信托设立既包括通过民事行为而设立的信托关系，又包括通过司法行为、行政行为而设立的信托关系。《信托法》规定与设立信托关系有关的行为，主要包括民事行为、营业行为与公益行为三类。

（2）信托设立的条件。

《信托法》规定，设立信托应当具备以下条件：

①设立信托，必须有合法的信托目的。

②设立信托，必须有确定的信托财产，并且该信托财产必须是委托人合法所有的财产。合法所有，指的是委托人对用于设立信托的财产享有占有、使用、收益和处分的权利，其他任何人对该财产不得主张权利。

③设立信托，应当采取书面形式，包括信托合同、遗嘱或者法律、行政法规规定的其他书面文件。

《信托法》规定采取信托形式设立信托的，信托合同签订时，信托成立；采取其他书面形式设立信托的，受托人承诺时，信托成立。

（3）信托文件的内容。

《信托法》规定，设立信托，其书面文件应当载明下列事项：

①信托目的。

信托目的是委托人将自有财产委托给受托人时确定的，主要是想通过受托人对该财产进行管理和处分所要实现的目的。如果没有信托目的或者目的不明确，就无法确定信托当事人之间的权利义务关系，信托无法成立。此外，由于信托目的决定信托当事人基本的权利义务，因此具有优先于其他信托条款的效力。如果信托目的与其他信托条款相抵触，受托人则应当首先遵从信托目的。

②委托人、受托人的姓名或者名称、住址。

这是对委托人和受托人基本情况要求的规定，有利于认定当事人是否具备充当委托人、受托人的主体资格，确定信托能否有效成立。同时，在信托出现问题时，便于确定有管辖权的人民法院。

③受益人或者受益人范围。

受益人，是指在信托中享有信托受益权的人。通常情况下，受益人是确定的或者是可以确定的。在公益信托中，受益人为特定范围的社会公众，受益人虽不能确定，但受益人的范围可以确定。

④信托财产的范围、种类及状况。

信托财产是设立信托书面文件中的实质性条款，也是信托成立的出发点和必要条件。只有对信托财产的范围、种类及状况等作出规定，才能确定信托财产，使其区别于委托人的其他财产，并据以确定信托受益权的内容和范围，避免发生歧义。

⑤受益人取得信托利益的形式、方法。

享有受益权是受益人的基本权利，为顺利实现这一权利，信托文件应当载明受益人取得信托利益的方式、方法，但不一定是具体的受益权数额和份额。

除以上所列事项外，还可以载明信托期限、信托财产的管理方法、受托人的报酬、新受托人的选任方式、信托终止事由等事项。

（4）信托的效力。

信托的效力，是指已经成立的信托行为在信托当事人之间产生的法律约束力，即

信托的法律效力。在信托法律关系中，完全符合法律规定的成立要件的信托行为，是有效的信托，能够产生信托当事人预期的法律后果；否则，不具有法律效力。

①信托无效。

信托无效，是指意欲设立信托，但其行为不符合法律规定，而不被法律所承认，因而是无效的。根据《信托法》的规定，有下列情形之一的，信托无效：

A.信托目的违反法律、行政法规或者损害社会公共利益；

B.信托财产不能确定；

C.委托人以非法财产或者本法规定不得设立信托的财产设立信托；

D.专以诉讼或者讨债为目的设立信托；

E.受益人或者受益人范围不能确定；

F.法律、行政法规规定的其他情形。

②可撤销信托。

可撤销信托，是指信托行为虽已成立，但因欠缺信托行为的生效要件，可以因行为人撤销权的行使，使信托行为归于无效的信托行为。可撤销信托行为主要有两种情形：

A.意思表示不真实的信托行为。

意思表示不真实的信托行为的具体情形有欺诈、胁迫和乘人之危三种。所谓欺诈，就是故意隐瞒真实情况或故意告知对方虚假情况，欺诈对方，诱使对方作出错误的意思表示而与之订立合同。胁迫，是指行为人以将要发生的损害或者以直接实施损害相威胁，使对方当事人产生恐惧而与之订立合同。乘人之危，是指行为人利用他人的危难处境或紧迫需要，为谋取不正当利益，迫使对方违背自己的真实意愿而订立合同。一方以欺诈、胁迫或者乘人之危的手段，使对方在违背真实意思的情况下订立的信托合同，受损害方有权请求人民法院或者仲裁机构变更或者撤销。

B.损害债权人利益的信托行为。

所谓损害债权人利益的信托行为，是指由于委托人设立信托的行为，导致对债权人财产的不当减少，产生了损害债权人利益的后果，债权人为保全自己的债权，可以申请法院撤销该信托行为。《信托法》规定，委托人设立信托损害债权人利益的，债权人有权申请人民法院撤销该信托。人民法院依照前款规定撤销信托的，不影响善意受益人已经取得的信托利益。

撤销权人行使权利的意思表示必须向人民法院或者仲裁机构作出，并且当事人自知道或者应当知道撤销事由之日起1年内不行使，或者具有撤销权的当事人知道撤销事由后明确表示或者以自己的行为表明放弃撤销权的，撤销权消灭。

③信托行为被认为无效或者被撤销的法律后果。

A.返还财产。

信托行为自成立至被确认无效或被撤销期间，受托人可能已经根据该信托行为取得了信托财产。信托行为被确认无效或被撤销后，受托人取得信托财产的法律根据已丧失，原物仍然存在的，委托人可行使所有物返还请求权，请求受托人返还财产。

B.赔偿损失。

信托行为被确认无效或被撤销后，如果造成了损失，那么要由有过错的一方向无过错的一方赔偿因过错而造成的损失。在双方都有过错的情况下，各自承担相应的责任。

C.其他法律后果。

在当事人双方恶意串通，实施的信托行为损害国家、集体、第三人利益时，追缴双方所取得的财产，收归国家、集体所有或者返还给第三人。

2）信托的变更

信托的变更，是指对信托行为或者导致信托关系设立的国家行为的内容进行修改或者补充。信托关系一般不得随意变更，但为保护委托人和受益人的利益，在特定情况下可以对受托人、受益人或信托内容进行变更。

（1）受托人的变更。

根据《信托法》，受托人出现以下情形的，受托人职责终止：

① 死亡或者被依法宣告死亡；

② 被依法宣告为无民事行为能力人或者限制民事行为能力人；

③ 被依法撤销或者被宣告破产；

④ 依法解散或者法定资格丧失；

⑤ 辞任或者被解任；

⑥ 法律、行政法规规定的其他情形。

此时，可以依照信托文件规定选任新受托人；信托文件未规定的，由委托人选任；委托人不指定或者无能力指定的，由受益人选任；受益人为无民事行为能力人或者限制民事行为能力人的，依法由其监护人代为选任。

（2）受益人的变更。

受益人所享有的受益权是法律赋予的权利，信托有效成立后，委托人便不能随意变更受益人或处分受益人的信托受益权。但在受益人对委托人或其他共同受益人有重大侵权行为，或经受益人同意，或信托文件中另有规定时，委托人可以变更受益人或者处分受益人的信托受益权。

（3）信托内容的变更。

信托内容包括信托期限、信托财产管理方法等事项。信托生效后，信托当事人在特定情形下可以对有关事项作出修改或补充，其中运用最多的是对信托财产管理方法的变更。信托财产管理方法在信托关系设立时就已经确定，一般来说不能进行变更。但由于社会生活的复杂性，在设立信托时发生未能预见的特别事由，致使信托财产的管理方法不利于实现信托目的或者不符合受益人的利益的，可对其进行变更。

3）信托的终止

信托的终止，是指信托关系由存在变为不存在。法律规定的信托终止的情形一旦出现，在信托关系中的委托人、受托人和受益人所享有的一切权利和义务，包括《信托法》和信托文件规定的权利和义务，都归于消灭。

《信托法》规定，有下列情形之一的，信托终止：

（1）信托文件规定的终止事由发生。

信托是由委托人设立的，信托的设立采取意思自治的原则，应当尊重委托人的意愿。因此，如果委托人在信托文件中明确规定信托终止的事由，事由发生则信托终止。一般来说，委托人规定的终止事由分为三类：

① 特定的受托人。委托人指定受托人，相信他们有能力管理好信托事务，一旦指定的受托人去世或无法继续担任受托人，信托即终止。

② 特定的受益人。委托人设立信托的目的可能是为了特定受益人的利益，一旦受益人不再需要信托利益，信托存续的意义就不大了。

③ 违背委托人意愿的事件。委托人可能希望信托的受益人做或不做某些事情，一旦超出委托人的意愿，信托即终止。

（2）信托的存续违反信托目的。

信托存续期间，由于发生委托人设立信托时不知道或者不可预见的事由，致使信托的存续足以破坏或者在实质上损害信托的目的，可以解除信托。

（3）信托的目的已经实现或者不能实现。

委托人设立信托必然有一定的目的，受托人的职责就是管理和运用信托财产，以实现信托目的。因此，如果信托目的已经实现，信托的任务就完成了。另外，由于各种原因的限制，信托目的在客观上可能已经无法实现，信托的继续存在已无必要，信托即终止。

（4）信托当事人协商同意。

信托当事人，即委托人、受托人和受益人，经协商达成一致意见的，自然可以解除信托。信托当事人经协商不能达成一致意见的，应理解为不能因此解除信托。

（5）信托被撤销。

《信托法》第十二条规定，委托人设立信托损害其债权人利益的，债权人有权申请人民法院撤销该信托。人民法院依照前款规定撤销信托的，不影响善意受益人已经取得的信托利益。本条第一款规定的申请权，自债权人知道或者应当知道撤销原因之日起 1 年内不行使的，归于消灭。

（6）信托被解除。

《信托法》第五十条规定，委托人是唯一受益人的，委托人或者其继承人可以解除信托。信托文件另有规定的，从其规定。《信托法》第五十一条规定，设立信托后，有下列情形之一的，委托人可以变更受益人或者处分受益人的信托受益权：①受益人对委托人有重大侵权行为；②受益人对其他共同受益人有重大侵权行为；③经受益人同意；④信托文件规定的其他情形。

信托终止后，会产生一定的法律后果：①《信托法》第五十四条规定，信托终止的，信托财产归属于信托文件规定的人；信托文件未规定的，按下列顺序确定归属：受益人或者其继承人；委托人或者其继承人。②《信托法》第五十五条规定，依照前条规定，信托财产的归属确定后，在该信托财产转移给权利归属人的过程中，信托视为存续，权利归属人视为受益人。③《信托法》第五十六条规定，信托终止后，人民法院依据本法第十七条的规定对原信托财产进行强制执行的，以权利归属人为被执行人。④《信托法》第五十七条规定，信托终止后，受托人依照本法规定行使请求给付报酬、从信托财产中获得补偿的权利时，可以留置信托财产或者对信托财产的权利归属人提出请求。⑤《信托法》第五十八条规定，信托终止的，受托人应当作出处理信托事务的清算报告。受益人或者信托财产的权利归属人对清算报告无异议的，受托人就清算报告所列事项解除责任。但受托人有不正当行为的除外。

案例分析 11-3

某人生前立下遗嘱，在遗嘱中将遗产分为两个部分，每一部分都设立了一个基金。其中，基金 A 由现金、有价证券和银行存款构成，并指定 A 信托投资公司为受托人，要求受托人将这部分财产所产生的收益，50% 用于资助故乡所在镇的残疾人和 60 岁以上老年人中达不到平均生活水平的人，使他们的生活水平达到全镇人口平均生活水平；50% 用于资助故乡汉族家庭中学龄在 18 岁以下的没有能力交纳学杂费的儿童，帮助他们交纳学杂费。基金 B 由不动产构成，并指定 B 信托投资公司为受托人，要求受托人将这部分财产本身及其所取得的收益用于资助故乡单亲家庭中儿童年龄在 18 岁以下的达不到所在镇平均生活水平的非汉族家庭，帮助这些儿童支付医疗费、教育费和生活费。在委托人死亡后，遗嘱管理人需要按照其遗嘱内容执行该遗嘱，但委托人的继承人以遗嘱存在严重的种族和政治倾向，不符合成立公益信托的条件为由，要求人民法院判决信托无效。

资料来源：根据相关资料整理所得。

问题：

（1）公益信托成立的条件是什么？

（2）本案例中，公益信托是否成立？

（3）本案例中，继承人要求人民法院判决信托无效的理由是否成立？

分析：

（1）《信托法》在第二章对信托设立条件有明确的规定。公益信托是区别于普通信托的特殊信托，除需要具备一般信托的成立条件外，还必须符合公益信托的特殊规定：公益信托必须以公益为目的，要求有利益存在、利益需合法、利益具有公共性、受益对象不特定。需要注意的是，受益对象不特定并不意味着委托人不能对受益人数或受益人类型加以限定，只要这种限定不导致受益人特定化即可。另外，按照《信托法》的规定，公益信托的设立和确定，其受托人应当经有关公益事业的管理机构批准，未经公益事业管理机构的批准，任何人不得以公益信托的名义进行活动。可见，我国对公益信托的设立及受托人的选任实行的是许可制，只有经有关机构批准，公益信托才能成立和生效。

（2）本案例中，委托人以遗嘱的方式设立公益信托，虽对受托人的范围做了限定，但并未导致收益特定化，且符合救济贫困的公益目的。此外，遗嘱管理人在执行遗嘱时应当报经公益事业管理机构批准；否则，该公益信托不能成立。

（3）《信托法》第十一条规定，有下列情形之一的，信托无效：① 信托目的违反法律、行政法规或者损害社会公共利益；② 信托财产不能确定；③ 委托人以非法财产或者本法规定不得设立信托的财产设立信托；④ 专以诉讼或者讨债为目的设立信托；⑤ 受益人或者受益人范围不能确定；⑥ 法律、行政法规规定的其他情形。由于本案例的情况并不符合信托无效的情形，因此委托人的继承人的主张不成立。

11.2　融资租赁法律制度

11.2.1　融资租赁概述

1）融资租赁的概念

企业在生产经营过程中，会遇到需要某个重大项目设备的情况，而企业本身一时无法筹措所需全部资金，或者企业花大量资金购入设备后只是偶尔使用，成本过高，此类设备的更新升级换代又相当之快。在这种情况下，企业完全可以考虑采用融资租赁方式达到目的。融资租赁，又称金融租赁，是指由出租方融通资金为承租方提供其所需设备，具有融资、融物双重职能的租赁交易，主要涉及出租方、承租方和供货方三方当事人，并由两个或两个以上合同构成。融资租赁通常的交易模式是：需要添置某些技术设备的企业（承租人），在缺乏流动资金时，由金融中介机构（出租人）代其购进或租入所需设备，然后再出租给该企业（承租人）使用。企业（承租人）则按融资租赁合同定期支付租金至租赁期满，并依据合同约定的方式最终完成设备所有权的让渡（也可续租或退租）。用一句通俗的话说就是"借鸡生蛋，以蛋还鸡"。

融资租赁和传统租赁的一个本质的区别就是：传统租赁以承租人租赁使用物件的时间计算租金，而融资租赁则以承租人占用融资成本的时间计算租金。融资租赁是市场经济发展到一定阶段而产生的一种适应性较强的融资方式，是20世纪50年代产生于美国的一种新型交易方式，由于它适应了现代经济发展的要求，因此迅速在全世界发展起来，成为企业更新设备的主要融资手段之一，被誉为"朝阳产业"。我国于20世纪80年代初引进这种方式后，40多年来也得到了迅速发展，但相比于发达国家，租赁优势还远未发挥出来，市场潜力很大。

2）金融租赁的特征

（1）金融租赁是融资与融物相结合的一种交易活动。金融租赁是由出租方先融通资金，购进承租方所需的技术和设备，然后租给承租方。融资租赁是一种融贸易、金融、租借为一体的特殊金融产品，出租人提供的是金融服务，并非单纯的租借服务。

因此，融资租赁属于准金融业务，可以由金融机构经营，也可以由非金融机构经营。

（2）金融租赁涉及出租方、承租方和供货方三方当事人和至少两个合同。两个合同分别为出租方和承租方之间的租赁合同与出租方和供货方之间的买卖合同。这两个合同相互联系：租赁合同的签订和履行是买卖合同签订和履行的前提，买卖合同的履行是一笔租赁业务中不可缺少的组成部分。

（3）租赁财产的所有权与使用权分离。在租赁期间，租赁财产的所有权属于出租方，承租方享有使用权。租赁期满后，承租方对租赁物可以选择留购、续租或者退租。但无论采取哪一种方式，都应在合同中写明。

（4）承租方对设备和供货方有选择权利，并承担相应责任。在金融租赁中，设备和供货方是承租人选定的，出租人只是根据承租人的意愿到其指定的供货方处购进设备，再租给承租人使用。因此，承租人对设备的质量、技术性能等负责，且在租赁期内负责设备的保养、维护以及保险等事项。

（5）融资租赁的租期较长，租赁期限大致与设备的使用年限相同。出租方在一个较长的租赁期内，通过收取租金来收回全部投资。

3）金融租赁的种类

（1）直接租赁。

直接租赁是金融租赁的主要形式，是由出租人用在资金市场上筹措的资金，向供货方购进承租人所需的设备后直接出租给承租人。它以出租人保留租赁物的所有权和收取租金为条件，承租人在租赁合同期内对租赁物有占有、使用和收益的权利。

直接租赁一般包括两个合同：一个是租赁合同，由出租人与承租人签订；另一个是买卖合同，由出租人与供货方签订。

资金力量雄厚的租赁公司普遍采用直接租赁。直接租赁中的出租人能在筹资方面充分发挥能动作用，通过调度资金，争取到低成本的资金来源，增加竞争能力。

（2）转租赁。

转租赁，简称转租，是由出租人（第一承租人、第二出租人）先从其他租赁公司（第一出租人）租进承租人（第二承租人）所需的设备，然后将租来的设备再转租给承租人。某一租赁公司在其自身借贷能力较弱、融资技术不发达、资金来源有限的情况下，往往会采取转租赁，以期利用其他租赁公司的融资便利。

转租赁涉及三个合同：①买卖合同，由租赁公司与供货方签订；②租赁合同，由出租人与租赁公司签订；③转租赁合同，由出租人与承租人签订。

从上述合同关系中可以看出，上一租赁合同的承租人又是下一租赁合同的出租人，称为转租人。转租人从其他出租人处租入租赁物再转租给第三人。转租赁是转租人以收取租金差为目的的租赁形式，其租赁物的所有权归第一出租人。

（3）回租租赁。

回租租赁，又称售后回租，是指承租人将自有物件出卖给出租人，同时与出租人签订一份融资租赁合同，再将该物件从出租人处租回的租赁形式。与普通融资租赁相比，其特点在于它是承租人、出卖人为同一人的特殊融资租赁方式。

回租租赁涉及两个关系人：企业和租赁公司。企业既是卖主，又是承租人；租赁公司既是买主，又是出租人。

回租租赁涉及两个合同：企业与租赁公司签订的买卖合同；企业与租赁公司签订的租赁合同。

在实践中，通过回租租赁这种方式，企业既可以获得生产经营所需的流动资金，又可以继续使用原有设备。特别是当企业进行技术改造或扩建时，采用这种融资租赁方式筹集资金，用出售设备所得的现款购买急需的新设备，可以满足企业的投资需求。回租租赁也是国际上通用的一种融资租赁方式。

（4）杠杆租赁。

杠杆租赁，又称衡平租赁，是指出租人一般只需支付设备全部价款的一部分（20%~40%），另以该设备作抵押，由金融机构贷款支付其余价款（60%~80%），然后将购入设备用于租赁的一种融资租赁形式。杠杆租赁往往涉及多方当事人，签订多个合同文本，是最复杂的一种租赁交易。

杠杆租赁是一种融资性节税租赁。就出租方而言，只需支付设备价款的一部分，不仅能够获得设备的所有权以及相应的利益，还能够获得相当于设备百分之百投资的税收优惠。就承租人而言，承租人可以从出租人的税收优惠上获得租金优惠。就贷款人而言，贷款人得到了高于贷款总额的设备的第一留置权，收回贷款也有保障。因此，杠杆租赁一般用于飞机、轮船、通信设备和大型成套设备的融资租赁。

（5）委托租赁。

委托租赁，是指出租人接受委托人的资金或租赁标的物，根据委托人的书面委托，向委托人指定的承租人办理融资租赁业务。在租赁期内，租赁标的物的所有权归委托人，出租人只收取手续费，不承担风险。同一份委托租赁合同中的委托人可以是一个或多个，由两个或两个以上委托人组成的委托租赁称共同委托租赁。在共同委托租赁合同中，租赁公司并没有充当债权人的角色，而是根据委托人指令向承租人提供相关租赁服务的中介。

案例分析 11-4

H 融资租赁公司与甲公司于 2022 年 11 月签订了融资租赁合同，租赁期为 3 年，租金按月支付。2023 年 1 月，甲公司开始违约，H 融资租赁公司多次催缴欠款，甲公司以租赁物质量出现问题为由要求 H 融资租赁公司承担维修费用，否则拒不支付租金。

问题：这种情况下，H 融资租赁公司可否起诉甲公司？维修费用应由谁承担？

分析：可以起诉。维修费用由甲公司承担。按照《民法典》第三编第十五章融资租赁合同的规定，承租人应当妥善保管、使用租赁物。承租人应当履行占有租赁物期间的维修义务。

　　由于租赁物是由承租人选择的，出租人主要是履行出资购买义务，出租人的根本目的是融资，租赁物通常带有专用性质，并且由承租人保管和使用，租赁物一直置于承租人控制之下，负有保管责任，因此无论是从法律上还是从交易原则上，都理应由承租人负责维修和修缮，这样也能够敦促承租人科学合理地使用租赁物。

11.2.2　融资租赁合同

拓展阅读 11-3

1）融资租赁合同的概念、特征

（1）融资租赁合同的概念。

　　融资租赁合同是出租人根据承租人对出卖人、租赁物的选择，向出卖人购买租赁物，提供给承租人使用，承租人支付租金的合同。

《民法典》中有关融资租赁合同的规定

　　广义上的融资租赁合同是由供货方和出租人之间的供货合同与出租人和承租人之间的租赁合同组成。它涉及三方当事人（回租租赁形式除外），即出租人、承租人和供货方。供货合同与租赁合同的紧密结合形成完全意义上的融资租赁合同。

（2）融资租赁合同的特征。

　　与传统租赁合同相比，融资租赁合同有着十分显著的特点，具体有以下几点：

①租赁标的物是由出租人依照承租人的要求购买的。

　　这是融资租赁合同不同于传统租赁合同的重要特征，也是融资租赁合同与买卖、借贷等合同的区别之一。在融资租赁合同中，出租人必须按照承租人的要求购买标的物，出租人的购置物件的行为与出租物件的行为是联系在一起的，共同构成融资租赁关系的内容。融资租赁合同的承租人通过出租人购买达到融资的目的，以解决自己一次性购买标的物所需资金的不足。从这一点来说，承租人等于向出租人借贷。但是，承租人并不是从出租人那里取得租赁标的物或金钱的所有权，而是通过租赁的形式取得标的物的使用权，以租金的形式偿还出租人为购买租赁物所付出的代价等费用。当然，出租人为购买租赁物，需要筹措资金，一般情况下，出租人往往是向第三者，如银行等金融机构贷款，为承租人购得设备，从承租人交付的租金中偿还第三者的贷款利息。然而，出租人是否借贷资金，与融资租赁无关；出租人与第三者之间的借贷关系并不是融资租赁关系的内容或组成部分。

②租赁合同与购货合同相联系。

　　融资租赁合同包括彼此相关的三方当事人（即出租人、承租人和供货方）分别签订的购货合同和租赁合同。出租人一方面与供货方签订购货合同，另一方面与承租人签订租赁合同。两个合同相互关联密不可分，但在一定意义上又各自独立。购货合同是出租人应承租人的要求为购买指定的生产设备而与供货方签订的，所以租赁合同是购货合同成立的前提。在购货合同中出租人只负担货款，而交货验收则由承租人负责。若发生租赁物质量问题，一般由承租人直接与供货方交涉，承租人享有出租人授予的索赔权及诉讼权。出租人将所购的设备交承租人使用，收取租金。无论供货方是否已实际交货，质量如何，承租人必须按租赁合同中约定的期限交付租金。在租赁期内，如果租赁物丧失创造价值的作用，或未能取得预定的经济效益，承租人仍应偿付租金。所以，在谈到融资租赁合同时，我们应当建立"两个合同、三方当事人、租赁和贸易密不可分"的基本概念。

③以租赁形式融通资金为其主要职能。

融资租赁以融物为其形式，以融资为其特征。作为实现租赁目的的法律工具的融资租赁合同，自然以租赁形式融通资金为其主要职能。融资租赁在直接租入设备使用权的同时，解决了购置设备所需的资金，这是其融资性的根本体现。

④合同当事人的权利、义务发生变化。

传统租赁一般是由出租人负责租赁物的维修和保养。但在融资租赁中，承租人要依靠自己的技能和判断来选定租赁设备和供应商，并确认供货合同中的各项条款。同时，租赁设备的维修和保养也由承租人负责。而出租人对租赁设备的不交付、延迟交付或者交付不符合要求不承担责任。对租赁设备的瑕疵担保责任则由供货合同当事人一方——供货方承担。

⑤租期较长。

融资租赁是以承租人对租赁设备的长期使用为前提的，租期一般稍短于设备的使用寿命。

⑥合同不得随意解除。

融资租赁合同中，租赁物是由承租人根据自己的需要选定的。租赁物是特定的，其使用者也是特定的。在租期内，承租人即使使用租赁设备未取得预定的经济效益，仍须交付租金，不得随意解除合同。

⑦合同期满，承租人对租赁物有留购权。

融资租赁租期届满，承租人一般对租赁物享有留购、续租、退租三种选择权。但大多数融资租赁合同均规定，租期届满后，承租人支付双方约定的象征性价格留购租赁设备。

2）融资租赁合同的订立

（1）融资租赁合同的有效要件。

融资租赁合同的有效，是指订立租赁合同的行为具有足以引起权利义务关系设立、变更、终止的法律效力。租赁合同的有效须以租赁合同的成立为前提，但已经成立的租赁合同不一定全部发生效力，只有具备一定有效要件的租赁合同，才能产生预期的法律效力。

①主体合格。

行为人应具有相应的民事行为能力。我国民事法律关系主体包括法人、自然人和其他组织。这一要件要求当事人能够了解合同的状况和法律效力，对保护其合法权益和减少纠纷均具有重要意义。自然人签订合同，原则上须有完全民事行为能力，限制民事行为能力人和无民事行为能力人不得亲自缔约，由其法定代理人代为签订。法律另有规定的，从其规定。

鉴于融资租赁的特殊性，自然人不论是否具有民事行为能力，一般不能作为租赁合同的当事人。出租人只能由金融监管机构批准的具有租赁经营资格的法人承担，承租人只能由法人或其他组织担任。

②当事人意思表示真实。

意思表示真实，是指当事人在自觉、自愿的基础上，作出真实地反映其内在意志的表示行为。作为合同的有效要件，它是意思自治原则的当然要求。意思表示不真实，对合同效力的影响应视具体情况而定。在一般误解的情况下，合同仍然有效。在重大误解的情况下，合同可被变更或者撤销。在乘人之危致使合同显失公平的情况下，合同可被变更或者撤销。在因欺诈、胁迫而成立合同的情况下，若损害国家利益，合同无效；若未损害国家利益，合同可被变更或撤销。为了保障当事人的合法权益，对意思表示不真实的租赁合同，应根据不同情况，认定其无效或者予以撤销。

③内容不违反法律或者社会公共利益。

《民法典》规定：当事人订立、履行合同，应当遵守法律、行政法规，尊重社会公德，不得扰乱社会经济秩序，损害社会公共利益。内容合法主要是指标的合法，即合同标的不属于国家明令禁止买卖的物或法律、政策所不允许的行为。合同内容合法还包括合同标的数量合法、质量合法、价格合法以及当事人的目的无规避法律之意，没有违反社会公共利益等。

由于融资租赁合同的法律关系较复杂，融资金额较大，履行期较长，因此应当采取书面形式。《民法典》对此有明确规定。

（2）融资租赁合同的无效。

融资租赁合同的无效，是指当事人订立的融资租赁合同因欠缺融资租赁合同成立的有效要件而不发生法律效力。根据《最高人民法院关于审理融资租赁合同纠纷案件若干问题的规定》，有下列情形之一的，应认定融资租赁合同为无效合同：

①出租人不具有从事融资租赁经营范围的；

②承租人与供货方恶意串通，骗取出租人资金的；

③以融资租赁合同形式规避国家有关法律、法规的；

④依照有关法律、法规规定应认定为无效的。

融资租赁合同被确定为无效后，应区分下列情形分别处理：

①因承租人的过错造成合同无效，出租人不要求返还租赁物的，租赁物可以不予返还，但承租人应赔偿因其过错给出租人造成的损失；

②因出租人的过错造成合同无效，承租人要求退还租赁物的，可以退还租赁物，如有损失，出租人应赔偿相应损失；

③因出租人和承租人的共同过错造成合同无效的，可以返还租赁物，并根据过错大小各自承担相应的损失和赔偿责任。

租赁物正在继续使用且发挥效益的，对租赁物是否返还，可以协商解决；协商不成的，由法院根据实际情况作出判决。

租赁物从境外购买的，融资租赁合同当事人约定用外币支付租金，应认定为有效。

（3）融资租赁合同的内容。

《民法典》对融资租赁合同的内容作出了明确规定：融资租赁合同的内容一般包括租赁物的名称、数量、规格、技术性能、检验方法、租赁期限、租金构成及其支付期限和方式、币种、租赁期限届满租赁物的归属等条款。根据这一规定以及《民法典》的相关规定，从内容上来看，融资租赁合同有一般性条款和特殊性条款。

融资租赁合同的一般性条款内容如下：

①合同当事人。融资租赁合同应明确双方当事人（即出租人和承租人）的名称、地址、法定代表人等基本情况。

②租赁物的名称。融资租赁合同中的租赁物一般由承租人自行选择，选择内容包括租赁物的名称、型号、规格、数量、技术性能与价格。承租人同时可指定生产厂家或供货方，出租人与供货方签订购买合同时，承租人应对购买的租赁物作出确认，以保证购货合同与租赁合同的租赁物相一致。

③租赁期限。租赁期限应作为合同的主要条款。租赁期限的计算，一般自设备安装调试、使用投产开始计算。在发达国家，租赁期限一般以设备使用年限的75%作为标准。依据这个标准，一般设备的租赁期限为3年；厂房、机器设备、农业设备、运输车辆的租赁期限为5年；飞机、船舶的租赁期限为10~15年；铁路机车的租赁期限可达20年。租赁期限是承租人选用租赁设备的主要因素。租金的高低与租赁期限的长短有关，期限越长，租金会相应地减少。

④租金。租金是合同的主要内容，合同中要明确承租人应按租赁合同所列的租赁物支付租金给出租人，要详细规定租金的数额、计付方法、支付币种、付款方式、支付次数等。在租赁合同中要有加收罚息的规定，以防止承租人延迟支付租金，保证出租人能按期收到租金，不受损失。

⑤租赁物的购买与交付。在确认出租人与供货方之间的购货合同中的租赁物是承租人所需要的情况下，规定承租人必须向出租人提供各种必要的证明。由于租赁物的购买有直接购买和代理购买等多种形式，交付日期也有提单日、到货日等不同形式，因此需要具体说明采用何种形式。

⑥租赁物的质量保证与维修保养。租赁合同中要详细规定：出租人对承租人承担何种服务项目和保证；起租日前和租赁期内，如果租赁物超出规定的使用价值或者因不可抗力造成损坏，应由谁承担责任；租赁物的保管、使用、维修要求及其费用负担问题。

⑦租赁物的保险。有关租赁物的保险在合同中应作为重要条款提出，并明确投保手续由哪一方办理。设备如发生事故，合同中要明确承租人必须提供实际情况的证明文件，以便出租人能领取保险金。租赁中的保险项目包括设备的有形损失、灾害损失、人身伤害和财产损失。有些风险事故不应由保险公司承担的，应在合同中把附加

保险条款附于合同之后。

一般租赁合同中的保险条件包括：A.保险单一般以出租人和承租人联合名义购买，并强调出租人的利益；B.大的租赁设备，如飞机、轮船，承租人要在保险单中说明出租人拥有的全部权利并保证不转让保险单；C.保险单上要特别声明所有保险赔偿必须归出租人所有；D.保险单上的条款须经出租人认可；E.保险单的承保人要事先征得出租人同意。

⑧租赁物的残值和期满处置。预计租赁物的残值可以由出租人和承租人协商决定。一般来说，该项残值的结转就表示租赁物所有权的转移。租赁期满后，租赁物的处置不外乎留购、续租或退租三种方式。在同等条件下，承租人比第三人享有廉价购买权或廉价续租权。

⑨租赁保证金和经济担保。租赁保证金由租赁双方商定金额或按租金确定一定的比例，作为承租人履行合同的保证。租赁保证金不计利息，在租赁期满时，可以归还承租人或抵付最后一期租金。如果承租人违反租赁合同的任何条款，出租人有权从中抵扣承租人应支付给出租人的款项。

由于租赁保证金一般只占租金总额的百分之十几，远不足以保障全部租金，因此合同中还规定需要经济担保人，担保人必须保证承租人切实履行合同的各项条款，并在合同上签字。

⑩违约条款。合同中还包括承租人因种种情况违约的内容，并列举出租人有权终止合同的内容：承租人未能履行合同中规定的任何一项义务的；承租人违约，对合同规定应支付的款项不能如期、如数支付的；承租人采取停业措施或承租人的资产已宣告被人接收的；有关机构宣告出售承租人的全部或部分设备的；设备被没收的；保证人未履行对承租人所承担的保证义务的等。因种种原因违约或取消合同，主要责任方要对此承担责任费。承担责任费有两种情况：一种是经双方协商支付固定数额的赔偿金，赔偿金根据租赁设备资本费用的百分比来计算；另一种是在合同中列明，作为违约准备金先交付出租人，若未违约，则可在支付租金时扣减。如果属于出租人违约，不论是否达到毁约的程度，承租人都可向出租人要求索赔。若达不到毁约程度，则应继续履行合同，承租人在索赔的同时，应正常交纳租金。

融资租赁合同的特殊性条款有以下内容：

①购货合同与租赁合同的关系条款。在金融租赁交易中，租赁合同是购货合同成立的前提，是主合同；购货合同是承租人租赁设备的依据，是辅合同。出租人作为两个合同的直接当事人，使供货方与承租人之间形成了准合同关系。购货合同与租赁合同应同时明确规定除支付货款的责任由出租人承担外，其他责任如设备的验收、索赔等都由承租人负责，或根据出租合同将上述权利指定和委托承租人办理。购货合同还应规定，如果供货方未按购货合同的规定交付设备，致使承租人蒙受损失或损害，承租人具有向供货方直接提出损害赔偿诉讼的权利，但此项权利不得损害出租人根据购货合同向供货方发起诉讼的权利。

租赁合同一经成立，未经承租人同意，出租人不得变更购货合同，以保障承租人的利益。同样，购货合同一经成立，承租人对租赁设备的规格、质量、数量、设备金额等要求，未经出租人同意不得变更，以保障出租人的利益。

②承租人不得中途解约的条款。《民法典》第七百五十一条规定，承租人占有租赁物期间，租赁物毁损、灭失的，出租人有权请求承租人继续支付租金，但是法律另有规定或者当事人另有约定的除外。该条款是由融资租赁的特殊性质决定的。因为出租人为承租人购进设备，其资金来源除自有资金外绝大部分来自第三者的贷款，其性质相当于商业信贷。

③对出租人免责和对承租人保障的条款。几乎所有的融资租赁合同都规定，签约购买的租赁设备，出租人对承租人不承担任何责任。由于购货合同上的设备是承租人选定的，出租人仅仅根据承租人的决定与供货方签订购货合同，由供货方将设备直接交给承租人，并由承租人验收。因此，出租人不对设备的质量、性能等承担任何责任。但为了保障承租人的利益，在租赁合同中应规定，出租人（即购货人）把对供货方的索赔权转让给承租人，所有因向供货方索赔而支出的费用均由承租人负担，而所得的赔偿金也全归承租人。但不论承租人取得赔偿与否，均应无条件按照融资租赁合同的规定交纳租金。

④对第三方的责任条款。为了明确出租人或承租人在租赁期内对第三方的责任，一些租赁合同规定，若涉及出租人、承租人以外的第三方的权益时，则：

A.出租人应在租赁期内，保证租赁财产权益的合法性，排除第三方对财产权益的异议，确保承租人正常享有对租赁财产的使用权。

B.承租人在使用租赁财产的过程中，使第三方的权益受到损害时，应由承租人负责赔偿。

⑤转租赁条款。由于承租人在融资租赁期间承担绝对的和无条件支付租金的义务，承租人有权要求将租赁设备转租赁给其他人使用，但是必须取得出租人的书面同意。因为租赁设备如被承租人转租给无信用的第三者使用，将会使出租人蒙受损失。

⑥租赁债权的转让和抵押条款。一些租赁合同中规定出租人可不经承租人同意，将租赁合同规定的全部或一部分权利转让给第三者，或提供租赁物作为抵押。这个条款是以租赁财产的所有权属于出租人为依据的，出租人有权将租赁财产的任何权利转让或抵押给第三者，尤其是对经营租赁业务的租赁公司，将租赁债权抵押给银行或其他金融机构以融通资金是正常的业务活动，无须得到承租人的同意。但是，这项转让和抵押的权利以不影响承租人根据租赁合同享有的各种权益为限，并不能解除出租人在租赁合同中的任何义务，以保障承租人的权益。

3）融资租赁合同的履行

融资租赁合同的履行，是指合同当事人按照合同的约定，完成各自承担义务的行为。融资租赁合同的具体履行可分为两个部分：一是出租人如何购买设备、供应商如何交付设备；二是承租人如何使用、处理设备。

在《民法典》中，合同履行的基本原则包括全面履行、实际履行、协作履行三个原则。因此，在融资租赁合同的履行过程中，出租人、承租人必须按照合同的规定，全面、及时地履行自己的义务，在一方履行时，另一方应当提供必要的协助。

对出租人来说，出租人应满足承租人要求签订合同；按合同约定融通资金，购买租赁设备；按约定对承租人的使用情况进行监督检查。另外，当需要对外索赔时，出租人应将索赔权转让给承租人，并协助其索赔。

对承租人来说，承租人应按合同约定的交货时间、地点和方式验收租赁设备；而供货方为承租人提供必要的技术资料和服务。此外，承租人还应注意：按合同的约定谨慎使用租赁设备，不得将设备出售、转让、擅自转租或用于抵押；对租赁设备进行妥善保管、保养和维修；按时交付租金；租期届满时，按合同约定处理租赁设备等。

签订融资租赁合同时，应当尽量把各项条款写得明白、具体、准确。然而，在实践中，常常会因疏忽或其他原因造成合同条款含糊不清，致使承租人在执行时无所适从。这时，一般可按下列原则处理：①租赁设备性能、质量等规定不明确的，可参照其他租赁合同办理；②履行时间不明的，承租人可随时履行或向对方请求履行；③履行地点不明的，承租人可选择经协商后履行。

当承租人不履行合同或不完全履行合同，即违反合同时，出租人可分别或集中地行使下列权利和补救措施：①已经以通知的方式给予了承租人合理的机会纠正其可以纠正的违约行为后，承租人仍不纠正的，终止租赁合同；②重新占有设备；③收取已发生但尚未支付的租金及利息；④收取赔偿费；⑤经供货方同意，更改或终止供货协议。

当出租人违反合同时，其违约处理同其他合同处理方式一样。

4）融资租赁合同的变更

变更分为主体的变更和内容的变更。

（1）主体的变更——合同的转让。

租赁期间，出租人可将租赁物出售、转让或者用于抵押，但必须及时通知承租人，并不得影响承租人在租期内对设备的使用权。

承租人在租期内，不得将租赁设备出售、转让、擅自转租或用于抵押。但在征得出租人书面同意的情况下，可以将租赁设备的使用权或者其他权利、义务转让他人。

合同的转让一般以书面形式进行。

（2）内容的变更。

在合同未履行或未完全履行前，租赁双方可以协商对合同条款进行修改、增删，但内容的变更不能损害供货方的利益。内容的变更可以涉及合同履行地点、时间、方式等。因融资租赁交易的特殊性，内容的变更一般不涉及合同标的变更。

内容的变更必须以书面形式进行。变更的要求和订立的要求只有相同才具有法律效力。变更不影响当事人要求赔偿损失的权利。

5）融资租赁合同的解除

合同的解除，是指合同有效成立后、履行完毕前，因当事人一方的意思表示，或者双方的协议，解除合同确立的权利义务关系。

融资租赁合同可因一方当事人违约而解除，可因发生特殊情况使合同无法继续履行而经当事人协商同意后解除，也可因不可抗力或不能归结于任何一方当事人的原因，致使合同无法继续履行时解除。

发生违约情况后，融资租赁合同一般并不自动解除，而是要等待受损害方作出选择，决定是否提前终止合同。受损害方从自身考虑也可以不解除合同而要求继续履行。当承租人违约时，只要客观上可能，出租人往往不解除合同，而是要求承租人继续履行交付租金的义务，付清全部租金。

在融资租赁合同中，原则上任何一方均不得中途解除合同，这是融资租赁合同的本质要求。因为在融资租赁合同中，租赁物是由承租人自己选定的，一般不具备通用性，即使返还给出租人，出租人也不能期待通过出卖租赁物或重新出租收回残存租金的相当金额。而且租赁物的价金、利息、固定资产税、保险费、手续费等，在租赁期间采用租金的形式分期偿还，如果允许承租人解除合同，将使出租人难以收回所投入的资本。同样，如果允许出租人中途解除合同，收回租赁物，也将使承租人无法使用租赁物进行生产经营活动，会给承租人造成无法弥补的损失。在融资租赁实务中，通常都有禁止在租赁期间届满前解除合同的条款。有的合同甚至规定，在租赁期间，租赁物因不可抗力等不可归责于双方当事人的事由而灭失、被盗及毁损致不能修复的场合，承租人不但不能解除合同，还应向出租人支付规定的损害赔偿金；在承租人没有故意或过失致租赁物部分灭失时，或残存部分不能达成租赁的目的时，承租人也无权解除合同，并应向出租人支付规定的损害赔偿金。我国各大租赁公司使用的合同书均有这样的规定。

6）融资租赁合同的终止

融资租赁合同的终止，是指合同规定的权利义务已经消灭或者不再履行。如果合同已按约定履行，则融资租赁合同自然终止。如果承租人自愿提前付清未到期租金，并提前支付损失赔偿金，则融资租赁合同因承租人自愿终止而终止。除此之外，融资租赁合同在绝大多数情形下具有不可撤销性，即不可终止，但仍有既非自然终止又非自愿终止的特殊情形，主要是：

（1）承租人有严重违反租约的行为，如承租人停止支付租金或一再拖延。一旦这类事件发生，出租人就有权在其后的任何时候通知承租人租赁合同业已终止。

（2）承租人丧失主体资格，如承租人破产、兼并、解散等情形发生，失去了从事经济活动的能力，合同只能终止。

（3）租赁设备因不可抗力灭失或毁损。租赁设备因自然灾害、战争等不可抗力而灭失，或者设备虽然存在，但毁损严重而丧失了使用价值又不可修复或修复费用太高，则此时签订融资租赁合同的目的已无法实现，合同可予终止。

（4）出租人认为承租人营业状况不佳、难以为继，预期将影响交付租金或严重违约，并有确切证据时，可以单方终止履行。

案例分析 11-5

A公司需要B公司生产的一套模具生产设备，双方找C公司商议，由C公司购买并租给A公司。A公司、B公司、C公司三方签订了一份合同，具体内容为：由C公司付给B公司设备款600万元；B公司将模具生产设备代办托运给A公司；A公司承租该设备，期限为10年，每年租金为86万元。

问题：

（1）A公司、B公司、C公司之间的合同属于哪种合同？

（2）A公司发现B公司交付的设备质量不符合要求，A公司可否向B公司追究违约责任？为什么？

分析：

（1）根据《民法典》的规定，该合同为融资租赁合同。融资租赁合同是出租人根据承租人对出卖人、租赁物的选择，向出卖人购买租赁物，提供给承租人使用，承租人支付租金的合同。

（2）A公司可以向B公司追究违约责任。根据《民法典》的规定，出租人根据承租人对出卖人、租赁物的选择订立的合同，承租人享有与受领标的物有关的买受人的权利。出卖人不仅应向承租人直接交付标的物，而且应承担租赁物的瑕疵担保责任。这是因为之所以会有租赁物的质量问题，根本原因是出卖人没有按照合同约定的内容履行交付符合国家规定或者当事人约定的质量标准的标的物的义务。

》【学思践悟】   更多信托公司开始披露 ESG 报告

近期，紫金信托、中航信托、厦门信托等公司陆续发布 2022 年度 ESG 报告。《金融时报》记者发现，围绕国家绿色发展战略，信托公司积极将 ESG 理念纳入转型发展，深入研究绿色低碳行业，在产融服务中加快绿色金融发展。随着 ESG 理念持续深化，信托业 ESG 信息披露更加普遍。

《中国信托业社会责任报告（2020—2021）》显示，截至 2021 年年底，有 8 家信托公司主动披露 ESG 年度报告。从信托行业整体来看，中国信托业协会自 2013 年起，连续编制和发布行业年度社会责任报告，其中包括绿色信托发展现状。从 2020 年起，开始增加信托公司 ESG 报告披露成果。

在业内人士看来，ESG 信息披露符合"双碳"目标下国家政策导向。在政策层面上，国务院国有资产监督管理委员会、中国证监会、各证券交易所先后出台相关文件，要求上市公司积极履行社会责任，鼓励披露 ESG 相关信息。

"国内信托公司中，由中央企业控股的数量约占五分之一，受国家 ESG 信息披露政策要求的影响比例较大。此外，《金融机构环境信息披露指南》已明确将信托业列入环境信息披露适用主体。相关政策文件的出台和标准的明晰有助于推动信托业 ESG 信息披露的覆盖进程，加强相关管理制度与责任履行，为积极响应国家政策、推动绿色金融体系的完善贡献信托力量。"中央财经大学绿色金融国际研究院万秋旭分析认为。

绿色金融内涵不断丰富。ESG 是 Environmental（环境）、Social（社会）、Governance（治理）三个英文单词的缩写，是一种关注企业环境、社会、治理绩效的投资理念和企业评价标准。由此来看，ESG 信息披露至少要包括环境、社会、治理三个方面。

从内容上来看，发布 ESG 报告的各信托公司主要将报告分为"治理篇""环境篇""社会篇"三个部分来进行编撰，而发布社会责任报告的信托公司则主要从党建责任、经济责任、民生责任、受托责任、公益责任、环境责任、法律责任、人本责任、责任管理等方面披露相关信息和指标。

资料来源：胡萍.更多信托公司开始披露 ESG 报告了！［N］.金融时报，2023-07-17（008）.

问题：相关政策文件的出台和标准的明晰，将有助于推动信托业 ESG 信息披露的覆盖进程，对我国绿色金融体系的建立有何重要意义？

分析：党的二十大报告提出，健全现代环境治理体系，严密防控环境风险。坚持绿色低碳，推动建设一个清洁美丽的世界，完善社会治理体系，提升社会治理效能，相关政策文件的出台和标准的明晰，将有助于推动信托业 ESG 信息披露的覆盖进程，加强信托业相关管理制度与责任履行，为积极响应国家政策、推动绿色金融体系的完善贡献信托力量。

本章小结

信托，是指委托人基于对受托人的信任，将其财产转移给受托人，受托人按照委托人的意愿以自己的名义，为受益人的利益或特定目的，管理或处分财产。任何信托在构成上都具有信托设立依据、信托财产、信托当事人和信托目的。信托财产具有独立性的特征。信托当事人主要有委托人、受托人和受益人，他们分别享有各自的权利和义务。在信托运作的过程中，其设立、变更、终止应具备法定要件。

融资租赁是一种以信用为基础的金融业务，它将融资与融物有机地结合起来。融资租赁合同是出租人根据承租人对出卖人、租赁物的选择，向出卖人购买租赁物，提供给承租人使用，承租人支付租金的合同。融资租赁合同由租赁合同与购货合同构成，涉及供货方、出租人和承租人三方的权利和义务。融资租赁合同有效成立，应具有主体合格、当事人意思表示真实、内容不违反法律或者公共利益三个必要条件。融资租赁合同在签订时，应注意合同条款内容。

本章训练

一、思考题

1.信托的种类有哪些？

2.简述信托当事人的权利和义务。

3.什么是融资租赁，它的特征是什么？

4.融资租赁合同的有效要件包括哪些？

二、案例分析题

某模具生产企业，注册资金2 500万元，总资产7 500万元，净资产4 600万元。该企业计划引入6台模具生产设备，价值为1 000万元，但因为企业从银行贷款较难，所以想用融资租赁的方式解决资金问题。2022年1月11日，该企业与A金融租赁公司签订融资租赁合同。该企业自有资金投入350万元，A金融租赁公司支付650万元购入此批模具生产设备。该企业按月支付租金，3年租期满后所有设备都归企业所有，取得设备使用权。

问题：

（1）该融资案例属于什么类型的融资租赁业务？

（2）该租赁方式有什么优势？

（3）租赁期间内，租赁物的所有权归谁享有？租赁期满后承租人对租赁物安排有几种选择？

分析：

（1）该融资案例属于直接融资租赁。

（2）该租赁方式的优势体现在：有助于企业拓宽融资渠道；企业借款期限长还款压力小；有助于企业优化财务报表，减少应纳税额。

（3）《民法典》规定，融资租赁合同的内容包括租赁物名称、数量、规格、技术性能、检验方法、租赁期限、租金构成及其支付期限和方式、币种、租赁期限届满租赁物的归属等条款。租赁期内，租赁物的所有权归出租人享有。租赁期限届满，承租人一般有三种选择权，即留购、续租或退租。在留购情况下，承租人取得租赁物的所有权。在续租和退租情况下，租赁物仍归出租人所有。

第12章
反洗钱法律制度

学习目标

　　知识目标：了解洗钱的概念及其危害性；理解人民币大额交易报告制度和可疑交易报告制度；掌握我国金融机构反洗钱工作的原则、我国金融机构反洗钱监管机构的职责。

　　素养目标：通过了解洗钱的形式、洗钱的危害，让学生认识到洗钱对发展中国家来说，会造成大量资金外逃，危害国家的金融稳定和安全，导致社会财富流失；应树立反洗钱的坚定意识，理解党的二十大报告提出的全面推进依法治国、加强和完善现代金融监管、依法将各类金融活动全部纳入监管的精神；通过学习反洗钱法律制度，及时了解反洗钱监管法律、内控要求、反洗钱新方法、反洗钱新技术等方面的反洗钱知识和规定，培养学生遵守金融岗位职业道德，提高反洗钱职责所需的基本能力，自觉履行反洗钱义务。

▶▶▶

导入案例　　　　　　**监管剑指溢缴款　信用卡反洗钱加码**

　　随着信用卡资金用途监管趋严，近期多家银行发布公告称，加强对溢缴款的额度监管。所谓溢缴款，是指持卡人还款时多缴纳的金额，超出了信用额度的部分。《中国经营报》记者了解到，过去信用卡溢缴款可能出现百万元甚至千万元级别，经过信用卡部门后台监控，达到这种规模的溢缴款多是不法分子为了通过信用卡进行资金流转，实施洗钱行为。

　　业内人士介绍，洗钱团伙通过租用或购买他人在用或闲置的信用卡，以信用卡还款或转账的方式使违法所得成为信用卡溢缴款，随后利用虚假商户POS消费交易将信用卡溢缴款转为商户结算款，并向下游账户分散转移，最终实现取现或变现。

　　某城商行信用卡中心负责风控的人士告诉记者，利用溢缴款洗钱的账户具有明显特征。比如，资金快进快出，资金分多笔转入后当天即通过转账或消费转出；存在高频大额异地或境外取现；交易时间异常，可能存在大量凌晨交易；存入对手众多，且涉及全国各地多家银行跨行转账；客户月度消费金额较高，通常在百万元以上，与其自身情况不符等。

近期，银行发布的关于管理溢缴款的公告中，多家银行均提示，信用卡仅限本人日常消费使用，不得出租、出借、出售个人信用卡，或以其他方式交由他人使用；不得利用我行信用卡接受他人名下来源不明资金；不得用于电信网络诈骗、套现等非法交易。

资料来源：张漫游.监管剑指溢缴款 信用卡反洗钱加码〔N〕.中国经营报，2023-06-05（B06）.

问题：信用卡反洗钱加码体现了《中华人民共和国反洗钱法》的哪些规定？

分析：

（1）信用卡反洗钱加码体现了《中华人民共和国反洗钱法》第三条的规定："在中华人民共和国境内设立的金融机构和按照规定应当履行反洗钱义务的特定非金融机构，应当依法采取预防、监控措施，建立健全客户身份识别制度、客户身份资料和交易记录保存制度、大额交易和可疑交易报告制度，履行反洗钱义务。"

（2）信用卡反洗钱加码体现了《中华人民共和国反洗钱法》第二十条的规定："金融机构应当按照规定执行大额交易和可疑交易报告制度。金融机构办理的单笔交易或者在规定期限内的累计交易超过规定金额或者发现可疑交易的，应当及时向反洗钱信息中心报告。"

12.1 反洗钱法律制度概述

12.1.1 洗钱的概念、形式及其危害

1）洗钱的概念

拓展阅读12-1

洗钱活动最早出现在20世纪20年代，当时美国芝加哥的一名黑手党成员开了一家洗衣店，在每晚计算当天的洗衣收入时，他把那些通过赌博、走私、勒索获得的非法收入混入洗衣收入中，再向税务部门纳税，扣去应缴的税款后，剩下的非法所得就成了他的合法收入。这就是"洗钱"一词的由来。自20世纪60年代以来，随着经济的发展，洗钱犯罪的规模和范围也逐渐扩大。

进一步完善反洗钱基础设施央行关注这四点

《刑法》第一百九十一条规定，（洗钱罪）为掩饰、隐瞒毒品犯罪、黑社会性质的组织犯罪、恐怖活动犯罪、走私犯罪、贪污贿赂犯罪、破坏金融管理秩序犯罪、金融诈骗犯罪的所得及其产生的收益的来源和性质，有下列行为之一的，没收实施以上犯罪的所得及其产生的收益，处5年以下有期徒刑或者拘役，并处或者单处罚金；情节严重的，处5年以上10年以下有期徒刑，并处罚金：①提供资金帐户的；②将财产转换为现金、金融票据、有价证券的；③通过转帐或者其他支付结算方式转移资金的；④跨境转移资产的；⑤以其他方法掩饰、隐瞒犯罪所得及其收益的来源和性质的。

单位犯前款罪的，对单位判处罚金，并对其直接负责的主管人员和其他直接责任

人员，依照前款的规定处罚。

2）洗钱的形式

（1）利用金融机构洗钱。例如，利用伪造的商业票据洗钱；通过证券业和保险业洗钱；利用票据开立账户洗钱；利用银行存款的国际转移行为洗钱；利用信贷回收洗钱；利用期货、期权洗钱。

（2）以投资办产业的方式洗钱。例如，成立匿名公司，隐瞒公司的真实所有人；向现金密集行业投资；利用假财务公司、律师事务所等机构洗钱。

（3）通过商品交易活动洗钱。为了达到尽快改变犯罪收入的现金形态的目的，购置贵金属、古玩以及珍贵艺术品。

（4）利用一些国家和地区对银行账户保密的限制来洗钱。这些地方允许建立空壳公司等匿名公司，并且因为公司享有保密的权利，了解这些公司的真实情况非常困难。

（5）其他洗钱方式。例如，走私；利用"地下钱庄"和民间借贷转移犯罪所得。

犯罪集团通过各种方法洗钱，聚敛了巨额财富，使其合法化。通过洗钱，犯罪收益得以逃避没收并可自由使用，从事犯罪活动的犯罪者得以逃避法律制裁。可见，洗钱是维持多种犯罪的重要基础，因此各国政府及国际社会都通过立法严厉打击洗钱活动。

3）洗钱的危害

洗钱影响金融的健康发展，对经济建设和社会稳定也产生极大的破坏作用，主要体现在：

（1）洗钱活动帮助犯罪分子逃避法律制裁，助长了犯罪势力，严重地影响了社会秩序。

（2）洗钱过程绝大部分是通过金融机构完成的，它严重损害金融机构本身的信誉，也妨碍正常的金融秩序，甚至动摇了社会的信用基础。

（3）洗钱扰乱正常的社会经济秩序。洗钱的资金流动无规律可言，往往会加剧金融市场动荡，甚至引燃金融危机的爆发。

（4）对发展中国家来说，洗钱往往造成大量资金外逃，危害国家的金融稳定和安全，导致社会财富流失。

20世纪中期以来，洗钱活动迅速蔓延，严重威胁各国的国家安全，危及全球经济发展。目前，洗钱这一黑色产业，以极快的速度成为仅次于外汇和石油的世界第三大商业活动。近年来，我国洗钱活动日趋严重。亚洲开发银行曾对我国洗钱数额作出评估：每年不少于2 000亿元人民币，约占国内生产总值的2%。其中，仅官员利用腐败收入洗黑钱就超过500亿元人民币。从2003年反洗钱工作由公安部移交到中国人民银行到现在，我国的反洗钱工作进展非常快。2006年10月31日，第十届全国人民代表大会常务委员会第二十四次会议通过《中华人民共和国反洗钱法》（以下简称《反洗钱法》），自2007年1月1日起施行，构建了我国银行业反洗钱法律制度，为我国开展反洗钱工作提供了法律上的保障。

12.1.2 金融机构反洗钱基本制度

1）金融机构反洗钱工作的原则

金融机构在反洗钱工作中应当遵守以下三项基本原则：

（1）合法审慎原则。

合法审慎原则，是指金融机构应当依法并且审慎地识别可疑交易，做到不枉不纵，不得从事不正当竞争妨碍反洗钱义务的履行。

（2）保密原则。

保密原则，是指金融机构及其工作人员应当保守反洗钱工作秘密，不得违反规定将有关反洗钱工作信息泄露给客户和其他人员。

（3）与司法机关、行政执法机关全面合作原则。

与司法机关、行政执法机关全面合作原则，是指金融机构应当依法协助、配合司法机关和行政执法机关打击洗钱活动，依照法律、行政法规等有关规定协助司法机关、海关、税务等部门查询、冻结、扣划客户存款。另外，中资金融机构的境外分支机构应当遵循驻地国家或地区反洗钱方面的法律规定，依法协助配合驻地国家或地区反洗钱部门的工作。

2）金融机构反洗钱监管机构

中国人民银行是国务院反洗钱行政主管部门，依法对金融机构的反洗钱工作进行监督管理。国家金融监督管理总局、中国证监会在各自的职责范围内履行反洗钱监督管理职责。中国人民银行依法履行下列反洗钱监督管理职责：

（1）制定或者会同国家金融监督管理总局、中国证监会制定金融机构反洗钱规章。

（2）负责人民币和外币反洗钱的资金监测。

（3）监督、检查金融机构履行反洗钱义务的情况。

（4）在职责范围内调查可疑交易活动。

（5）向侦查机关报告涉嫌洗钱犯罪的交易活动。

（6）按照有关法律、行政法规的规定，与境外反洗钱机构交换与反洗钱有关的信息和资料。

（7）国务院规定的其他有关职责。

案例分析 12-1　　　　中信银行长沙分行堵截可疑洗钱案例

自2021年人民银行长沙中心支行启动湖南省金融领域反洗钱"利剑"专项行动以来，全年共计84条线索被立案调查，立案率24%，同比提升12个百分点，极大地支持了全省打击各类犯罪专项行动。

近期，一名中年男子到中信银行长沙分行营业网点咨询转账业务。经银行查询核实，该客户的银行卡账户归属在外地，且已被开户行设置日交易限额，存在小额试探交易并有多笔资金分散转入。这名男子无法对可疑交易作出合理性说明或提供相关依据，银行以用卡过程存在明显异常客观事实为由婉拒了客户业务需求，并上报风险防控部门，进行联防联控信息共享，后经有关机构查询反馈，该账户分别被两家有权冻结扣划机关予以在线紧急冻结。

近年来，中信银行长沙分行一直积极履行社会责任，组织参与各类治理打击洗钱违法犯罪活动，扎实推进反洗钱工作开展，在预防和打击洗钱及相关违法犯罪方面成效显著，切实维护国家安全、社会稳定、经济发展和人民群众利益。

资料来源：李牧天，周晓明．中信银行长沙分行堵截可疑洗钱案例［EB/OL］．［2022-03-08］．http://www.csjrw.cn/2022/0308/206684.shtml.

问题：中信银行长沙分行堵截可疑洗钱案例，体现了《反洗钱法》中对金融机构的哪些规定？

分析：中信银行长沙分行一直积极履行社会责任，体现了《反洗钱法》第三条的规定："在中华人民共和国境内设立的金融机构和按照规定应当履行反洗钱义务的特定非金融机构，应当依法采取预防、监控措施，建立健全客户身份识别制度、客户身份资料和交易记录保存制度、大额交易和可疑交易报告制度，履行反洗钱义务。"

3）金融机构反洗钱专门机构及要求

金融机构应建立健全反洗钱内部控制制度，设立专门的反洗钱工作机构或者指定其内设机构负责反洗钱工作。这里的金融机构是指商业银行、城市信用社、农村信用社、邮政储汇机构、政策性银行、证券公司、期货公司、基金管理公司、保险公司、保险资产管理公司、信托投资公司、金融资产管理公司、财务公司、融资租赁公司、汽车金融公司、货币经纪公司以及中国人民银行确定并公布的其他金融机构。

反洗钱对金融机构的具体要求如下：

金融机构及其分支机构应当依法建立健全反洗钱内部控制制度，设立反洗钱专门机构或者指定内设机构负责反洗钱工作，制定反洗钱内部操作规程和控制措施，对工作人员进行反洗钱培训，增强反洗钱工作能力。

金融机构及其分支机构的负责人应当对反洗钱内部控制制度的有效实施负责。

4）金融机构反洗钱制度

（1）客户身份识别制度。

客户身份识别制度也就是金融机构在与客户建立业务关系或与其进行交易时，不仅需要了解客户的真实身份，还需要了解客户的职业背景、履约能力、交易目的、交易性质和资金来源等有关情况。

金融机构在与客户建立业务关系或与其进行交易时，应当根据法定的有效身份证件或其他可靠的身份识别资料，确定和记录客户的身份。

当金融机构为个人客户开立存款账户、办理结算时，应当要求客户出示本人身份证件，进行核对，并登记身份证件上的姓名和号码。代理他人在金融机构开立个人存款账户的，金融机构应当要求代理人出示被代理人和代理人的身份证件，进行核对，并登记被代理人和代理人的身份证件上的姓名和号码。对不出示本人身份证件或者不使用本人身份证件上的姓名的，金融机构不得为其开立存款账户。

当金融机构为单位客户办理开户、存款、结算等业务时，应当按照中国人民银行有关规定要求单位客户提供有效证明文件和资料，进行核对并登记。对未按照规定提供本单位有效证明文件和资料的，金融机构不得为其办理存款、结算等业务。

客户身份识别制度处于反洗钱制度的基础地位。"了解客户"是反洗钱的第一步，也是金融机构打击洗钱活动的基础工作。如果没有获得客户信息的有效技术和制度支持，识别并报告大额和可疑交易就是不可能完成的任务，金融机构反洗钱工作也就失去了基础。

（2）大额交易报告制度。

该制度要求金融机构、特定非金融机构对数额达到一定标准、缺乏明显经济和合法目的的异常交易，应当及时向反洗钱信息中心报告，以作为发现和追查违法犯罪行为的线索。

该制度要求无论是存取还是支付结算，无论是单位还是个人，无论是本币还是外币，凡是规定金额以上的金融交易都要由金融机构按照规定的程序向人民银行或者国家外汇管理局报告。按照交易的货币种类，分为人民币大额支付交易和大额外汇资金交易。人民币大额支付交易，是指法人、其他组织和个体工商户（以下统称单位）账户之间金额100万元人民币以上的单笔转账支付；金额20万元人民币以上的单笔现金支付；个人银行账户之间以及个人银行账户与单位银行账户之间20万元人民币以上的款项划转。大额外汇资金交易，是指当日存、取、结售汇等值外币现金单笔或累计等值1万美元以上的；当天外汇非现金资金收付交易个人单笔或累计等值外汇10万美元以上的；企业当天单笔或累计等值外汇50万美元以上的。

（3）可疑交易报告制度。

可疑交易报告制度，是指当金融机构按照中国人民银行规定的有关指标，或者怀疑与其进行交易客户的款项可能来自犯罪活动时，必须迅速向中国人民银行或者国家外汇管理局报告的制度。需要说明的是，该制度并不影响在对大额、可疑交易进行审查、分析发现涉嫌犯罪后，为了不耽误时机，金融机构及时向当地公安部门报告义务的履行。

（4）保存客户身份资料和交易信息制度。

金融机构应建立存款人信息数据档案，保存银行结算账户存款人的信息资料，包括单位银行结算账户存款人的名称、法定代表人或负责人的姓名及其有效身份证件号码、开户的证明文件、组织机构代码、注册资金、经营范围、主要资金往来对象、账户的日平均收付发生额等信息，以及个人银行结算账户存款人的姓名、身份证件号码、住所等信息，保存期限自销户之日起至少5年；交易记录主要包括账户持有人的姓名、存入或提取的金额、交易时间、资金来源、提取方式等信息，其保存期限应自交易记账之日起至少5年。账户资料和交易记录的保存按照国家有关会计档案管理的规定执行。

5）金融机构违反反洗钱规定的法律责任

金融机构有下列行为之一的，由国务院反洗钱行政主管部门或者其授权的设区的市一级以上派出机构责令限期改正；情节严重的，建议有关金融监督管理机构依法责令金融机构对直接负责的董事、高级管理人员和其他直接责任人员给予纪律处分：未按照规定建立反洗钱内部控制制度的；未按照规定设立反洗钱专门机构或者指定内设机构负责反洗钱工作的；未按照规定对职工进行反洗钱培训的。

金融机构有下列行为之一的，由国务院反洗钱行政主管部门或者其授权的设区的市一级以上派出机构责令限期改正；情节严重的，处 20 万元以上 50 万元以下罚款，并对直接负责的董事、高级管理人员和其他直接责任人员，处 1 万元以上 5 万元以下罚款：未按照规定履行客户身份识别义务的；未按照规定保存客户身份资料和交易记录的；未按照规定报送大额交易报告或者可疑交易报告的；与身份不明的客户进行交易或者为客户开立匿名账户、假名账户的；违反保密规定，泄露有关信息的；拒绝、阻碍反洗钱检查、调查的；拒绝提供调查材料或者故意提供虚假材料的。

金融机构有前款行为，致使洗钱后果发生的，处 50 万元以上 500 万元以下罚款，并对直接负责的董事、高级管理人员和其他直接责任人员处 5 万元以上 50 万元以下罚款；情节特别严重的，反洗钱行政主管部门可以建议有关金融监督管理机构责令停业整顿或者吊销其经营许可证。

对有前两款规定情形的金融机构直接负责的董事、高级管理人员和其他直接责任人员，反洗钱行政主管部门可以建议有关金融监督管理机构依法责令金融机构给予纪律处分，或者建议依法取消其任职资格、禁止其从事有关金融行业工作。违反《反洗钱法》规定，构成犯罪的，依法追究刑事责任。

另外，经营外汇业务的金融机构，对大额购汇、频繁购汇、存取大额外币现钞等异常情况不及时报告的，或金融机构在开展业务过程中，违反有关法律、行政法规，从事不正当竞争，损害反洗钱义务的履行的，依照相关规定处罚。

12.2 人民币大额交易报告制度和可疑交易报告制度

12.2.1 人民币大额交易的概念及认定标准

1）人民币大额交易的概念

人民币支付交易，是指单位、个人在社会经济活动中通过票据、银行卡、汇兑、托收承付、委托收款、网上支付和现金等方式进行的以人民币计价的货币给付及资金清算的交易。人民币大额支付交易，是指规定金额以上的人民币支付交易。

2）人民币大额交易的认定标准

人民币大额交易的认定标准包括：法人、其他组织和个体工商户（以下统称单位）账户之间金额 100 万元人民币以上的单笔转账支付；金额 20 万元人民币以上的单笔现金收付，包括现金缴存、现金支取和现金汇款、现金汇票、现金本票解付；个人银行账户之间以及个人银行账户与单位银行账户之间金额 20 万元人民币以上的款项划转。

12.2.2 可疑支付交易的概念及认定标准

1）可疑支付交易的概念

可疑支付交易，是指交易的金额、频率、流向、用途、性质等有异常情形的人民币支付交易。

2）可疑支付交易认定标准

可疑支付交易认定标准包括：①短期内资金分散转入、集中转出或集中转入、分散转出；②资金收付频率及金额与企业经营规模明显不符；③资金收付流向与企业经营范围明显不符；④企业日常收付与企业经营特点明显不符；⑤周期性发生大量资金收付与企业性质、业务特点明显不符；⑥相同收、付款人之间短期内频繁发生资金收付；⑦长期闲置的账户原因不明地突然启用，且短期内出现大量资金收付；⑧短期内频繁地收取来自与其经营业务明显无关的个人汇款；⑨存取现金的数额、频率及用途与其正常现金收付明显不符；⑩个人银行结算账户短期内累计100万元以上现金收付；⑪与贩毒、走私、恐怖活动严重地区的客户之间的商业往来活动明显增多，短期内频繁发生资金支付；⑫频繁开户、销户，且销户前发生大量资金收付；⑬有意化整为零，逃避大额支付交易监测；⑭中国人民银行规定的其他可疑支付交易行为；⑮金融机构经判断认为的其他可疑支付交易行为。这里所称"短期"，是指10个营业日以内。

12.2.3 人民币大额交易和可疑支付交易的报告程序

1）人民币大额支付交易的报告程序

金融机构办理大额转账支付，由各金融机构于交易发生日起的第2个工作日报告中国人民银行总行。

大额现金收付，由金融机构于交易发生日起的第2个工作日报送人民银行当地分支行，并由其转报中国人民银行总行。

2）人民币可疑支付交易的报告程序

政策性银行、国有独资商业银行、股份制商业银行的营业机构发现可疑支付交易的，应填制"可疑支付交易报告表"，并报送一级分行。一级分行经分析后应于收到可疑支付交易报告后的第2个工作日报送中国人民银行当地分行、营业管理部、省会（首府）城市中心支行，同时报送其上级行。

城市商业银行、农村商业银行、城乡信用合作社及其联合社、外资独资银行、中外合资银行和外国银行分行营业机构发现可疑支付交易的，应填制"可疑支付交易报告表"，并报送中国人民银行当地分行、营业管理部、省会（首府）城市中心支行和其他地市中心支行。中国人民银行其他地市中心支行于收到可疑支付交易报告后的第2个工作日报送所在省的中国人民银行分行、营业管理部、省会（首府）城市中心支行。

金融机构的营业机构经过分析人民币支付交易，对明显涉嫌犯罪需要立即侦查的，应立即报告当地公安机关，同时报告其上级单位。

3）人民币大额交易和可疑支付交易报告的具体实施

人民币大额交易和可疑支付交易报告的答复程序：中国人民银行分行、营业管理部、省会（首府）城市中心支行应分析金融机构报送的可疑支付交易报告，需要金融机构补充资料或进一步作出说明的，应立即通知金融机构说明情况。

中国人民银行分行、营业管理部、省会（首府）城市中心支行应对金融机构报送的可疑支付交易报告按周汇总，每周第一个工作日向中国人民银行总行报告。对重大的可疑支付交易，应立即报告中国人民银行总行。

4）金融机构及工作人员违反人民币大额交易和可疑支付交易规定的法律责任

金融机构未按规定审查开户资料为个人开立结算账户的，由中国人民银行给予警告，并处以 1 000 元以上 5 000 元以下罚款。情节严重的，取消其直接负责的高级管理人员的任职资格。

金融机构有下列情形之一的，由中国人民银行责令限期改正，给予警告。逾期不改正的，可处以 3 万元以下罚款：①未按规定对开户资料进行审查，致使单位开立虚假银行结算账户的；②未按规定建立存款人信息数据档案或收集的存款人信息数据不完整的；③未按规定保存客户交易记录的；④未按《金融机构大额交易和可疑交易报告管理办法》对支付交易进行审查和报告的；⑤对明知或应知的可疑支付交易不报告的；⑥泄露可疑支付交易信息的。

金融机构违反《金融机构大额交易和可疑交易报告管理办法》规定，情节严重的，由中国人民银行停止核准其开立基本存款账户，暂停或停止其部分或全部支付结算业务，并取消该金融机构直接负责的高级管理人员的任职资格。

金融机构工作人员参与伪造开户资料，为存款人开立银行结算账户，协助进行洗钱活动的，应当给予纪律处分；构成犯罪的，移交司法机关依法追究刑事责任。

案例分析 12-2　　　　　　　银行防控 POS 机洗钱重点

人民银行定义 POS 机为"移动销售点终端"，主要用途是为消费者提供非现金结算服务，银行会向签约 POS 机业务的商家提供本外币资金结算服务。

目前，银行 POS 机业务可能涉及的洗钱风险，主要在于商家通过刻意设立的空壳公司向银行申请 POS 机业务，再为他人套现或垫付信用卡周转资金，商家也可能故意把虚构和正常的交易混在一起，再通过 POS 机套现进行资金的漂白。

如果没有实际贸易背景，仅从商家的角度来分析，利用 POS 机的可移动特性为持卡人提供银行借记卡的兑换外币服务，属于非法从事跨境人民币兑换业务。另外，从管理的角度来看，在《中国人民银行关于加强银行卡业务管理的通知》（银发〔2014〕5 号）中，要求 POS 机只能置放于航空、餐饮、交通罚款、上门收费、移动售货、物流配送等确实有使用 POS 机需求的行业商家。

　　银行从 POS 机日常业务中，不难发现不法分子通过 POS 机进行套现甚至洗钱的特征：首先，表现为开立 POS 机结算账户信息异常，如开立多个个人银行账户，或者频繁更换结算账户；其次，银行可从 POS 机异常交易情况中获知潜在洗钱风险，常见 POS 机刷卡的营业额与商户经营规模不符，或者每一段时间，单台 POS 机的累计发生额明显超出商户经营规模；再次，如果有特约商户实际控制了众多 POS 机，那么银行必须多加注意，除了使用POS 机频率异常高外，如果 POS 机的交易时间都选在夜间，或者短期内频繁发生 POS 机大量刷卡的交易，或者 POS 机单笔消费金额很大且是整数交易的，就值得银行进一步关注；最后，如果资金流向被故意复杂化，通过网银、手机银行等，将 POS 机交易的资金在不同银行间的多个账户间分次转移、分流，导致账户中每天都无余额，这些都是洗钱的征兆。

　　资料来源：刘士龙. 银行防控POS机洗钱重点［N］. 第一财经日报，2020-03-04（A07）.

　　问题：假设银行发现了POS机业务中的异常交易情况和洗钱征兆，应该如何处理？

　　分析：

　　（1）根据《反洗钱法》第三条的规定，在中华人民共和国境内设立的金融机构和按照规定应当履行反洗钱义务的特定非金融机构，应当依法采取预防、监控措施，建立健全客户身份识别制度、客户身份资料和交易记录保存制度、大额交易和可疑交易报告制度，履行反洗钱义务。

　　（2）为了管控因 POS 机业务可能衍生出的洗钱风险，假设银行发现了 POS机业务中的异常交易情况和洗钱征兆，银行应关注 POS 机业务的异常交易情况，在交易过程中采取识别和相应管控措施，并从与银行签约的 POS 机业务特约商户着手，强化管理。

　　（3）银行只要发现特约商户有疑似银行卡套现、洗钱、泄露持卡人账户信息等风险事件，或者交易金额、时间、频率与特约商户的经营范围、规模不符，就应对特约商户采取延迟资金结算、暂停银行卡交易或收回 POS 机及关闭网络支付接口等防控措施，必要时进行可疑交易报告。

12.3　大额外汇资金交易和可疑外汇资金交易报告制度

12.3.1　大额外汇资金交易的概念及认定标准

1）大额外汇资金交易的概念

　　大额外汇资金交易，是指交易主体通过金融机构以各种结算方式发生的规定金额以上的外汇资金交易行为。

2）大额外汇资金交易的认定标准

　　（1）当日存、取、结售汇外币现金单笔或累计等值 1 万美元以上。

（2）以转账、票据或银行卡、电话银行、网上银行等电子交易以及其他新型金融工具等进行外汇非现金资金收付交易。其中，个人当天单笔或累计等值外汇 10 万美元以上，企业当天单笔或累计等值外汇 50 万美元以上。

12.3.2　可疑外汇资金交易的概念及认定标准

1）可疑外汇资金交易的概念

可疑外汇资金交易，是指外汇交易的金额、频率、来源、流向和用途等有异常特征的交易行为。可疑外汇资金交易又分为可疑外汇现金交易和可疑外汇非现金交易。

2）可疑外汇现金交易的认定标准

（1）居民个人银行卡、储蓄账户频繁存、取大量外币现金，与持卡人（储户）身份或资金用途明显不符的。

（2）居民个人在境内将大量外币现金存入银行卡，在境外进行大量资金划转或提取现金的。

（3）居民个人通过现汇账户在国家外汇管理局审核标准以下频繁入账、提现或结汇的。

（4）非居民个人频繁携带大量外币现金入境存入银行后，要求银行开旅行支票或汇票带出的。

（5）非居民个人银行卡频繁存入大量外币现金的。

（6）企业外汇账户中频繁有大量外币现金收付，与其经营活动不相符的。

（7）企业外汇账户没有提取大量外币现金，却有规律地存入大量外币现金的。

（8）企业频繁发生以现金方式收取出口货款，与其经营范围、规模明显不符的。

（9）企业用于境外投资的购汇人民币资金大部分为现金或从非本单位银行账户转入的。

（10）外商投资企业利润汇出的购汇人民币资金大部分为现金或从其他单位银行账户转入的。

（11）外商投资企业以外币现金方式进行投资的。

3）可疑外汇非现金交易的认定标准

（1）居民个人外汇账户频繁收到境内非同名账户划转款项的。

（2）居民个人频繁收到从境外汇入的大量外汇再集中原币种汇出，或集中从境外汇入大量外汇再频繁多笔原币种汇出的。

（3）非居民个人外汇账户频繁收到境外大量汇款，特别是从生产、贩卖毒品问题严重的国家（地区）汇入款项的。

（4）居民、非居民个人外汇账户有规律出现大额资金进账，第二日分笔取出，然后又有大额资金补充，次日又分笔取出的。

（5）企业通过其外汇账户频繁大量发生在外汇管理局审核标准以下的对外支付进口预付货款、贸易项下佣金等的。

（6）企业通过其外汇账户频繁大量发生以票汇（支票、汇票、本票等）方式结算的出口收汇的。

（7）企业一些休眠外汇账户或平常资金流量小的外汇账户突然有异常外汇资金流入，并且外汇资金流量短期内逐渐放大的。

（8）企业通过其外汇账户频繁发生大量资金往来，与其经营性质、规模不相符的。

（9）企业外汇账户频繁发生大量资金收付，持续一段时间后，账户突然停止收付的。

（10）企业外汇账户资金流动以千位或万位为单位的整数资金往来频繁的。

（11）企业外汇账户资金快进快出，当天发生额很大，但账户余额很小或不保留余额的。

（12）企业外汇账户在短时间内收到多笔小额电汇或使用支票、汇票存款后，将大部分存款汇出境外的。

（13）境内企业以境外法人或自然人名义开立离岸账户，且资金呈有规律流动的。

（14）企业从一个离岸账户汇款给多个境内居民，并以捐赠等名义结汇，其资金的划转和结汇均由一人或少数人操作的。

（15）外商投资企业年利润汇出大幅超出原投入股本或明显与其经营状况不符的。

（16）外商投资企业在收到投资款后，在短期内将资金迅速转移到境外，与其生产经营支付需求不符的。

（17）与走私、贩毒、恐怖活动等犯罪严重地区的金融机构附属公司或关联公司进行对销存款或贷款交易的。

（18）证券经营机构指令银行划出与交易、清算无关的外汇资金的。

（19）经营 B 股业务的证券经营机构通过银行频繁大量拆借外汇资金的。

（20）保险机构通过银行频繁大量对同一家境外投保人发生赔付或退保行为的。

12.3.3　金融机构报告大额和可疑外汇资金交易的程序

金融机构报告大额和可疑外汇资金交易实行双向上报原则和程序，即金融机构设在省会、自治区首府、直辖市的一级分支机构为主报告机构，省会、自治区首府、直辖市没有一级分支机构的，由金融机构总部指定主报告机构。金融机构各分支机构应于每月初 5 个工作日内汇总上月大额和可疑外汇资金交易情况，逐级上报至主报告机构。同时报送外汇局当地分支局。各主报告机构应于每月 15 日前汇总各省、自治区、直辖市内上月大额和可疑外汇资金交易情况，报所在地的国家外汇管理局省、自治区、直辖市分局。各金融机构总部应于每月 5 日前将自身发生的上月大额和可疑外汇资金交易情况报外汇局当地分支局。

12.3.4　金融机构违反大额和可疑外汇资金交易报告制度的法律责任

金融机构有下列情形之一的，由外汇局责令改正，给予警告，可以处以 1 万元以上 3 万元以下罚款：未按规定报告大额或可疑外汇资金交易的；未按规定保存大额或可疑外汇资金交易记录的；违反规定泄露大额或可疑外汇资金交易信息的；未按规定审查开户资料为单位开立外汇账户的。

金融机构未按规定审查开户资料为个人开立外汇账户的，由外汇局责令改正，给予警告，可以处以 1 000 元以上 5 000 元以下罚款。

金融机构违反《人民币大额和可疑支付交易报告管理办法》，情节严重造成重大损失的，外汇管理局可以暂停或停止其部分或全部结售汇业务。

金融机构的工作人员违反有关规定，协助进行洗钱的，应当给予行政纪律处分；构成犯罪的，移交司法机关依法追究刑事责任。

> **【学思践悟】**　　　**中信银行郑州分行开展反洗钱宣传活动**

为进一步提高社会对反洗钱工作的认识，发挥金融机构反洗钱作用，近日中信银行郑州分行以网点厅堂和社区为主要宣传阵地，积极开展反洗钱宣传活动。

中信银行郑州分行以网点厅堂为宣传主阵地，LED 屏滚动播放反洗钱宣传标语，在营业场所张贴宣传海报、摆放宣传展架、宣传折页，供客户取阅。同时，厅堂和柜台合作沟通密切，为厅堂等候业务办理和在现金柜台正在办理业务的客户主动讲解反洗钱金融知识，提醒客户不要出租、出借或出售自己的身份信息、账户信息，保护个人信息和账户安全，切实提高客户对于反洗钱工作的认识。

为进一步拓宽宣传面，普及反洗钱工作的重要性和紧迫性。中信银行郑州分行走进社区向群众开展反洗钱、打击洗钱犯罪活动的法律法规宣传，普及反洗钱知识，并及时答疑解惑。宣传活动期间，该行工作人员向社区群众发放折页，给群众讲解反洗钱知识以及洗钱犯罪典型案例，深入揭示参与洗钱活动的法律后果，收到较好的宣传成效。

中信银行郑州分行将反洗钱宣传扎根网点厅堂，拓展深入社区，让反洗钱知识行万里、进万家，促进社会公众提高洗钱风险防范意识，远离洗钱犯罪活动，保护自身权益不受侵害。下一步，中信银行郑州分行将持续深入开展反洗钱宣传，为维护金融稳定、营造和谐有序的金融环境履行央企责任担当。

资料来源：佚名.防范洗钱风险，保护自身权益——中信银行郑州分行开展反洗钱宣传活动 [EB/OL].［2023-05-08］. https://www.citicbank.com/about/companynews/banknew/message/202305/t20230515_3518263.html.

问题：中信银行郑州分行开展反洗钱宣传活动，促进社会公众提高洗钱风险防范意识，体现了金融机构哪些反洗钱义务？

分析：党的二十大报告提出，全面推进依法治国，深化金融体制改革，加强和完善现代金融监管，依法将各类金融活动全部纳入监管。中信银行郑州分行开展反洗钱宣传活动，促进社会公众提高洗钱风险防范意识，体现了《反洗钱法》第二十二条的规定："金融机构应当按照反洗钱预防、监控制度的要求，开展反洗钱培训和宣传工作。"

本章小结

　　《反洗钱法》的颁布和实施，将会有利于及时发现和打击洗钱活动，维护金融安全，维护经济安全和社会稳定。

　　中国人民银行是国务院反洗钱行政主管部门，依法对金融机构的反洗钱工作进行监督管理。

　　金融机构在反洗钱工作中应当遵守合法审慎原则、保密原则、与司法机关、行政执法机关全面合作原则三项基本原则。

　　金融机构的反洗钱制度包括客户身份识别制度、大额交易报告制度、可疑交易报告制度、保存客户身份资料和交易信息制度。

本章训练

一、思考题

1.简述洗钱的概念及危害性。

2.我国金融机构反洗钱工作的原则有哪些？

3.简述人民币大额和可疑支付交易监管制度。

二、案例分析题

农发行山东省分行"三同步"组织好反洗钱飞行检查

　　为扎实做好反洗钱执法检查问题举一反三"回头看"工作，农发行山东省分行于2023年7月对辖内部分机构开展反洗钱专项治理"飞行检查"。此次检查坚持问题导向，在巩固前期自查自纠和检查督导成果的基础上，深化落实监管检查整改，进一步将夯实反洗钱管理基础要求落细落地。

　　飞行检查与合规整改同步。本次开展随机全方位、立体式检查，真正把症结查实查准，督促把问题整改到位。检查组聚焦反洗钱工作易发、多发、频发问题，围绕14项检查要点，紧盯重点业务、关键环节，以飞行检查手册所列方法为基础，综合运用调阅档案资料、查询系统、实地核验等方式，拓宽检查路径，坚决避免整改"走过场"、整改措施不到位等情况。

　　合规整改与效能提升同步。飞行检查组聚焦反洗钱专项治理历次检查督导中发现问题整改情况，认真开展整改纠偏，严格源头性整治，以检查促整改，以整改促提升。检查过程中，严格按照标准流程排查整改薄弱环节，帮助分析深层原因，避免同质同类问题屡查屡犯，督促反洗钱专兼职工作人员增强责任意识，牢牢守住反洗钱管理"主阵地"。

　　效能提升与总结经验同步。该行以"三合一"专员为主组建飞行检查队伍，在全面检验反洗钱管理工作的同时，进一步锤炼队伍，提高履职能力。检查组及时总结被查行的好经验、好做法供全行学习借鉴，同时注重收集被检查行反馈的重点、难点事项，实现检查督导、问题通报、整改纠偏、靶向辅导闭环管理，有效推动反洗钱工作向纵深发展。

资料来源：孟谦.农发行山东省分行"三同步"组织好反洗钱飞行检查［EB/OL］.［2023-07-15］. https：//m.163.com/dy/article/I9MDSTJ705346936.html.

问题：农发行山东省分行"三同步"组织好反洗钱飞行检查，有效推动反洗钱工作向纵深发展，体现了金融机构哪些反洗钱义务？

分析：农发行山东省分行"三同步"组织好反洗钱飞行检查，有效推动反洗钱工作向纵深发展，体现了《反洗钱法》第十五条的规定："金融机构应当依照本法规定建立健全反洗钱内部控制制度，金融机构的负责人应当对反洗钱内部控制制度的有效实施负责。金融机构应当设立反洗钱专门机构或者指定内设机构负责反洗钱工作。"

第13章
金融业监管法律制度

学习目标

知识目标：理解金融业监管的概念、特征、目的、原则；掌握金融监管法律关系、监管模式、各金融监督管理机构的监管职责、监管措施；了解金融监管法的概念及特征、违反各项监管法律法规的法律责任。

素养目标：通过学习金融监管格局和监管职责，让学生了解"二委一行一总局一会"的责任和使命，认识到维持金融业健康运行、保障存款人和投资者的利益、保障国民经济健康稳定运行的重要性，理解党的二十大报告提出的加强和完善现代金融监管，依法将各类金融活动全部纳入监管，守住不发生系统性风险底线，建设现代化产业体系的精神；通过学习金融业监管法律制度，培养学生树立自觉遵守金融业法律法规、维护金融业合法与稳健运行、防范和化解金融风险的意识，自觉保护金融消费者合法权益、维护金融稳定。

▶▶▶ 导入案例　国家金融监督管理总局正式亮相　新一轮金融监管机构改革

2023年5月18日，国家金融监督管理总局正式揭牌，标志着新一轮金融监管领域机构改革迈出重要一步。而作为上一轮金融监管改革产物的国家金融监督管理总局，也随着国家金融监督管理总局的揭牌成为历史。我国金融监管体系从"一行两会"迈入"一行一总局一会"新格局。

2023年3月，我国金融监管迎来重大改革。在中共中央、国务院印发的《党和国家机构改革方案》（以下简称《方案》）中，关于金融监管框架的最新调整部分格外引人注意，其中包括组建中央金融委员会，作为党中央决策议事协调机构；组建中央金融工作委员会，指导金融系统党组织的各项建设；组建国家金融监督管理总局，统一负责除证券业之外的金融业监管，并统筹负责金融消费者权益保护。

在清华大学五道口金融学院副院长田轩看来，金融方面的一系列调整变化，是强化党对金融工作集中统一领导的体现，也是建设统一开放、竞争有序市场体系以及加快建设全国统一大市场的内在要求。通过加强金融一体化协调，能够防止监管部门条块分割导致的监管真空，杜绝监管套利，从而助力金融领域稳步推进供给侧结构性改革，使金融更高质量服务实体经济发展。

资料来源：刘琪，吴晓璐.国家金融监督管理总局正式亮相 新一轮金融监管机构改革迈出重要一步［N］.证券日报，2023-05-19.

问题：谈谈你对"一行一总局一会"构建金融监管新格局框架下各部门职能的理解。

分析：国家金融监督管理总局成立后，在"一行一总局一会"构建金融监管新格局框架下，由人民银行执行货币政策和宏观审慎监管政策，行使现代中央银行职能；国家金融监督管理总局行使除证券行业之外的金融业监管和金融消费者权益保护职能；中国证监会负责资本市场监管职能。国家金融监督管理总局的成立是金融监管模式的一次重大改变，提升了现行金融监管部门的合作，有利于金融业统一监管。

13.1　金融监管与金融监管法概述

13.1.1　金融监管概述

1）金融监管的概念

金融监管是金融监督与金融管理的复合称谓。金融监督，是指金融监管当局对金融机构实施全面的、经常性的检查和督促，并以此促使金融机构依法稳健经营，安全、可靠、健康地发展。金融管理，是指金融监管当局依法对金融机构及其经营活动实行的领导、组织、协调和控制等一系列活动。

金融监管有狭义和广义之分。狭义的金融监管，是指中央银行或其他金融监管当局依据国家法律规定对整个金融业（包括金融机构和金融业务）实施的监督管理。广义的金融监管在上述含义之外，还包括金融机构的内部控制和稽核、同业自律性组织的监管、社会中介组织的监管等内容。这里的金融监管是指狭义的金融监管。

随着金融监管的发展，当代金融监管呈现出以下特征：

（1）金融创新和金融监管并重。金融创新反映了市场对金融服务的新需求，但也给市场带来了新的风险，这就给金融监管提出了新的挑战。因此，金融创新和金融监管并重是当代金融监管的首要特征。

（2）金融监管注重成本-效益观念。传统金融监管忽视对监管成本的衡量，往往容易夸大监管的收益而低估监管的成本，而当代金融监管引入经济学分析，对各项监管措施的成本、效益进行量化，这样既贯彻了监管效益最大化原则，又体现了对市场机制的遵循。

（3）金融监管强调技术性、科学性。随着计算机信息系统、经济计量模型、信用评级制度和市场纠错退出机制等各种技术和方法不断运用于各国金融监管之中，金融监管的技术性和科学性日益增强。

（4）全球金融监管框架初步建立。金融市场全球化导致金融风险在国家间相互转移扩散的趋势不断增强，加强金融监管的国际合作，构建全球金融监管框架迫在眉睫。一些国际性金融组织在全球金融监管合作方面发挥着越来越大的作用，得到了国际金融业和各国监管当局的普遍接受。

2）金融监管的目的

（1）维持金融业健康运行的秩序，最大限度地减少银行业的风险，保障存款人和投资者的利益，促进银行业和经济的健康发展。

（2）确保公平有效发放贷款，由此避免资金的乱拨乱划，制止欺诈活动或者不恰当的风险转嫁。

（3）金融监管可以在一定程度上避免贷款发放过度集中于某一行业。

（4）金融监管可以确保金融服务达到一定水平，提高社会福利。

（5）中央银行通过货币储备和资产分配来向国民经济的其他领域传递货币政策。金融监管可以保证银行在执行货币政策时传导机制的实现。

（6）金融监管可以提供交易账户，向金融市场传递违约风险信息。

3）金融监管的原则

（1）依法监管原则。依法监管原则，是指金融监管机构在履行监管职责时，必须依据有关法律、行政法规和规章进行，其监管行为不得与上述法律、行政法规及规章相抵触。此项原则主要包括两个方面的内容：一是金融监管机构地位的确立和监管权力的取得来自法律；二是金融监管机构必须依法行使监管权。

（2）审慎监管原则。审慎监管原则，又称持续性监管原则，是指在金融机构获得市场准入、开始业务经营后，金融监管机构对其日常业务经营情况进行持续的监管，主要包括合规性监管和风险性监管两个方面。随着金融创新业务日益增多，合规性监管不能及时全面地反映金融业风险，以风险性监管为基础的审慎监管逐渐被人们认同。金融机构应当严格遵守审慎监管原则。

（3）合理适度竞争原则。竞争和优胜劣汰是一种有效机制。金融管理的重心应该在创造适度竞争上，既要避免金融高度垄断、排斥竞争，又要防止过度竞争、恶性竞争。

（4）自我约束和外部强制相结合原则。既不能完全依靠外部强制管理（如果金融机构不配合，难以收到预期效果），又不能完全寄希望于金融机构的自我约束，必须把自我约束和外部强制相结合。

（5）预警与处罚并重原则。金融监管的主要任务就是及时、准确地判断和预警金融风险的状况及深度。在金融监管过程中，注意预警与处罚并重，要做到在金融机构出现问题和发生危机之前及时预警，发现问题则及时采取有效措施，加大处罚力度，防止风险和危机的进一步扩大和恶化，化解系统性风险。

（6）安全稳健与经济效益结合原则。此项原则历来是金融监管的中心目的，为此所设的一系列金融法规和指标体系都着眼于金融业的安全稳健和风险防范。但是，金融业的发展毕竟在于满足社会经济的需要，要讲求效益，所以金融监管要切实把风险防范和促进效益协调起来。

4）金融监管的必要性

综合世界各国金融领域广泛存在的金融监管，我们认为金融监管具有以下深层次的原因和意义：

（1）金融业的重要性。

金融是现代经济的核心，金融体系是全社会货币的供给者和货币运行及信用活动的中心。金融机构产品或服务创新其实质是一种信用创造，可以节省货币，降低机会成本，但也使商业性结构面临更大的支付风险。金融系统是"多米诺骨牌效应"最为典型的经济系统之一。任何对金融机构无力兑现的怀疑都会引起连锁反应，骤然出现的挤兑狂潮会在短时间内使金融机构陷入支付危机，从而导致公众金融信心的丧失，最终导致整个金融体系的崩溃。因此，金融稳定对社会经济的运行和发展起着至关重要的作用。

（2）金融业的高风险性。

金融业是巨额资金的集散中心，涉及国民经济各部门、单位和个人，而金融业存在诸多风险，任何经营决策的失误都可能导致"多米诺骨牌效应"，关系到千家万户和国民经济的方方面面。如果金融机构出现问题，将会对整个经济与社会产生很大的影响。

（3）金融体系的脆弱性。

金融业是经营风险的行业，以较少的资本经营较多的资产，金融业这种高负债经营的行业特点决定了其更易失败的本性。同时，个别金融机构的破产很容易导致整个金融体系的崩溃，从而引发金融危机。

（4）金融业的信息不对称。

信息不对称，是指交易的一方对交易的另一方不了解或不充分了解。当前，我国信息市场不完善，信息产品的生产或提供相对不足，造成了金融领域信息严重不对称，使得金融风险不断累积，影响了经济、金融运行效率。比如，存款者与银行、银行与贷款者、银行与监管者之间存在很大的信息不对称，产生了逆向选择和道德风险，不仅降低了金融效率，而且增加了金融风险。

13.1.2　金融监管法概述

1）金融监管法的概念和特点

金融监管法，是指金融监管机构对金融市场、金融机构及其行为实施监督和管理的法律规范的总称。随着金融活动和金融监管实践的不断发展，金融监管法逐步形成并完善。金融监管法具有以下特点：

（1）金融监管法是强行法。在金融监管活动中，监管主体与被监管主体之间的地位不平等，具体表现为前者对后者实行强制监管，后者对前者必须服从，这体现了国家对金融业的适度干预。

（2）金融监管法是行为法。金融监管法本质上是国家对金融活动监督和管理的规范，监管主体主要通过作出法定的监管行为来完成监管活动，因此金融监管法具有行为法的属性。

（3）金融监管法是实体法与程序法的结合。在金融监管法中，监管主体明确金融监管目标，确定金融监管机构的地位及职责，规范金融监管方式和手段，规定金融违法行为的惩处措施，这些规定将实体性规范与程序性规范进行了有机结合，体现了实体法与程序法并重。

2）金融监管法律关系

（1）金融监管法律关系的主体，即金融监管法律关系的参加者。它是指参与金融监管法律关系，依法享有权利、承担义务的当事人。金融监管法律关系的主体包括金融监管机构（监管主体）和金融机构（被监管主体）。

① 金融监管机构。它是指法律赋予的具有对金融业进行监督管理职能的执行机关。由于各国的经济制度、经济目标、金融业的历史发展和金融体制不同，金融监管机关也有所差异。

② 金融机构。它是指从事金融业务活动的各类组织，是金融市场的参与主体，又称金融中介。主要有银行（如商业银行、政策性银行等）和非银行金融机构（如金融资产管理公司、信托投资公司、财务公司、融资租赁公司、证券公司、保险公司等）。

（2）金融监管法律关系的客体。它是指金融监管法律关系的主体的权利义务所共同指向的对象。没有金融监管法律关系的客体，金融监管法律关系也就不可能产生，权利和义务就会落空。由于金融监管是一种与市场行为相对应的政府行为，金融监管法律关系的客体主要是行为，包括行使金融监管职权的行为和提供金融服务的行为。

（3）金融监管法律关系的内容。它是指金融监管法律关系的主体依法所享有的权利和承担的义务。金融监管法律关系主体的权利，是指金融监管法律关系主体在金融监管活动中依法具有的自己为或不为一定行为和要求他人为或不为一定行为的资格。金融监管法律关系主体的义务，是指金融监管法律关系主体在金融监管活动中依法必须为一定行为或不得为一定行为的责任。在金融监管法律关系中，由于监管主体与被监管主体之间地位不平等，前者对后者实行强制监管，后者对前者必须服从，金融监管法律关系主体享有不同的权利，承担不同的义务。

13.1.3　金融监管模式

1）金融监管模式的概念

金融监管模式，是指一国关于金融监管机构和金融监管法规的结构性体制安排。实行何种金融经营模式是采用何种金融监管模式的重要参考因素，但是二者并非一一对应，完全一致。

2）不同金融监管模式及其比较

由于各国政治、经济、文化和历史传统的不同，对金融监管模式的设计也不尽一致，大体可概括为以下三种：

（1）统一监管模式。

统一监管模式，是指由一个统一的监管机构负责监管各种金融行业、金融机构和金融业务。该监管主体可以是中央银行或其他机构。该模式在20世纪80年代末就在挪威、丹麦和瑞典开始推行。1997年亚洲金融危机以后，日本、韩国也开始采用这种监管模式。目前，最为典型的是1997年英国的金融监管体制改革后建立的监管体制。

统一监管模式的优势主要有：①成本优势。统一监管可节约监管者和被监管者双方的成本，可大大降低信息成本，改善信息质量，获得规模效益。②改善监管环境。表现在：A.监管机构职责明确固定，可防止不同机构之间互相推卸责任。B.提供统一的监管制度，避免监管重复以及被监管者在面临不同的监管制度时无所适从。③适应性强。金融业务创新层出不穷，统一监管模式可迅速适应新业务，避免出现监管空白，也可减少多重监管制度对金融创新的阻碍。④责任明确。由于是同一个监管者，因此不会发生不同监管者责任交叉，甚至责任空白、推诿扯皮的现象。

统一监管模式的劣势是：监管机构权力巨大，容易出现比较明显的官僚主义，可能导致潜在的有价值信息的损失，对潜在问题反应迟缓。

（2）分头监管模式。

分头监管模式，是指把金融领域划分为银行、证券和保险三个业务领域（有时包括信托），针对各个业务领域分别设立一个专职的监管机构，负责各行业的审慎监管和业务监管。目前，实行分头监管较为典型的国家有波兰、中国等。

分头监管模式主要有以下优点：①具有很强的专业性。分头监管要求监管者必须具有较高的专业水平，有利于达到监管目标，提高监管效率。②具有公平性。各专业监管机构负责不同的监管领域，职责明确，有利于排除不必要的干扰，为监管对象实施公平监管创造了良好的环境。③具有竞争优势。尽管各个监管机构的监管对象不同，但不同机构之间存在竞争压力，从而有利于提高监管效率。

分头监管模式的缺点主要有：①多重监管机构之间难于协调。不同的监管部门有不同的监管目标，容易产生分歧。尤其是当推出一项交叉性金融业务时，需要经过多个部门长时间的协调才能完成，并且有可能出现监管重复或监管缺位。②从整体上来看，监管机构庞大，监管成本较高，规模不经济。③如果对混业经营体制实施分头监管，容易产生重复监管，增加监管成本。

（3）不完全统一监管模式。

不完全统一监管模式，是指在金融业混业经营体制下，对统一监管和分头监管的一种改进模式。这种模式可按监管机构不完全统一和监管目标不完全统一划分，具体形式有牵头监管和双峰式监管。

牵头监管，是指在多重监管主体之间建立及时磋商和协调机制，特别指定一个牵头监管机构负责不同监管主体之间的协调工作。巴西是较典型的"牵头监管"模式的国家。

双峰式监管，是指根据监管目标设立两类监管机构：一类机构负责对所有金融机构进行审慎监管，控制金融体系的系统性风险；另一类机构是对不同金融业务经营进行监管。澳大利亚是双峰式监管模式的典型国家，自1998年开始对不完全统一监管模式进行改革，新成立的澳大利亚审慎监管局负责所有金融机构的审慎监管，证券投资委员会负责对证券业、银行业和保险业的业务经营监管。

与统一监管模式相比，不完全统一监管模式的优点主要有：①不完全统一监管模式设立了不止一个监管机构，并且通过职能分工配合使监管机构之间保持一定的竞争与制约，有助于提高监管效率；②在不同的监管领域，相应的监管机构保持了监管规则的一致性，可以尽量避免多重机构造成的监管冲突问题；③设置多重监管机构时可以按照行业分工进行，有助于发挥各个机构的相对独特优势。

与完全分头监管模式相比，不完全统一监管模式的优点主要是：①一定程度上降低了多重监管机构之间互相协调的成本和难度，提高了监管效率；②通过分别进行审慎监管和业务监管，来尽量避免严格分开的监管机构可能出现的监管真空或者监管重复问题；③一定程度上克服了完全分开监管模式中机构庞大、设置繁复的弊端。

3）我国现行金融监管模式

（1）我国金融监管模式的发展历程。

在中国银行业监督管理委员会成立之前，对银行业和非银行金融机构的监管是由中国人民银行执行的，2003年4月28日中国银行业监督管理委员会正式成立之后就将中国人民银行绝大部分的监管职能分离出去，目前中国人民银行只享有在特殊情况下间接监管的权力。修订后的《中国人民银行法》第三十四条明确规定，当银行业金融机构出现支付困难，可能引发金融风险时，为了维护金融稳定，中国人民银行经国务院批准，有权对银行业金融机构进行检查监督。该条款从分析风险性质及严重程度这一角度出发，赋予中国人民银行为化解金融风险而享有的检查监督权。

根据我国金融体制改革的需要，2003年4月中国银行业监督管理委员会成立，统一监管银行、金融资产管理公司、信托投资公司等金融机构。中国人民银行的主要职能转变为制定和执行货币政策，不断完善有关金融机构的运行规则，更好地发挥作为中央银行在宏观经济调控和防范与化解系统性金融风险中的作用。至此确立了我国现行的金融监管模式。金融监管模式是单层多头监管的，由中国银行业监督管理委员会、中国证券监督管理委员会、中国保险监督管理委员会分别对银行业和非银行金融机构、证券业、保险业实行分业监管。

2018年4月，中国银行保险监督管理委员正式挂牌，至此，"一委一行两会"（即国务院金融稳定发展委员会、中国人民银行、中国银行保险监督管理委员会、中国证券监督管理委员会）的金融监管格局正式形成。国务院金融稳定发展委员会作为国务院统筹协调金融稳定和改革发展重大问题的议事协调机构，其主要职责是：落实党中央、国务院关于金融工作的决策部署；审议金融业改革发展重大规划；统筹金融改革发展与监管，协调货币政策与金融监管相关事项，统筹协调金融监管重大事项，协调金融政策与相关财政政策、产业政策等；分析研判国内外金融形势，做好国际金融风险应对，研究系统性金融风险防范处置和维护金融稳定重大政策；指导地方金融改革发展与监管，对金融管理部门和地方政府进行业务监督和履职问责等。

2023年5月，国家金融监督管理总局正式成立，随着金融监管机构改革不断推进，"一行一总局一会"新格局正在加快形成，如图13-1所示。国家金融监督管理总局统一负责除证券业之外的金融业监管，强化机构监管、行为监管、功能监管、穿透式监管和持续监管，统筹负责金融消费者权益保护，加强风险管理和防范处置，依法查处违法违规行为。作为国务院直属机构，国家金融监督管理总局在中国银行保险监督管理委员会基础上组建，将中国人民银行对金融控股公司等金融集团的日常监管职责、有关金融消费者保护职责，以及中国证监会对投资者的保护职责划入国家金融监督管理总局。

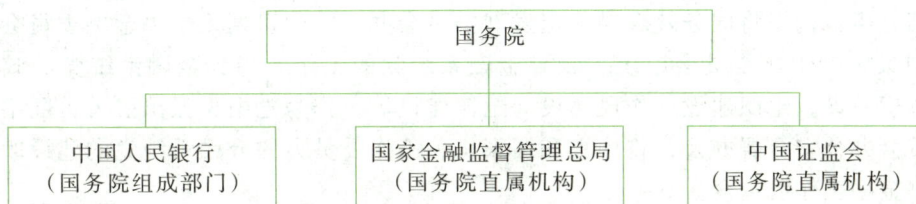

图13-1　金融监管机构改革

中国证监会调整为国务院直属机构。中国证监会由国务院直属事业单位调整为国务院直属机构，强化资本市场监管职责，划入国家发展和改革委员会的企业债券发行审核职责，由中国证监会统一负责公司（企业）债券发行审核工作。

（2）中国本轮金融机构改革的背景。

当前，现代金融市场创新发展为金融监管带来了新的挑战，具体表现在：首先，金融机构的产品或服务范围的界限逐渐变得模糊，金融控股公司及金融集团的形成推动了金融混业经营的发展，金融混业经营趋势极易产生监管真空地带。其次，金融创新的快速发展，对金融监管提出了新要求。例如，2013年我国掀起了一场互联网金融创新热潮，P2P网络借贷、互联网众筹及互联网理财等大量出现，由于这些网贷平台缺乏明确的监管主体和制度体系，导致互联网金融风险的出现。最后，中央与地方在金融监管协调机制方面还有待进一步完善。从监管目标来看，中央侧重强调金融风险的防范，而地方则更加重视地方经济的发展，常常面临防范金融风险与鼓励地方经济发展的取舍问题。本轮中国金融监管的调整充分考虑了政策措施的适用性，在当前全球经济形势下具有重要意义。

（3）中国金融监管框架的最新调整与职能分工。

面对近年来国内出现的监管空白地带、互联网金融风险、影子银行等问题，迫切需要对我国金融监管体系进行深刻变革。2017年7月，党中央和国务院决定设立国务院金融稳定发展委员会，并于2018年3月完成了中国银行业监督管理委员会、中国保险业监督管理委员会两会合并，建立起"一委一行两会"的金融监管框架，标志着我国进入了金融监管统筹协调新阶段。2023年3月公布的《党和国家机构改革方案》，提出在中国银行保险监督管理委员会基础上组建国家金融监督管理总局，并相应调整中国证监会职责及地方金融监管体制，"二委一行一总局一会"＋"各地局"的新监管框架正在逐步形成。

①逐步确立"二委一行一总局一会"＋"各地局"的监管框架。

"二委"是指中央金融委员会和中央金融工作委员会；"一行一总局一会"是指中

国人民银行、国家金融监督管理总局和中国证监会；"各地局"是指中央金融管理部门地方派出机构和地方金融监管局。

在此框架下，作为党中央决策议事协调机构，中央金融委员会应加强党中央对金融工作的集中统一领导，负责金融稳定和发展的顶层设计、统筹协调、整体推进、督促落实，研究审议金融领域重大政策、重大问题等。作为中央金融委员会的办事机构，中央金融委员会办公室列入党中央机构序列，不再保留国务院金融稳定发展委员会及其办事机构，将国务院金融稳定发展委员会办公室职责划入中央金融委员会办公室。中央金融工作委员会应统一领导金融系统党的工作，指导金融系统党的政治建设、思想建设、组织建设、作风建设、纪律建设等，作为党中央派出机关，同中央金融委员会办公室合署办公，将中央和国家机关工作委员会的金融系统党的建设职责划入中央金融工作委员会。

中国人民银行承担货币政策职能，担负宏观审慎管理、金融基础设施建设、基础法律法规体系及全口径统计分析和系统性风险预警等工作，使货币政策和宏观审慎政策双支柱调控框架更加清晰。国家金融监督管理总局同中国证监会及地方金融监管部门负责行为监管。国家金融监督管理总局主要负责具体机构和行业监管工作的落地和执行，以及金融消费者权益保护。中国证监会则负责资本市场监管职责，其核心职责是维护资本市场秩序和健康发展。

地方金融监管体制将以中央金融管理部门地方派出机构为主导，统筹优化中央金融管理部门地方派出机构设置和力量配备，地方政府设立的金融监管机构专司监管职责，不再加挂金融工作局、金融办公室等牌子，以维护地区内金融稳定为主要目标，担负起更多的金融监管职责，并承担金融风险防范、化解与处置的属地责任。

②强化行为监管、功能监管。

国家金融监督管理总局统筹除证券业之外的全部金融业监管，并由事业单位改为国务院直属机构。将金融控股公司等金融集团的日常监管以及金融消费者保护等原属于人民银行的职责范畴以及原属于中国证监会的投资者保护职责，划入国家金融监督管理总局，从而避免混业经营的金融控股公司面临多头监管或监管真空，有助于穿透式监管和持续监管的实施。此外，划入国家发展和改革委员会的企业债券发行审核职责，由中国证监会统一负责公司（企业）债券发行审核工作。将企业债发行审核权划入中国证监会，有利于统一信用债管理，提高企业债券发行效率，体现了功能监管理念。

新一轮机构改革强化机构监管、行为监管、功能监管、穿透式监管、持续监管。近年来，我国金融领域的消费者保护机构仍分散在不同监管部门，缺乏国家层面的统一制度体系。金融消费者保护工作在防范金融风险中具有重要作用，平台经济和数字技术的应用对消保工作提出了更高的要求。人民银行和中国证监会将有关金融消费者保护职责划入国家金融监督管理总局，有助于强化行为监管的标准统一并提高监管效率，从而减少因不同标准而产生的合规成本和风险。

③健全现代货币政策框架、建设现代中央银行制度。

本次机构改革撤销中国人民银行大区分行及分行营业管理部、总行直属营业管理部和省会城市中心支行，在 31 个省（自治区、直辖市）设立省级分行，在深圳、大连、宁波、青岛、厦门设立计划单列市分行。中国人民银行北京分行保留中国人民银行营业管理部牌子，中国人民银行上海分行与中国人民银行上海总部合署办公。不再保留中国人民银行县（市）支行，相关职能上收至中国人民银行地（市）中心支行。对边境或外贸结售汇业务量大的地区，可根据工作需要，采取中国人民银行地（市）中心支行派出机构方式履行相关管理服务职能。本次机构改革有助于更好地结合当期情况精准推进货币政策的传导，有助于完善货币供应调控机制，引导市场利率围绕央行政策利率进行波动，实现政策利率向其他市场利率传导。

④完善国有金融资本管理体制。

本次机构改革要求按照国有金融资本出资人相关管理规定，将中央金融管理部门管理的市场经营类机构剥离，相关国有金融资产划入国有金融资本受托管理机构，根据国务院的授权，代表国家履行出资人的职责，有助于厘清金融监管部门、履行国有金融资本出资人职责的机构和国有金融机构之间的权责关系，将所有者职能与监督管理职能分离，从而进一步完善国有金融资本管理，促进国有金融资本保值增值，维护金融秩序稳定。

拓展阅读13-1

国家金融监督管理总局正式亮相

本次机构改革有助于强化金融监管、提升金融监管效率，有助于促进金融创新，提升金融机构竞争力，有助于加强党对金融工作的领导。做好新形势下金融工作需要加强党对金融工作的领导，坚持党中央对金融工作集中统一领导，确保金融改革发展的正确方向。

13.2　银行业监督管理法

13.2.1　银行业监督管理法概述

1）银行业监督管理法的概念

银行业监督管理，是指银行业监管机关依法对银行业金融机构及其经营活动和风险状况进行监测、评估、检查、稽核等活动的总称。银行业监督管理是防范和化解系统性金融风险，维护银行业体系稳健有效运行的重要法律制度。2023 年 5 月 18 日，国家金融监督管理总局正式成立，国家金融监督管理总局统一负责除证券业之外的金融业监管。

银行业监督管理法，是指调整银行业监督管理关系的法律规范的总称。广义的银行业监督管理法包括国家涉及调整银行业监督管理关系的所有法律、行政法规和规章。狭义的银行监督管理法，是指 2003 年 12 月 27 日第十届全国人民代表大会常务委员会第六次会议通过，2006 年 10 月 31 日第十届全国人民代表大会常务委员会第二十四次会议修订的《中华人民共和国银行业监督管理法》。该法是我国银行业监管的专门性立法，调整银行业监督管理机构对银行业金融机构及其业务经营的监管活动。这里的银行业金融机构既包括中华人民共和国境内设立的商业银行、城市信用社、农村信用社等吸收公众存款的金融机构、政策性银行、金融资产管理公司、信托投资公司、财务公司、融资租赁公司以及经银行业监督管理机构批准设立的其他金融机构，又包括在境外设立的中资金融机构。

2）银行业监督管理的目标

我国银行业监督管理的目标是促进银行业的合法、稳健运行，维护公众对银行业的信心，保护银行业公平竞争，提高其竞争能力。

3）银行业监督管理的原则

（1）独立监管原则。

独立监管原则，是指银行业监督管理机构及其从事监管工作的人员依法独立履行监管职责，地方政府及职能部门、社会团体和个人不得干涉。

（2）依法监管原则。

依法监管原则，是指银行业的监督管理权应当法定，监督管理行为不仅应当依法而为，而且应当受到法律的约束。

依法监管原则具有的三层含义：一是监管主体法定。《银行业监督管理法》明确了国家金融监督管理总局是对银行业实施监督管理的法定监管主体。二是监管权力法定。《银行业监督管理法》明确了国家金融监督管理总局的监督管理职责。三是实施监管行为必须依法进行，既不能违反实体法的规定，也不能违反程序法的规定。

（3）公开原则。

公开原则，是指政府机关在行使行政权力的过程中，应当依法将行政权力运行的依据、过程和结果向行政相对人和公众公开，目的是满足公民的知情权、参与权和监督权。银行业监管遵循公开原则的具体含义为：一是监管政策及其相关调整应当公开，未公开的规定，不能作为监督管理的依据；二是实施监督管理的过程要公开，国家金融监督管理总局进行现场检查时，检查人员应当出示合法证件和检查通知书。

（4）公正原则。

公正原则要求政府机关及其工作人员办事公道，不徇私情，不受各种利益或者偏私的影响，平等对待行政管理相对人，即对相同情况给予相同的对待，对不同情况给予不同的对待。银行业监督管理遵循公正原则，要求监管机关在监督管理活动中对所有监管对象都要一视同仁，不能分出三六九等、亲疏远近，搞歧视或者变相歧视，更不能以权谋私。

（5）效率原则。

① 监管者要用负担最小的方式达到监管目标，最大限度地降低监管成本。一方面，如果从银行业监管所维护的安全保障体系中获得的收益超过监管成本，那么银行就是政府净资助的接受人，这意味着银行比其他非银行竞争者更具有竞争优势。另一方面，如果监管成本超过从银行业监管所维护的安全保障体系中获得的收益，那么监管行为将成为行业竞争的阻碍，这就要求银行业监管机构在实施监管时，要进行成本效益分析，降低监管成本、减少社会支出、增加社会净收益。

② 银行监管不是压制竞争，而是要为银行业金融机构创造公平竞争的外部市场

环境，规范竞争，鼓励竞争，防止出现过度竞争、破坏性竞争，提高银行业的整体效率，促进银行业在稳定、安全、有序的基础上高效发展。

以上五项原则是相互联系、相互制约、浑然一体、相辅相成的有机整体，真实、客观和深刻地反映了我国银行业监督管理的需要。

4）银行业监督管理机构

银行业监督管理机构是根据法律规定或授权，负责对全国银行业金融机构及其业务活动进行监督管理的机构。

《银行业监督管理法》第八条规定，国务院银行业监督管理机构根据履行职责的需要设立派出机构。国务院银行业监督管理机构对派出机构实行统一领导和管理。国务院银行业监督管理机构的派出机构在国务院银行业监督管理机构的授权范围内，履行监督管理职责。

我国的银行业监督管理机构为国家金融监督管理总局，统一负责除证券业之外的金融业监管，强化机构监管、行为监管、功能监管、穿透式监管、持续监管，统筹负责金融消费者权益保护，加强风险管理和防范处置，依法查处违法违规行为，作为国务院直属机构。

国务院银行业监督管理机构应当和中国人民银行、国务院其他金融监督管理机构建立监督管理信息共享机制，还应当和其他国家或者地区的银行业监督管理机构建立监督管理合作机制，实施跨境监督管理。在处置银行业金融机构风险、查处有关金融违法行为等监督管理活动中，地方政府、各级有关部门应当予以配合和协助。国务院银行业监督管理机构应当公开监督管理程序，建立管理责任制度和内部监督制度，并接受国务院审计、监察等机关对其活动进行的监督。

5）监管对象

根据《银行业监督管理法》的规定，国务院银行业监督管理机构负责对全国银行业金融机构及其业务活动监督管理的工作。这些银行业金融机构，是指在中华人民共和国境内设立的商业银行、城市信用社、农村信用社等吸收公众存款的金融机构以及政策性银行，也包括中华人民共和国境内设立的金融资产管理公司、信托投资公司、财务公司、金融租赁公司以及经国务院银行业监督管理机构批准设立的其他非银行金融机构。国务院银行业监督管理机构还依法对经其批准在境外设立的金融机构以及上述金融机构在境外的业务活动实施监督管理。

对在中华人民共和国境内设立的政策性银行、金融资产管理公司、外资银行业金融机构、中外合资银行业金融机构、外国银行业金融机构的分支机构的监督管理，法律、行政法规另有规定的，依照其规定。

6）银行业监督管理机构从业人员规范

《银行业监督管理法》对银行业监督管理机构从业人员设立了以下基本规范：

（1）应当具备与其任职相适应的专业知识和业务工作经验。

（2）应当忠于职守，依法办事，公正廉洁，不得利用职务便利牟取不正当的利益，不得在金融机构等企业中兼任职务。

（3）应当依法保守国家秘密，并有责任为其监督管理的银行业金融机构及当事人保守秘密。

13.2.2 银行业监督管理机构的职责

1）监管职责的范围

国务院银行业监督管理机构的监督职责包括以下各项：

（1）依照法律、行政法规制定并发布对银行业金融机构及其业务活动监督管理的规章、规则。

（2）依照法律、行政法规规定的条件和程序，审查批准银行业金融机构的设立、变更、终止以及业务范围。

（3）申请设立银行业金融机构，或者银行业金融机构变更持有资本总额或者股份总额达到规定比例以上的股东的，国务院银行业监督管理机构应当对股东的资金来源、财务状况、资本补充能力和诚信状况进行审查。

（4）银行业金融机构业务范围内的业务品种，应当按照规定经国务院银行业监督管理机构审查批准或者备案。需要审查批准或者备案的业务品种，由国务院银行业监督管理机构依照法律、行政法规作出规定并公布。

（5）对银行业市场准入实施管制。未经国务院银行业监督管理机构批准，任何单位或者个人不得设立银行业金融机构或者从事银行业金融机构的业务活动。

（6）对银行业金融机构的董事和高级管理人员实行任职资格管理。

（7）依照法律、行政法规制定银行业金融机构的审慎经营规则。审慎经营规则是银行业金融机构必须严格遵守的行为准则，包括风险管理、内部控制、资本充足率、资产质量、损失准备金、风险集中、关联交易、资产流动性等内容。

（8）对银行业自律组织的活动进行指导和监督。银行业自律组织的章程应当报国务院银行业监督管理机构备案。

（9）开展与银行业监督管理有关的国际交流、合作活动。

2）监管职责的履行

国务院银行业监督管理机构在履行监管职责时，应当遵循以下规定：

（1）审批时限规定。

国务院银行业监督管理机构应当在规定的期限内，对申请事项作出批准或者不批准的书面决定，决定不批准的，应当说明理由。具体的期限规定为：①银行业金融机构的设立，自收到申请文件之日起6个月内；②银行业金融机构的变更、终止，以及业务范围和增加业务范围内的业务品种，自收到申请文件之日起3个月内；③审查董事和高级管理人员的任职资格，自收到申请文件之日起30日内。

（2）非现场监督规定。

国务院银行业监督管理机构应当对银行业金融机构的业务活动及其风险状况进行非现场监管，建立银行业金融机构监督管理信息系统，分析、评价其风险状况。

（3）现场检查规定。

国务院银行业监督管理机构应当对银行业金融机构的业务活动及其风险状况进行

现场检查。为此，国务院银行业监督管理机构应当制定现场检查程序，规范现场检查行为。

（4）并表监管规定。

国务院银行业监督管理机构应当对银行业金融机构实行并表监督管理。

（5）接受中国人民银行建议。

国务院银行业监督管理机构对中国人民银行提出的检查银行业金融机构的建议，应当自收到建议之日起30日内予以回复。

（6）金融监管评级体系和风险预警机制。

国务院银行业监督管理机构应当建立银行业金融机构监督管理评级体系和风险预警机制，根据银行业金融机构的评级情况和风险状况，确定对其现场检查的频率、范围和需要采取的其他措施。

（7）突发事件报告责任制度。

国务院银行业监督管理机构应当建立银行业突发事件的发现、报告岗位责任制度。银行业监督管理机构发现可能引发系统性银行业风险、严重影响社会稳定的突发事件，应当立即向国务院银行业监督管理机构负责人报告，国务院银行业监督管理机构负责人认为需要向国务院报告的，应当立即向国务院报告，并告知中国人民银行、国务院财政部门等有关部门。

（8）突发事件处置制度。

国务院银行业监督管理机构应当会同中国人民银行、国务院财政部门等有关部门建立银行业突发事件处置制度，制订银行业突发事件处置预案，明确处置机构和人员及其职责、处置措施和处置程序，及时、有效地处置银行业突发事件。

（9）统一的统计制度。

国务院银行业监督管理机构负责统一编制全国银行业金融机构的统计数据、报表，并按照国家有关规定予以公布。

13.2.3　银行业监督管理机构的监督管理措施

1）强制信息披露

保持金融机构的充分信息披露是实现银行业有效监督管理的关键环节。为此，《银行业监督管理法》规定了以下强制信息披露的措施：

（1）获取财务资料。

国务院银行业监督管理机构根据履行职责的需要，有权要求银行业金融机构按照规定报送资产负债表、利润表和其他财务会计、统计报表、经营管理资料以及注册会计师出具的审计报告。

（2）现场检查。

根据《银行业监督管理法》第四十二条的规定，银行业监督管理机构依法对银行业金融机构进行检查时，经设区的市一级以上银行业监督管理机构负责人批准，可以对与涉嫌违法事项有关的单位和个人采取下列措施：①询问有关单位或者个人，要求其对有关情况作出说明；②查阅、复制有关财务会计、财产权登记等文件、资料；

③对可能被转移、隐匿、毁损或者伪造的文件、资料，予以先行登记保存。

为了规范现场检查行为，《银行业监督管理法》还规定，银行业监督管理机构采取前款规定措施，调查人员不得少于二人，并应当出示合法证件和调查通知书；调查人员少于二人或者未出示合法证件和调查通知书的，有关单位或者个人有权拒绝。对依法采取的措施，有关单位和个人应当配合，如实说明有关情况并提供有关文件、资料，不得拒绝、阻碍和隐瞒。

（3）询问企业高层人员。

国务院银行业监督管理机构根据履行职责的需要，可以与银行业金融机构董事、高级管理人员进行监督管理谈话，要求银行业金融机构董事、高级管理人员就银行业金融机构的业务活动和风险管理的重大事项作出说明。

（4）向公众披露信息。

国务院银行业监督管理机构应当责令银行业金融机构按照规定，如实向社会公众披露财务会计报告、风险管理状况、董事和高级管理人员变更以及其他重大事项等信息。

2）强制整改

《银行业监督管理法》第三十七条规定，银行业金融机构违反审慎经营规则的，国务院银行业监督管理机构或者其省一级派出机构应当责令限期改正；逾期未改正的，或者其行为严重危及该银行业金融机构的稳健运行、损害存款人和其他客户合法权益的，经国务院银行业监督管理机构或者其省一级派出机构负责人批准，可以区别情形，采取下列措施：①责令暂停部分业务、停止批准开办新业务；②限制分配红利和其他收入；③限制资产转让；④责令控股股东转让股权或者限制有关股东的权利；⑤责令调整董事、高级管理人员或者限制其权利；⑥停止批准增设分支机构。

银行业金融机构整改后，应当向国务院银行业监督管理机构或者其省一级派出机构提交报告。国务院银行业监督管理机构或者其省一级派出机构经验收，符合有关审慎经营规则的，应当自验收完毕之日起3日内解除对其采取的前款规定的有关措施。

3）接管、重组与撤销

（1）接管、重组与撤销的事由。

银行业金融机构已经或者可能发生信用危机，严重影响存款人和其他客户合法权益的，国务院银行业监督管理机构可以依法对该银行业金融机构实行接管或者促成机构重组，接管和机构重组依照有关法律和国务院的规定执行。银行业金融机构有违法经营、经营管理不善等情形，不予撤销将严重危害金融秩序、损害公众利益的，国务院银行业监督管理机构有权予以撤销。

（2）接管、重组与撤销的措施。

银行业金融机构被接管、重组或者被撤销的，国务院银行业监督管理机构有权要求该银行业金融机构的董事、高级管理人员和其他工作人员，按照国务院银行业监督管理机构的要求履行职责。

在接管、机构重组或者撤销清算期间，经国务院银行业监督管理机构负责人批准，对直接负责的董事、高级管理人员和其他直接责任人员，可以采取下列措施：①直接负责的董事、高级管理人员和其他直接责任人员出境将对国家利益造成重大损失的，通知出境管理机关依法阻止其出境；②申请司法机关禁止其转移、转让财产或者对其财产设定其他权利。

拓展阅读13-2

银行保险机构应建立操作风险管理的三道防线

4）冻结账户

经国务院银行业监督管理机构或者其省一级派出机构负责人批准，国务院银行业监督管理机构有权查询涉嫌金融违法的银行业金融机构及其工作人员以及关联行为人的账户；对涉嫌转移或者隐匿违法资金的，经国务院银行业监督管理机构负责人批准，可以申请司法机关予以冻结。

13.2.4　违反银行业监督管理法的法律责任

1）银行业监督管理机构工作人员的法律责任

《银行业监督管理法》第四十三条规定，银行业监督管理机构从事监督管理工作的人员有下列情形之一的，依法给予行政处分；构成犯罪的，依法追究刑事责任：

（1）违反规定审查批准银行业金融机构的设立、变更、终止，以及业务范围和业务范围内的业务品种的。

（2）违反规定对银行业金融机构进行现场检查的。

（3）未依照本法第二十八条规定报告突发事件的。

（4）违反规定查询账户或者申请冻结资金的。

（5）违反规定对银行业金融机构采取措施或者处罚的。

（6）违反本法第四十二条规定对有关单位或者个人进行调查的。

（7）滥用职权、玩忽职守的其他行为。

银行业监督管理机构从事监督管理工作的人员贪污受贿，泄露国家秘密、商业秘密和个人隐私，构成犯罪的，依法追究刑事责任；尚不构成犯罪的，依法给予行政处分。

2）银行业金融机构的法律责任

（1）违反市场准入规定的法律责任。

《银行业监督管理法》第四十四条规定，擅自设立银行业金融机构或者非法从事银行业金融机构的业务活动的，由国务院银行业监督管理机构予以取缔；构成犯罪的，依法追究刑事责任；尚不构成犯罪的，由国务院银行业监督管理机构没收违法所得，违法所得50万元以上的，并处违法所得1倍以上5倍以下罚款；没有违法所得或者违法所得不足50万元的，处50万元以上200万元以下罚款。

（2）违反经营管制规定的法律责任。

《银行业监督管理法》第四十五条规定，银行业金融机构有下列情形之一的，由国务院银行业监督管理机构责令改正，有违法所得的，没收违法所得，违法所得50万元以上的，并处违法所得1倍以上5倍以下罚款；没有违法所得或者违法所得不足

50万元的，处50万元以上200万元以下罚款；情节特别严重或者逾期不改正的，可以责令停业整顿或者吊销其经营许可证；构成犯罪的，依法追究刑事责任：

① 未经批准设立分支机构的；

② 未经批准变更、终止的；

③ 违反规定从事未经批准或者未备案的业务活动的；

④ 违反规定提高或者降低存款利率、贷款利率的。

（3）违反诚实经营和审慎经营义务的法律责任。

《银行业监督管理法》第四十六条规定，银行业金融机构有下列情形之一的，由国务院银行业监督管理机构责令改正，并处20万元以上50万元以下罚款；情节特别严重或者逾期不改正的，可以责令停业整顿或者吊销其经营许可证；构成犯罪的，依法追究刑事责任：

① 未经任职资格审查任命董事、高级管理人员的；

② 拒绝或者阻碍非现场监管或者现场检查的；

③ 提供虚假的或者隐瞒重要事实的报表、报告等文件、资料的；

④ 未按照规定进行信息披露的；

⑤ 严重违反审慎经营规则的；

⑥ 拒绝执行本法第三十七条规定的措施的。

（4）违反提交财务资料义务的法律责任。

《银行业监督管理法》第四十七条规定，银行业金融机构不按照规定提供报表、报告等文件、资料的，由银行业监督管理机构责令改正，逾期不改正的，处10万元以上30万元以下罚款。这里的不按照规定提供，包括拒绝提供、迟延提供、提供不完全和提供不真实等情形。

（5）补充性制裁措施。

《银行业监督管理法》第四十八条规定，银行业金融机构违反法律、行政法规以及国家有关银行业监督管理规定的，银行业监督管理机构除依照本法第四十四条至第四十七条规定处罚外，还可以区别不同情形，采取下列措施：

① 责令银行业金融机构对直接负责的董事、高级管理人员和其他直接责任人员给予纪律处分；

② 银行业金融机构的行为尚不构成犯罪的，对直接负责的董事、高级管理人员和其他直接责任人员给予警告，处5万元以上50万元以下罚款；

③ 取消直接负责的董事、高级管理人员一定期限直至终身的任职资格，禁止直接负责的董事、高级管理人员和其他直接责任人员一定期限直至终身从事银行业工作。

另外，《银行业监督管理法》第四十九条规定，阻碍银行业监督管理机构工作人员依法执行检查、调查职务的，由公安机关依法给予治安管理处罚；构成犯罪的，依法追究刑事责任。

13.3　证券业监管法律制度

案例分析 13-1　　警惕以"境外上市"为名非法售卖"原始股"活动

近日，有所谓中介机构在海南、广西等地举办新闻发布会、推介会、论坛等活动，宣称"莫桑比克国际证券交易所"已在境内设立代表处并获得境外证券公司授权，可以保荐公司到"莫桑比克国际证券交易所"等境外交易所上市，收取上市费用，并出具"保荐函""受理函"。也有一些公司发布新闻稿、公众号文章或举行线下见面会，宣称获得了"莫桑比克国际证券交易所"批准，即将主板上市，大股东将转让"原始股"进行融资，或者宣称回馈客户，客户购买产品获得积分可以兑换成"原始股"，一旦公司上市，可获得高额回报。

根据国家法律法规的有关规定，未经依法注册向境内公众发行或转让股票是违法行为，相关公司及其大股东在境内公开发行或转让"原始股"涉嫌非法发行股票活动。上述以境外上市为噱头宣传推介、诱导公众购买"原始股"的中介机构，涉嫌非法经营证券业务或诈骗活动。

中国证监会在此正告有关公司及其大股东，向境内公众售卖"原始股"将承担法律责任，"莫桑比克国际证券交易所"境内代表处未经中国证监会备案，请勿轻信非法中介机构。同时，提醒广大投资者远离非法发行或转让"原始股"活动，以免遭受财产损失，一旦发现上当受骗，请及时向公安机关报案。

资料来源：佚名.警惕以"境外上市"为名非法售卖"原始股"活动［EB/OL］.［2022-08-29］. http://www.csrc.gov.cn/csrc/c106299/c5582750/content.shtml.

问题：以"境外上市"为名非法售卖"原始股"活动违反了哪些法律规定？

分析：

（1）根据《证券法》第九条的规定，公开发行证券，必须符合法律、行政法规规定的条件，并依法报经国务院证券监督管理机构或者国务院授权的部门注册。未经依法注册，任何单位和个人不得公开发行证券。证券发行注册制的具体范围、实施步骤，由国务院规定。因此，未经依法注册向境内公众发行或转让股票是违法行为，相关公司及其大股东在境内公开发行或转让"原始股"涉嫌非法发行股票活动。

（2）根据《证券法》第三十四条的规定，公开发行股票，代销、包销期限届满，发行人应当在规定的期限内将股票发行情况报国务院证券监督管理机构备案。"莫桑比克国际证券交易所"境内代表处未经中国证监会备案，广大投资者应远离非法发行或转让"原始股"活动。

13.3.1 证券业监管概述

1）证券业监管的概念及意义

证券业监管，是指证券管理机关运用法律的、经济的，以及必要的行政手段对证券的募集、发行、交易等行为以及证券投资中介机构的行为进行监督和管理。

证券业监管内容包括信息披露、操纵市场、欺诈行为、内幕交易四个方面。

概括来说，证券业监管的意义主要有：保障广大投资者权益的需要；维护证券市场良好秩序的需要；发展和完善证券市场体系的需要；提高证券市场效率的需要。

2）证券业监管的原则

（1）公平原则。

公平原则要求证券市场上的参与者拥有均等的市场机会、均等的交易机会和均等的竞争机会，不存在任何歧视或特殊待遇。市场经济条件下的市场公平，在本质上反映了商品交换的等价有偿性。证券市场上，统一的市场规则、均等的市场机会、平等的主体地位与待遇、以价值规律为基础的证券交易形式，就是公平。公平原则的首要要求是信息的完全性和对称性，即所有投资者拥有同质的及时信息。公平原则的内容涉及地位公平、税负公平、权利公平、利益公平；对象主要是社会公众，也包括其他市场参与主体。机会均等和平等竞争是证券市场正常运行的前提。

（2）公正原则。

证券监管者要公正无私地进行市场管理和对待市场参与者。公正原则的内容包括立法公正、执法公正、仲裁公正。公正原则是有效监管的生命，是监管者以法律框架实现市场所有参与者之间的平衡与秩序的关键，并构成对管理者、立法者、司法者权利的赋予与制约。

（3）公开原则。

证券市场上的各种信息要向市场参与者公开披露，任何市场参与者不得利用内幕信息从事市场活动。这里的信息包含各种财务信息、交易信息、行为信息、政策信息和监管信息等与市场参与者利益相关的所有信息。公开原则是实现市场公平和公正的必要条件，也是证券法律的精髓所在。公开性与信息的透明度是证券市场监管与证券市场效率之间的微观结合点。信息的公开程度直接关系到市场效率的高低。可以说，"三公"原则是市场经济的三大原则，是证券监管活动必须奉行的基本原则，也是各国证券市场管理的核心和灵魂所在。

（4）保护投资者利益原则。

从资金来源来看，证券市场发展的关键在于投资者对市场的信心。要确保投资者信心，必须切实保护投资者的利益。由于普通投资者一般处于劣势，为消除市场竞争中信息的不对称性，要求监管者尽力消除证券市场上的欺诈、操纵等问题，保证投资者利益免受侵害。

（5）诚实信用原则。

证券监管者在制定和实施各项法律、行政法规时，必须以要求市场参与者达到诚实信用为原则：作为证券市场上的筹资者，必须真实、准确、完善地公开财务信息；

作为证券市场上的中介机构，在提供市场信息与服务时不得存在欺诈或严重误导行为；作为证券市场上的投资者，不得散布虚假信息、垄断或操纵市场价格、扰乱市场正常秩序。

（6）依法管理原则。

依法管理并非否定经济调控方式和行政管理方式在一定客观条件下的必要性，而是强调以法治市的管理原则。依法管理有两层含义：一是要求证券法律、法规、制度的完善与具体；二是要求执法的严格和有力。一个无法可依、执法不严或以人治代替法治的证券市场必然出现动荡甚至危机。

（7）政府监管与自律管理相结合的原则。

政府证券监管机构必须注重政府监管与自律管理的有机结合，由此出发建立完整的证券市场监督管理体系。即使在自律管理具有悠久传统且发挥重大作用的英国等西方国家，政府监管也正成为整个证券监管框架中不可或缺的重要部分。对于新兴证券市场，更应强调政府集中、统一的监管地位，在此基础上构建自律组织的权责和职能。

3）证券业监督管理机构

在我国，证券业和银行业、信托业、保险业实行分业经营、分业管理，证券公司与银行、信托、保险业务机构分别设立。国务院证券监督管理机构依法对全国证券市场实行集中统一监督管理，维护证券市场秩序，保证其合法运行。国务院证券监督管理机构根据需要可以设立派出机构，按照授权履行监督管理职责，其在依法履行职责、进行监督检查或者调查时，有关部门应当予以配合。国务院证券监督管理机构应当与国务院其他金融监督管理机构建立监督管理信息共享机制。

4）证券业监管的对象

（1）证券市场主体。

证券监管的对象涵盖参与证券市场运行的所有主体，既包括证券经纪商和自营商等证券金融中介机构，又包括工商企业和个人。

（2）证券市场客体。

对证券市场客体的监管主要是对股票、债券等有价证券的发行与流通进行审查。

13.3.2　证券监督管理机构的职责

国务院证券监督管理机构在对证券市场实施监督管理中履行下列职责：

（1）依法制定有关证券市场监督管理的规章、规则，并依法进行审批、核准、注册，办理备案。

（2）依法对证券的发行、上市、交易、登记、存管、结算等行为，进行监督管理。

（3）依法对证券发行人、证券公司、证券服务机构、证券交易场所、证券登记结算机构的证券业务活动，进行监督管理。

（4）依法制定从事证券业务人员的行为准则，并监督实施。

（5）依法监督检查证券发行、上市、交易的信息披露。

（6）依法对证券业协会的自律管理活动进行指导和监督。

（7）依法监测并防范、处置证券市场风险。

（8）依法开展投资者教育。

（9）依法对证券违法行为进行查处。

（10）法律、行政法规规定的其他职责。

国务院证券监督管理机构可以和其他国家或者地区的证券监督管理机构建立监督管理合作机制，实施跨境监督管理。

13.3.3　证券监督管理机构的监督管理

1）监督管理措施

国务院证券监督管理机构依法履行职责，有权采取下列措施：

（1）对证券发行人、证券公司、证券服务机构、证券交易场所、证券登记结算机构进行现场检查。

（2）进入涉嫌违法行为发生场所调查取证。

（3）询问当事人和与被调查事件有关的单位和个人，要求其对与被调查事件有关的事项作出说明；或者要求其按照指定的方式报送与被调查事件有关的文件和资料。

（4）查阅、复制与被调查事件有关的财产权登记、通信记录等文件和资料。

（5）查阅、复制当事人和与被调查事件有关的单位和个人的证券交易记录、登记过户记录、财务会计资料及其他相关文件和资料；对可能被转移、隐匿或者毁损的文件和资料，可以予以封存、扣押。

（6）查询当事人和与被调查事件有关的单位和个人的资金账户、证券账户、银行账户以及其他具有支付、托管、结算等功能的账户信息，可以对有关文件和资料进行复制；对有证据证明已经或者可能转移或者隐匿违法资金、证券等涉案财产或者隐匿、伪造、毁损重要证据的，经国务院证券监督管理机构主要负责人或者其授权的其他负责人批准，可以冻结或者查封，期限为 6 个月；因特殊原因需要延长的，每次延长期限不得超过 3 个月，冻结、查封期限最长不得超过 2 年。

（7）在调查操纵证券市场、内幕交易等重大证券违法行为时，经国务院证券监督管理机构主要负责人或者其授权的其他负责人批准，可以限制被调查事件当事人的证券买卖，但限制的期限不得超过 3 个月；案情复杂的，可以延长 3 个月。

（8）通知出境入境管理机关依法阻止涉嫌违法人员、涉嫌违法单位的主管人员和其他直接责任人员出境。

2）监督管理程序

国务院证券监督管理机构依法履行职责，进行监督检查或者调查，其监督检查、调查的人员不得少于二人，并应当出示合法证件和监督检查、调查通知书或者其他执法文书。监督检查、调查的人员少于二人或者未出示合法证件和监督检查、调查通知书或者其他执法文书的，被检查、调查的单位和个人有权拒绝。

国务院证券监督管理机构依法履行职责，出示被检查、调查通知书的，被检查、调查的单位和个人应当配合，如实提供有关文件和资料，不得拒绝、阻碍和隐瞒。国务院证券监督管理机构依法制定的规章、规则和监督管理工作制度应当依法公开。国务院证券监督管理机构依据调查结果，对证券违法行为作出的处罚决定，应当公开。

13.3.4　法律责任

1）证券监督管理机构及其工作人员的法律责任

证券监督管理机构的工作人员和发行审核委员会的组成人员，不履行《证券法》规定的职责，徇私舞弊、玩忽职守或者故意刁难有关当事人的，依法给予行政处分。构成犯罪的，依法追究刑事责任。

2）证券业机构及其工作人员的法律责任

（1）发行人、上市公司的法律责任。

发行人、上市公司有以下情形之一的，由证券监督管理机构给予警告、责令改正、罚款等行政处罚：①发行人、上市公司或者其他信息披露义务人未按照规定披露信息，或者所披露的信息有虚假记载、误导性陈述或者重大遗漏的；②发行人、上市公司或者其他信息披露义务人的控股股东、实际控制人指使从事前项违法行为的；③发行人、上市公司擅自改变公开发行证券所募集资金的用途的；④发行人、上市公司的控股股东、实际控制人指使从事前项违法行为的；⑤上市公司的董事、监事、高级管理人员、持有上市公司股份 5% 以上的股东，违法买卖本公司股票的。

（2）证券公司的法律责任。

证券公司有以下情形之一的，由证券监督管理机构给予警告，责令改正，没收违法所得，撤销任职资格或者证券从业资格，罚款等行政处罚：①证券公司承销或者代理买卖未经核准擅自公开发行的证券的或者经营未经批准的非上市证券交易的；②证券公司违反法律规定，为客户买卖证券提供融资融券或假借他人名义或者以个人名义从事证券自营业务的；③证券公司违背客户的委托买卖证券、办理交易事项，或者违背客户真实意思表示，办理交易以外的其他事项的；④证券公司、证券登记结算机构挪用客户的资金或者证券，或者未经客户的委托，擅自为客户买卖证券的；⑤证券公司办理经纪业务，接受客户的全权委托买卖证券的，或者证券公司对客户买卖证券的收益或者赔偿证券买卖的损失作出承诺的；⑥证券公司及其从业人员违反法律规定，私下接受客户委托买卖证券的；⑦证券公司违反法律规定，擅自设立、收购、撤销分支机构，或者合并、分立、停业、解散、破产，或者在境外设立、收购、参股证券经营机构的，或者擅自变更有关事项的；⑧证券公司违反《证券法》规定，超出业务许可范围经营证券业务的或者对其证券经纪业务、证券承销业务、证券自营业务、证券资产管理业务混合操作的；⑨证券公司或者其股东、实际控制人违反规定，拒不向证券监督管理机构报送或者提供经营管理信息和资料，或者报送、提供的经营管理信息和资料有虚假记载、误导性陈述或者重大遗漏的。

（3）证券交易所、证券登记结算机构、证券服务机构的法律责任。

证券交易所、证券登记结算机构、证券服务机构有以下情形的，由证券监督管理机构处以责令改正、警告、撤销证券从业资格，予以取缔、罚款等行政处罚：①证券交易所、证券登记结算机构、证券服务机构的从业人员或者证券业协会的工作人员，故意提供虚假资料，隐匿、伪造、篡改或者毁损交易记录，诱骗投资者买卖证券的；②证券交易所、证券登记结算机构、证券服务机构，未按照有关规定保存有关文件和资料的；③证券登记结算机构、证券服务机构违反法律规定或者依法制定的业务规则的；④为股票的发行、上市、交易出具审计报告、资产评估报告或者法律意见书等文件的证券服务机构和人员，违法买卖股票的；⑤证券服务机构未勤勉尽责，所制作出具的文件有虚假记载、误导性陈述或者重大遗漏的；⑥投资咨询机构、财务顾问机构、资信评级机构、资产评级机构、资产评估机构、会计师事务所未经批准，擅自从事证券服务业务的。

（4）其他法律责任。

有以下情形之一的，由证券监督管理机构给予警告，责令改正，没收违法所得，予以取缔、罚款等行政处罚和责令其承担相应的赔偿责任：①未经国务院证券监督管理机构批准，擅自设立发行证券的公司、证券公司、证券交易场所、证券登记结算机构的；②违反法律规定，内幕交易、操纵市场、虚假陈述或者信息误导的；③违反法律规定，收购人或者收购人的控股股东，利用上市公司收购，损害被收购公司及其股东的合法权益的；④违反法律规定，法人以他人名义设立账户或者利用他人账户买卖证券的；⑤违反法律规定，在限制转让期限内买卖证券的；⑥违反法律规定，聘任不具有任职资格、证券从业资格的人员的。

当事人对证券监督管理机构或者国务院授权的部门的处罚决定不服的，可以依法申请行政复议，或者依法直接向人民法院提起诉讼。

13.4 保险业监管法律制度

13.4.1 保险业监管概述

保险业监管主要是指国家保险监督管理机构对保险公司的保险经营行为进行监督和管理。保险业是经营风险的特殊行业，此行业已渗透到了社会经济生活的各个领域，对社会经济的稳定和民众生活的安定负有很大的责任。各国政府对保险市场都必须进行监管。国家金融监督管理总局根据《保险法》对我国保险业进行监管。

1）保险业监管的历史沿革

我国保险业监管经历了一个曲折的发展过程。1949年10月，中华人民共和国成立后，中国人民保险公司成立，受中国人民银行领导。从20世纪50年代后半期起，我国保险业进入长时间的低谷状态，对保险业的监管停滞不前。1979年4月，国务院批准逐步恢复国内保险业务，保险业由中国人民银行监督管理。1985年3月，国务院颁布的《保险企业管理暂行条例》规定，国家保险管理机关是中国人民银行。之后，中国人民银行逐步建立和加强了监管保险业的内设机构。1995年7月，中国人民银行成立保险司，专司对中资保险公司的监管。同时，中国人民银行加强了系统保险监管机构建设，要求在省级分行设立保险科，省以下分支行配备专职保险监管人员。

随着银行业、证券业、保险业分业经营的发展，为了更好地对保险业进行监督管理，国务院于1998年11月批准设立中国保险监督管理委员会，专司全国商业保险市场的监管职能。

2018 年，中国银行保险监督管理委员会成立，是国务院直属事业单位，其主要职责是依照法律法规统一监督管理银行业和保险业，维护银行业和保险业合法、稳健运行，防范和化解金融风险，保护金融消费者合法权益，维护金融稳定。

2023 年 5 月，国家金融监督管理总局成立，在中国银行保险监督管理委员会的基础上组建，作为国务院直属机构。国家金融监督管理总局统一负责除证券业之外的金融业监管。

2）监督管理机构的历史沿革

1998 年 11 月，中国保险监督管理委员会（以下简称保监会）成立。保监会是全国商业保险的主管部门，根据国务院授权履行行政管理职能，依照法律、法规统一监督管理全国保险市场。保监会成立之后，中国人民银行不再肩负保险业的监管职责。成立之初的保监会是国务院直属副部级事业单位。

2003 年 3 月之后，保监会升格为国务院直属正部级事业单位，获得了与中国银行业监督管理委员会和中国证券监督管理委员会同样的地位。中国保险监督管理委员会（现为国家金融监督管理总局）成立之后，陆续在全国各省区设立了 31 个派出机构——保监办。2004 年 2 月初，国务院批准保监会在全国各省、自治区、直辖市和计划单列市设立监管局，简称保监局，保监会驻各地派出机构自 2004 年 2 月 6 日起统一更名为保监局。除 31 个派出机构更名外，还新设立了大连、青岛、宁波、厦门 4 个计划单列市及西藏自治区保监局。保监会内设 15 个职能机构，并在全国各省、直辖市、自治区、计划单列市设有 35 个派出机构。其中，15 个内设部门为：办公厅、发展改革部、政策研究室、财务会计部、财产保险监管部（再保险监管部）、人身保险监管部、保险中介监管部、保险资金运用管理部、国际部、法规部、统计信息部、派出机构管理部、人事教育部（党委组织部）、监察局（纪委）、党委宣传部（党委统战群工部）。

2018 年，中国银行保险监督管理委员会成立，设立的职能机构中，有以下四个保险相关职能机构：

（1）财产保险监管部（再保险监管部）。它承担财产保险、再保险机构的准入管理；开展非现场监测、风险分析和监管评级，根据风险监管需要开展现场调查；提出个案风险监控处置和市场退出措施并承担组织实施具体工作。

（2）人身保险监管部。它承担人身保险机构的准入管理；开展非现场监测、风险分析和监管评级，根据风险监管需要开展现场调查；提出个案风险监控处置和市场退出措施并承担组织实施具体工作。

（3）保险中介监管部。它承担保险中介机构的准入管理；制定保险中介从业人员行为规范和从业要求；检查规范保险中介机构的市场行为，查处违法违规行为。

（4）保险资金运用监管部。它承担建立保险资金运用风险评价、预警和监控体系的具体工作；承担保险资金运用机构的准入管理；开展非现场监测、风险分析和监管评级，根据风险监管需要开展现场调查；提出个案风险监控处置和市场退出措施并承担组织实施具体工作。

2023年5月，国家金融监督管理总局成立。继2018年中国银行保险监督管理委员会组建之后，金融监管格局又迎来重大调整，这是深化金融监管体制改革、加强和完善现代金融监管、促进实现金融监管全覆盖的重大举措。随着金融监管机构改革不断推进，"二委一行一总局一会"新格局正在加快形成。国家金融监督管理总局的职责是统一负责除证券业之外的金融业监管，包括保险业。它在具体监管职责上强化机构监管、行为监管、功能监管、穿透式监管、持续监管。2023年7月7日，为加强精算专业人才队伍建设，推进我国精算事业和保险业高质量发展，国家金融监督管理总局、人力资源社会保障部制定了《精算师职业资格规定》《精算师职业资格考试实施办法》。

3）保险业监管的必要性

（1）由保险业自身特点决定的。

保险业是经营风险的特殊行业，具有经营的负债性、保障性和广泛性特点。保障性是指保险业的基本职能为补偿损失和给付保险金以保障经济运行的连续性及社会生活的安定。广泛性，是指保险业涉及面广，保险公司的破产倒闭所带来的震动可能波及社会生产和民众生活的各个方面，这决定了监管的必要性。

（2）确保最大诚信原则，维护公共利益，保障被保险人合法权益的需要。

在保险法律关系中，对当事人的诚信程度要求要比一般民事活动更严格，通过保险监管使当事人在保险活动中遵循最大诚信原则。

（3）培育、发展、规范保险市场的需要。

通过监管既要防止垄断，又要防止盲目竞争和破坏性竞争，创造和维护公平竞争的环境，培育、发展、规范保险市场。

4）保险业的监管形式

保险业的监管形式主要有公示主义、准则主义和实体主义三种。

公示主义，是指国家对保险公司并不直接监督管理，而是将保险公司的经营状况、财务状况予以公布，使公众了解保险公司的有关信息，自己作出有关投保的独立判断和选择。这种监管形式比较宽松，保险公司的经营比较自由，保险业可以自由发展，但应以成熟的保险市场为前提。1901年、1940年和1958年，英国的《保险公司法》均采用公示主义监督形式。

准则主义，是指由国家制定指导保险业经营管理的一些基本准则，并在形式上对保险公司进行监管，而不触及保险业经营管理实体的监管形式。因此，保险公司仍有较大的经营自由度，这种容易流于形式的监管，对保险公司的经营很难起到约束作用，大部分国家已不采用。

实体主义，是指国家以制定法规的形式，规定保险业的经营准则，由保险公司贯彻执行的监管形式。这种监管形式从实质上对保险公司进行监督管理，现已被大多数国家所采用。我国也采用这种监管方式。

13.4.2　中国银行保险监督管理委员会的监管职能

1）监督管理职责

（1）市场准入的监管。

《中华人民共和国保险法》规定，设立保险公司应当经国务院保险监督管理机构批准。国务院保险监督管理机构在审查保险公司的设立申请时，应当考虑保险业的发展和公平竞争的需要。

设立保险公司应当具备下列条件：

①主要股东具有持续盈利能力，信誉良好，最近 3 年内无重大违法违规记录，净资产不低于 2 亿元人民币；

②有符合本法和《中华人民共和国公司法》规定的章程；

③有符合本法规定的注册资本；

④有具备任职专业知识和业务工作经验的董事、监事和高级管理人员；

⑤有健全的组织机构和管理制度；

⑥有符合要求的营业场所和与经营业务有关的其他设施；

⑦法律、行政法规和国务院保险监督管理机构规定的其他条件。

（2）保险业务运营的监管。

对保险机构市场营运监管的具体内容在各国之间并不完全相同，但一般都将监督检查的重点放在偿付能力和市场行为两个方面。

保险公司的偿付能力，是指其赔偿或给付的能力。保险公司具有足够的偿付能力才能保障被保险人的利益，增进投保人的信心。偿付能力监管是保险风险监管的核心内容。《保险法》对保险公司偿付能力做了原则规定，如保险公司资本金的要求、保证金的提取、各项责任准备金的提取、实际资产与实际负债的认定、最低偿付能力的确定、法定再保险的安排等。根据《保险公司管理规定》，保险公司应具有与其业务规模相适应的最低偿付能力。保险公司实际偿付能力额度为其会计年度末实际资产价值减去实际负债价值的差额。如果保险公司实际偿付能力额度达不到要求，实际偿付能力额度低于最低偿付能力额度的，保险公司应当采取有效措施，使其偿付能力达到最低偿付能力标准。实际偿付能力额度低于最低偿付能力额度的 50% 或实际偿付能力额度连续 3 年低于最低偿付能力额度的，保险监督管理机构可将其列为重点监督检查对象，并对其机构设立和业务范围等加以限制，必要时保险监督管理机构可以对其实行接管。

市场行为监管的核心是要求保险机构严格依法合规经营，共同遵守法定的竞争规则，维护良好的市场秩序和环境，维护被保险人的利益。

2）监督管理措施

（1）监督检查。

保险监督管理机构应建立健全保险公司偿付能力监管指标体系，对保险公司的最低偿付能力实施监控。保险公司依法接受监督检查。保险监督管理机构有权检查保险公司的业务状况、财务状况及资金运用状况，有权要求保险公司在规定的期限内提供有关的书面报告和资料，并有权查询保险公司在金融机构的存款。

（2）整顿。

保险监督管理机构作出限期改正的决定后，保险公司在限期内未予改正的，由保险监督管理机构决定选派保险专业人员和指定该保险公司的有关人员，组成整顿组织，对该保险公司进行整顿。整顿决定应当载明被整顿保险公司的名称、整顿理由、整顿组织和整顿期限，并予以公告。

在整顿过程中，保险公司的原有业务继续进行，但是保险监督管理机构有权停止其开展新的业务或者停止其部分业务，调整资金运用。被整顿的保险公司经整顿已纠正其违反法律规定的行为，恢复正常经营状况的，由整顿组织提出报告，经保险监督管理机构批准，整顿结束。

（3）接管。

保险公司违反法律规定，损害社会公共利益，可能严重危及或者已经危及保险公司的偿付能力的，保险监督管理机构可以对该保险公司实行接管。接管的目的是对被接管的保险公司采取必要措施，以保护被保险人的利益，恢复保险公司的正常经营。

接管期限届满，保险监督管理机构可以决定延期，但接管期限最长不超过2年。接管期限届满，被接管的保险公司已恢复正常经营能力的，保险监督管理机构可以决定接管终止。

（4）清算。

保险公司违反法律、行政法规，被保险监督管理机构吊销经营保险业务许可证的，依法撤销。由保险监督管理机构依法及时组织清算组，进行清算。

保险公司不能支付到期债务，经保险监督管理机构同意，由人民法院依法宣告破产。保险公司被宣告破产的，由人民法院组织保险监督管理机构等有关部门和有关人员成立清算组，进行清算。

（5）批准申请破产。

破产清算组织认为被接管的保险公司的财产已不足以清偿所负债务的，经保险监督管理机构批准，依法向人民法院申请宣告该保险公司破产。

13.4.3　法律责任

1）保险监督管理机构及其工作人员的法律责任

保险监督管理机构及其工作人员不履行法律规定的职责，滥用职权、玩忽职守、利用职务便利谋取不正当利益，或者泄露所知悉的有关单位和个人的商业秘密的，依法追究法律责任。

2）保险业机构及其工作人员的法律责任

（1）保险公司及其工作人员的法律责任。

违反法律规定，有下列情形之一的，由保险监督管理机构责令改正，并处罚款；情节严重的，可以限制业务范围、责令停止接受新业务或者吊销经营保险业务许可证：①未按照规定提存保证金或者违反规定动用保证金的；②未按照规定提取或者结转各项责任准备金或者未按照规定提取未决赔款准备金的；③未按照规定提取保险保障基金、公积金的；④未按照规定办理再保险分出业务的；⑤违反规定运用保险公司资金的；⑥未经批准设立分支机构或者代表机构的；⑦未经批准分立、合并的；⑧未按照规定将应当报送审批的险种的保险条款和保险费率报送审批的。

（2）保险代理人、保险经纪人的法律责任。

保险代理人或者保险经纪人在其业务中欺骗保险人、投保人、被保险人或者受益人的，由保险监督管理机构处以责令改正、罚款、吊销经营保险代理业务许可证或者经纪业务许可证等行政处罚。

（3）其他法律责任。

① 违反法律规定，擅自设立保险公司或者非法从事商业保险业务活动的，由保险监督管理机构予以没收违法所得、罚款或予以取缔；

② 未取得经营保险代理业务许可证或者经营保险经纪业务许可证，非法从事保险代理业务或者经纪业务活动的，由保险监督管理机构予以取缔。

当事人对保险监督管理机构的处罚决定不服的，可以依法申请行政复议，或者依法直接向人民法院提起诉讼。

案例分析 13-2　今年深圳最大一笔保险罚单出炉！太保财险深分被罚 105 万

2023 年 8 月 18 日，国家金融监督管理总局深圳监管局连开 4 张罚单，指向中国太平洋财产保险股份有限公司深圳分公司（以下简称中国太保财险深圳分公司）。行政处罚信息公开表显示，中国太保财险深圳分公司因"给予投保人保险合同约定以外的利益、财务数据不真实、未严格执行经备案的保险条款"的违法违规行为，根据相关法律法规，被罚款 105 万元。

中国太平洋保险（集团）股份有限公司（以下简称中国太保）是在 1991 年 5 月 13 日成立的中国太平洋保险公司基础上组建而成的保险集团公司。2022 年，中国太保营业收入为 4 553.72 亿元，同比增长 3.3%。归属于母公司股东的净利润为 246.09 亿元，同比下降 8.3%。

实际上，保险行业的财务数据造假等问题一直层出不穷。据南都湾财社记者梳理和观察，2023 年以来深圳监管部门对保险板块开出了超 30 张罚单，处罚主要原因中"财务数据不真实"出现频次最多，紧随其后的是"利用开展保险业务为其他机构谋取不正当利益""未按照规定使用经备案的保险费率"等。

资料来源：卢亮.今年深圳最大一笔保险罚单出炉！太保财险深分被罚 105 万［EB/OL］.［2023-08-21］.https://www.163.com/dy/article/ICLB788O05129QAF.html.

问题：案例中，中国太保财险深圳分公司违反了哪些法律、行政法规？

分析：

（1）给予投保人保险合同约定以外的利益，违反了《中华人民共和国保险法》第一百一十六条的规定："保险公司及其工作人员在保险业务活动中不得给予或者承诺给予投保人、被保险人、受益人保险合同约定以外的保险费回扣或者其他利益。"

（2）财务数据不真实，违反了《中华人民共和国保险法》第八十六条的规定："保险公司应当按照保险监督管理机构的规定，报送有关报告、报表、文件和资料。保险公司的偿付能力报告、财务会计报告、精算报告、合规报告及其他有关报告、报表、文件和资料必须如实记录保险业务事项，不得有虚假记载、误导性陈述和重大遗漏。"

（3）未严格执行经备案的保险条款，违反了《中华人民共和国保险法》第一百七十条的规定："违反本法规定，有下列行为之一的，由保险监督管理机构责令改正，处10万元以上50万元以下的罚款；情节严重的，可以限制其业务范围、责令停止接受新业务或者吊销业务许可证：编制或者提供虚假的报告、报表、文件、资料的；拒绝或者妨碍依法监督检查的；未按照规定使用经批准或者备案的保险条款、保险费率的。"

【学思践悟】中国证券监督管理委员会核发首批企业债券注册批文

为贯彻落实党中央、国务院关于机构改革的决策部署，根据《中国证监会国家发展改革委关于企业债券发行审核职责划转过渡期工作安排的公告》，中国证监会对国家发展改革委移交的34个企业债券项目依法履行了注册程序，同意核发注册批文。首批企业债券发行拟募集资金合计542亿元，主要投向交通运输、产业园区、新型城镇化、安置房建设、农村产业融合发展、5G智慧城市和生态环境综合治理等产业领域。

下一步，中国证监会将深入学习贯彻党的二十大报告中关于"健全资本市场功能，提高直接融资比重"的精神，按照中央统一部署，加强与国家发展改革委的工作协作，继续平稳有序做好企业债券发行审核职责划转工作。

资料来源：佚名.证监会核发首批企业债券注册批文［EB/OL］.［2023-04-23］. http://www.csrc.gov.cn/csrc/c100028/c7404306/content.shtml.

问题：稳妥推进企业债券发行审核注册，加强监管和风险防范，对于企业债券市场和国家重大战略建设将起到什么作用？

分析：党的二十大报告提出，健全资本市场功能，深入实施区域重大战略，建设现代化产业体系。稳妥推进企业债券发行审核注册，加强监管和风险防范，将有助于促进企业债券市场平稳运行，充分发挥企业债券在支持国家重大战略、建设现代化产业体系等方面的重要作用，更好服务实体经济高质量发展和稳增长大局。

本章小结

金融监管是金融监督与金融管理的复合称谓。金融监督，是指金融监管当局对金融机构实施全面的、经常性的检查和督促，并以此促使金融机构依法稳健地经营、安全可靠和健康地发展。金融管理，是指金融监管当局依法对金融机构及其经营活动实行的领导、组织、协调和控制等一系列的活动。

金融监管模式，是指一国关于金融监管机构和金融监管法规的结构性体制安排。

银行业监督管理，是指银行业监管机关依法对银行业金融机构及其经营活动和风险状况进行监测、评估、检查、稽核等活动的总称。

证券业监管，是指证券管理机关运用法律的、经济的，以及必要的行政手段对证券的募集、发行、交易等行为以及证券投资中介机构的行为进行监督和管理。证券业监管内容包括信息披露、操纵市场、欺诈行为、内幕交易四个方面。

保险业监管，是指国家保险监督管理机构对保险公司的保险经营行为进行监督和管理。保险业是经营风险的特殊行业，此行业已渗透到了社会经济生活的各个领域，对社会经济的稳定和民众生活的安定负有很大的责任。各国政府对保险市场都必须进行监管。国家保险监督管理机构根据《保险法》对我国保险业进行监管。

本章训练

一、思考题

1. 金融监管的特征有哪些？
2. 试比较几种金融监管模式。
3. 银行业监督管理机构的监管职责有哪些？
4. 证券业监督管理机构的监管职责有哪些？
5. 保险业监督管理机构的监管职责有哪些？

二、案例分析题

2016—2020 年，A 科技公司与隋某合作开展"专网通信"业务。合作期间，A 科技公司仅存在少量专网通信业务，其他专网通信业务均为虚假业务，仅是按照合同约定伪造采购入库、生产入库、销售出库等单据，没有与其匹配的生产及物流，以此虚增收入和利润。

2020 年，A 科技公司虚增营业收入 77.46 亿元，虚增营业成本 60.88 亿元，虚增研发费用 2.07 亿元，虚增利润总额 14.51 亿元，虚增营业收入占当年披露营业总收入的 91.13%，虚增利润占当年披露利润总额的 247.45%。经测算，A 科技公司 2016—2020

年的归属于母公司所有者的净利润均为负值。A科技公司的上述行为导致其披露的2016—2020年年度报告存在虚假记载。

　　资料来源：中国证券监督管理委员会.中国证监会行政处罚决定书［EB/OL］.［2023-06-19］. http://www.csrc.gov.cn/csrc/c101928/c7419061/content.shtml.

　　问题：A科技公司所披露的2016—2020年年度报告存在虚假记载的行为，违反了《证券法》的哪些规定？

　　分析：A科技公司所披露的2016—2020年年度报告存在虚假记载的行为，违反了《证券法》第七十八条的规定："信息披露义务人披露的信息，应当真实、准确、完整，简明清晰，通俗易懂，不得有虚假记载、误导性陈述或者重大遗漏。"

主要参考文献

［1］朱崇实，刘志云．金融法［M］．5版.北京：法律出版社，2022.

［2］朱大旗．金融法［M］．3版．北京：中国人民大学出版社，2015.

［3］吉文丽．经济法［M］．4版．北京：清华大学出版社，2019.

［4］李玫．银行法［M］．2版．北京：对外经济贸易大学出版社，2014.

［5］吴志攀．金融法概论［M］．5版．北京：北京大学出版社，2011.

［6］黄红元，徐明．证券法苑（第十四卷）［M］．北京：法律出版社，2015.

［7］马其家．证券民事责任法律制度研究［M］．北京：中国法制出版社，2010.

［8］强力，王志诚．中国金融法［M］．北京：中国政法大学出版社，2010.

［9］王伟，张令骞．中国政策性金融的异化与回归研究［M］．北京：中国金融出版社，2010.

［10］李婧．中国近代银行法研究（1897—1949）——以组织法律制度为视角［M］．北京：北京大学出版社，2010.

［11］许志伟，王文甫．经济政策不确定性对宏观经济的影响——基于实证与理论的动态分析［J］．经济学，2019，18（1）.

［12］李佳．资产证券化能否缓解银行信用风险承担？——来自中国银行业的经验证据［J］．国际金融研究．2019（6）.

［13］李芳，李金萍．金融法规［M］．4版.北京：经济管理出版社，2023.

［14］盘长丽，沈立君．金融法规与职业道德［M］．2版.北京：中国财政经济出版社，2023.